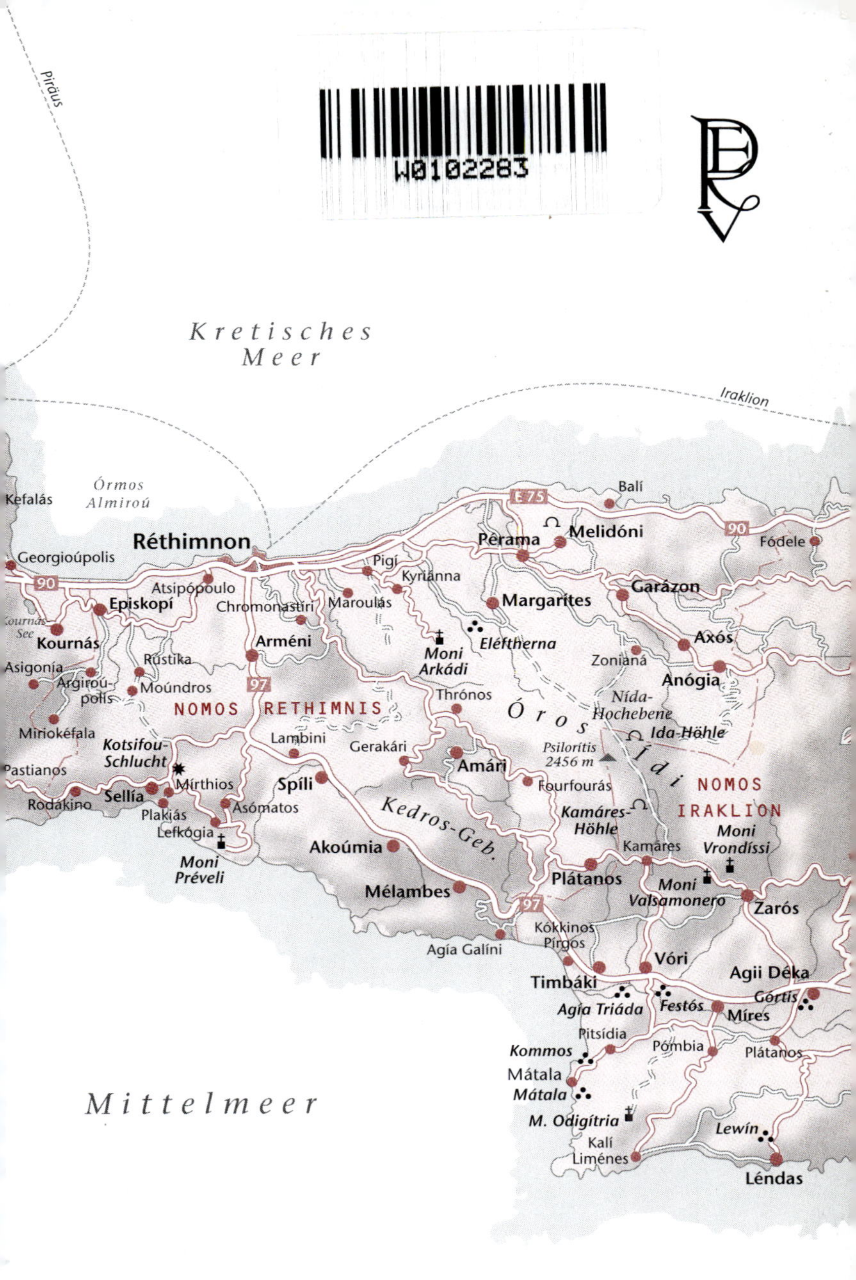
Piräus
Kretisches Meer
Iraklion
Órmos Almiroú
Kefalás
Réthimnon
Georgioúpolis
90
Atsipópoulo
Episkopí
Chromonastíri
Kournás-See
Kournás
Arméni
Asigonía
Rústika
Argiroú-polis
Moúndros
97
NOMOS RETHIMNIS
Miriokéfala
Kotsifou-Schlucht
Pastianos
Mírthios
Sellía
Rodákino
Plakiás
Asómatos
Lefkógia
Moni Préveli
Lambini
Spíli
Gerakári
Amári
Thrónos
Pigí
Kyriánna
Maroulás
Moni Arkádi
E 75
Balí
Pérama
Melidóni
Fódele
Garázon
Margarítes
Eléftherna
Axós
Zonianá
Anógia
Nída-Hochebene
Ida-Höhle
Óros Ídi
Psilorítis 2456 m
Fourfourás
Kedros-Geb.
Akoúmia
Mélambes
Kamáres-Höhle
Kamáres
NOMOS IRAKLION
Moni Vrondíssi
Plátanos
Moni Valsamonero
Zarós
Kókkinos Pírgos
Agía Galíni
Vóri
Timbáki
Agii Déka
Agía Triáda
Festós
Górtis
Míres
Pitsídia
Kommos
Pómbia
Plátanos
Mátala
M. Odigítria
Lewín
Kalí Liménes
Léndas
Mittelmeer

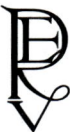

ANDERS REISEN HERAUSGEGEBEN VON TILL BARTELS

ro ro ro
ROWOHLT

ANDERS REISEN
KRETA

VON RAINER KARBE
UND UTE LATERMANN

INHALT

DIE INSEL IM SÜDEN

Kreuz und quer
Kreta aus der Vogelperspektive *10*

Blütenträume
Natur als Kapital *16*

Tourisneyland
Vom Rucksack- zum Massentourismus *26*

MYTHOS UND GESCHICHTE

Lügen, List und Lust
Geschichten aus der Vorzeit *36*

Im Zeichen der Paläste
Kretas goldenes Zeitalter *46*

Freiheit oder Tod
Jahrtausende der Fremdherrschaft *56*

Vom Himmel in die Hölle
Deutsche Besetzung, Partisanen und Bürgerkrieg *70*

KULTUR UND GEGENWART

Tanzen wie Alexis Sorbas
Feste, Bräuche und Musik *84*

Jássas
Vom Essen und Trinken *94*

Die Vertreibung aus dem Paradies
Aussteiger und Sonnenanbeter *106*

Institutionen im Wandel
Familie, Schule, Kirche *112*

Parteien und Patrone
Inselpolitik *128*

WEGE DURCH KRETA

Städte zum Ankommen
Iráklion und Chaniá *136*

Ausflüge zu den Minoern
Knossós, Archánes, Festós und
Agía Triáda   *152*

Achtung, Sperrgebiet
Nato-Insel Kreta   *170*

Höhlen, Klöster und Raketen
Halbinsel Akrotíri   *176*

Berge, Bauern, Beach
Georgioúpolis und Umgebung   *184*

Kretas Wilder Westen
Sfakiá und die Samariá-Schlucht *192*

Himmel, Erde und Lagunen
Halbinsel Gramvoússa und
Klöster im Westen   *214*

**Zu Fuß durch Berge und
Geschichten**
Wandern im Südwesten   *224*

**Vom Kretischen zum
Libyschen Meer**
Réthimnon und das
Hinterland   *234*

Ein Hauch von Tropen
Árvi, Ierápetra und die
Südostküste   *248*

**Mit Rückenwind durch
den Osten**
Sitía bis Zákros   *262*

Rund um Ágios Nikoláos
Kretische Riviera und Lassíthi-
Hochebene   *270*

Diesseits von Afrika
Mit dem Boot zur Insel Gávdos *278*

INFOTEIL

Kreta von A–Z   *284*
Regionale Tips   *303*
Die Autoren   *343*
Bildnachweis   *343*
Register   *344*

**45.–53. Tausend September 1997
Neuausgabe**
Veröffentlicht im Rowohlt
Taschenbuch Verlag GmbH
Reinbek bei Hamburg, April 1986
Copyright © 1986/1997 by Rowohlt
Taschenbuch Verlag GmbH,
Reinbek bei Hamburg
Satz Stone PostScript,
QuarkXPress 3.31 (Dolev 800)
Umschlaggestaltung Walter Hellmann
(Fotos: Bilderberg, Wolfgang Kunz;
G+J Fotoservice, Ernst Wrba)
Layout und Grafik Alexander Urban
Karten Elsner & Schichor, Karlsruhe
Druck und Bindung Clausen & Bosse, Leck
Printed in Germany
2290-ISBN 3 499 19091 5

KALOS
ORISATE

Griechenlands größte Insel bietet weit mehr als dreihundert Sonnentage im Jahr und fast tausend Kilometer Küste. Zahllose Zeugnisse der über fünftausendjährigen Geschichte, der Fremdherrschaft und des Freiheitskampfes faszinieren ebenso wie die grandiose alpine Bergwelt und die einzigartige Flora. Die spontane und offene Art der Kreter macht es außerdem dem Besucher leicht, sich unter südlichem Himmel wohl zu fühlen. Bereits 1982, als wir unseren erster Beitrag für den Band *Anders reisen: Griechenland* schrieben, war die Insel von einem rasanten Veränderungsprozeß erfaßt. Inzwischen ist Kreta Griechenlands attraktivstes Ferienziel geworden. Jedes noch so abgelegene Dorf ist bequem mit dem Auto oder per Schiff zu erreichen. Die Gelder der Europäischen Union für die Landwirtschaft und aus dem Mittelmeerprogramm beschleunigen diese Entwicklung und lassen Kreta und vor allem die jüngeren Bewohner immer europäischer werden.

Diese Umbrüche mag man bedauern oder befürworten; sie waren ein wichtiger Grund, *Anders reisen: Kreta* nach über zehn Jahren und vielen aktualisierten Auflagen völlig neu zu konzipieren. Der Routenteil dieser Neuausgabe wurde stark erweitert und der Infoteil um detaillierte regionale Tips ergänzt. Diese sollen helfen, das stark gestiegene Tourismusangebot zu sichten, Nischen im «Tourisneyland» zu finden und Kreta individuell zu entdecken.

Wir danken allen, die zum Entstehen des Buches beigetragen haben, sei es durch Auskünfte und Ratschläge oder in Begegnungen, Diskussionen und Auseinandersetzungen. Ganz besonders aber gilt der Dank unseren kretischen Freunden und denen, die mit uns gereist und gewandert sind.

Rainer Karbe/Ute Latermann

DIE INSEL IM SÜDEN

KREUZ UND QUER
KRETA AUS DER VOGELPERSPEKTIVE

Wenn sich im Luftkorridor die Charterjets stauen und der Pilot eine große Warteschleife fliegen muß, genießen die Passagiere einen Kretablick wie Adler und Geier. Diese Vögel inspizieren ihr Kreta seit Jahrtausenden von oben. Dank ihrer riesigen Flügel, die ihnen das Gleiten in großen Höhen gestatten, gelangen sie schnell und scheinbar mühelos von einem Ort zum anderen. Auf dem Landweg gestaltet sich die Inselerkundung Kretas entschieden zeitaufwendiger. Kein Wunder, daß Dädalos und Ikaros dem kretischen Labyrinth mit nachgebauten Vogelschwingen entflohen.

Die direkten Nord-Süd-Straßenverbindungen auf der Insel sind problemlos. Diese Landstraßen haben zwischen 15 und 57 Kilometer Inselbreite zu überwinden, allerdings führen sie meist über Gebirgspässe mit erheblichen Serpentinen und Steigungen. Viele Orte im Landesinnern oder an der Südküste sind jedoch nur über ein kompliziertes Straßennetz mit

Sogar das Fliegen wurde auf Kreta erfunden – Daedalos und Ikaros am Hafen von Iráklion

dem Umweg über die Nordküste miteinander verbunden.

Schuld an solch seltsamer Straßenführung sind vier mächtige Gebirgsmassive: die Weißen Berge (Lefká Óri, geschätzt mit 60 Zweitausendern), das Ída-Gebirge (Psilorítis mit dem höchsten Gipfel der Insel, Tímios Stavrós, 2456 Meter), das Lassíthi-Gebirge, welches nach seinem höchsten Berg, dem Díkti (2148 Meter), auch Díkti-Massiv genannt wird, und das Sitía-Gebirge. Diese Hochgebirge senken sich nach Norden zu fruchtbaren Ebenen ab und fallen nach Süden innerhalb weniger Kilometer steil und schroff ins Libysche Meer. Gewaltige, kilometerlange und mehrere hundert Meter tiefe Schluchten in Nord-Süd-Richtung, die berühmteste ist die 18 Kilometer lange Samariá-Schlucht, haben bisher verhindert, daß eine durchgehende Küstenstraße die Orte im dünnbesiedelten Süden verbindet.

Die größte und zugleich fruchtbarste Tiefebene, die Messará mit 140 Quadratkilometern, liegt im südlichen Zentralkreta. Sie öffnet sich nur im Westen zum Meer und wird durch die kargen Asteroússia-Berge (bis 1231 Meter) zur Südküste hin abgeriegelt. Charakteristisch für Kreta sind vor allem die fruchtbaren, in Bergkesseln gelegenen Hochebenen: die Lassíthi (45 Quadratkilometer) im Díkti-Massiv; die Askífou (42 Quadratkilometer) und die Omalós (25 Quadratkilometer), beide in den Lefká Óri, sowie die Nída (knapp vier Quadratkilometer) im Psilorítis.

Der Bus ist immer noch ein wichtiges Verkehrsmittel auf der Insel, wenngleich der Individualverkehr mit dem Auto zunimmt. Durchweg verkehren moderne Überlandbusse. Nur noch auf winzigen Nebenstrecken verkehren die romantischen Uralt-Modelle mit runder Schnauze und Steigleiter, von der aus der Schaffner stehend die Gepäckstücke aufs Dach befördert.

Schweift der Blick von einer Paßhöhe im Inselinneren über die Berge oder zwischen ihnen hindurch nordwärts über fruchtbares Land hin bis zum Kretischen Meer, so nehmen ihn gen Süden Kargheit und schroffe, schier endlose Bergriesen gefangen. Kein Wunder, daß auf der größten (8331 Quadratkilometer) und südlichsten Insel Griechenlands (auf der Höhe von Tunesien) der Norden am dichtesten bevölkert ist. Dort leben gut 75 Prozent der 540 000 Kreter, die 1991 bei der Volkszählung registriert wurden.

Die Hauptstadt Iráklion hat die größte Bevölkerungsdichte aufzuweisen. Allein von 1971 bis 1981 stieg die Einwohnerzahl von 85 000 auf 110 000 an und betrug nach der Zählung von 1991 über 125 000. Mit großem Abstand erst folgt die zweitgrößte Stadt, Chaniá, heute von über 60 000 Menschen bewohnt. Die einzige Südküstenstadt ist Ierápetra (12 000 Einwohner), verkehrsgünstig an der östlichen «Wespentaille» der Insel gelegen.

Die Insel ist in vier «Nomí» eingeteilt: Chaniá im Westen, Réthimnon, Iráklion und Lassíthi im Osten. Iráklion hält bei den Verwaltungsbezirken mit über 260 000 Einwohnern die Spitze, gefolgt von Chaniá mit etwa der Hälfte. Zum Nomós Chaniá gehören allerdings die beiden Landkreise, die am spärlichsten besiedelt sind: Sfakiá und Sélino, beide im unwegsamen Südwesten der Insel gelegen. Im Norden reicht die zum Teil als Autobahn ausge-

Wo heute das Bergdorf Rodováni thront, lag in der Antike die mächtige Stadt Elyros – ihr Seehafen war Soúgia

baute Straße (New Road) vom östlichen Sitía bis nach Kastélli im Westen. Aus der Sicht eines Leihwagenfahrers schrumpfen damit die 256 Kilometer Insellänge beträchtlich zusammen. In der Saison tummeln sich in Nordkreta fast sämtliche Touristen. Auch mancher, der im Süden oder im Landesinnern seine eigenen Wege sucht, muß beim «Umzug» von einem Domizil zum anderen oft zum Norden zurück. An der gut erschlossenen Nordküste liegen auch die Flug- oder Schiffshäfen von Iráklion, Chaniá, Ágios Nikólaos und Sitía. Der Minoische Palast von Knossós, die Attraktion Nummer eins, der Mirabéllo-Golf und Sandstrände ließen den Tourismus im Norden recht früh Fuß fassen – mit Zentren in und um Ágios Nikólaos, Cherssónissos, mit Großhotels und Bungalowsiedlungen entlang der neuen Straße. Verhältnismäßig wenig touristisch erschlossen dagegen bleiben der Süden, Osten und Westen der Insel. Jedoch hat der Pauschaltourismus im Süden seine ersten Stützpunkte in Mátala, Plakiás, Agía Galíni und an der Küste östlich von Ierápetra gefunden.

Sonne oder Regenzeit bestimmen den kretischen Lebensrhythmus

«Was ist für Sie das Beste an Kreta?» – «Das Wetter.» Der Instrumentenbauer Antonios Stefanakis wohnt in Zarós, 350 Meter hoch am Südhang des Psilorítis. Gemessen am kretischen «Normalfall» regnet es in seinem Dorf häufiger, vor allem im Winter und zeitigen Frühjahr. Bereits die Römer konnten von Zarós aus ihre Großstadt Górtis mit Trinkwasser versorgen – die antike steinerne Wasserleitung ist im (Bach-)Tal südlich von Gérgeri gut erhalten. Der Name Zarós bürgt bis heute für beste Wasserqualität. Zum einen tummeln sich in den Teichen Zuchtforellen, und auf der ganzen Insel wird das Quellwasser in Plastikflaschen erfolgreich als Tafelwasser vermarktet. Antonios Stefanakis läßt sich nicht beirren: «Wenn es morgens mal regnet, nach zwei Stunden ist alles wieder klar, dann scheint die Sonne.»
Jeder bunte Reiseprospekt spricht zu Recht von 300 kretischen Sonnentagen im Jahr. Von April bis Oktober gehört die Badehose ins Urlaubsgepäck, denn Wasser und Luft versprechen noch in den Herbstmonaten Temperaturen von 23 Grad. Schon im März braucht man bei durchschnittlich 14 Grad Luft- und 16 Grad Wassertemperatur statistisch nur sieben Regentage zu befürchten, im April nur drei.
«Sigá, sigá», ganz langsam rüsten sich die Kreter für die Invasion der Fremden: Frühestens ab April wird in Pensionen, Appartements und Hotels mit dem Mottenpulverduft der Winter aus den klammen Zimmern gelüftet. Hänge, Weiden, Olivenhaine, alles ist von einem Blütenteppich überzogen. Schon Mitte Mai, je nach Wetterlage und Feuchtigkeitsreserven aus der Regenzeit, kann alles von einem zum anderen Tag verdorren. Juli und August sind die heißesten Monate. Die Nordküste hat dann stets eine kühlende Brise, den Meltémi, anzubieten. Die Quecksilbersäule pendelt sich durchschnittlich bei 30 Grad ein, bei einer Wassertemperatur um 25 Grad. Die Landschaft hat ein beige-braunes Gewand angezogen, an den Feldrändern glänzen die silbrigen Federköpfe nicht abgeernteter Artischocken. Nur die immergrünen Eichen und andere

Hartlaubgewächse, Olivenhaine und Johannesbrotbäume setzen grüne Tupfer in die hitzeflirrende Landschaft. In vertrockneten Bachläufen versorgen sich prallblühende Oleander und die Orientalische Platane mit Grundwasser. Auf den beweideten Hängen klebt der duftende dreiblättrige Salbei beim Berühren fast an den Fingern fest. Ihm quillt das ätherische Öl geradezu zwischen den filzigen Härchen heraus, ohne den Verdunstungsschutz würde er vertrocknen. Während der Hochsaison klettert das Thermometer im stets heißeren Süden und Südosten leicht auf 40 Grad. Da heißt die Alternative: Raus aus den südlichen «Backöfen», hinauf in die Berge, so wie es die Schäfer mit den Herden machen. Hier bleiben auch im Sommer die Temperaturen zwischen 15 und 25 Grad, und die Nächte bringen erfrischende Abkühlung oder sogar Temperaturstürze: Das lädt zu Hochgebirgstouren geradezu ein. Die Badestrände unten bevölkern sich Mitte Juli bis einige Wochen nach Mariä Entschlafung im August von Jahr zu Jahr mehr auch mit Kretern und Griechen vom Festland, die Urlaub mit der Familie machen und sich in der lähmenden Gluthitze wohl fühlen.

Erst im November setzt die Regenzeit ein, die die Häuser spätestens im Januar und Februar kalt und klamm werden läßt – für Strandurlauber ungeeignete Monate. Schon die ersten Regentropfen lassen neues Grün sprießen, zur Freude der frischgeborenen Lämmer. Krokusse wagen sich frühzeitig raus, und die ersten Orchideen haben bereits im Winter ihre Blütezeit. In den Dörfern bestimmen die Olivenernte und das neue Öl Gespräche und Tagesablauf. Frauen und Mädchen sammeln die reifen Früchte aus den schwarzen Netzen vom Boden auf, die Olivennachlese kann sich bis zum März hinziehen. Die Ölmühle am Dorfrand wird aus dem Sommerschlaf geholt und rumort manchmal bis in die Nacht. Mindestens von Januar bis März werden in einem Raum des Hauses «mangáli», dreibeinige Kohlebecken, aufgestellt, über deren glimmender Holzkohle sich jeder die kalten Hände reibt. Durch die Räume der Dorfkafenía und Tavernen winden sich die langen Ofenrohre der Kanonenöfen, finden ihren Weg meistens durch ein Loch im Glas der Fensterscheibe nach draußen. Die Männer im Kafenío wärmt abends zusätzlich der Rakí. Hochbetrieb wie beim Olivenernten und -pressen herrscht auch in den Zitrusplantagen im Hinterland von Chaniá. Und gegen Weihnachten werden bereits die frisch gepflückten kretischen Orangen in den Supermärkten der nordeuropäischen EU-Staaten angeboten und mit ihnen kistenweise Schlangengurken aus den Plastiktreibhäusern rund um Ierápetra oder Timbáki.

BLÜTENTRÄUME

NATUR ALS KAPITAL

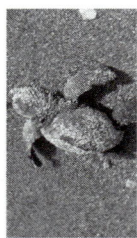

Noch gibt es das attraktive Reiseziel Kreta: ein vom Klima begünstigtes Mittelmeereiland mit zwar wenigen makellosen Sandstränden, aber grandiosen Gebirgslandschaften, die seine stolzen Bewohner prägten. Die kretischen Bauern- und Hirtenfamilien formten in jahrtausendelanger Nutzung sehr unterschiedliche Landschaftstypen, die als Patchworkpuzzle die Insel überziehen: extensiv betriebene Oliven-Johannesbrot-Haine, Terrassenanbau, Obstkulturen, Bergweiden mit Almen, Flußlandschaften mit Bewässerungssystemen, Schluchten mit halbwilden Ziegen, in denen die Kreter ihrer Jagdleidenschaft frönten. Verschiedene Untergründe – Kalkböden (70 Prozent Kretas), aber auch Schiefer und Sedimentgesteine – sorgen für Abwechslung im Pflanzenkleid. Dank der Niederschläge, die in der mächtigen Schneedecke der Lefká Óri einige Monate gehalten werden, ist es im Westen recht grün, können üppig Sträucher und Bäume wachsen. Der Südosten dagegen ist trocken und großflächig von Polstergewächsen überzogen.

Fast unberührt wirkende Landschaften und naturnahe Lebensräume bieten Panoramen, die Erholungsuchende aus den Industrieländern begeistern. Naturschützer wollen einige besonders außergewöhnliche und bedrohte Gebiete, sie machen zwanzig Prozent der Fläche Kretas aus, als europäisches Kultur- und Naturerbe erhalten. Die wissenschaftlichen Bestandsaufnahmen sind weitgehend abgeschlossen, Anträge ans Umweltministerium in Athen mit dem Ziel eingereicht, daß einige dieser Biotope ins ehrgeizige Schutzgebietsnetz der Europäischen Gemeinschaft, NATURA 2000, aufgenommen werden. Die anerkannten Flächen könnten dann effektiv betreut werden, Umwelt und Landschaftsbild würden erhalten, Arbeitsplätze dort geschaffen, wo heute Landflucht und Sozialbrache sich breitmachen.

Von den rund 1500 Pflanzen Kretas sind ca. 150 Arten und Unterarten endemisch, das heißt, sie wachsen nirgendwo sonst auf der Welt. Darunter sind Orchideen (Gesamtbestand der kretischen Orchideen knapp 70 Arten), Pfingstrosen, kleine Alpenveilchen, wilde Tulpen – unscheinbar wirkende Schluchtbewohner genauso wie die stattlichen kretischen Dattelpalmen. Nicht nur Botaniker genießen die einzigartige Naturvielfalt. Europas größter natürlich gewachsener Palmenwald in Váï lockt zahllose Tagesausflügler, die sich als Badenixen und Neptune vor seiner zum Schutz eingezäunten Kulisse am karibisch angehauchten Strand in den Fluten tummeln.

Jeder, der einmal im Gebirge gewandert ist, kennt die markanten Flugsilhouetten der in schwin-

Sobald der Schnee taut, verwandelt sich die Omalós in einen Blütenteppich aus Anemonen und Tulpen

delerregenden Höhen segelnden Gänsegeier. Kretas schroffe Felshänge sind noch immer ein Eldorado sogar für Adler und andere Greifvögel. Mehrfach taucht die Insel deshalb in der Fachliteratur bei den als bedeutend eingestuften Vogelgebieten Europas auf. Der Kournás-See, Feuchtgebiete und einige der nördlichen Inseln und Halbinseln sind wichtige Zwischenstationen auf dem Vogelzug. Eleonorenfalken haben sich zum Beispiel die Dionisades-Inselchen im Nordosten für ihre weltweit größte Kolonie ausgesucht. Die dunklen Jäger schlagen erschöpfte Zugvögel; mit der Beute päppeln sie im Herbst ihre Jungen hoch.

Frühjahrsorgien in Olivenhainen

Die knorrigen Olivenhaine auf den weiten Hügeln am Rande der Messará strotzen noch mehr als anderswo vor Wildblumen, als hätte ein Landschaftsplaner gekonnt ein buntgemischtes Sortiment arrangiert: gelbe und weiße Wucherblumen, rote Gladiolen und Traubenhyazinthen zwischen blauen und rosa Kronenanemonen. Auf dem brachliegenden Feld nebenan dicht an dicht das Blau des Natternkopfes und das Gelb der Wachsblume. Hinreißend das Meer aus rotem Klatschmohn. Auf den trockenen Fahrwegen dazwischen sprießen blaßblaue Iris. Am Hang zwischen den angeknabberten Dornen- und Thymianpolstern rekken die wunderschönen Ragwurz-Orchideen ihre Samtblüten den Insektenmännchen entgegen. Die überwältigende Blütenpracht lockt neben Wanderern und Spaziergängern vor allem die Bienen, Hummeln und Schmetterlinge. Noch bis 1993 brummten regelmäßig im Frühjahr Propellermaschinen über die Dörfer der Messará und ihre Olivenhaine, eine giftige Sprühregendecke hinter sich lassend. Der großflächige Pestizideinsatz bekam den Bienenvölkern schlecht, weshalb die Imker die Einstellung der Flüge durchsetzten. Gilt doch gerade der kretische Honig als besonders naturrein und aromatisch. Wie traditionsreich das Imkern auf Kreta ist, beweist der minoische Goldschmuck von Mália: Zwei Bienen halten eine kreisrunde Honigwabe. Runde Waben stammen aus liegenden Tonröhren, wie sie seit den Minoern bis in unser Jahrhundert benutzt wurden. Erst 1976 wurde in einer großangelegten Inselkampagne auf die weltweit üblichen Holzbeuten umgestellt. Im Augenblick spritzt jeder Bauer individuell nach Bedarf, wenn sich die Olivenfruchtfliege bei ihm breitmacht.

Vom Stopp des Massensprühens profitieren viele weitere Tiere wie zum Beispiel die Fledermäuse, die im Licht der Dorflaternen lautlos reiche Insektenbeute machen.

Gezielte Zündeleien

«Ausgedehnte Waldbrände haben auf der griechischen Insel Kreta am Wochenende etwa dreitausend Hektar Wald sowie Oliven- und Zitrushaine vernichtet. Ein 67jähriger Mann kam in den Flammen ums Leben, mindestens zwanzig Häuser wurden eingeäschert, und Hunderte Stück Vieh verendeten.» Die Zeitungsmeldung vom 25. Oktober 1992 ist zwar verjährt, das Thema selbst leider ein «Dauerbrenner»: 1994 vernichtete eine Feuerwalze die Kiefern im Tal, das von Soúgia hinauf nach Chaniá führt; auch die Wanderung durch die Roúwas-Schlucht bei Zarós deprimiert, überall verkohlte, gespenstisch starrende oder umgestürzte Baumskelette, wo sonst Kiefernnadeln dufteten und dichte Zweige Schatten spendeten. Die Katastrophenmeldungen lassen sich mühelos fortsetzen. Mitte August 1995 verloren die Leute im Bergdorf Mélambes (Kedros-Gebirge) mehrere tausend Olivenbäume, sie konnten nur ihr Leben und ihre Häuser retten; die Regen im nachfolgenden Winter schwemmten schätzungsweise zwanzig Tonnen ihres fruchtbaren Ackerbodens ab, unwiederbringlich.

Die alljährlichen Sommerbrände auf Kreta setzen praktisch die Abholzungen der vergangenen Jahrtausende fort. Für den Schiffsbau, fürs Bauen, für die Metallschmelze und den Export wurden von den Minoern, den Römern, den Byzantinern, den Venezianern, den Türken, den Deutschen und den Kretern Stämme geschlagen. Infolge der Waldvernichtung sind Kretas Böden degradiert. Von Ausnahmen abgesehen, tragen sie lediglich eine dünne ackerfähige Decke. Oft ist der Boden weggespült, das Gestein liegt bloß. Regenwasser schießt ungebremst zu Tal und setzt den Degradationsprozeß fort. Dies gilt besonders für die steil ansteigenden Gebirge, die von tiefen Schluchten durchzogen sind. Die ramponierte Vegetationsdecke förderte die Auswaschungsprozesse in den Kalkblöcken. Die Karstgebirge sind durchlöchert wie Schweizer Käse. Kretas Underground zählt über 3000 teilweise weitläufige Höhlen und unzählige Grotten. Den Steinzeitmenschen wie Minoern dienten sie als Behausung, Grab- und Kultstätte, den Freiheitskämpfern und Partisanen als Operationsbasis und Versteck, den Hirten bieten sie Schutz vor Unwettern und Unterstand für die Herden. Einige Höhlen, wie die Psichró-Höhle auf der Lassíthi-Hochebene, erweisen sich heute als starke Tourismusmagnete.

Waldreste aus Zypressen und Brutia-Kiefern sind nur in den unwegsamen Gebirgslagen der Sfakiá erhalten geblieben. Dabei war Kreta für seine dichten Zypressenwälder berühmt. Der Arzt Hippokrates empfahl um 400 vor Christus die Insel ihres Waldklimas wegen, und betuchte Hellenen stiegen zum Kuren an der Südküste an Land. Säulen- und Mosaikreste künden noch heute, zum Beispiel bei Léndas (Asteroússia-Gebirge) oder Lissós bei Soúgia (Lefká Óri), von Kuranlagen, Thermen und Tempeln, die Asklepios, dem Gott der Heilkunst, geweiht waren. Noch 1845 berichtete ein Bodenforscher, daß die Nída-Hochebene am Psilorítis von Wäldern umgeben sei. Wer zur Kamáres-Höhle aufsteigt, stößt noch heute auf Reste von großen Kermeseichenwäldern. Aber jeder Unterwuchs fehlt, die Ziegen machen «reinen Tisch» und klettern sogar, wo sie können, in die großen Baumkronen und lassen sich die ilexartigen Eichenblättchen schmecken.

Von der einstigen Waldherrlichkeit ist nur stellenweise eine erwähnenswerte Macchia geblieben, ein meterhohes Buschwerk, das sich noch behauptet, wenn Brennholz entnommen und Tiere zum Weiden hineingetrieben werden. Im wasserreichen Inselwesten ist diese dichte Macchia noch anzutreffen. Im trockenen Süden und Südosten blieb nur die Phrygana, eine niedrige Polstervegetation, übrig. Wald und Macchia der Insel zusammengenommen, betrugen vor wenigen Jahren noch viereinhalb (Griechenland zwanzig) Prozent. Hochrechnungen prognostizieren, daß es spätestens in knapp fünfzig Jahren keinen Wald mehr auf Kreta geben wird, wenn nicht einschneidende Gegenmaßnahmen ergriffen werden.

«Die Behörden vermuten, daß die Feuerkatastrophe auf Brandstiftung zurückzuführen ist», so schließen selbst griechische Zeitungen inzwischen ihre Artikel. 15 000 Brände in Griechenland, die zwischen 1980 und 1991 untersucht wurden, belegen: Nur ein verschwindend geringer Teil ist auf Selbstentzündungen oder Fahrlässigkeit zurückzuführen. Fast siebzig Prozent der Feuer rechnen die Fachleute mit an Sicherheit grenzender Wahrscheinlichkeit zu den absichtlichen Brandlegungen. Auch über die Tätergruppe herrscht Einigkeit unter den Experten: Es sind Hirten und Grundstücksspekulanten. Die Feuerleger der Immobilienbranche zündeln gern in Küstennähe oder dort, wo sich das Bauen sonst noch lohnt. Offiziell darf zwar auf niedergebrannten Flächen nicht gebaut werden, aber bisher fanden sich stets Wege, derartige Gesetze zu umgehen. Den Ziegen- und Schafzüchtern vergoldet gar der Staat bzw. die EU die Brandstiftung, denn die griechische Regierung zahlt Kopfprämien, wenn Herden aufgestockt werden. Diese Tiere brauchen größere Weiden, und der erste Winterregen läßt auf den abgebrannten Flächen hervorragendes Grünfutter für die Tiere sprießen. So schließt sich der ebenso verführerische wie lukrative Teufelskreis.

Der Biologe und engagierte Naturschützer Thomas Schultze-Westrum rechnet vor, daß die Wiederaufforstungen, die Pflänzchen für Pflänzchen von der EU subventioniert werden, postwendend in den ebenfalls subventionierten Ziegenmägen verschwinden. Denn wirksame Schutzzäune für die Schonungen fehlen. Rund vier DM zahlte 1992 die EU für Ziegenfutter in Form eines neugepflanzten Bäumchens. Inzwischen droht die Regierung in Athen Brandstiftern mit horrenden Strafen: fünf Jahre Gefängnis und Geldstrafen bis zu 400 000 DM.

Ungelöst bleibt weiterhin das Problem der Wiederaufforstung. An die Mammutarbeit machen sich auch lokale Gruppen, zum Beispiel der Verein zum Schutz der Weißen Berge, I Madara, mit Sitz in Chaniá. Auf die verbrannten Flächen rund ums Dorf Melidóni (Apokoronoú) pflanzten freiwillige Helfer 1993 zweihundert Johannisbrotbäume und hundert Zypressen, zwischen den Dörfern Moní und Soúgia (Sélino) setzten sie 1994 dreihundert Fichten und zweihundert Pinien. In den letzten Jahren gelang die Aufforstung höchstens bei zehn Prozent des zerstörten Waldes. Knackpunkt ist die Weidewirtschaft mit rund 500 000 kretischen Schafen und ca. 250 000 kretischen Ziegen, Tendenz rapide steigend. Ohne ein vernünftiges Konzept und aufwendige Sicherungsvorkehrungen durch Zäune bleibt weder den Setzlingen noch der natürlichen Waldverjüngung eine Chance.

Und wird mit hohen Kosten eingezäunt, dann stellt das noch lange keine Garantie für einen zukünftigen Wald dar. «Da muß wieder jemand eine Drahtschere gehabt haben», seufzt Werner, der als Künstler und Wanderführer seit Jahren zwischen Asteroússia-Bergen und Messará lebt. Nach

Für seine Schafe und Ziegen geht mancher Hirte durchs Feuer

nur kurzer Zeit ungestörten Wachsens stehen Ziegen und Schafe mitten in einer eingezäunten Parzelle beim Kloster Odigítria. Zwischen Pómbia und Ágii Déka (Messará) machte der trockene Sommer aufgeforsteten Hängen den Garaus. Alle Bäume sind verdorrt.

Sea-Turtle-Tage

Im Sommer 1993 jeden Morgen dasselbe Bild: Eine zierliche Blondine auf einem dreirädrigen Strandbike fährt über den noch menschenleeren sommerlichen Strand von Kommos. Statt Gas zu geben und durch Wind und Wellen zu brausen mit ihren extra superbreiten Reifen, zockelt sie am Ufer entlang und schaut angestrengt auf den Boden, als suche sie ein verlorenes Schmuckstück. Hin und wieder steigt sie ab und notiert etwas in eine Kladde. Mal buddelt die Blondine gar, und mal bringt sie den Aushub vorsichtig an einen anderen Platz. Riesige Drahthütchen schützen danach wie umgekehrte Körbe diese Stellen. Rund zwei Monate geht das so, jedes Jahr von Juli bis August/September.

Im Sommer 1994 kam die kanadische Wissenschaftlerin erstmals ohne ihr Motorrad, statt dessen mit vielen Helfern – griechischen, kanadischen und deutschen Studenten, jugendlichen Freiwilligen aus Europa und einem griechischen Kollegen, ebenfalls Mitarbeiter der Griechischen Gesellschaft zum Schutz der Meeresschildkröten, die 1990 damit begann, die Bestände des selten gewordenen Reptils auf Gesamtkreta zu erfassen. Ein Jahr lang hatte die Frau eine Mordsarbeit allein bewältigt, dank des bei Naturschützern verpönten Motorrades. Es gilt, die Brutplätze der Unechten Karettschildkröte (Caretta caretta) zwischen Mátala und Kókkinos Pírgos zu kartieren, Daten über das Verhalten der urtümlichen Meeresbewohner zu gewinnen und vor allem Konzepte zu entwickeln, wie zwei grundverschiedene Spezies von Strandliebhabern während zweier Sommermonate friedlich nebeneinander auskommen können.

Die Touristen haben Kommos vor rund zwanzig Jahren in immer größer werdender Zahl entdeckt, die Schildkrötenweibchen benutzen den Beach seit Jahrtausenden. Den einen ist an wohlverdienter Erholung gelegen, bei den anderen geht es um alles oder nichts, nämlich die Erhaltung der Art. Genau zur Hochsaison verlassen

Geboren auf Kreta – für die Weite der Meere bestimmt

die Schildkrötenweibchen im Alter von fünfzehn Jahren, knapp einen Meter groß, erstmals für eine einzige Nacht im Jahr das Meer. Jedes muß das genau dort tun, wo es selbst geschlüpft ist, da bleiben die Gene unerbittlich. Mühsam schiebt sich eine gepanzerte Dame den Strand empor, schaufelt an den Dünen mit ihren paddelförmigen Beinen eine Grube aus, in die sie rund hundert weichschalige «Tischtennisbälle», ihre Eier, plumpsen läßt und anschließend wieder mit dem warmen Sand zudeckt.

Achtundvierzig bis fünfzig Tage später graben sich die Caretta-Miniaturausgaben durch den betonharten Sand des Nestes nach oben. Mutterseelenallein wuseln die fünf Zentimeter großen, noch weichen Schildkrötenbabys zielstrebig Richtung Meer. Und das alles im Schein des Mondes und beim Funkeln der Sterne; Stille herrscht, nur die Brandung gibt Rhythmus und Ton an. Bereits eine Radspur stellt ein unüberwindliches Hindernis für die Winzlinge dar. Deshalb ist während der Brutzeit jedes Motorradfahren am Meer streng verboten.

Was das Weibchen in tierischer Nachtarbeit zuschaufelte, wird frühmorgens von den Forschern behutsam wieder geöffnet. Dann werden die Eier gezählt, die Daten notiert, abgewägt und überlegt: Falls nötig, wird das ganze Nest umgebettet. An touristisch wenig frequentierten Stellen entstehen so regelrechte «Kinderhorte», Brutparkplätze. Griechische Kids aus den Schulen der Umgebung sind mit Feuereifer beim Umquartieren dabei. Sie bauen Zäune und schauen auch in der Freizeit nach «ihren Nestern». Eines Morgens sind sie dann leer, und die Kinder erfahren, wie viele unbefruchtete Eier, wie viele «Totgeburten», es in ihrer Sandgrube gab. Besonders spannend wird es, wenn «Geburtshilfe» geleistet werden muß, weil einem Reptil die Eischalen zu eng klebten oder ein erschöpftes «Findelkind» entdeckt wird, dem Strandgut den Weg verstellt. Damit für die Sonnenanbeter in Kommos nicht alles im dunkeln bleibt, was sich nächtens auf, neben und unter ihrem Lieblingsplätzchen abspielt, dort wo sie tagsüber unbekümmert ihre Strandlaken ausbreiten, gibt's Hinweistafeln vor Ort, Infostände in den umliegenden Dörfern Pitsídia, Mátala, Kamilári, Kalamáki; Diavorträge in Griechisch, Deutsch und Englisch; Faltblätter, T-Shirts, Spielzeug, Postkarten.

Wie sehen das die Kreter? Die Schulklassentermine sind immer ausgebucht, der Bürgermeister von Pitsídia hat die Sea Turtles als Touristenattraktion in den Werbeprospekt aufgenommen. Die Bevölkerung steht hinter seinem Elan. Der mobile Sonnenschirmverleih in Kommos mußte der Schildkröten wegen auf Dauerstandmodelle mit Gras-Bambus-Dach umstellen. Auf die legebereiten Weibchen, die tags vorm Strand durchs Wasser «fliegen» und ihre Legeplätze ausspähen – sie schlagen die vorderen Paddelbeine wie Vögel auf und ab –, wirken diese Kunstschirme ähnlich beruhigend wie Bäume. Manchen Pitsidianer wurmt es, daß ihm Einkunftsquellen durch Motorradverleih oder organisierte Strandpartys bei Nacht verschlossen bleiben, denn künstliches Licht desorientiert die legebereiten Weibchen.

Leider erweist sich die intensive Landwirtschaft als Problem: Die vom Wind ins Wasser getragenen Plastikfolien aus zerstörten Gewächshäusern täuschen den Schildkröten im Wasser eine ihrer Lieblingsspeisen vor. Doch statt der Qualle verschlingen sie ein Produkt der chemischen Industrie und verenden jämmerlich.

1996 sind nur 50 bis 60 Nester rund um Kommos betreut worden, im Jahr davor waren es entschieden mehr. Für den Rückgang könnten auch natürliche Zyklen verantwortlich sein, man muß abwarten.

Wer an Réthimnons langem Sandstrand Ferien macht, wird wahrscheinlich sogar im Animationsprogramm seines Hotels auf Schildkrötenprojekte stoßen. Die Grecotel-Gruppe unterstützt beispielsweise die Schildkrötenexperten, die 1996 hier 500 Gelege betreut haben. Noch weiter im Westen, zwischen Kolimbári und Agía Marína, kamen weitere hundert Weibchen nachts an Land, die Nester wurden ebenfalls betreut.

Sicher stehen diese Schutzprojekte unter der göttlichen Schirmherrschaft des Zeussohnes Apollon, der in Schildkrötengestalt auf Liebesabenteuern unterwegs war, und der Liebesgöttin Aphrodite, die eine Schildkröte als Fruchtbarkeitssymbol trug.

Ex und hopp

Vor zwanzig Jahren warfen Großeltern und Eltern den Abfall einfach auf die Felder rund ums Dorf. Jedoch fraßen einen Teil die Ziegen auf, das meiste verrottete von allein. Da dieses einfache Entsorgungsprinzip augenscheinlich nicht mehr klappt, entwickeln sich Schluchten und bewaldete Bergeinschnitte Kretas zu wilden Müllkippen, die privat und auch von der öffentlichen Hand genutzt werden. Die bunten Abfallberge warten auf den nächsten Regenguß. Der Müll entsorgt sich auf diese Weise mehr oder weniger zuverlässig ins Meer. «Recycling? ‹Ti seméni aftó?› (Was bedeutet das?)», witzelt ein Artikel im «Lokalanzeiger» von Georgioúpolis.

Aus den Augen, aus dem Sinn, scheint auch die Devise der zuständigen Behörden zu sein, deren Fachwissen weiter reichen dürfte als das der Bevölkerung, für die Umweltschutz bisher ein Fremdwort ist. Die Segnungen durch EU und Tourismus lassen die Kreter gerade das harte Leben der Eltern und Großeltern vergessen. Und in die Familien zieht Wohlstand in Form von Konsumgütern ein.

Schon lange strebt die Athener Verwaltung Deponien als Lösung an, und seit 1983 versichert die Spitze der Griechischen Zentrale für Fremdenverkehr, daß man sich verstärkt um den Umweltschutz bei der touristischen Erschließung kümmern werde. Man denkt wohl immer noch nach, während sich der Wohlstandsmüll türmt und der touristisch verursachte Müllberg gigantisch wächst. Zwar existieren Deponien, aber in welchem Zustand: Ihr Untergrund ist nicht gegen Sickerwasser versiegelt, Selbstentzündung ist an der Tagesordnung. Seit Jahren brennt zum Beispiel die müllschluckende Kouripidou-Schlucht im Distrikt Chaniá. «Im schwarzen, dioxingeschwängerten Rauch weiden Ziegen», merkt sarkastisch ein kretischer Umweltschützer an. Die Kippe müßte auf Weisung der EU bereits seit 1992 geschlossen sein.

Aber es gibt so gut wie kein Umweltbewußtsein, und die zuständige griechische Regierung in Athen ist weit weg. Und wenn es die Bevölkerung nicht beschäftigt, warum soll sich dann ein Verwaltungsbeamter mit dem Problem auseinandersetzen?

Geldmittel zur Lösung des Abfallproblems stehen zur Verfügung aus den EU-Strukturfonds: aus den Töpfen «Tourismus», «Infrastruktur» oder «Regionalentwicklung ländlicher Bereiche». Kleine Umwelt-Arbeitsgruppen in Sitía, Iráklion, Chaniá und der Verein NAWA Crete in Agía Galíni rechnen vor, wie solche Gelder umgelenkt wurden: Statt zum Beispiel empfohlene Mischkulturen mit Avocados anzulegen oder artenreiche Ölbaum-Johannesbrotbaum-Bestände in den Bergen zu erhalten, wurden bewässerte Monokulturen mit Olivenbäumen geschaffen, deren Hochertragssorten die bestehende Überproduktion von Öl noch weiter steigern. Gelder, die für die Fischerei, für touristische Infrastrukturen und für die Entwicklung der Südküste ausgezahlt wurden, finden sich in Betonmolen und zubetonierten Ufern wieder. Das alles elektrisierende Zauberwort lautet «Marinas», ein auch von der EOT favorisierter Traum. Was alternativen Anbaumethoden zugute kommen sollte, wurde zur Errichtung von Plastikgewächshäusern benutzt. «60 bis 70 Prozent der Infrastrukturmaßnahmen führen zu kurzlebigen Wachstumseffekten mit stark zunehmendem Verbrauch natürlicher Ressourcen und Zerstörung der Umwelt», lautet das Fazit.

TOURISNEYLAND
VOM RUCKSACK– ZUM MASSENTOURISMUS

«Wann endlich kommen die Touristen wieder?» Ratlosigkeit hat sich breitgemacht unter Kretas Hoteliers, Gastronomen, Reisebürobesitzern und Autoverleihern. «Flops in Folge» und «weitere Jahre der Tränen» prophezeien ihnen die Fachleute im Mai 1996. Und das Magazin *Focus* stellt für die laufende Saison fest: «Vor allem Griechenland-Offerten liegen überall wie Blei in den Regalen. Hellas-Tourismusbosse werden für ihre übertriebene Abzocker-Mentalität – zu hohe Hotelpreise und schlechter Service – bestraft.»

Auf mehr als zwanzig goldene Tourismusjahre konnten die Kreter bis 1994, dem bisherigen Rekordjahr, gelassen zurückblicken. Dann kam, für viele unerwartet, die Wende. 1995 ging die Zahl aller Griechenlandtouristen um 5,2 Prozent zurück, von 11,3 auf 10,7 Millionen, die der deutschen Urlauber sank sogar überproportional, um gut 20 Prozent, wie Branchenkenner schätzen. Kreta, wo inzwischen knapp 30 Prozent aller griechischen Übernachtungen erwirtschaftet werden, ist besonders hart betroffen. So überraschend allerdings, wie er auf den ersten Blick erscheint, kam der Besucherknick nicht. Verwöhnt durch immer neue Rekordjahre, hatten viele es versäumt, ihre Gewinne zu reinvestieren. Die Fremden würden ja wiederkommen, seit Menschengedenken war das so. Und ausgerechnet 1994, als die griechische Drachme stark gehalten wurde, hoben die Hoteliers ihre Preise für die nächste Saison bis zu einem Drittel an. Die Preissteigerungsrate bewegte sich jahrelang um die 20 Prozent, das Dreifache des EU-Durchschnitts. Um den Tourismus zu fördern, wurde jedoch immer wieder um bis zu 25 Prozent abgewertet. Für ausländische Touristen blieb dadurch ein Kretaurlaub genauso preiswert wie im Vorjahr. Seit 1994 aber ist die Drachme gegenüber der Mark stabil. In Konkurrenz mit vergleichbaren Urlaubszielen, vor allem mit der Türkei, ist ein Griechenlandurlaub dadurch teuer geworden, wie die Manager der Touristikbranche auch angesichts der zunehmenden Arbeitslosigkeit in Europa beklagen.

Die Kunden blieben weg, sie waren der negativen Entwicklung überdrüssig geworden: Geld statt Gastfreundschaft, spartanisch karge Hotelzimmer, lieblos zusammengekochte Mahlzeiten, mürrisches Personal. Aber nicht nur das, was den Reisenden am Ziel seiner Träume erwartete, schreckte ab, bereits die Anreise geriet nachdrücklich ins Zwielicht. Berichte über gravierende Mängel auf griechischen Fähren verunsicherten ebenso wie die kategorische Feststellung der Pilotenvereinigung «Cockpit», die je-

Gegenüber den Tavernen liegt der Strand: Promenade in Réthimnon

den Flug nach Hellas für ein Risiko hält. Mangelhaft ausgebildete, nur schlecht englisch sprechende Fluglotsen arbeiten mit veralteter Technik, weil das Geld für Schulungen an neuem, teilweise sogar bereits vorhandenem Gerät fehlt. Kleine Flughäfen platzen aus allen Nähten, besonders groß ist das Chaos an den ständig überlasteten Schaltern und Gepäckbändern in Iráklion. Dort mußten im Mai 1996 ausgerechnet die Teilnehmer an einem Kongreß über die Tourismusentwicklung auf Kreta sieben Stunden auf ihre Abfertigung bei der Heimreise warten.

Sträflich wurde in Griechenland der Ausbau der Infrastruktur von den Politikern verschlafen. Und die eigenen Versäumnisse läßt man sich ungerührt noch durch die höchste Flughafengebühr Europas mit 40 Mark pro Passagier vergolden. Von der EU für Infrastruktur bereitgestellte Gelder wurden teilweise nicht rechtzeitig abgerufen und verfielen. Und mit der notwendigen Selbstkritik, die zu einer nüchternen Bestandsaufnahme des teilweise selbstproduzierten Dilemmas führen könnte, scheint es nicht weit her zu sein. So schätzt es jedenfalls der Korrespondent der *Frankfurter Rundschau* Gerd Höhler ein, denn auf Kritik reagiere Athen immer gereizter. Von «antigriechischer Kampagne» und von «Schlammschlacht» ist dann schnell die offizielle Rede. Einen weiteren Grund für die Misere sieht Höhler in der ineffizienten staatlichen Tourismusbehörde EOT, die eigentlich langfristige Strategien für die Entwicklung des Fremdenverkehrs erarbeiten sollte. «Aber Kontinuität kann sich bei der Behörde schon deshalb nicht einstellen, weil es auf den streng nach parteipolitischen Kriterien besetzten Spitzenposten ständige Wechsel gibt.» Die EOT sei ein Musterbeispiel für die Auswüchse griechischer Bürokratie: «Sie hat zwar den größten Etat aller vergleichbaren Fremdenverkehrsbehörden in Europa. Doch das meiste Geld geht für die Gehälter der 2888 Bediensteten drauf.»

Wie alles anfing

Bis zum Zweiten Weltkrieg zählte Kreta jährlich ganze 5000 Besucher, meist Bildungsreisende, die sich die kostspielige und zeitraubende Fahrt auf die Geburtsinsel des Zeus leisten konnten. Seit den fünfziger Jahren stiegen die Besucherzahlen langsam an. Archäologische Stätten, venezianische Häfen, türkische Brunnen und Minarette stellten ebenso einen Reiseanreiz dar wie die Vielfalt der Landschaft mit ihrer endemischen Pflanzenwelt und den phantastischen Wandermöglichkeiten. Nicht zu vergessen die freundliche und offene Art der Kreter, ihr sagenhaftes Freiheitsbewußtsein und ihre vielgerühmte Gastfreundschaft. Vor allem im Frühjahr kamen Wildblumenliebhaber und Wanderer. In den Sechzigern wurde Kreta dann zum Paradies für Aussteiger, die hier in abgelegenen Buchten und Palmenhainen überwinterten. Von der Statistik her fielen die Blumenkinder kaum ins Gewicht, aber sie rückten Klima und Naturschönheiten der Sonneninsel ins Bewußtsein der Daheimgebliebenen. Den Auftakt zum Massentourismus gaben die 15 000 Charterpassagiere, die 1971 erstmals in Iráklion landeten. Und dann ging es in rasendem Tempo weiter. 1986 waren es bereits 825 000. Zunehmend verbrachte ein Teil den Urlaub nur noch an Strand,

Schwimmbecken und im Hotel. Da Iráklion an die Grenze seiner Kapazität stieß, wurden jetzt auch Zivilflüge auf dem Militärflughafen von Chaniá/Soúda abgefertigt, die inzwischen rund 25 Prozent betragen. Im Rekordjahr 1994 landeten schließlich 2 048 000 Passagiere direkt auf Kreta, darunter 744 000 Deutsche. Hinzu zählen muß man weitere Touristen, die per Schiff oder Linienflug anreisen, so daß sich pro Saison insgesamt 2,5 Millionen Gäste auf der Insel tummeln – mehr als ein Viertel aller Griechenlandurlauber.

Die Nordküste mit ihren zahlreichen Buchten und Sandstränden bildet Kretas «Tourisneyland». 85 Prozent aller Hotelbetten finden sich hier. Gab es 1971 lediglich 6500 Betten, waren es 1995 über 93 000, knapp ein Fünftel des gesamtgriechischen Angebots. Hinzu kommen noch 46 000 Privatzimmer und knapp 5000 Übernachtungsmöglichkeiten auf Campingplätzen. Die Auslastung der kretischen Hotelzimmer ist außerordentlich hoch, sie lag 1994 bei 84 Prozent gegenüber 66 Prozent in Gesamtgriechenland.

Trotz dieser schwindelerregenden Tourismuszahlen ist Kreta eine Bauerninsel geblieben. Efstathios Velissariou hat 1991 die wirtschaftlichen Effekte des Tourismus auf Kreta untersucht. Noch immer arbeiten über 40 Prozent der Bevölkerung in der Landwirtschaft gegenüber 32 Prozent, die ihre Drachmen im Tourismus ernten. Die Zahl der Hotelangestellten hat sich in wenigen Jahren mehr als vervierfacht und betrug 1995 rund 16 000. Insgesamt arbeiteten in der Touristikbranche mehr als 62 000.

Jeder Tourist gibt pro Urlaubstag zusätzlich zu den reinen Reise- und Unterkunftskosten etwa 47 DM aus, die sich jährlich zu 1,4 Milliarden Mark summieren. Rechnet man die Unterkunftskosten hinzu, so ergeben sich Einnahmen (Aufwandsersatz plus Gewinn) von 850 Millionen Mark. Velissariou errechnete, daß ein Viertel dieser Tourismuseinnahmen schwarz erwirtschaftet wird und am Fiskus vorbei in kretische Taschen fließt.

Das «touristenreichste» Gebiet Kretas war ursprünglich die acht Kilometer lange Küste zwischen Limín Cherssoníssou und Mália sowie Ágios Nikólaos und der Mirabéllo-Golf. Die kurzen Transferwege zum Flughafen bei Iráklion trugen zu dieser Entwicklung mit bei. Gleiches gilt seit Öffnung des Flughafens Soúda für die Regionen um Réthimnon und Chaniá, wo immer mehr Hotels gebaut werden. In den ehemaligen Fischerörtchen der Nordküste wird es immer enger. Konsequenterweise entstehen riesige Hotel- und Bungalowanlagen, die ganze Küstenstreifen beschlagnahmen: Ghettos im fremden Land. Wer sich als Tourist vom Rundumsorglos-Angebot korrumpieren läßt, sieht von Kreta nicht viel mehr als den hoteleigenen Strand. In einem Prospekt der TUI heißt es: «Schwimmen können Sie im Meer oder Meerwasser-Swimmingpool. Tischtennis, Billard und Folklore bringen ein Minimum an Aufregung in ihre sorglos faulen Tage. Und vielleicht raffen Sie sich ab und zu auf, die drei Kilometer nach Mália hineinzupilgern. Denn das lohnt sich bestimmt.»

Auf nach Mália! Die Hauptstraße des überfüllten Straßendorfes besteht nur aus Boutiquen und Souvenierläden, die alle «echten» kretischen Serienprodukte vom

Teppich über den Sonnenhut bis zur Ledertasche «preiswert» zum Verkauf anbieten. Treffend steht im Katalog des Griechenlandspezialisten Attika: «In den Unterhaltungszentren Cherssónissos oder Mália wird schon lange international gelebt und gefeiert.»

Wer wissen will, wie es in Nordkreta zwischen Réthimnon und Sitía, zwischen der autobahnähnlichen Küstenstraße und den Sandstränden aussieht, kann sich bereits daheim bestens informieren: beim Durchblättern der Urlaubsprospekte der Pauschaltouristikunternehmen. In einem heißt es: «Kreta ist ein gut gemixter Cocktail aus Kunst, Natur und schönem Wetter.» Na dann prost!

Die explosionsartige Entwicklung der Touristik hat die politisch Verantwortlichen auf Kreta überfordert. Gemessen am perfekten Ambiente eines Luxushotels wie dem des «Elounda Mare» am Mirabéllo-Golf, ist die Infrastruktur der Insel auf dem Niveau eines Entwicklungslandes stehengeblieben. Auf der ganzen Insel signalisieren qualmende Müllkippen ein fehlendes Entsorgungskonzept, weiß doch inzwischen jeder, daß sich während der Saison das Müllaufkommen verzehnfacht. Vielerorts fließen Abwässer ungeklärt ins Meer. Die Wasservorräte stoßen an ihre Grenzen, kein Wunder, denn jeder Tourist verbraucht 200 Liter pro Tag gegenüber 35 Litern der Einheimischen, einschließlich Landwirtschaft. Bebauungspläne fehlen, jeder baut, wie es ihm paßt. Regelmäßig staut sich in den Städten und Touristikzentren auf den überlasteten Straßen der Verkehr.

Das verborgene Kreta wird erobert

Die Nordküste ist inzwischen touristisch restlos verbaut. Zum Ausgleich sollen Teile der Südküste erschlossen, die Tummelstrände der Individualreisenden von Hotelanlagen überschattet werden. Die Genehmigungen werden aber an strengere Bedingungen als früher geknüpft. Das Südküstendörfchen Plakiás besitzt eine Klär-

300 Tage Sonne im Jahr

anlage, also entstehen hier Hotels. Und vor allem Agía Galíni (das heißt «Heilige Meeresstille») wurde in den letzten Jahren zu einem touristischen Zentrum ausgebaut, ebenso wie das weiter östlich gelegene Ierápetra. Voraussetzung ist eine relativ gute Straßenanbindung zum Norden, die alle drei Orte besitzen. Der touristische Ausverkauf schreitet voran und bedroht bisher verschonte Bereiche der Südküste, des Landesinneren und den äußersten Westen.

Neben der Kapazitätserweiterung im Süden will die EOT die Saison, die bisher ja nur 300 Sonnentage beträgt, verlängern. Oberhalb der Nída-Hochebene am Psilorítis, Kretas höchstem Berg, soll ein Skilift gebaut werden, denn die kretischen Gebirge haben in der Regel von Dezember bis April eine geschlossene Schneedecke. Bisher steht dort aber nur ein Wegweiser zum (noch) nicht existierenden Skizentrum. Das Projekt wurde für diese Bergregion deshalb geplant, weil es sich leicht mit anderen Sehenswürdigkeiten verbinden läßt. Dort befindet sich die Ída-Höhle, in der Zeus seine Kindheit verbrachte. Das unterhalb der Hochebene gelegene Anógia ist Zentrum der Schafzucht, und aus der Wolle werden von den Frauen traditionelle Web- und Strickarbeiten hergestellt, demnächst sicher vornehmlich Skipullover, Hüttenschuhe und Wintersocken. Sieben Kilometer weiter liegt Axós mit seiner Akropolis aus dorischer Zeit. Auch die im Altertum als Kultstätte benutzte Melidóni-Höhle, in der im Freiheitskampf gegen die Türken einige hundert Kreter umkamen, liegt auf dem Weg, wenn man dann werben wird: «Vormittags Skifahren, nachmittags Baden im Meer.»

Da fast alle Bergregionen Kretas in ihrer ökonomischen Entwicklung als problematisch gelten, gibt es gezielte Programme, um diese Gebiete am Tourismus teilhaben zu lassen. Durch den sogenannten Agrartourismus sollen Bergdörfer zusätzliche Einnahmequellen erhalten: Die Bewohner können

TOURISNEYLAND

31

mit Hilfe billiger Bankkredite Gästezimmer einrichten und Tavernen bauen. Die EOT bemüht sich auch, Qualifikationsmöglichkeiten für junge Kreter zu schaffen, damit sie nicht nur für untergeordnete Jobs in der Tourismusindustrie in Frage kommen. Bei Kókkini Cháni wurde eine Hotelfachhochschule gebaut, die erste auf Kreta überhaupt. Die längerfristigen Trends sind eindeutig, neben Wintersportmöglichkeiten ein breites Angebot zu schaffen an «gehobenen» Sportarten wie Golf, Reiten und Tauchen.

Fest ins Auge gefaßt haben die Tourismusplaner Falássarna mit seinen weitläufigen Stränden. Es könnte innerhalb kürzester Zeit so gesichtslos werden wie Cherssónissos. Ein Handicap: Der Transfer von Chaniá an die Strände im äußersten Westen dauert über die kurvenreiche alte Straße noch satte zwei Stunden. Also muß eine Schnellstraße her. Die ersten zwei, drei Hotelanlagen stehen bereits in Falássarna, hinzu kommen ein paar kleinere Anlagen. Vieles wurde sicherlich ohne Genehmigung gebaut. Das meint zumindest Stamatis Lymperopoulos. In einem Interview mit dem Journalisten Klaus Betz befürchtet er, daß die Naturschönheiten des Westens als stille Reserve für die verbrauchten Gebiete an der Nordküste herhalten sollen. «Falls diese Reservern touristisch erschlossen werden, muß es endlich einmal in vernünftiger Weise geschehen. Es muß eine Stadtplanung bzw. eine Landschaftsplanung gemacht werden, sonst wiederholen sich mit Sicherheit die Beispiele von Mália, Cherssónissos und den anderen touristischen Regionen auf Kreta. Das wäre sehr, sehr schade für die Landschaft. Die alten Griechen haben früher immer die Leute bestraft, die sich an der Landschaft vergriffen haben.»

«Immer mehr Ferienziele, sofern sie ähnliche klimatische Verhältnisse aufweisen, sind austauschbar. Wo es Sonne gibt und Wärme, blauen Himmel und Zimmer mit Meerblick, Swimmingpool und reichhaltiges Buffet, werden andere Attribute zweitrangig.» Auf das Phänomen wies TUI-Vorstandsmitglied Marc R. Pasture in seinem Vortrag hin, den er während einer von der Thomas-Morus-Akademie in Réthimnon organisierten Studienprojektwoche über den «Tourismus auf Kreta» hielt. In der Tat reihen sich die Hotels an Kretas Nordküste nahtlos ein in die immergleiche Urlaubskulisse von den Kanaren bis zur Türkei. Pasture kritisiert, daß Urlaubskataloge längst nicht mehr Lanzarote oder Kreta anpreisen, «sondern ausschließlich Urlaubsfreude. Urlaubsfreude zu zweit, in der Clique oder en famille. Lachende, spielende, badende, prustende Urlaubsfreude am zuverlässig feinsandigen Strand.»

Das immergleiche Ghetto-Ambiente aber genügt vielen nicht, wie die zahllosen organisierten Ausflüge mit Bus oder Mountainbike ins «unbekannte Kreta» beweisen. Die TUI beispielsweise managte 1995 rund 139 000 «total betreute Gäste» auf Kreta und verkaufte 90 000 von ihnen einen Ausflug. Ihre einwöchigen Rundreisen wie «Land und Leute» oder «Bergwandern Ost» buchten knapp 4000 Kunden.

Viele mieten sich ein Auto und fallen wie die «Heuschrecken» – so kein Kreter – in die attraktivsten Plätze ein. Da schiebt sich dann eine nicht enden wollende Jeepkarawane durchs «verborgene

Kreta» und macht gezielt an den früheren «Geheimtips» Station. Zum Beispiel am Palmenstrand von Préveli, der, wie Thomas Pascoe von der kretischen Umweltschutzorganisation Nature Watch Crete e. V. (NAWA Crete) beklagt, «zu Tode geliebt» wird: «Touristenboote annektieren den Strand, dieweil Dutzende von Reisebussen und Hunderte von Leihautos sich täglich zum Kloster Préveli quälen und von dort zu Fuß ins ‹Paradies›. Tausende von Füßen trampeln den Boden unter den Palmen zu Zement und haben entlang den wehenden Toilettenpapierstreifen jegliche Kapazität zur Waldverjüngung zerquetscht. Selbstverständlich unterstützt der griechische Fremdenverkehrsverband diesen Exzeß an Naturkonsum.»

«Rent Rooms, rent Studios»

«Die beiden waren kaum angekommen, da hat Rita erst einmal gründlich saubergemacht. Sogar die Fenster hat sie geputzt!» Noch heute strahlt Sofía breit übers runde Gesicht, wenn sie von ihren damaligen Lieblingsgästen schwärmt. Die Geschichte ist noch gar nicht so lange her. Heute würde Sofía auf ihren Zimmern sitzenbleiben. Auch die Gäste, die bewußt ihre Ferien auf dem Dorf und im Inselinneren planen, sind anspruchsvoller geworden, als es die unternehmungslustigen und erlebnishungrigen Hellasfreunde der frühen Jahre waren. Und wenn die Zimmerwirtin Maria den Wanderern anpreist, bei ihr könne man, anders als bei der Nachbarin, im Frühjahr heiß duschen, dann kann sie nicht mehr wie früher damit rechnen, daß die sich letztlich doch mit der kalten Morgenwäsche zufriedengeben werden, wenn sie ihnen später etwas von technischen Problemen vormurmelt, wo sie offensichtlich nur die Stromkosten sparen will. Die Konkurrenz ist gewachsen. 46 000 Privatgästezimmer wurden 1993 bei der staatlichen Tourismusbehörde EOT auf Kreta angemeldet. Diese überprüft die Zimmer, erteilt Lizenzen für jeweils ein Jahr und legt die Preise fest. Die Privatanbieter haben in den letzten Jahren große Anstrengungen unternommen. Viele Zimmer auf dem Dorf sind mit Dusche und WC ausgestattet. Als Renner erweisen sich immer mehr Apartments und kleine Wohnungen, die als sogenannte Studios angepriesen werden. Viele Zimmervermieter haben ihre Stammgäste, die den lebendigen Kontakt zu Kretern schätzen und die Nähe und Freundlichkeit genießen.

Nachhaltig und radikal hat die wildwüchsige Tourismusentwicklung Kreta verändert. Äußerlich kann es jeder Reisende sehen: An der Nordküste zwischen Cherssónissos und Mália, dem «Mallorca Griechenlands», stehen schon Vergnügungsparks wie «Aqua Splash» mit Riesenrutschen und Pools. Da wird das Mittelmeer zur Badewanne Europas und Kreta zum Sonnenstudio. Selbst TUI-Vorstandsmitglied Pasture sinniert skeptisch über den Umschlag von Qualität in Quantität: «Ist es wirklich ein Grund zur ungeteilten Freude, wenn wir den altvertrauten Griechenlandurlauber immer seltener entdecken und wenn sich zum Ausgleich Gäste an Kretas Stränden sonnen, die es bislang nach Arenal oder Lloret de Mar zog? Sollen wir darüber triumphieren, daß sie sich hier wie dort gleich wohl fühlen?»

TOURISNEYLAND

MYTHOS UND
GESCHICHTE

LÜGEN, LIST UND LUST
GESCHICHTEN AUS DER VORZEIT

Geil und gewalttätig durchstreiften die griechischen Götter ihre irdischen Reviere, allen voran der ewig lüsterne Zeus. Die göttlichen Irrungen und Wirrungen, die Kabalen und Lieben, das Durcheinander der Seitensprünge ergeben einen schier undurchdringlichen Stammbaum-Urwald. Folgerichtig veröffentlichte das Computer-Magazin *Run* ein Data-File-Programm, das die griechischen Götter von den Höhen des Olymp in die muffige Enge neuzeitlicher RAMs herunterholt und per Computer «Ordnung in die liederlichen Verhältnisse» bringt. Da werden die amourösen Kapriolen, die der Götterboß Zeus im Himmel und auf Erden schlug, zu simplen «Nummern».

Geboren wurde Zeus auf Kreta von Rhea. Heimlich hatte sie sich dorthin geflüchtet, um ihren Mann und Bruder Kronos zu täuschen, der seine Kinder zu verschlingen pflegte. Denn er befürchtete, von einem seiner Sprößlinge vom Thron gestürzt zu werden. Rhea unterschob ihm an Sohnes Statt einen in Windeln gewickelten Stein. So leicht aber ließ sich Kronos nicht einwickeln und suchte überall nach seinem Sohn. Das göttliche Baby strampelte derweil in der Psichró-Höhle des Díkti-Gebirges, und sobald es zu

Im Zeichen der Doppelaxt: Das minoische Kreta steckt voller Rätsel

schreien begann, veranstalteten kretische Geister und Dämonen, die Kureten, mit ihren Schilden und Speeren einen Höllenlärm, der das jung-göttliche Plärren übertönte –: Kronos fand seinen Stammhalter nicht. (Nach einer anderen Lesart soll sich das Ganze in der Ída-Höhle abgespielt haben: Die griechische Mythologie ist nicht eindeutig, sondern weist zahlreiche, teilweise landschafts- oder ortsbedingte Varianten auf. Nach kretischer Überlieferung gilt die Psichró-Höhle als Geburtsstätte, die Ída-Höhle als Tummelplatz der Jugendjahre.)

Die kretischen Nymphen Ida und Adrasteia ziehen den jungen Gott mit der Milch der Ziege Amaltheia und Honig groß. Der erwachsene Zeus erobert den Himmel, zwingt Kronos die hinuntergeschlungenen Geschwister wieder auszuspeien, und nach unzähligen Kämpfen und Schlachten teilt er mit seinen beiden Brüdern die Welt auf: Hades beherrscht die Unterwelt, Poseidon die Meere und er selbst den Himmel. Zwar heiratet er seine Schwester Hera, aber kein unsterbliches oder sterbliches Weib ist vor seinen lüsternen Nachstellungen sicher.

Tizian, Tintoretto, Tiepolo, Veronese, Rembrandt, Beckmann und Picasso, keiner der Großen in der abendländischen Kunst ließ sich diese Szene entgehen: eine zierliche asiatische Prinzessin auf dem Rücken eines prächtigen Stiers. Auf griechischen Vasen, Wandgemälden in Pompeji und als Meißener Porzellan ist das ungleiche Paar zu bestaunen. Im Mythos liest sich der Stierritt wie folgt: In einen blendend weißen Stier verwandelt, nähert sich am Strand von Sidon Zeus Europa, der Tochter des phönikischen Königs Agenor. Sie spielen miteinander, doch als Europa auf den Stierrücken klettert, wird es ernst: Zeus stürmt mit ihr davon, durchschwimmt das Meer und stampft bei Mátala auf kretischen Strand. In der Gestalt eines Adlers, wie es eine vorchristliche Münze aus Górtis zeigt, «vögelt» Zeus mit Europa in der immergrünen Platane von Górtis, die den staunenden Touristen noch heute gezeigt wird. Drei Söhne entspringen diesem himmlischen Verhältnis: Minos, Rhadamanthys und Sarpedon. Historisch betrachtet, verdankt sich Europas Ursprung einem Gewaltakt: dem Raub einer asiatischen Prinzessin und ihrer Vergewaltigung.

Zeus, der als Götterboß beruflich viel unterwegs ist, schenkt seiner Geliebten den Wachhund Lailaps und den ersten Androiden namens Talos, einen von Hephaistos geschaffenen mechanischen Riesen, um sie zu schützen und sich ihrer Treue zu versichern. Der bronzene Riese Talos ist ein sich selbst steuernder Killer-Automat; dreimal täglich umrundet er die Insel (Durchschnittsgeschwindigkeit 130 km/h), sucht den Horizont nach feindlichen Schiffstypen ab und vernichtet diese durch treffsicher geschleuderte Felsbrocken. Gelingt es einem Feind dennoch, kretisches Gestade zu entern, dann springt er hurtig in ein Feuer, das seinen bronzenen Leib bis zur Weißglut bringt, und umarmt dann die Fremden zum tödlichen Willkommensgruß. Aber der Kampfroboter hat seine schwache Stelle. In einer Ader, vom Kopf zur Ferse, fließt Götterblut, das ihn am Leben hält. Die Zauberin Medea becirct ihn und zieht den Stöpsel an der Lebensader heraus, so daß ihm der Saft ausgeht.

Als es Zeus nach neuen Liebesabenteuern gelüstet, verheiratet er kurzerhand seine «Lebensabschnittsgefährtin» Europa mit Asterios, dem König von Kreta. Dieser adoptiert die Zeus-Söhne, und Europa gebiert ihm eine Tochter Krete, die der Insel ihren Namen gibt. Nachdem Asterios gestorben ist, teilen die Brüder die Insel untereinander auf; Sarpedon regiert in Mália, Rhadamanthys in Festós und Minos in Knossós. Als alle um die Liebe des wunderschönen Jünglings Miletos buhlen, aber nur Sarpedon dem attraktiven Gay gefällt, gibt's Zoff. Der eifersüchtige Minos jagt seine beiden Brüder mitsamt Lover von der Insel.

Labyrinth mit Monster

Um danach dem Volk zu beweisen, daß er, Minos, wegen seiner halbgöttlichen Abstammung zum Alleinherrscher prädestiniert sei, braucht er ein überzeugendes Wunder. Minos verspricht seinem göttlichen Onkel, dem Zeus-Bruder Poseidon, ein Sonderopfer, und flugs läßt dieser vor aller Augen einen gischtweißen Superstier aus den Wellen emporsteigen – und alle Zweifel schwinden. Statt diesen Stier wie abgemacht Poseidon zu opfern, behält Minos das Prachtexemplar für sich und läßt einen gewöhnlichen Bullen schächten. Der abgezockte Gott wird zornig, seine Rache infam: Er läßt Pasiphae, Minos Gattin, in wilde Leidenschaft zum Wunderstier verfallen. Doch wie sollen die beiden zueinander finden? Daidalos, das Universalgenie der griechischen Mythologie, konstruiert eine hohle, hölzerne Kuhattrappe, in der verborgen Pasiphae sich vom brünstigen Stier bespringen läßt. Das Kind der Sodomie ist Minotauros, ein Zwitter mit Männerkörper und Stierkopf, der sich mit Vorliebe von Menschenfleisch ernährt. Der gehörnte Minos läßt für das Monster Europas erstes Gefängnis bauen: Daidalos konstruiert ein faszinierendes, sich selbst bewachendes Gebäude, das Labyrinth von Knossós.

Minos ist einer der mächtigsten Könige der damaligen Zeit, und auch Athen ist Kreta tributpflichtig: Alle neun Jahre müssen sieben Jünglinge und Jungfrauen ausgeliefert werden. Sie werden ins Labyrinth geschickt – zum Fraß für den Minotauros. Unter den auserkorenen Opfern der dritten Tributlieferung ist der Athener Königssohn Theseus. Ariadne, eine Minos-Tochter, verliebt sich in ihn. Sie hofft, er werde den Minotauros töten, aber wie soll er je wieder aus dem Irrgarten ins Freie finden?

Auf Daidalos' Rat, der Meister stammt selbst aus Athen, gibt Ariadne ihrem Geliebten Theseus ein Wollknäuel mit auf den Irrweg. Dieser befestigt ein Ende am Eingang und spult den Faden ab. Nachdem er die antike Welt vom menschenfressenden Moloch befreit hat, tastet er sich mit Hilfe des Fadens ins Freie zurück.

Bei Nacht türmen Ariadne und Theseus mit den griechischen Gefährten und Schiffen zur Insel Naxos. Dort werden die Geliebten wieder getrennt, der Zeus-Sohn und Gott Dionysos raubt Ariadne. Theseus segelt nach Athen weiter, vergißt aber – vielleicht aus Liebeskummer –, die Segel zu wechseln. Verabredet war bei siegreicher Heimkehr, die Schiffe mit weißen Segeln zu bestücken, nicht mit den schwarzen der Hinfahrt. Auf der Akropolis steht sein Vater Aigeus, und als er die «schwarze Flotte» erblickt, stürzt er sich vor

Gram über den Tod seines Sohnes ins Meer – seither wird es das Ägäische genannt.

Auf Kreta läßt der überlistete Minos Daidalos mit seinem Sohn Ikaros ins Labyrinth werfen. Aber dieser Leonardo da Vinci des minoischen Zeitalters ist um eine Fluchtidee nicht verlegen. Er bastelt aus Federn und Wachs zwei Paar aerodynamisch ausgeklügelte Schwingen. Mit diesen Flugapparaten heben sich beide von Kreta hinweg. Aber Menschheitstraum und Alptraum liegen dicht beieinander: Trotz der Warnung seines Vaters fliegt der ungestüme Ikaros zu nahe an die Sonne, das Bienenwachs der Flügel schmilzt, und er stürzt ins Meer. Sein Vater begräbt ihn auf der Insel, die noch heute seinen Namen trägt: Ikaria. Daidalos fliegt weiter nach Sizilien und wird von König Kokalos von Komikos aufgenommen.

Der mehrfach gebeutelte König Minos macht sich nun auf die Suche nach Daidalos. Er reist von Königshof zu Königshof und stellt gegen eine hohe Belohnung die schwierige Aufgabe, einen Faden durch eine spiralförmige Muschel zu ziehen – keinem gelingt es. Als er an den Hof von Kokalos kommt, gibt dieser das Problem an Daidalos weiter. Der bindet den Faden an eine Ameise und lockt das Tier mittels einer Honigspur durch das Gehäuse. Die geniale Lösung zeigt Minos, daß Daidalos hier sein müsse, und er verlangt seine Auslieferung. Kokalos stimmt zu, die Übergabe soll beim abendlichen Festmahl stattfinden. Aber ehe es dazu kommt, verbrühen die Töchter des Kokalos den König Minos im kochendheißen Bade. Seine Begleiter bestatten ihn und gründen die Stadt Heakles Minoa. Um 600 v. Chr., so wird überliefert, aus Anlaß der Stadtgründung von Akragas (heute Agrigent), wurden die sterblichen Überreste des Minos nach Kreta überführt.

Alles nur Märchen?

Was macht eigentlich diese alten und vieldeutigen Mythologien, die, zwischen dem 8. Jahrhundert v. Chr. und der Zeitenwende, von Homer und Hesiod, von Apollodoros, Diodorus Siculus und Ovid dichterisch umgesetzt wurden, für den heutigen Leser noch so spannend? Zum einen finden sich in ihnen uralte Menschheitswünsche und Ängste, die im Laufe der europäischen Geschichte realisiert wurden oder werden: der Traum, zu fliegen, und der Alptraum, abzustürzen (Daidalos und Ikaros), der erste Android als funktionsfähiger Roboterautomat (Talos). Sein Hersteller, Hephaistos, der Gott der Schmiede, besaß auch schon automatische Mägde, die spannen, modern ausgedrückt: die erste vollrationalisierte Textilfabrik, in der ausschließlich Industrieroboter produzierten.

Zum anderen haben archäologische Grabungsfunde einen geschichtlichen Wirklichkeitsbezug der Mythen erwiesen. Im Nagel des Talos, der die Ader verschloß, verbirgt sich über die Roboterphantasie hinaus das Geheimnis des Gusses mit verlorener Form. Mit dieser Technik entstanden die ersten großen antiken Bronzestatuen aus einem Guß. Die Geburtshöhle des Gottes Zeus entpuppt sich als uraltes Heiligtum, ebenso die Ída-Höhle, in der er seine Jugend verbringt. In der Person des genialen Erfinders, Baumeisters und Ingenieurs Daidalos spiegelt sich die technische Überlegenheit Kretas gegenüber dem griechischen Festland wider. Die Unterle-

Europa-Mythos auf Venezianisch: Relief am Morosini-Brunnen in Iráklion

genheit Athens wird zusätzlich an der Tributpflicht ersichtlich, die Überwindung der Abhängigkeit ist am Erfolg des Theseus ablesbar. Zwar mag die griechische Mythologie sich selbst als positiv und gerecht hinstellen, die Unterlegenen hingegen als schlecht und zudem das Barbarische an der ihr fremden minoischen Kultur überbetonen. Aber in der Sage vom Minotaurus verbirgt sich als realer Kern die Menschenopferpraxis, wie sie der Menschenopferfund bei Archánes belegt. Überhaupt zeigen die Stiergeschichten des Mythos und Funde wie kultische Stierhörner oder Fresken mit Stierspringern, daß dieses Tier auf Kreta eine herausragende religiöse Bedeutung hatte.

Das Wort Labyrinth ist selbst vorgriechisch: Die Ableitung von «Labrys» (Doppelaxt) und damit seine Übersetzung als «Haus der Doppeläxte» ist umstritten. Vielleicht bedeutete es auch «bewundernswertes (Stein-)Gebäude». Den modernen Sinn «Irrgarten» haben erst die Griechen dem minoischen Wort übergestülpt. So wandelte ein Begriff seine Bedeutung. Selbst der merkwürdige und ungereimte Tod des mächtigen Minos auf Sizilien scheint einen historischen Kern zu haben: Diodorus Siculus beschreibt detailliert sein Königsgrab auf Sizilien, und archäologische Funde belegen das plötzliche Auftauchen von minoisch-mykenischen Siedlern dort.

Männer entdecken ihr Matriarchat

In den Vitrinen der Juwelierläden und Souvenirshops von Ágios Nikólaos bis Chaniá glitzern sie um die Wette: Doppeläxte aus Gold, Silber, Platin. Allesamt Longseller. Diente das kretisch-minoische Kultsymbol in den sechziger Jahren als Emblem einer bewegten Frauengeneration, so schmückt es heute meist ohne Hintersinn Ohrläppchen und Dekolletés.

Daß die minoische Doppelaxt zu einem Zeichen der Frauenbewegung wurde, hat handfeste historische Hintergründe. War man doch, als die Ausgrabungen von Knossós bekannt wurden, fest davon überzeugt, daß in der ersten europäischen Hochkultur auf Kreta die Frauen in Politik, Wirtschaft und Familie das Sagen hatten. Die ersten, denen das Feminine dieser Kultur auffiel, waren Männer: Archäologen, Wissenschaftler. Und diese blickten durch patriarchalisch gefärbte Brillen zu einer Zeit, als in Großbritannien eine dominante Frau herrschte, Königin Viktoria.

Als Sir Arthur Evans im Jahre 1900 den Spaten in Knossós ansetzte, machte er überraschende Entdeckungen. Weder der Palast noch die umgebende Stadt waren befestigt. Die riesige Anlage zeigte eine Architektur, für die es im ganzen Abendland keine Parallelen gab. Es fehlte die imponierende Fassade, die dem Besucher Respekt einzuflößen pflegt. Von Logik konnte nach Meinung der Ausgräber bei der Bauführung ebenfalls keine Rede sein. Denn wollten sie zusammengehörende Räume erreichen, mußten sie stets Treppen von oben nach unten oder umgekehrt laufen. Häufig waren dazwischen lange Gänge zu bewältigen. Allerdings war der Innenhof ruhender Pol des ganzen Ensembles. Um ihn gruppierten sich die Kammern, Zimmer und Säle. Je weiter man sich allerdings von Zentralhof entfernte, um so stärker wurde der Eindruck eines kunterbunten Zimmerdurcheinanders. Allerdings war jeder einzelne Raum prächtig ausgestaltet. In den Köpfen der männlichen Ausgräber keimte ein Verdacht auf. Wer besitzt die Gabe, ein Heim auszugestalten, und wem ist die Logik von Natur nicht in die Wiege gelegt worden? Den Frauen!

Bei den in Knossós gefundenen Fayencen, den sogenannten Schlangengöttinnen, war der Körper sehr fein durchmodelliert, sinnlich und selbstbewußt in der Haltung, mit freien Brüsten. Die Freskenreste an den Palastwänden zeigten in ägyptischer Manier Männer mit braunem, die Frauen mit weißem Körper. Aber nicht dies war überraschend, sondern daß die Frauen in allen Darstellungen dominierten.

Frauen voller Anmut und Selbstbewußtsein in festlich-öffentlicher Runde. Minoerinnen, die plaudernd und ungezwungen bei den Festen die besten Plätze besetzten. Im Gegensatz zu allen anderen damaligen Hochkulturen erschien der Mann auf keiner Darstellung als gefeierter Herrscher, vergöttlichter Priester oder thronender Gott. Sogar beim offensichtlich lebensgefährlichen Stiersprungspiel war er nur im Team mit Frauen ein Akteur. Auch auf kultischen Siegeln traten betende Männer häufig nur am Rande einer Kulthandlung auf, deren Ablauf Frauen bestimmten. Schlimmer noch: Auf dem Sarkophag von Agía Triáda, der Priesterinnen beim blutigen Stieropfer zeigt, bleibt dem Mann lediglich die Rolle des musizierenden Assistenten und Zuträgers von Weihegaben.

Die perplexen Ausgräber fanden zunächst keine Waffen. Die gewaltigen Doppeläxte, die man am ehesten hätte dafür halten können, dienten nur kultischen Zwecken. Kein Krieger zierte im Schlachtgetümmel oder in Heldenpose die Wände. Nicht einmal eine Jagdszene kam zutage. Äußerst grazil gestaltete Pflanzen- und Tierbilder schmückten friedlich die Palastwände.

Wegbereiter der Forschung

Die Spekulationen über ein Matriarchat bei den Minoern fielen auf fruchtbaren Boden. Die damals modernen Theorien schienen durch die Ausgrabungen von Knossós endgültig bestätigt zu werden. Der Schweizer Johann Jakob Bachofen hatte 1861 mit seinem umstrittenen Buch «Mutterrecht» eine revolutionäre These vertreten. Er behauptete, daß in historischer Zeit Familienordnungen existiert hätten, in denen die Männer in die Familie der Frauen «eingeheiratet» worden wären. Sowohl der Familienname als auch der Besitz seien in der Linie der Frau weitervererbt worden. Der Amerikaner Lewis Morgan entdeckte bei ethnologischen Studien am Stamm der Irokesen, daß die Frauen dieses Indianervolkes im politischen Leben ihrer Gemeinschaft eine sehr starke Rolle spielten, und Friedrich Engels übernahm sogar die aktuellen Erkenntnisse in seinem Werk «Ursprung der Familie, des Privateigentums und des Staates».

Waren sich also Ausgräber und Theoretiker einig in ihrer Beurteilung der minoischen Kultur, so lassen sich darüber hinaus auch in der griechischen Mythologie Hinweise aufs Matriarchat finden. Auf Kreta kann bereits der mit einer Fähre nach Iráklion Anreisende derartige Spuren erblicken. Wenn Kríti, im Griechischen natürlich weiblichen Geschlechts, sacht vorm Bug der Fähre aus dem

43

Meer emportaucht, zeichnet sich im schrägen Frühlicht hinter der Inselhauptstadt deutlich die Bergsilhouette des Joúchtas ab. Leicht läßt sich in ihr das ruhende Haupt des göttlichen Chauvis Zeus erkennen: Stirn, Augenbrauen, Nase und Kinn. Auf Kreta zur Welt gekommen und auch dort gestorben, hat er nahe bei Knossós sein Haupt zur letzten Ruhe gebettet. So jedenfalls erzählen es die Kreter bis heute, weshalb sie den alten Griechen als ausgebuffte Lügner galten, denn Zeus war in der antiken Vorstellung unsterblich. Zeus lebend oder tot, ewig oder sterblich? Was hat es mit dem Streit auf sich? Wer durch die Säle des Archäologischen Museums von Iráklion streift, stößt immer wieder auf die Doppelaxt. Vergegenwärtigt man sich den uralten Symbolgehalt des kultischen Werkzeugs mit den Augen der Matriarchatsforschung, so lassen sich in der Form der Doppelaxt die drei Phasen des Mondes wiedererkennen. Die frühen Natur- und Fruchtbarkeitskulte sahen ihre Große Mutter in dreifacher Gestalt. Die wilde, rauschhafte Mädchengöttin, Mohn ist oft ihr Attribut, steht im Zeichen des Frühlings, der Himmelsgefilde und des zunehmenden Mondes. Der Vollmond symbolisiert die erdhafte Frauengöttin zur Zeit der Hochzeit. In uralten Mythen zerbirst ihre volle runde Mondscheibe am Horizont und gebiert die Welt. Zeus, der später von den Griechen zum Göttervater stilisiert wurde, wäre demnach ursprünglich der kretische Knabengott gewesen, mit dessen Jünglingsgestalt die große Muttergöttin die Befruchtung der Natur durch die heilige Hochzeit vollzog. Wie die Natur starb er im Sommer – rituell durch die Doppelaxt oder tatsächlich durch Opferung eines irdischen Stellvertreters, des Heros –, um im Frühjahr als Kind wiedergeboren zu werden.

Die Mädchen- und die Hochzeitsgöttin lassen sich wiedererkennen in den weltberühmten Fayencen der Schlangengöttinnen. In der von Besuchern umlagerten Vitrine des Iráklioner Museums steht neben den beiden noch das Unterkörperrudiment einer dritten Statuette mit gestuftem Rock, vielleicht der Überrest der weisen Göttin. Sie regiert den abnehmenden Mond und die Unterwelt. In ihrem Schutz und dunklen Schoß wird der zertrennte Körper des geopferten Heros geheilt, um im Frühling als Knabe wiedergeboren zu werden. Zeus, in Kreta geboren und gestorben, wäre also ein untergeordnetes Anhängsel der Großen Muttergöttin. Erst in patriarchaler Zeit schwingt der Knabe sich auf, die mächtigen Frauengestalten in unbedeutende Nebenrollen zu drängen.

Gewißheit ohne Beweise

Genügt der Mythos, um das minoische Reich als matriarchale Gesellschaft auszuweisen? Die minoischen Schriftzeugnisse können zur Klärung der minoischen Geschlechterverhältnisse nichts beitragen, denn sie harren noch ihrer Entzifferung. Andere Zeitdokumente gibt es nicht, wohl aber interessante Textstellen aus bereits patriarchaler Zeit: Um 700 v. Chr. stellte zum Beispiel der griechische Dichter Hesiod eine Lehre über die Weltgeschichte auf. Im zweiten, silbernen Zeitalter (Minoerreich), schreibt er, hätten die Mütter über die Männer geherrscht. Zeus habe diese Rasse vernichtet. Der Geschichtsschreiber Herodot berichtete etwa 200 Jahre später vom Volk der Lykier.

Sie kämen aus Kreta und würden ihre Kinder nach der Mutter benennen. Jüngste archäologische Erkenntnisse (Grabinschriften) aus dem geschichtlichen Lykien in der heutigen Türkei belegen dies und außerdem, daß dort der Mann nach der Heirat zur Familie der Frau zog. Die griechischen «Paschas» im klassischen Athen lauschten kopfschüttelnd den exotischen Berichten. Zu Hause hatte man solcher «Weiberwirtschaft» vorgebeugt. Die Frau wurde eingesperrt und unmündig gehalten wie ein Kind. Daß diese Herrschaft der Männer, das Patriarchat, Rechtens und nach dem Willen des Zeus sei, stand für sie außer Frage.

Klingen die Belege auch stimmig, so sind sie dennoch als Indizienbeweise für Frauenherrschaft unbrauchbar. Die Streitfrage um das minoische Matriarchat kann nicht mit einem klaren Ja oder Nein entschieden werden: Inzwischen wurden patriarchale Gesellschaften entdeckt, in denen die Erbfolge in der Frauenlinie geregelt wurde. Und auch die angebliche «Gleichberechtigung» von Mann und Frau in Ägypten, mit dessen Kultur das Minoerreich verbunden war, wird inzwischen kontrovers diskutiert. Lange war man aufgrund von Abbildungen und Texten von der hohen gesellschaftlichen Stellung der ägyptischen Frau überzeugt. Skeptiker verweisen auf zahlreiche Widersprüche zwischen der in Texten und Statuen dargestellten «Wahrheit» – einer im Denken und Fühlen der Ägypter entwickelten Utopie – und der Wirklichkeit. Gefundene Schriftzeugnisse über Recht und Alltagsleben lassen die ungleiche Rechtslage von Mann und Frau am Nil klar zutage treten. Zum Vergleich: Jeder weiß, daß zum Beispiel die außerordentliche Hervorhebung der Madonna und Gottesgebärerin Maria in christlicher Kunst und Liturgie nicht als Maßstab für Stellung und Rechte der Frau in der römisch-katholischen Kirche auf Erden taugt. In dieselbe Richtung zielen Überlegungen zu den Fresken der Minoer. Man fragt sich, ob diese Bilder weibliche Führungsrollen bestätigen oder ob sie unverstandene Ikonographien einer Gesellschaft sind, in der, wie im benachbarten Ägypten, politische und religiöse Oberschicht eine Einheit bildeten?

Sir Arthur Evans und seine Kollegen irrten sich außerdem bei der Bewertung und Einschätzung der Palastarchitektur. Galt sie ihnen noch als einzigartige kretische Schöpfung, weiblichem Instinkt entsprungen, weiß man heute, daß sie an vorderasiatischen und ägyptischen Vorbildern orientiert war. Sehr wohl war die Westfassade repräsentativ ausgestaltet, und die Seitenflügel waren sinnvoll um den riesigen Innenhof gruppiert, der allerdings eine kretische Neuerung darstellt. Fazit: Zwar ist die archäologische Fachwelt weiter, als Sir Arthur Evans es sein konnte, jedoch bleibt das Rätsel Matriarchat ungelöst; es darf weiter spekuliert werden!

IM ZEICHEN DER PALÄSTE
KRETAS GOLDENES ZEITALTER

Geheimnisumwittert sind noch immer viel Züge der minoischen Kultur, obwohl sie seit gut 100 Jahren intensiv erforscht wird. Nach wie vor rätseln die Archäologen über die tatsächliche Bedeutung ihrer großartigen Funde. Einige scheinbar sichere Erkenntnisse, wie zum Beispiel über den mysteriösen Untergang der minoischen Supermacht durch den Vulkanausbruch auf Santorin, zerplatzten im nachhinein wie schillernde Seifenblasen. Zu leichtfertig ergaben sich einige Forscher ihren Illusionen, dem Wunschtraum einer friedlichen, matriarchalisch geprägten bronzezeitlichen Hochkultur als Ursprung Europas.

Zwar verfügten die Minoer über ein Schriftsystem, das von der Forschung Linear A genannt wird, aber leider können wir es nicht lesen. Und solange sich daran nichts ändert, bleibt das Verständnis des bronzezeitlichen Kretas auf die Interpretation der archäologischen Funde angewiesen. Diese ermöglichen kein eindeutiges Bild, sondern geben breiten Raum zu kontroversen Spekulationen.

Ob das ein paradiesisches Zeitalter Kretas war, als vor 150 000 Jahren Herden von Waldelefanten (*elephas creticus*) die Inselurwälder durchstreiften, mag sich jeder selbst ausmalen. Menschen jedenfalls kamen sehr viel später. Die ersten paddelten wahrscheinlich in der Altsteinzeit mit einem Einbaum oder simplen Floß von der Peloponnes aus hinüber. Das war auch ohne hochseetüchtige Boote leicht zu schaffen, denn der Meeresspiegel lag damals rund 90 Meter unter dem heutigen Niveau. Erst mit dem Ende der Eiszeit erlangte Kreta seine exponierte Insellage. Die einstigen Küstenlandschaften wurden weiträumig überflutet. Dies mag mit ein Grund dafür sein, daß man keine Siedlungsspuren der frühen Jäger-, Fischer- und Sammlerhorden gefunden hat.

Die jungsteinzeitlichen Ackerbauern und Viehzüchter aus Kleinasien, die ab 7000 v. Chr. Kreta besiedelten, waren die ersten, die Scherben hinterließen. Sie blieben sowohl ökonomisch als auch ideologisch abhängig von der vorherrschenden Kultur der Kykladeninseln. So fanden sich neben importierten Werkzeugen aus scharfkantigem Obsidian von der «steinreichen» Insel Milos auch Kykladenidole, Statuetten der Großen Muttergöttin, auf dem Steinzeitfriedhof Fourní bei Archánes. Dieser Friedhof wurde während der gesamten minoischen Epoche für Bestattungen benutzt und ist damit eine der bedeutendsten Fundstätten im Mit-

Öl, Wein, Feigen, Erbsen und Bohnen – die Magazine in Knossós hatten eine Kapazität von 75 000 Litern

telmeerraum. Auch die Steinklingen aus Obsidian begründeten eine dauerhafte Tradition, wie der kretische Professor Theocharis Detorakis meint: Ein glattrasiertes Gesicht wurde fortan minoisches Schönheitsideal.

Gegen Ende der Steinzeit um 3300 v. Chr. nahm die Siedlungsdichte auf Kreta stark zu, so lebten allein in Knossós über 1000 Menschen. Wohl ein buntzusammengewürfelten Völkchen, das bereits in wirtschaftlichem Kontakt zu Ägypten und Syrien stand, wie einzelne Funde belegen. Ob es in der Vorpalastzeit (ca. 3300–2100 v. Chr.) zu neuen Einreisewellen aus Asien oder Afrika kam oder sich die Inselkreter kontinuierlich weiter entwickelten, läßt sich nicht genau feststellen. Neueste Ausgrabungen deuten aber eher auf eine stete Entfaltung hin. Die Einführung der Töpferscheibe und die Kupferverarbeitung verdanken sich demnach mehr einem ständigen ökonomisch-kulturellen Austausch und nicht der Eroberung durch ein überlegenes Volk, wie es der Archäologe Evans noch annahm und dem er nach ihrem sagenhaften König Minos den Namem Minoer gab.

Für einen eigenständigen Weg spricht auch, daß sich nördlich und östlich der älteren Hochkulturen Ägyptens und des Vorderen Orients zeitgleich vier ähnliche Kulturkreise herausbilden: der frühhelladische in Mittelgriechenland und auf der Peloponnes, der frühkykladische auf den zentralen Ägäisinseln, der nordwestägäische an der Küste Kleinasiens um Troja und den vorgelagerten Inseln und der kretisch-minoische.

Als einziger dieser «Schwellenmächte» gelingt schließlich den Minoern der Aufstieg zur Hochkultur. Alle anderen werden um 2500 v. Chr. in ihrem Aufschwung abrupt unterbrochen. Neue Volksstämme aus dem Balkan und Anatolien dringen ein und zerstören die Infrastruktur. Einzig Kreta bleibt dank seiner sicheren Insellage verschont.

Jetzt leben in Knossós bereits knapp 2000 Menschen, deren Kommune mit einer religiösen Führungsclique an der Spitze hierarchisch gegliedert ist. Diese «Minoer» organisieren sich arbeitsteilig, konzentrieren ihre Anstrengungen auf die Seeschiffahrt und das Kunsthandwerk. Sie stellen kunstvolle Siegelsteine her, runde, eiförmige oder prismatische Schmuckstücke aus Halbedelsteinen oder Elfenbein, in die hieroglyphenartige Zeichen eingraviert wurden. Nach den bisherigen Funden waren alle verschieden. Vielleicht trug jeder Minoer am Riemchen um den Hals oder ums Handgelenk seinen Siegelstein, mit dem er beliebige Gegenstände, Waren und Briefe versiegeln und kennzeichnen konnte – «identity stones», also so etwas wie die ersten Personalausweise. Allerdings wurden sie von keiner Behörde ausgestellt, sondern jeder schnitt sie sich selbst oder ließ sie nach seinen Hieroglyphen fertigen. Mit ihrer Flotte unterhielten die minoischen Kaufleute Handelskontakte zu allen Regionen des Ägäischen Meeres, außerdem nach Ägypten, Zypern und der Levante.

Ein weiterer wirtschaftlicher Aufschwung setzt dadurch ein, daß minoische Metallgießer Kupfer zunächst mit Arsen, später auch mit Zinn zum Leitmetall der Epoche legieren, zur härteren Bronze. Aus dieser Zeit stammt auch Kretas ältestes Schriftzeugnis, ein vierzehnseitiges Siegel mit Hieroglyphen. Trotz gewisser Ähnlichkeiten mit den älteren ägyptischen, syrischen und hethitischen Schriften scheinen sie eine minoische Eigenschöpfung zu sein. Alle Entschlüsselungsversuche scheiterten bisher.

Zum erstenmal tauchen jetzt auch die «Wahrzeichen» der minoischen Kultur auf: Doppelaxt und kultische Stierhörner. Nach und nach gewinnt das Kunsthandwerk goldenen Boden: Prächtigster ist der goldene Anhänger in Form zweier Bienen, die an einer Honigwabe saugen. Dieser Grabfund aus Mália zeigt um 2000 v. Chr. minoische Goldschmiedetradition in Vollendung.

Gold und Gartenzwerge

Um die prall mit Schafwolle ausgestopfte Zipfelkapuze binden sich die zwerghaften, muskulösen Gestalten Öllämpchen, die sie alsbald, obwohl es taghell war, entzünden. Bekleidet sind sie mit einem Lederschurz, in der Hand halten sie eine winzige Kreuzhacke aus gehärtetem Kupfer. Dann verschwinden sie, einer nach dem anderen, in einem etwa neunzig Zentimeter hohen und knapp einen halben Meter breiten Loch im Berg Ída, als wären sie vom Erdboden verschluckt worden.

So ähnlich mag es vor rund 4500 Jahren zugegangen sein, wenn die Daktylen (Fingermännchen, Däumlinge) ihre Schicht im Bergbau antraten. Der Geologe und Mineraloge Professor Quiring von der TU Berlin meint, zahlreiche Bergwerke nach kretischem Muster in ganz Europa nachweisen zu können – vom griechischen Festland über den Balkan, die Karpaten, in Sachsen, in Thüringen oder sogar in Ramsbeck im Hochsauerland.

Je kleiner die Kumpel waren, desto weniger Abraum aus Schächten und Stollen fiel an. Neben einigen wirklich zwergwüchsigen Arbeitern wurden vor allem Kinder in die Gruben geschickt, wie das in Europa ja noch bis ins 19. Jahrhundert hinein üblich war.

Mythologisch sind die Daktylen Genossen des Schmiedegottes Hephaistos. Dessen ägyptisches Urbild ist der Weltbildner und Bergwerksgott Ptah, der auf zeitgenössischen Darstellungen umspielt von zwergenhaft-kindlichen Bergleuten erscheint. Auch in die europäischen Sagen und Märchen sind diese frühen, nach Edelmetallen suchenden und schürfenden Kumpel als schätzehortende «Zwerge» eingegangen. Auch «unser deutscher Gartenzwerg» – so kitschig diese Variante eines germanisierten Daktylen auch sein mag – kann auf einen imposanteren Stammbaum verweisen als jedes europäische Königshaus.

Auf den ersten Blick könnte man meinen, die Rohstoffarmut Kretas behindere den Aufstieg zur führenden Mittelmeermacht. Aber das Gegenteil trifft zu. Ähnlich wie bei den Großmächten Ägypten und Mesopotamien provoziert der Mangel technische Anstrengungen. Nur über die Herstellung und den Vertrieb von Spitzenprodukten konnte die minoische Kultur sich behaupten. Und mittelmeerweit waren Qualitätsprodukte «made in Crete» äußerst begehrt. Importiert wurden die Rohstoffe Kupfer, Blei, Silber und Gold von den Kykladen, aus Attika, Makedonien und Ägypten; Zinn sogar aus Afghanistan. Exportiert wurden Töpferwaren, Elfenbeinschnitzereien und Goldschmiedeobjekte, alles von exquisiter Qualität.

Der zunehmende Reichtum der Minoer zeigt sich an aufwendigen

Grabbauten mit kostbaren Prestigebeigaben. Daraus lassen sich Rückschlüsse auf eine hierarchische Gliederung der Gesellschaft ziehen, an ihrer Spitze stand wohl eine religiöse Führungselite. Bereits um die Mitte des 3. vorchristlichen Jahrhunderts gründen die Kreter ihre erste Kolonie auf der Insel Kythera, einem wichtigen Hafenstützpunkt auf dem Weg zur Peloponnes und nach Attika.

Großbaustellen der Flottenmacht

Landflucht! Um 2000 v. Chr. wurden zahlreiche minoische Dörfer von ihren Bewohnern aufgegeben. Die Gesellschaft befand sich im Übergang von einer mehr bäuerlichen zu einer eher städtischen Kultur.

Ein konjunktureller Boom setzte ein, dessen äußerer Ausdruck drei Großbaustellen in den fruchtbaren Ebenen von Knossós, Festós und Mália darstellen. Gewaltige Erdmassen mußten bewegt, Steine gebrochen und bearbeitet, Bauholz mußte geschlagen werden: Wir können vermuten, daß die Mehrheit der Kreter an ihrer entstehenden Hochkultur als Sklaven teilhaben durften, oder zumindest, daß sie Sklavenhalter waren.

Auffällig, daß die drei Paläste ebensowenig wie die sie umgebenden Städte mit jeweils mindestens 11 000 bis 18 000 Bewohnern nicht durch Wehrmauern befestigt wurden. Erstaunlicherweise hat man bei den Grabungen auf Kreta keine Waffen gefunden, abgesehen von einigen Schwertern und Doppeläxten, die offensichtlich kultischen Zwecken dienten. Ein Zeitalter paradiesischen Friedens also? Die Archäologen schließen eher daraus, daß sich die Macht der Minoer auf einer starken Flotte gründete. Und in der Tat, bei Wind und Flaute waren die neuen Schiffe, die auf kretischen Werften vom Stapel liefen, allen anderen im Mittelmeer an Wendigkeit und Schnelligkeit überlegen. Kretische Handelsschiffe durchkreuzten das Mittelmeer bis nach Sizilien. Niederlassungen entstanden auf den Kykladen und den ostägäischen Inseln. In Kleinasien fanden Archäologen ganze minoische Warenlager, in den vor einigen Jahren ausgegrabenen syrischen Archiven Hinweise auf den Handel mit den «Keftiu», den Leuten von der Insel Kaphtor, der Säuleninsel, wie Kreta genannt wurde.

Handelspartner Nummer eins aber war Ägypten. Auf Fresken sind minoische Gesandte mit typisch kretischen Gefäßen und schaffellförmigen Kupferbarren abgebildet: «Keftiu bringen Geschenke», lauten die dazugehörigen Hieroglyphen. Die wertvollsten Grabbeigaben in ägyptischen Gräbern stammen häufig aus Kreta: prächtig bemalte Vasen und Henkeltassen, feingearbeiteter Gold- und Silberschmuck. Auch kretische Fähigkeiten waren begehrt. So holt Pharao Sesostris II. um 1900 v. Chr. minoische Steinmetze zum Bau seiner Pyramide in ihr Land. In ihren Gastarbeiterlagern in Harage und Lahun sind herrliche Kamaresgefäße aus Festós gefunden worden.

Ägyptische Kaufleute charterten minoische Schiffe, also verdienten die kretischen Reeder auch im Zwischenhandel. Die bedeutendsten Einnahmequellen aber bildeten weiterhin die Produkte der eigenen Manufakturen, die gegen kostbare Rohstoffe wie Gold, Kupfer, Zinn, Marmor, Elfenbein und Edelsteine getauscht wurden.

Die Schrift der Buchhalter

Eine ägyptische Darstellung zeigt einen Schüler oder Lehrling bei der Übersetzungsarbeit aus dem Minoischen. Selbst wenn es sich um einen blutigen Anfänger gehandelt hat, war er weiter als alle heutigen Gelehrten, die noch immer verzweifelt über den minoischen Schriftzeichen grübeln.

Die Ausweitung des kretischen Handels erforderte zu Buchführungszwecken eine gegenüber den umständlichen Hieroglyphen wesentlich rationellere Schrift. Die sogenannte Linear-A-Schrift, wahrscheinlich eine Silbenschrift, wurde um 1700 v. Chr. entwickelt. Daß wir sie überhaupt kennen, verdankt sich dem Zufall: Feuersbrünste beim Untergang der Paläste brannten die Lehmziegel, auf die Palastbeamte Schriftzeichen geritzt hatten, zu festen Täfelchen. Ungebrannt wären sie wie die meisten Schriftzeugnisse, die mit Sepiatinte auf Häute («Häutebeschmierer» ist auf Zypern ein Synonym für Lehrer), Holztafeln und Papyrus geschrieben waren, zu Staub zerfallen und für immer verloren.

Dies gilt auch für das wohl bekannteste Schriftzeugnis, den Diskus von Festós, eine gebrannte Tonscheibe aus der Zeit nach 1600. Auf ihr findet sich auf beiden Seiten ein spiralförmig angeordneter, vielleicht religiöser Text, der aus eingestempelten, also «gedruckten» Hieroglyphenzeichen (45 verschiedene Typen) besteht, die allerdings den anderen kretischen Hieroglyphen völlig unähnlich sind. Immer wieder haben Laien und Forscher bekanntgegeben, sie hätten den Diskus entschlüsselt. Damit heimsten sie allenfalls ein paar Schlagzeilen ein, aber keine wissenschaftlichen Meriten, denn kein Übersetzungsversuch wurde bislang in der Fachwelt anerkannt.

Bauboom nach der Katastrophe

Um 1700 zerstörte ein gewaltiges Erdbeben alle Palastanlagen und viele andere minoische Bauten, zum Beispiel den Menschenopferaltar in Anemóspilia. Feuersbrünste vernichteten sie nahezu restlos. Mit den Palästen geht aber die minoische Kultur nicht unter: Scheinbar ohne größere Unterbrechung wurden sie um 1600 über den alten Grundmauern wiederaufgebaut.

Allerdings verschoben sich die politischen Gewichte: Der neue Palast in Festós wurde kleiner als der alte errichtet, dies gilt auch für Mália, nicht aber für Knossós – hier entstand der größte aller minoischen Bauten. Nur neun Kilometer südlich, in Archánes, wurde ein weiterer großer Palast errichtet, vielleicht hatte ein Vorgängerbau bereits in der Altpalastzeit bestanden. Und etwas westlich von Féstos entsteht ein palastartiger Gebäudekomplex, Agía Triáda, allerdings ohne den typischen Zentralhof. Während Festós bis zur Erdbebenkatastrophe ebenbürtig erscheint, wurde das neue Zentrum der minoischen Kultur während ihrer größten Entfaltung eindeutig Knossós / Archánes. Neu gebaut wurde ein fünfter, relativ kleiner Palast im Osten bei Káto Zákros, in relativ günstiger Lage zur syrisch-libanesischen Küste, nach Zypern und auch Ägypten. Neuere Ausgrabungen in Westkreta erweisen, daß auch hier minoische Zentren lagen. Wahrscheinlich gab es sechs minoische Regionen mit je einem städtischen Zentrum: Kydonia, das heutige Chaniá, Chamalevri, östlich von Réthimnon, Festós mit Agía

51

Triáda, Knossós mit Archánes, Mália und ganz östlich Káto Zákros. Einiges spricht dafür, daß in der Altpalastzeit diese Zentren recht eigenständig agierten, in der Neupalastzeit dominierte Knossós/Archanés, möglicherweise stellte es die zentrale Macht dar.

Der immense Arbeits- und Materialaufwand beim Bau der Palastanlagen erwies sich als goldrichtige, gewinnträchtige Investition. Den Palastbauten lag ein einheitliches multifunktionales Strukturprinzip zugrunde: Sie waren in erster Linie Verwaltungs-, Produktions- und Vorratsstätten, dienten aber auch kultischen und politisch repräsentativen Zwecken. Um einen in Nord-Süd-Richtung angelegten rechteckigen Zentralhof gruppierten sich bis zu dreigeschossige Gebäude. Die Höfe waren auf bedeutende Heiligtümer hin ausgerichtet, in Festós nach Norden auf die Kamáres-Höhle, in Knossós nach Süden zum Gipfelheiligtum des Joúchtas.

Östlich vom Zentralhof lagen «herrschaftliche» Wohnräume, weiter nach außen Werkstätten, westlich repräsentative Räume für kultische Zwecke, dahinter Magazine, in der Etage darüber weitere repräsentative Säle. Vor der Westfassade legte man einen ausgedehnten Westhof als riesige plattenbedeckte Terrasse an, auf der kultische Versammlungen und Prozessionen stattfanden, wie sie auf minoischen Fresken dargestellt sind. Hier finden sich auch breite Freitreppen für Zuschauer und erhöhte Prozessionswege.

Aufwendige Treppenhäuser mit Balustraden und Lichthöfen ermöglichten, daß Tageslicht auch in die tiefer gelegenen Räume fallen konnte. Ein kompliziertes System von «Wettertüren» diente als Vorform einer Klimaanlage der Be- und Entlüftung entsprechend der jeweiligen Tages- beziehungsweise Jahreszeit. Heutige Besucher erstaunt am meisten das ausgeklügelte Wasserleitungs- und Kanalisationssystem, das für die bronzezeitlichen Kulturen einzigartig ist. Ein gut funktionierendes Abwassersystem war notwendig: Wenn in der Regenzeit wolkenbruchartige Güsse auf die Paläste niederprasselten, mußte das Regenwasser aus Lichthöfen und vom Zentralhof direkt abfließen können, denn sonst wären die tiefer gelegenen Räume überschwemmt und Fundamente unterspült worden.

Den größten Raum nahmen in den Palästen Werkstätten und Manufakturen, Vorratsmagazine und Wirtschaftsräume ein. In Brennöfen wurden Metalle legiert und gegossen und in den benachbarten Kunstschmieden weiterverarbeitet; Halbedelstein- und Elfenbeinsiegel wurden in den Ateliers geschnitten, Töpferwaren aller Art geformt, gebrannt und bemalt.

In den Vorratsräumen wurden Agrarprodukte zwischengelagert. Die über zwei Meter hohen Vorratspithoi faßten etwa 185 Liter. In ihnen wurden Öl, Wein, Erbsen, Feigen und Bohnen aufbewahrt. Die Magazine in Knossós zum Beispiel hatten eine Kapazität von rund 75 000 Litern. Über Ein- und Ausgänge wurde Buch geführt. Die Paläste waren Handelszentralen, die selbst produzierten, die kauften und tauschten. Wahrscheinlich sowohl im kleinen Stil als auch im Ex- und Import des Überseehandels.

In Abständen von zehn bis fünfzehn Kilometern wurden auf der ganzen Insel «Herrenhäuser» als Filialen der Paläste errichtet, die wahrscheinlich Sitz hoher Verwaltungsbeamter waren. Wie

Festós – minoisches Zentrum in der fruchtbaren Messará

Kreta regiert wurde, weiß man nicht genau. Die ökonomische Funktion der Herrenhäuser aber ist eindeutig: Im größten bisher ausgegrabenen, in Wathípetro, fanden die Archäologen eine Weinkelterei, eine Ölpresse, eine Weberei und einen Brennofen für Tongefäße. Im Herrenhaus von Nírou Cháni, einem Hafen von Knossós, fanden sich Stapel von Opfertischen und kultischen Doppeläxten aus Bronzeblech. In anderen Kleinpalästen lagen Hunderte von Prunkgefäßen zum Versand bereit.

Gold für Kriegsgewinnler

Auf dem griechischen Festland, das die Mykener beherrschten, entstand ein bedeutender Markt für die kretischen Produkte, während die Lage in Kleinasien und auch Ägypten kritisch wurde, seit die Churriter kurz vor 1700 Mesopotamien und spätestens um 1650 die Hyksos (ägyptisch: Herrscher der Fremdländer) Unterägypten erobert hatten.

Als der deutsche Archäologe Schliemann 1874/76 im Schachtgräber-Rund von Mykene zahlreiche goldene Grabbeigaben aus der Zeit um 1600 v. Chr. mit einem Gesamtgewicht von fünfzehn Kilogramm fand, war die Fachwelt perplex. Woher stammte der Reichtum? In Griechenland gibt es keine Goldlagerstätten, und das mykenische Reich stand damals erst am Beginn seiner Geschichte. Vielleicht hat der Archäologe Spyridon Marinatos das über hundertjährige Rätsel gelöst. Nach seiner Theorie kämpften mykenische Fürsten gemeinsam mit den Oberägyptern gegen die Hyksos und siegten um 1580 v. Chr. Den Truppentransport ins Nildelta besorgten minoische Schiffe, ähnlich wie später die Seemacht Venedig ihre Flotte in den lukrativen Dienst der Kreuzfahrer stellte. Der Lohn war groß. Ägypten als reiches Goldland pflegte militärische Dienste mit purem Gold zu belohnen. In der minoischen Handelskolonie Akrotíri auf Santorini findet sich im sogenannten Haus des Kapitäns eine Wandmalerei, die eine Expedition übers Meer darstellt. Zwischen zwei Städten, die eine ist vielleicht Akrotíri selbst, die andere liegt möglicherweise im Libanon, reisen acht Schiffe, die über Ruder und Segel verfügen. Die Schiffe transportieren Männer, die Eberzahnhelme tragen, solche Helme gehörten zur Ausrüstung von mykenischen Kriegern. Entweder deutet die Darstellung darauf hin, daß bereits im 16. Jahrhundert mykenische Schiffe die Ägäis durchkreuzten oder aber daß mykenische Krieger auf minoischen Schiffen fuhren. Vielleicht gab es seit dem Ägyptenfeldzug eine enge Kooperation zwischen Mykene und Kreta.

Wenn diese Theorie von Marinatos stimmt, dann konnten mit dem ägyptischen Gold nach 1600 der Palast und die Burg von Mykene errichtet, die minoischen Paläste und Herrenhäuser auf Kreta luxuriös ausgestattet werden. Es entstanden die figürlichen Fresken, die unsere Vorstellung von der minoischen Kultur so nachhaltig beeinflußt haben: Fresko des dreiteiligen Heiligtums, der Pariserin, des Stierspiels, der Prozession mit den 500 lebensgroßen männlichen und weiblichen Rhytonträgern. Die Freskotechnik wurde zwar aus Ägypten übernommen, zu dem sich die Handelsbeziehungen wieder intensiviert hatten, aber die Ausgestaltung der Wandmalereien bezeugt die Entwicklung eines eigenen Stils. Zum erstenmal in der Kunstgeschichte wurde im Thronsaal von Knossós von einem kretischen Maler durch Kreuzschraffur des Schattens eine plastische Darstellung angedeutet (Greifenfresko).

Rätselhafter Untergang

Kreta befand sich um 1500 v. Chr. auf dem Gipfel seiner politischen und ökonomischen Stärke, als alle Paläste mit Ausnahme von Knossós/Archánes zerstört wurden. Der plötzliche, rätselhafte Untergang dieser seebeherrschenden Macht ließ zahlreiche Spekulationen aufkommen.

1939 erklärte der griechische Archäologe Spyridon Marinatos, die gewaltige Vulkanexplosion, bei der der größte Teil der nördlich von Kreta gelegenen Insel Santorin in die Luft flog, sei die unmittelbare Ursache für das Ende der minoischen Kultur. Marinatos, der 1974 bei Ausgrabungen auf Santorin tödlich verunglückte, wurde inzwischen widerlegt: Modernste naturwissenschaftliche Datierungsmethoden ergaben, daß die Eruption um 1625 v. Chr. stattfand, also mehr als hundert Jahre vor den verheerenden Zerstörungen.

Das spricht für eine andere Theorie. Möglicherweise kam es zu einem kretischen «Bruderkrieg», in dem die kleineren Paläste gegen das übermächtige Knossós/Archánes rebellierten und verloren. Das paßt auch mit der mythologischen Erzählung überein, daß König Minos von Knossós, nachdem er bei der Werbung um den hübschen Jüngling Miletos den kürzeren gezogen hatte, seine beiden Brüder und Konkurrenten Sarpedon und Rhadamantis, die Herrscher von Mália und Festós, mit Waffengewalt von der Insel vertrieb.

Das Minoerreich erholte sich nicht mehr. Um 1500 v. Chr. besetzten Mykener von ihren Burgen auf der Peloponnes die ersten minoischen Stützpunkte auf den Kykladen, rund hundert Jahre später auch die ostägäischen Inseln und Kreta. Diesmal wurden die Paläste nicht noch einmal aufgebaut, lediglich in Knossós und Archánes bestanden sie nach Umbauten weiter. In der Nekropole von Fourní, jahrhundertelang von den Minoern benutzt, entstanden jetzt mykenische Schachtgräber. Die Buchführung in Knossós wurde hinfort in der sogenannten Linear-B-Schrift durchgeführt. Diese neue Schrift konnte 1952 von den englischen Forschern Michael Ventris und John Chadwick entziffert werden – als der älteste uns bekannte griechische Dialekt. Das bedeutet, daß jetzt in Knossós neue Herren das «griechische» Sagen haben: die Mykener. Aber selbst die bislang allgemein akzeptierte These von der mykenischen Eroberung Kretas gerät durch neueste Forschungsergebnisse ins Wanken. Jannis Tzédakis und Erik Hallager haben für Kydonia/Chaniá nachgewiesen, daß diese Region ihre einzigartige Blüte genau in dieser Zeit des Untergangs erfährt. Waren aus Kydonia wurden in Palästina ebenso gefunden wie in ganz Griechenland, Beziehungen bestanden bis nach Sizilien und Sardinien. Zwar werden überall auf Kreta die Linear-B-Schriftzeichen verwendet, aber nur fünf Prozent der Keramikfunde lassen sich als mykenische Importe identifizieren.

FREIHEIT ODER TOD
JAHRTAUSENDE DER FREMDHERRSCHAFT

Wie alle aus der ägyptischen High-Society läßt auch der Wesir Rechmeré zu Lebzeiten ein prunkvolles Grab für sich errichten. Eine Wand schmücken seine Freskenmaler um 1470 v. Chr. mit den Darstellungen minoischer Gesandter. Knapp zwanzig Jahre später müssen sie erneut zum Pinsel greifen. Die minoischen Gesandten erhalten jetzt mykenische Gewänder. Die Minoer haben abgedankt, die Schaltstellen der Macht liegen auf der Peloponnes. Aber Mykenes Glanz währt nicht lange: Um 1200 v. Chr. überrennen die sogenannten Seevölker die Länder des Mittelmeerraumes. Für alle bronzezeitlichen Hochkulturen mit Ausnahme Ägyptens bedeutet diese Eroberungswelle den endgültigen Untergang.

Auf dem Festland machen sich die mit modernsten Waffen aus Eisen gerüsteten Dorer breit und besetzen um 1000 v. Chr. auch Kreta. Teile der Bevölkerung fliehen in unwegsame Gebirgsregionen. Sie bewahren ihre Sprache und Kultur und kontrollieren von Pressós aus, ihrer bedeutendsten Stadt, noch 800 Jahre lang ganz Ostkreta. In der «Odyssee» nennt Homer diese Minderheiten «Eteokreter», das heißt echte Kreter, im Gegensatz zu den griechischen Dorern.

Die weitere Geschichte Kretas ist bis zum 20. Jahrhundert eine Folge wechselnder Fremdherrschaften. Wer immer im östlichen Mittelmeer das Sagen hatte, brachte die strategisch bedeutende Insel in seine Gewalt. Gleichzeitig ist kretische Geschichte die Geschichte des Widerstandes gegen die fremden Herren. Wer aber sind die echten Kreter? Sind es die Steinzeitkreter in ihrem hoffnungslosen Kampf gegen die Minoer, sind es die minoisch-mykenischen Kreter gegen die Dorer oder später dann die minoisch-mykenisch-dorischen Kreter gegen die Römer? Es ist ja nicht so, als habe sich über 3000 Jahre in den unzugänglichen Schluchten der Sfakiá eine Gruppe von Urkretern gehalten, die nach dem Abzug

Statthalter venezianischer Macht – der Markuslöwe

der Türken zu Beginn unseres Jahrhunderts die Herrschaft auf Kreta übernehmen konnte. Eine Traditionsfolge läßt sich allerdings ungebrochen ausmachen: Seit die Inselbewohner unter römischer Herrschaft christianisiert wurden, sind die Kämpfer wie in ganz Griechenland Christen, die griechisch sprechen, fühlen und denken und für Freiheit und Selbstbestimmung ihr Leben einsetzen. Sie nennen sich Romií, Römer, beziehen ihre Identität auf das byzantinische, im Westen oströmisch genannte Reich.

Keineswegs fühlen sie sich als Ellines, Hellenen. Noch die türkischen Eroberer nannten die Griechen Rum und das Land Rumeli (Romiosini).

Krethi und Plethi

Während die Festlandstaaten Athen und Sparta zur höchsten Macht aufstiegen, gründeten die Dorer auf Kreta kleine Stadtstaaten, der homerischen Überlieferung nach 100 blühende Städte. In ihren Männergesellschaften rangierten Gehorsam und Kriegstüchtigkeit an erster Stelle. Das Leben war bis ins kleinste geregelt. Kein Wunder, daß das älteste europäische Gesetz, das in zwölf Steintafeln eingemeißelte «Stadtrecht von Górtis», auf Kreta gefunden wurde. Die unteren der vier Klassen mußten für gleiche Vergehen (zum Beispiel Vergewaltigung, Ehebruch, Körperverletzung oder Beleidigung) höhere Strafen hinnehmen als die herrschenden Klassen. Die größte Überraschung des im dorischen Dialekt um 500 v. Chr. verfaßten Textes aber war die beachtliche Stellung der Frau. Sie handelte vor Gericht, in Scheidungssachen und im Geschäftsleben selbständig. Sie war als Tochter erbberechtigt und konnte nicht zu einer Hochzeit gezwungen werden.

Obschon Kreta machtpolitisch in der Zeit der griechischen Klassik unbedeutend bleibt, studieren die bedeutendsten Athener Philosophen Platon und Aristoteles kretisches Rechts- und Staatswesen, das als vorbildlich angesehen wird.

Im 8. und 7. Jahrhundert spielen kretische Bildhauer, ein zweiter Daidalos soll unter ihnen gewirkt haben, eine entscheidende Rolle bei der technischen Entwicklung der frühgriechischen Bronzestatuen.

Die Überbetonung des Militärischen aber sorgte dafür, daß es immer genügend ausgebildete Soldaten gab, die sich als Bogenschützen und Steinschleuderer in allen Heeren der damaligen Welt verdingten. Besonders bei «Terroreinsätzen», wenn es galt, Hinterhalte zu legen oder Geiseln zu nehmen, und bei Aktionen, die von Banden durchgeführt werden mußten, galten kretische Söldner als unüberwindbar. Sprichwörtlich wurden die Bodyguards des israelitischen Königs David im Begriffspaar «Krethi und Plethi»; Leute, denen man selbst am hellichten Tag nicht allein begegnen sollte.

Zunehmend entwickelte sich Kreta zu einem Eldorado für Seeräuber. Mit Unterstützung einzelner Stadtstaaten kaperten Piratensegler vorbeifahrende Handelsschiffe der römischen Großmacht, die seit 146 v. Chr. das griechische Festland erobert hatte. Dies erschien den Senatoren in Rom als direkte Bedrohung ihrer Expansionsabsichten im östlichen Mittelmeer.

Imperiales Leben

Etwa 11 000 Muli Mariani, Maulesel des Marius, so nannten sich die römischen Landser selbst, landeten 69 v. Chr. im Nordwesten der Insel. Drei Jahre schleppten die Legionäre ihr Sturmgepäck. Der Widerstand der Stadtstaaten war zunächst geschlossen und stark. Als sich eine Niederlage abzeichnete, schlug sich Górtis auf die Seite des Gewinners und wurde Hauptstadt der neuen römischen Provincia Creta et Cyrenaica, also Kretas und der gegenüberliegenden nordafrikanischen Küste.

Die Römer segneten die Insel mit den Errungenschaften ihrer Zivilisation: Be- und Entwässerung, partielle Aufforstung, Heckenschutz, Straßen- und Brückenbau. Die Messará- und Lassíthi-Ebene wurden erschlossen. In die Städte kehrte imperiales Großstadtleben ein: Zirkus, Theater, Odeion (Musikhalle), Markthallen, Tempel und Thermen. Größere Aufstände hat es nicht gegeben, man ließ sich durch den modernen römischen Lebensstil korrumpieren. Als der Gefangene des römischen Imperiums, der Apostel Paulus, auf der Fahrt von Caesarea zu seinem Revisionsprozeß nach Rom in Kalí Liménes zwischenlandete, ließ er seinen Begleiter Titus zurück, der in Górtis erfolgreich das Christentum predigte, später Kretas erster Bischof wurde. Trotz der Missionserfolge diffamierte Paulus die Kreter in einem ihm zugeschriebenen Brief an Titus moralisch-pauschal: «Es hat einer von ihnen mal gesagt – ihr eigener Prophet übrigens –, alle Kreter sind immer Lügner, böse Tiere und faule Bäuche.» Dabei verkannte der christliche Moralapostel die tückisch-vertrackte Qualität der Äußerung des heidnischen weisen Sehers Epimenides im siebten vorchristlichen Jahrhundert: «Alle Kreter sind Lügner», sagte Epimenides – der selbst Kreter war.

Die ersten kretischen Christen litten unter dieser Verdammung durch ihren Apostel sicherlich weniger als durch die Mitte des 3. Jahrhunderts unter dem römischen Kaiser Gaius Decius durchgepowerte Christenverfolgung. Der Name des Dörfchens Ágii Déka, das heißt die zehn Heiligen, bei Górtis gelegen, erinnert an zehn Märtyrer, deren Häupter kurzerhand abgeschlagen wurden, weil sie sich nicht vor den römischen «Götzenbildern» verneigen wollten.

Bei der Zweiteilung des römischen Imperiums in ein «lateinisches» Westreich und ein «griechisches» Ostreich (395 n. Chr.) wurde Kreta Byzanz (Konstantinopel) zugeschlagen. Politisch bedeutungslos durch die provinzielle Randlage im Reich, diente die Insel byzantinischen Veteranen als Altersruhesitz und Pfründe.

Sklaven, Schätze und Piraten
Abu Hafs Omar erteilte in der Bucht von Mátala den Befehl, alle vierzig Schiffe zu verbrennen. Mordend, brandschatzend und plündernd verheerten die Sarazenenscharen nach ihrer Vertreibung aus Spanien (824) Górtis und zogen nach Norden weiter. Im Dorf Herakleia, dem heutigen Iráklion, bauten sie ein Fort, das sie Rabd el Chandad, die Burg mit dem Graben, nannten. Viele Kreter flohen in die Berge und führten einen Partisanenkrieg. Kreta wurde erneut ein Piratenzentrum der Levante, Rabd el Chandad der berüchtigtste Sklavenmarkt des östlichen Mittelmeers, in den Truhen häuften sich die erbeuteten Schätze.

Erst nach 140 Jahren gelang es den Byzantinern, die Insel mit der

Hilfe kretischer Partisanen zurückzuerobern. Ein libysches Entsatzheer mit 40000 Mann wurde in einem Hinterhalt niedergemetzelt.

Der «bleiche Tod der Sarazenen», wie der tiefgläubige Asket und Heerführer Phokás genannt wurde, ließ die Köpfe der Erschlagenen in zwei Kreisen um die belagerte Piratenfestung Rabd el Chandad legen und die übrigen abgehackten Köpfe zur Demoralisierung in die Festung schießen. Im März 961 war es dann soweit: Chandad fiel. Wer von den Sarazenen das folgende Massaker überlebte, wurde als Ware auf dem «christlichen» Sklavenmarkt von Konstantinopel feilgeboten. Den Eroberern fielen unermeßliche «Seeräuberschätze» wie aus «Tausendundeiner Nacht» in die beutegierigen Hände.

Der Sieger Phokás siedelte Tausende seiner slawischen und armenischen Söldner auf der Insel an. Die eingesessenen Kreter entwickelten einen Ausländerhaß, der zum offenen Aufstand führte, weil die Fremden ihnen Grund und Boden streitig machten. Kurzerhand wurde die Insel unter zwölf byzantinischen Adelsfamilien (Archonten) aufgeteilt, die den Widerstand brachen. An der feudalstaatlichen Neuordnung partizipierten auch abendländische Kaufleute aus Genua und Venedig.

Adratische Kröte

Weil er keine Schiffe besaß, verschleuderte der Anführer des vierten Kreuzzuges, Bonifaz von Montferrat, zum Spottpreis von 10000 Mark Silber Kreta an die Venezianer. Das «Herzstück der Levante» war ihm, nachdem die Kreuzritter 1204 die reichste Stadt der Welt, Konstantinopel, verwüstet und geplündert hatten, als Beutestück zugefallen. Zwar wehte seit 1205 das Marcusbanner über Candia, so nannten die Venezianer jetzt Chandad und die ganze Insel, aber eine Fahne macht noch keine Kolonie.

Den Archonten, den byzantinisch-orthodoxen Feudalherren auf Kreta, galten die westlichen Venezianer nach den römisch-katholischen Greueltaten beim Fall von Konstantinopel als Todfeinde. Gemeinsam mit den Genuesen versuchten sie, die Kolonisation durch die «adriatische Kröte» zu verhindern. Erst 1211 konnte Jacobo Tiepolo als erster Herzog von Kreta die Insel in Besitz nehmen. Die Archonten wurden enteignet, 400 Ritter und Offiziere aus der Lombardei erhielten Lehensgüter. Den neuen Feudalherren wurden rechtlose kretische Bauern als Paröken, Leibeigene, zugewiesen. Dafür mußten die Grundbesitzer Abgaben entrichten und gegen die Aufständischen kämpfen. Auf Druck des Papstes wurde die orthodoxe Kirche der römisch-katholischen unterstellt. Aber die schweren Kämpfe und Aufstände hörten nicht auf. Bis ins 14. Jahrhundert hinein blieben die hochkarätigen Spitzenämter des herzoglichen Statthalters und des Militärchefs die brenzligsten Posten, die die Republik in ihren Kolonien zu besetzen hatte.

Die enteigneten Archonten wurden zu erbitterten Gegnern, auf dem Lande rebellierten immer wieder die Paröken: Über Standesgrenzen hinaus vereinte beide der orthodoxe Glaube gegen die Lateiner. Mehr als zwei Dutzend große Aufstände weist die Chronik des Widerstandes auf. Die Aufständischen operierten vornehmlich von ihren unzugänglichen Rückzugsgebieten in der Sfakiá und den Gebirgen um die Lassíthi-Hochebene aus. 1363 vertrieben daher die Venezianer alle Bauern aus den fruchtbaren Hochebenen von Lassíthi, Anópolis und Eléftherna (östlich vom Kloster Arkádi gelegen). Unter Androhung der Todesstrafe wurde die Bestellung der Felder und die Besiedlung der umliegenden Berge verboten. Die Kulturlandschaften wurden verwüstet, Obst- und Olivenbäume gefällt, die Weinstöcke ausgerissen. Erst 200 Jahre später wurde die Lassíthi wieder urbar gemacht, für Flüchtlinge, die vom griechischen Festland vor den Türken flohen.

Rabiat verfuhr Venedig auch mit dem widerspenstigen Adel. In der Wahl seiner Mittel nicht zimperlich, gab der Statthalter in Candia ein Bankett. Unter den Gästen war Leon Kallergis, Mitglied einer alten kretisch-byzantinischen Familie. Für ihn endete der fürstliche Abend im Meer. Eingenäht in einen Sack, ließ ihn sein Gastgeber ertränken. Nach massiven Steuererhöhungen war die Unzufriedenheit auch unter den venezianischen Kolonisten gewachsen. Leon Kallergis hatte heimlich versucht, eine Allianz der Kreter sowie Inselvenezianer und der wiedererstarkten Byzantiner gegen die Marcusrepublik ins Leben zu rufen.

Trotz des politischen Mordes kam es 1360 zu einer Revolution auf Kreta. Ihr Ziel war die Errichtung einer souveränen Republik des Inselheiligen Titus mit griechischer Amtssprache und orthodoxer Religion. Erst nach vier Jahren gelang es den Truppen der Republik des Lagunenheiligen Markus, den Aufstand niederzuschlagen. Mit einschneidenden administrativen Maßnahmen versuchte Venedig, seine Herrschaft abzusichern: Zwangsmissionierung, Rotation der Verwaltungsbeamten, Ausbau und Erweiterung der Festungsanlagen, Verbot des Verkaufs von Lehensgütern, staatliche Kontrolle der Landwirtschaft.

Dennoch flackerten immer wieder Aufstände auf. Noch 1527, als Venedig bereits die meisten seiner Küstenstützpunkte auf der Peloponnes verloren hatte, ereignete sich ein Massaker, die «kretische Bluthochzeit». In Alikianós sollte die Tochter des venezianischen Adligen Da Molin mit dem Sohn des Freiheitskämpfers Geórgios Kantanoleos verheiratet werden. Derartige Verschwägerungen fanden in der späten Phase der venezianischen Herrschaft des öfteren statt. Eingeladen zur Hochzeit war eine große Schar kretischer Pallikária, waffenlos, versteht sich, unter gegenseitiger Verabredung freien Geleits. Doch nachdem die Kreter vom starken Hochzeitswein berauscht waren, wurden sie von den Venezianern niedergemetzelt, die wenigen Überlebenden auf Galeeren verkauft. So stellt der 1872 publizierte populäre griechische Roman von Zabelios diese Rebellion dar. Die Wirklichkeit freilich sah anders aus. Eine Gruppe von 600 Aufständischen operierte seit 1523 im Hinterland von Chaniá. Ihnen schlossen sich weitere Familien aus Bergdörfern der Sfakiá und des Sélino-Bezirkes an. Ein hohes Kopfgeld wurde auf Geórgios Kantanoleos ausgesetzt. Wahrscheinlich wurde er verraten. Die Venezianer gingen massiv gegen die Dörfer vor und verbannten 1050 Mitglieder der Großfamilie Kontos aus Alikambos auf ägäische Inseln und nach Zypern. Einige von ihnen durften erst nach 1536 zurückkehren und ihre Dörfer wieder aufbauen.

61

Kultur und Karrieren: El Greco

Ein ganz besonders edler Tropfen wurde zum Exportschlager der kretischen Landwirtschaft: Der Malvasierwein war nicht nur in der ganzen abendländischen Welt begehrt, kretische Fässer gelangten sogar via Portugal bis nach Indien. Der Weinhandel und der Export von Sesam, Zuckerrohr und Webereiartikeln brachten einen gewissen Wohlstand und damit die ökonomische Grundlage für die sogenannte kulturelle Blüte Kretas. Noch heute macht die Mischung von italienischer Renaissance- und Barockarchitektur die Faszination der kretischen Städte aus: venezianische Basiliken, Loggien (Versammlungshäuser), Patrizierhäuser und Portale, Brunnen, Plätze, Hafenanlagen, Arsenale und Festungsbauten.

Auf der Flucht vor den Osmanen – 1453 erobern sie Byzanz – ließen sich Intellektuelle und Künstler auf Kreta nieder. Kristallisationspunkt war die Berg-Sinai-Schule in Candia (Iráklion); sie war im 16. und 17. Jahrhundert die wichtigste Schule im Osten, an der neben Theologie auch Literatur und Malerei gelehrt wurden.

Selbst heute sollen analphabetische Hirten die 10 052 Verse des Nationalepos «Erotókritos» des gräzisierten Venezianers Vitzéntzos (Vicenco) Kornáros aus Sitía auswendig deklamieren können. Bemerkenswert ist, daß er und sein Dichterkollege Geórgios Chortátzis aus Réthimnon ihre Dichtungen im landesüblichen Dialekt, also der damals gebräuchlichen Umgangssprache der Kreter, schrieben. Chortátzis bekanntestes Werk ist die Liebestragödie «Erophíli». Noch heute hat die kretische Theatergesellschaft einige Stücke von ihnen im Repertoire, zum Beispiel das Mysterienspiel «Opfer Abrahms» von Kornáros.

Über 800 Kirchen, Kapellen und Klöster wurden von den byzantinischen Fresken- und Ikonenmalern ausgestaltet. Theophanis der Kreter malte sogar auf Athos, den Meteora-Klöstern, in Moskau und Nowgorod.

Der überragende Kirchenmaler war Michael Damaskinós, der auch als Anreger für Kretas, ja Griechenlands bedeutendsten «freien» Maler gilt, für Doménikos Theotokópoulos, der 1541 in Fódele bei Iráklion geboren wurde. Er soll Student der Berg-Sinai-Schule gewesen sein, bevor er nach Venedig ging, um in den Studios von Tizian und Tintoretto zu lernen. Anschließend lebte er bis zu seinem Tode 1614 in Toledo (Spanien). Keines der Werke dieses Malergenies, das unter seinem Beinamen «El Greco» Weltruhm erlangte, befindet sich heute auf Kreta. Nur in der lebendigen Auseinandersetzung mit der Kultur der Besatzungsmacht, der italienischen Hochrenaissance, ist diese außerordentliche Künstlervita denkbar.

In den Augen der Freiheitskämpfer hingegen mag das ganz anders erscheinen. Was sollten die kretischen Pallikaren in den Bergen von solchen Männern halten, die ihre guten kretischen Namen italianisierten wie Doménikos Theotokópoulos, genannt El Greco, dessen Taufnahme Kyriakos lautete. Sie unterschieden kraß zwischen denjenigen, die der fremden Kultur erlegen waren, den Überläufern, Karrieristen und den einzig wirklichen Kretern, die die Sitten und Normen rein bewahrt hatten.

Wenn enthusiastische Wagnerianer zu dem imposanten Bau am

Canal Grande pilgern, in dem Richard Wagner 1883 starb, sehen sie in dem Gebäude über die Gedenkstätte hinaus vielleicht noch ein herausragendes Architekturdenkmal venezianischer Frührenaissance, in den seltensten Fällen aber erkennen sie das Stück Kolonialgeschichte, von dem der Name kündet: Palazzo Vendramin-Calergi. Einst im Widerstand gegen die venezianische Kolonisation Kretas verfemt und brutal bekämpft – Leon Kallergis wurde 1344 wie eine Katze ertränkt –, machte ein späterer Sproß der Familie große Karriere in der Lagunenstadt und in Rom. Eine Kolonialkarriere ganz besonderer Art gelang Petros Philargos, 1340 im Dorf Kares, dem heutigen Neápolis, geboren. Als Kardinal von Mailand wurde er 1409 auf dem Reformkonzil von Pisa als Alexander V. zum Papst gewählt. Sein Pech, daß es noch zwei weitere Abonnenten auf den Stuhl Petri gab. So rangiert der kretische Katholik in der offiziellen Liste der Heiligen Väter nur als «Gegenpapst».

Kreta unterm Halbmond

Die nach Europa drängenden Türken nahmen den Venezianern nach und nach die griechischen Küstenstützpunkte weg. Die Markusrepublik entschloß sich daher, Kreta, das im Schnittpunkt der großen Handelsrouten lag, zum Bollwerk gegen die Osmanen auszubauen.

1538 überfiel der wohl größte Korsar aller Zeiten, Cheir-ed-Din Barbarossa, der spätere Großadmiral der türkischen Flotte, achtzig kretische Häfen und Siedlungen. Im Ostteil der Insel fielen immer wieder die türkischen Piraten ein. Die Bevölkerung verringerte sich um über zwölf Prozent auf nur mehr 192 000 Einwohner. Die Menschen flohen, wenn sie es sich leisten konnten, nach Italien. 1645 ließ Sultan Ibrahim eine 50 000 Mann starke Flotte beim Kloster Goniás landen. Von den Kretern als Befreier von den verhaßten Venezianern gefeiert, stießen die osmanischen Kontingente kaum auf Widerstand. Chaniá fiel bald nach der Invasion, dann die gesamte Nordküste mit Ausnahme von Candia, dessen Belagerung zu einem abendländischen Prestigekampf geriet. Papst Clemens IX. beschwor die gesamte Christenheit, die Venezianer zu unterstützen. Der «Sonnenkönig», Ludwig XIV., orderte 30 000 Soldaten, die Schulter an Schulter mit bayerischen und braunschweigisch-lüneburgischen Regimentern kämpften; doch vergeblich: Am 27. September 1669 übergab der Capitaneus Francesco Morosini die 87 Schlüssel der Festungsruine dem Großwesir Ahmed Köprülü. In den mehr als 21 Belagerungsjahren sollen 118 000 Türken und über 30 000 Verteidiger gefallen sein. Die Kapitulierenden erhielten freies Geleit und kehrten waffenlos, aber beileibe nicht mit leeren Händen in ihre Heimat zurück. Die Venezianer raubten noch schnell die heiligste Reliquie der Orthodoxie auf der Insel, das in einem juwelenbesetzten Goldbehälter aufbewahrte Haupt des Heiligen Titus, und auch noch die wundertätige Ikone der Panagía Messopandítissa. Erst knapp 300 Jahre später, 1966, rückte der römisch-katholische Klerus den Reliquienschatz wieder raus. Wer aber zur wundertätigen Ikone der Gottesmutter pilgern möchte, kann sie noch immer in Venedig finden – ein vor den «Heiden» gut bewahrtes koloniales Beutestück. Erleichterten Herzens zogen die orthodoxen Popen «den Turban des türkischen Priesters dem roten Hut des römischen Kardinals» vor, wie der französische Philosoph Voltaire später süffisant kommentierte. Bereits 1653 erlaubte der Sultan die Wiedereinsetzung eines kretischen Metropoliten nebst sieben Bischöfen durch den Patriarchen von Konstantinopel. Man übersah zunächst bereitwillig, daß dahinter vor allem politisch-strategisches Kalkül steckte. Im ersten Jahrhundert unter dem Halbmond kam es auf Kreta zu keinen Aufständen.

Dennoch wandelte die Insel ihr Erscheinungsbild grundlegend. Bereits 1700 klagte der Franzose Tournefort auf seiner Kretareise, daß er selbst in Réthimnon keinen Malvasierwein habe auftreiben können. Innerhalb einer Generation hatte der Ölbaum den Rebstock verdrängt: Bereits jetzt betrug die Ernte fast vier Millionen Kilo Olivenöl, wovon Frankreich zwei Drittel zur Seifenproduktion importierte. Unter den Venezianern dagegen wurde kein Tropfen Öl ausgeführt. Die ausgedehnten jahrhundertealten Olivenhaine, die man heute auf der Insel als ursprünglich kretisch erlebt, verdanken sich den Osmanen.

Kretischer Klüngel

Den siegreichen Truppen folgten auf dem Fuß die türkischen Steuerbeamten, welche bis zur letzten Ackerscholle jede mögliche Steuerquelle in ihren Büchern registrierten. Drei Paschas überwachten von ihren Serails in Chaniá, Réthimnon und Megálo Kástro («die große Festung» = Candia) aus die Verwaltung Kretas. Das Land wurde teils dem Sultan und den geistlichen Institutionen wie Moscheen direkt übertragen, teils türkischen Adligen, Beamten und Soldaten zum Lehen gegeben. Jedes Dorf erhielt seinen Muchtar oder Aga, zu dessen Privilegien es gehörte, die Steuern und ein Siebtel der Ernte einzuziehen, die Ölpresse zu betreiben und Polizeiaufgaben auszuüben. Nichts im Dorf lief ohne ihn: keine Heirat, kein Umzug. Aus ihrer Mitte wählten die Kreter einen Kapetanios. Dieser nahm die Befehle und Entscheidungen des Aga entgegen und überbrachte Beschwerden und Anliegen des Dorfes. Hierin hat das umstrittene *rousféti*, der kretische Klüngel oder Filz, seinen Ursprung.

Die ehemaligen Adligen mußten den neuen Grundherren, den Beys, dienen und flohen deshalb vielfach in die Gebirgsregionen. Sie wurden aber sozial geächtet. Den Sfakioten galten sie als «kakóssiros» (von schlechter Herkunft), denn sie hatten ja unter den Venezianern Karriere gemacht. Eine Heirat mit ihnen wurde den Söhnen und Töchtern der Rebellen verboten.

Den Sfakioten ließen die neuen Herren die Autonomie und begnügten sich mit mäßigem Tribut. Zum einen interessierten sie sich nicht für die bergige Provinz, zum anderen hatten die Sfakioten mit gegen die Venezianer gekämpft. Anders sah es bei den Paröken aus. Um der völligen Abhängigkeit von den Janitscharen, den Elitesoldaten, den Beys und Agas zu entgehen, wechselten viele von ihnen zum Islam über. Tournefort berichtet, daß die meisten «Türken» solche Konvertiten oder deren Kinder seien.

Viele waren sogenannte Scheinmuslime, die ihre Söhne offiziell beschneiden ließen und Ali, Yusuf, Mustafa nannten, heimlich aber auf Titos, Kostas, Jannis taufen ließen. Wurde ihre doppelte Religionszugehörigkeit den Muslimen bekannt, dann mußten sie sich öffentlicht bekennen, wie zum Beispiel vier Angehörige der Familie Retzelidis, die standhafte Christen blieben. Sie wurden in Réthimnon gehängt, die Stelle heißt heute «Platz der vier Märtyrer», und in der gleichnamigen Kirche werden ihre Gebeine aufbewahrt und verehrt.

Übergriffe und Aufstände

Die vom Sultan geübte Großzügigkeit wurde durch die ständigen Übergriffe der Behörden auf der Insel mehr als aufgehoben. Erpressungen und Beraubungen, Zwangsarbeit und barbarische Körperstrafen gegen Christen waren an der Tagesordnung. Nach und nach spielten sich die Janitscharen zu Eigentümern Kretas auf. Die Soldaten nahmen christliche Spaziergänger auf den Festungswällen von Megálo Kástro als Zielscheibe und schlossen Wetten darüber ab, zu welcher Seite die Getroffenen herunterfallen würden. Frauen und Mädchen galten türkischen Herren als Freiwild und verschwanden spurlos.

Begünstigt durch den autonomen Status, blühte die Sfakiá wirtschaftlich auf. Von ihrem Hauptort an der Südküste, Chóra Sfakíon, unterhielten die Sfakioten einen regen Seehandel mit eigener Flotte, der ihnen einigen Reichtum brachte. Viel Geld und Waffen flossen von hier an die Chainiden, so nannten sich die Freischärler in den Lefká Óri (den Weißen Bergen) selbst. 1770 kam es zu einem ersten großen Aufstand. Die Rebellen hatten den aus dem Bergdorf Anópolis stammenden Jánnis Vláchos, mit dem Spitznamen Daskalojánnis (der Lehrer, Gelehrter), zu ihrem Anführer gewählt. Er hatte als reicher Reeder, dem vier Dreimaster gehörten, einiges von der mediterranen Welt gesehen und stand in Verbindung mit den Russen, die seit 1768 Krieg gegen die Osmanen führten. Der Zeitpunkt des Aufstandes war klug gewählt, denn die Zarin Katharina II. hatte einen großen Flottenverband auf Griechenland Kurs nehmen lassen, um die griechischen «Kleften» (Viehdiebe, wie sie auf dem Festland abschätzig-ironisch genannt wurden) in ihrem Freiheitskampf gegen die Türken zu unterstützen. Allerdings wurden diese bald zurückgeschlagen, so daß die Russen ihre Kriegsexpedition abbrachen. Auf sich allein gestellt, waren die sfakiotischen Hirtenpartisanen nach einem Jahr am Ende. Daskalojánnis stellt sich dem Pascha von Candia, der ihn unter dem Vorwand der Friedensverhandlungen nach Iráklion eingeladen hatte. Entgegen der Abmachung wurde er verhaftet und gefoltert. Am 17. Juni 1771 befahl der Pascha, Daskalojánnis vor einem Spiegel bei lebendigem Leibe zu häuten; sein Bruder mußte dem brutalen Schauspiel gefesselt zusehen.

Widerstand formiert sich

«Eikossiena», (18)21, wurde zur magischen Zahl und Parole des Widerstandes, nachdem am 25. März 1821 der Metropolit Germanos von Patras das Zeichen zum Aufstand gegen die Türken gegeben hatte. Die Chainiden gründeten im selben Jahr die erste Revolutionsregierung. Gemäß der unerbittlichen Losung «Freiheit oder Tod» wurde wild-leidenschaftlich und voller Greuel auf beiden Seiten gekämpft. «Die Türken fressen die Griechen auf, und die Griechen köpfen die Türken», kommentierte Metternich. Brutal gingen die Türken nach anfänglichen Erfolgen der Revolutionäre vor. Der Bischof von Kíssamos wurde am 19. Juni gehängt, in Chaniá wurden bei einem Massaker 400 Christen ermordet, in Iráklion über 800. Bischöfe, Äbte, Priester und Mönche wurden hingerichtet sowie zahlreiche kretische Honoratioren.

Die orthodoxe Kirche trug wesentlich den bewaffneten Widerstand mit. In den meist abgelegenen Klöstern befanden sich Waffenlager und Pulvermagazine. Die Äbte und Papades vermittelten nicht nur die griechische Sprache und den Glauben an Jesus Christus, sondern lehrten ihre Eleven, wie man Kugeln gießt und Gewehre reinigt.

Die Osmanen hatten es schwer, sich auf dem griechischen Festland zu behaupten, dennoch kam es auch auf Kreta zu immer neuen Massakern. 2700 Frauen und Kinder flohen in die Höhle bei Mílatos. Türkisches Militär belagerte den Eingang mehrere Wochen lang. Nach der Kapitulation ermordeten die Soldaten die Überlebenden oder verschacherten sie als Sklaven. Auch die Höhle von Melidóni geriet 1824 etwa 400 Schutzsuchenden zur tödlichen Falle: Alle erstickten im Rauch der von den Türken im Höhleneingang entflammten Buschfeuer.

Trotz dieser Niederlagen waren die Erfolge der kretischen Guerillas derart durchschlagend, daß der Sultan seinen Vasallen Mehmet Ali, den Vizekönig von Ägypten, zu Hilfe rufen mußte. Mit einer Armada von 147 Schiffen landeten 3000 kampfstarke Beduinen und Albaner im Sommer 1824 in der Soúda-Bucht. Damit verschob sich das militärische Kräfteverhältnis zugunsten der Osmanen. Den griechischen und kretischen Revolutionären gelang aber noch ein Husarenstück: Am 9. August 1825 brachten sie die Inselfestung Gramvoússa in ihre Gewalt. Allerdings konnten sie sich dort nur durch Piraterie über Wasser halten, der die britische und französische Flotte 1828 ein Ende bereitete. Die zahlreichen Kämpfe, Siege und Niederlagen des kretischen Freiheitskampfes während der griechischen Revolution lassen sich hier kaum darstellen, aber wie sehr Kreta gelitten hat, lassen die nüchternen Zahlen zweier Volkszählungen erahnen. Zwischen 1821 und 1830 hatte sich die kretische Bevölkerung auf nahezu 129 000 halbiert. Bereits in den ersten Monaten nach der Landung der Ägypter 1824 flohen 60 000 von der Insel. Als die ägyptischen Truppen in die Sfakiá vordrangen, evakuierte die griechische Revolutionsflotte 10 000 Flüchtlinge allein vom Südküstenhafen Loutró. 1830 erhielt Griechenland von den Großmächten England, Frankreich, Rußland und Italien die volle Souveränität. Damit war der Weg zum Königreich Griechenland geebnet mit dem siebzehnjährigen Otto, einem Sohn des Bayernkönigs Ludwig I., an der Spitze, Kreta hingegen wurde dem ägyptischen König Mehmet Ali zugeschlagen.

Der große Aufstand

Die ägyptische Herrschaft versuchte Christen und Muslimen gleichermaßen gerecht zu werden und bescherte der Insel eine Atempause bis 1840. Mehmet Ali hatte sich bereits 1831 mit der Hohen Pforte in Istanbul überworfen. Die Großmächte intervenierten, da ihnen nicht an der Zerschlagung des Osmanischen

Reiches gelegen war, und zwangen ihn, sich mit der Herrschaft über Ägypten unter osmanischer Oberhoheit zu begnügen. 1841 kamen die Türken nach Kreta zurück. Die Gunst der Stunde versuchten kretische Führer, die aus dem Exil zurückkehrten, zum erneuten Aufstand zu nutzen. Sie fanden aber keinen großen Rückhalt. Ihre Erhebung endete bereits nach wenigen Wochen mit einer Massenflucht der Rebellen und ihrer Sympathisanten nach Griechenland.

Bis 1866 blieb es ruhig auf Kreta. Aus Anlaß einer extremen Steuererhöhung formierte sich erneut nationaler Widerstand, und der große kretische Aufstand von 1866 begann. Die Aufständischenversammlung von Sfakiá proklamierte am 21. August 1866 die «Énossis», die Vereinigung mit Griechenland. Im selben Jahr führt die Kamikaze-Entschlossenheit des «Freiheit oder Tod» zur Sprengung des Klosters Arkádi.

Das gut befestigte Kloster war ein wichtiger Stützpunkt der kretischen Freiheitskämpfer, von hier aus wurde auch die Koordination mit griechischen Truppen gemanagt. Der Paschalik von Réthimnon setzte gegen diese Schaltstelle des organisierten Widerstandes 15 000 Mann mit 30 Kanonen in Marsch. Am 7. November begann die Belagerung. Etwa 300 bewaffnete Kreter und rund 600 Frauen und Kinder aus umliegenden Dörfern hatten vor den heranrückenden Türken im Kloster Zuflucht gesucht. Gegen die gewaltige Übermacht war keine Verteidigung möglich. Als am zweiten Belagerungstag bereits die Eingangspforte unter den Kanonenschüssen zerbarst und die Soldaten ins Kloster eindrangen, schleuderte Kostis Giamboudákis, in einem Volkslied war es der Lehrer Emmanuel Skoulas, auf das Zeichen des Abtes Gavriil hin eine brennende Fackel in das Pulvermagazin. Kein Kreter sollte lebendig in die Hand des Todfeindes fallen. Die meisten Kreter wurden durch die gewaltige Explosion in den Tod gerissen, mit ihnen einige hundert Türken. Nur einer Handvoll gelang die Flucht, über hundert wurden gefangengenommen. Der 8. November ist seither Kretas Nationalfeiertag und das wiederaufgebaute Kloster das Nationalheiligtum, zu dem jeder Kreter mindestens einmal in seinem Leben pilgert.

Ein Jahr später zerstörten türkische Einheiten sämtliche Dörfer auf der Lassíthi-Hochebene und in den Weißen Bergen. Noch als der deutsche Gelehrte Fabricius 1884 nach Chóra Sfakíon kam, fand er eine Ruinenstadt vor: «Nur 40 bis 50 Häuser in der Nähe des Strandes waren wiederaufgebaut, und zwischen den Uferfelsen lagen vier oder fünf Kaíkia (kleine Segelschiffe) und ein Dutzend Boote. Die Leute, so sagte man mir damals, haben wohl die Mittel, ihre niedergebrannten Häuser stattlich wiederaufzubauen, Schiffe zu erwerben und den Hafen zu verbessern, ein jeder scheut sich aber, Geld in Anlagen und Unternehmungen zu stecken, das sicher verloren ist, wenn es wiederum Aufstand gibt.

Und vom nächsten Aufstand als von etwas ganz Selbstverständlichem redete alles.»

Im Angesicht der Freiheit

Fast jedes weitere Jahr nach 1866 enthält ein bedeutendes Datum für die Chronik des kretischen Freiheitskampfes. Oberst Vassos, den die griechische Regierung 1897 mit einer kleinen, schlagkräftigen Truppe nach Kreta geschickt hatte, gelang es endlich, die türkischen Soldaten in die Festungen zu zwingen, während die griechische Marine mit sechs Kanonenbooten im Kretischen Meer operierte und den Nachschub von Istanbul verhinderte. Die fällige Entscheidung aber wurde nicht im Kampf errungen, sondern von den Großmächten teils am grünen Diplomatentisch, teils durch die drohenden Geschütze der alliierten Kriegsschiffe erzwungen.

1897 erhielt Kreta unter der Oberhoheit des Sultans die «völlige Autonomie» zugesichert. Die Großmächte blieben präsent: Italien kontrollierte die Zone Chaniá, Rußland Réthimnon, Großbritannien Iráklion und Frankreich Lassíthi. Im Juni 1898 übernahm ein Komitee der kretischen Nationalversammlung die Inselverwaltung, allerdings noch unter Aufsicht der Admirale der vier Flotten. Dennoch hörten die bewaffneten Unruhen nicht auf. Als in Megálo Kástro am 25. August 1898 bei Straßenkämpfen neben 300 Kretern unbeabsichtigt der britische Konsul und 17 Soldaten Ihrer Majestät durch die Türken getötet wurden, intervenierte der Flottenadmiral Noel. Die türkischen Soldaten mußten Kreta in wenigen Monaten räumen. Am 2. November 1898 verläßt der letzte türkische Soldat die Insel.

Die Freiheit nach über 3000jähriger Fremdherrschaft kam in der exotisch-operettenhaften Gestalt eines Königs, der griechisch radebrechte und so ständig darauf hinwies, daß Kreta noch immer unter fremdländischem Zepter stand. Am 9. Dezember 1898 betrat Prinz Georg, Sohn des griechischen Königs Georg I., als «Hochkommissar der Großmächte» in Soúda Kreta und wurde zunächst im Freiheitsrausch begeistert gefeiert. Kazantzákis läßt in seinem Roman «Alexis Sorbas» den Helden schwärmen: «Hast du jemals ein Volk in seiner kollektiven Verrücktheit toben sehen, im Anblick der Freiheit?... Und wenn es jedem Menschen möglich wäre, sich sein Paradies im Himmel auszusuchen, nach seinem Geschmack... würde ich zu Gott sagen: Laß, lieber Gott, mein Paradies ein mit Myrten und Flaggen geschmücktes Kreta sein! Laß den Augenblick, in dem der Fuß des Prinzen Georg Kreta betritt, ewig währen.»

Énossis und Weltmachtträume

Kein Souvenirshop ohne die Büste des großen kretischen Staatsmanns Venizélos mit Käppi, Spitzbart und Nickelbrille. Früher aus leicht zerbröselndem Gips gefertigt, heute durchweg aus widerstandsfähigem unzerbrechlichem Polyester.

Aus mindestens ebenso hartem «Stoff» mußte der echte Venizélos gewesen sein, der die nachtürkische politische Entwicklung so entscheidend mitbestimmt hat. Geboren 1864 im fünf Kilometer von Chaniá entfernten Dorf Mourniés, ließ ihn sein Vater, ein Lehrer und Freiheitskämpfer, auf den Namen Elefthérios (von eleftheria = Freiheit) taufen. Nachdem er in Athen Jura studiert hatte, wurde er 1889 als regionaler Führer der Liberalen Partei Mitglied der kretischen Nationalversammlung, die eher beratende, nicht aber Entscheidungskompetenz besaß.

Prinz Georg berief den ehrgeizigen Politiker zu «seinem» Justizminister. Die Kreter spürten zunehmend, daß die Bezeichnung «autonomes Kreta» ein falsches Etikett war: Die Großmächte hielten die Insel besetzt, formal blieb dem Sultan in Istanbul die

Souveränität, Prinz Georg war ein ungeliebter Fremder, dessen autokratischer Regierungsstil zunehmend auf Ablehnung stieß. Venizélos zog die Konsequenzen und trat als Minister zurück. Er gründete eine «Revolutionspartei» und arbeitete gleichzeitig im Untergrund.

Die Kreter probten erneut den Aufstand. Zwar wurde die «Revolution» mit Hilfe der Großmächte niedergeschlagen, aber Prinz Georg mußte abtreten. Ihm folgte 1906 als neuer Hochkommissar ein Expremier Griechenlands, Alexandros Saímis. Und Venizélos mischte wieder ganz oben mit: Er wurde Mitglied des provisorischen Regierungsausschusses, der am 8. Oktober 1908 wiederum den Anschluß an Griechenland proklamierte. Als 1910 Venizélos zum griechischen Premierminister gewählt wurde, versuchte er Tatsachen zu schaffen, um die Énossis vorzubereiten. Völkerrechtlich ohne Grundlage, nahm er seit 1912 kretische Abgeordnete ins griechische Parlament auf. Erst am 30. Mai 1913, nach dem Ende der beiden Balkankriege, in denen die Osmanen den größten Teil ihrer Besitzungen verloren hatten, wurde Kreta offiziell mit Griechenland vereint. Zur offiziellen Vereinigungsfeier reisten König Konstantin und sein Premierminister Venizélos in die damalige kretische Hauptstadt Chaniá. In der Hafenfeste Fort Firkas wurde die griechische Flagge gehißt, und genau dort, wo die türkische Flagge zu Boden gesunken war, wurde eine Marmortafel angebracht mit folgender Inschrift: «Türkenherrschaft auf Kreta, 1669–1913, 267 Jahre, 7 Monate und 7 Tage Agonie» (Todeskampf).

Megáli Idéa
Vom Ersten Weltkrieg spürte man auf Kreta nichts, lediglich Kriegsschiffe der Alliierten ankerten dann und wann in der Soúda-Bucht. Allerdings brachte der Krieg für Griechenland, das 1917 noch schnell auf der Seite Englands eingestiegen war, Gebietsgewinne. Und die Griechen wollten mehr.

«Megáli Idéa» (große Idee) lautete das Zauberwort. Die Wahnsinnsidee, der sich auch Venizélos anschloß, war, das byzantinische Großreich mit der Hauptstadt Konstantinopel wiederaufzurichten. Nach anfänglichen Erfolgen mußten die griechischen Truppen aus der Türkei fliehen, die Griechen in den Friedensverhandlungen einem riesigen Bevölkerungsaustausch zustimmen.

Die letzten 30000 Türken, die 1923 noch auf Kreta lebten, verließen die Insel. Gegen Ende der Türkenzeit 1881 waren es noch über 72000 Muslime gewesen gegenüber 203000 orthodoxen Christen; die Abwanderung in der Zwischenzeit erfolgte mehr oder weniger freiwillig. Eine Fischerdorf-Neugründung muslimischer «Kreter» ist der heutige Badeort Side, nordwestlich von Zypern an der türkischen Mittelmeerküste. An die 34000 «türkische» Griechen ließen sich auf Kreta nieder; westlich von Iráklion zum Beispiel gründeten sie eine eigene Vorstadt, die mit ihrem Namen Néa Alikarnassós noch auf die alte Heimat (das heutige Bodrum in der Türkei) verweist.

VOM HIMMEL IN DIE HÖLLE
DEUTSCHE BESETZUNG, PARTISANEN UND BÜRGERKRIEG

Vom Fenster seines Schlafzimmers aus beobachtete am 20. Mai 1941 gegen sieben Uhr morgens bei Perivólia an der Straße nach Alikianós, einige Kilometer südwestlich von Chaniá, ein fünfzigjähriger Mann ein nie gesehenes Schauspiel: An weißen Fallschirmen schwebten deutsche Soldaten vom kretischen Him-mel herab. Flugzeugmotorenlärm, Bombendetonationen und Geschützdonner erfüllten die Luft. Die Fallschirmspringer, die offensichtlich nicht ahnten, in wessen Vorgärten sie gelandet waren, kümmerten sich nicht um das Landhaus und seine Bewohner, sondern stürmten in Richtung des Dörfchens Agía davon, von wo Gefechtslärm zu hören war. Zehn Minuten später rannten der Mann, es war der griechische König Georg II., seine Familienmitglieder und das griechische Kabinett mit Premier Emmanuel Tsouderos an der Spitze, die seit der Kapitulation Griechenlands in kretischem «Exil» lebten, in entgegengesetzter Richtung davon.

Andarten auf der gemeinsamen Gedenkfeier britischer und kretischer Veteranen

Niemand kümmerte sich um sie, auch nicht die kretischen Bauern, die zu ihren Waffen griffen, um die deutschen Invasoren anzugreifen. Zwei Tage und zwei Nächte marschierten die hochkarätigen Landsleute weg vom Feind über die Hochebene von Omalós und durch die Samariá-Schlucht nach Agía Roméli an der Südküste der Sfakiá. Bereits in der Nacht zum 24. Mai wurde König Georg II. von Griechenland an Bord des englischen Zerstörers H. M. S. «Decoy» ins Exil nach Kairo geschippert.

Seit November 1940 befanden sich rund 8500 britische Soldaten auf Kreta. Hinzu gesellten sich auf ihrem Rückzug vom griechischen Festland über 20 000 britische, australische und neuseeländische Truppenangehörige. Sie wurden dem neuseeländischen General Freyberg unterstellt, der die Verteidigung Kretas, das Unternehmen «Creforce», befehligte. Zu der gut ausgebildeten Truppe kamen noch 10 000 griechische Soldaten und Gendarmen hinzu. «Wir verteidigen Kreta, unseren offensiven Vorposten im Mittelmeer, bis zum Tod und ohne einen Gedanken an Rückzug!» versicherte Winston Churchill noch am 7. Mai 1941 vor dem britischen Parlament.

Bereits vier Tage nach der griechischen Kapitulation vom 21. April 1941 startete Hitler das Unternehmen «Merkur», die Eroberung Kretas. Ziel war, die Briten aus dem Mittelmeer zu vertreiben und einen Nachschubweg für das Afrika-Corps unter Rommel zu schaffen. Das Oberkommando der deutschen Luftwaffe entschied sich für eine Eroberung aus der Luft: Vormittags sollte der Militärflugplatz von Máleme und gleichzeitig Chaniá mit dem wichtigsten Hafen in der Soúda-Bucht erobert werden, nachmittags die Flughäfen bei Réthimnon und Iráklion. Der Chef der deutschen Spionageabwehr, Admiral Canaris, hatte in einer völligen Fehleinschätzung grünes Licht für den Angriff gegeben. Über die Operation «Schorcher» (britischer Deckname für die erwartete deutsche Kreta-Operation) waren die Creforce-Truppen jedoch frühzeitig und genau informiert. Nach starker Bombardierung durch deutsche Stuka-Verbände an den Vortagen wurde am 20. und 21. Mai 1941 die Invasion trotz der nicht erwarteten Gegenwehr ohne Rücksicht auf Verluste durchgepowert. Die an Fallschirmen schwebenden deutschen Soldaten waren für die abwehrbereiten Verteidiger vor allem dann, wenn sie sich am Boden aus den Gurten befreiten, ein leichtes Ziel. Die Verteidiger, Alliierte wie Griechen, teilweise nur mit leichten Waffen ausgerüstet, kämpften nach ihren Möglichkeiten, unterstützt von der Zivilbevölkerung, die mit Küchenmessern, Sensen und schweren Knüppeln in den Krieg eingriff. Frauen, Kinder und alte Männer waren das zum größten Teil, denn die 5. Kretische Division, zu der praktisch alle kriegsfähigen Männer der Insel gehörten, war noch auf dem Rückzug von der albanischen Front. «Welche Schönheit die Erde verschlingt!» zitiert Eleni Kazantzákis die alten Kreterinnen, die ebenfalls am Krieg teilnahmen. «Wie viele Mütter werden in Deutschland weinen!»

Die deutschen Verluste waren verheerend, weit höher als im gesamten vorausgegangenen Balkanfeldzug. Wer heute durch die langen Reihen der 4465 Gräber auf dem deutschen Soldatenfriedhof in Máleme geht, findet immer wieder die Sterbedaten 20./21. Mai, darunter viele junge Männer von 19 bis 21 Jahren. Insgesamt 23 000 Soldaten waren beim Unternehmen «Merkur» im Einsatz. 6580 von ihnen sind gefallen. Die Truppen des Commonwealth verloren 4000 und Griechenland 1000 Soldaten. Der Luftangriff war so verlustreich, daß Hitler keinen weiteren mehr anordnete.

Um Unterstützung gerufen, landeten bereits am 28. Mai die ersten italienischen Verbände in Sitía und besetzten den Ostteil Kretas, um den bedrängten Deutschen beizustehen. War die Schlacht an den ersten Invasionstagen noch wechselvoll verlaufen und ein alliierter Sieg durchaus möglich, zog General Freyberg jetzt seine Streitkräfte aus den umkämpften Zonen zurück. Die Evakuierung erfolgte hauptsächlich von schwer zugänglichen Buchten an der Südküste. Bis zum 2. Juni wurden mit U-Booten und Zerstörern 52 Prozent der Creforce-Soldaten von Roméli, Loutró und vom Kloster Préveli nach Ägypten ausgeschifft. Insgesamt machten die Deutschen «nur» 9500 britische und 5000 griechische Kriegsgefangene. Bereits am Abend des 1. Juni meldet der Oberbefehlshaber Generaloberst Löhr seinem Chef Hermann Göring: «Auftrag erfüllt, Kreta heute feindfrei.» Da täuschte er sich aber gewaltig.

Waffen unter Stroh: das Andartiko

Überall auf der Insel rührte sich der Widerstand: Im Invasionsmonat griffen die Bewohner des Bergdorfes Kándanos, Kinder, Frauen und Männer, deutsche Soldaten an, die Befehl hatten, an die Südküste nach Paleochóra vorzustoßen, und töteten 25 Mann. Die Deutschen machten am 3. Juni 1941 zur «Sühne» das Dorf dem Erdboden gleich und erschossen alle Bewohner, die sie noch antrafen, überwiegend ältere Frauen und Männer. 2000 Menschen wurden unmittelbar nach der Eroberung der Insel während der ersten Tage der deutschen Besatzungsherrschaft bei «Sühneaktionen» getötet. Und Kándanos wurde zum Symbol des Widerstandes gegen die Barbarei der Deutschen.

Das «Andartiko» (gr. der Widerstand) organisierte sich auf Kreta unmittelbar nach der Eroberung. Am 14. Juni wurde die Andartengruppe AEAK (Oberstes Kampfkomitee für Kreta) durch Andreas Papadakis gegründet. Und bereits am 2. Juni hatten sich in der Höhle Chamamousi in Ágios Síllas am Berg Joúchtas kretische Andarten (gr. Partisanen), unter ihnen der Kapetan (gr. Führer) Manolis Pandouwas, getroffen. Venizelisten, Kommunisten und Anhänger der Volkspartei leisteten unter der Weihe des Mönchs Soforonios einen heiligen Eid: «Wir schwören, daß wir den Kampf gegen die Besetzer unseres Landes bis zur Befreiung auch der letzten Ecke von Griechenland fortsetzen werden. Wir stellen zur Verfügung: uns selbst, unsere Familie und unser ganzes Vermögen. Unsere Losung: Freiheit oder Tod.» Pandouwas, selber Venizelist, gelang es, Kommunisten und Venizelisten unter seinem Kommando in der «Organisation Pandouwa» zu einigen. Später wurde er offizieller kretischer Führer der EAM (Nationale Befreiungsfront), die am 27. September 1941 in Griechenland von Kommunisten, Sozialisten, Mitgliedern der Agrarpartei, Kirchenleuten und Offizieren, sämtlich republikanische Kräfte, gegründet worden war. Diese Andarten wollten nach der Befreiung keine Restauration der Macht des Königs und der alten Oberschicht.

Militärischer Flügel der EAM war die ELAS (Nationale Volksbefreiungsarmee). Ihr Kapetan, der Kommunist Jánnis Podias, kämpfte bis 1943 als Pandouwas' Adjutant auf Kreta. Die britischen Militärs hielten über ihren Intelligence Service Kontakt zum kretischen Andartiko. Die Unterstützung war aber an politische Forderungen gekoppelt. Waffen sollte es nur für königs- und regierungstreue Freischärler geben.

In seinen Erinnerungen erzählt Pandouwas, wie ihm der britische Spitzenagent Nikolaos Monti, alias Monty Woodhouse, im Februar 1942 ein Angebot machte: «Du hißt die englische Flagge, ihr trennt euch vom übrigen Griechenland, und wir werden eure Feinde von hier vertreiben und die Insel übernehmen. Wir werden sie zu einem Schaufenster für den Tourismus machen. Die Touristen, die jetzt nach Frankreich reisen, werden hierherkommen. Wir wollen es übernehmen, wie Kreta zuvor war, unabhängig.» Pandouwas, auf die Énossis, die Union mit Griechenland, eingeschworen, zog die Pistole, machte Woodhouse zu seinem Gefangenen und ließ ihn nach Kairo abschieben. Den Kontakt hielt jetzt nur noch der Agent Patrick Leigh-Fermor, der unter dem Pseudonym Michalis Filedem arbeitete.

Den Andarten gelang es, während der Besatzungszeit drei Gebirge als «freies Griechenland» zu behaupten: die Lefká Óri (Sfakiá), die Psilorítis (Ída-Gebirge) und Psarí Madára (Lassíthi-Gebirge). Dort operierten neben Pandouwas die anderen Kapetanoi: Petrakojorgos, Grigorakis oder Satanas, Lemonia, Xylouris, Krasanaki Adami.

Daß die kretischen Andarten den Invasionstruppen Verluste zufügen konnten und dadurch starke Militärkräfte auf der Insel banden, lag vor allem daran, daß die Bevölkerung unter Lebensgefahr die Kämpfer versorgte und unterstützte. Wenn die Andarten Waffen brauchten, transportierten Frauen sie auf Mulis unter Stroh, mitten durch die Reihen der ahnungslosen Deutschen.

Im kretischen Widerstand kämpften ständig wenig mehr als 2300 Mann. Das Zahlenverhältnis zwischen Besatzungssoldaten und der kretischen Bevölkerung betrug zeitweise 1:5. So waren Anfang 1943 rund 43000 Deutsche und in deutschen Diensten stehende Russen sowie 32000 italienische Soldaten auf der Insel stationiert. «Für die Besatzungsmacht stellte das Andartiko keine entscheidende Gefahr dar», schreibt die Historikerin Marlen von Xylander in ihrer herausragenden Untersuchung «Die deutsche Besatzungsherrschaft auf Kreta». «Jedoch bewirkten die ständigen ‹Nadelstiche› der Widerstandsorganisationen in Verbindung mit dem Wissen, daß der Großteil der Bevölkerung auf ihrer Seite stand, ein Gefühl der permanenten Unsicherheit bei den Deutschen.» Lediglich bei einer Landung der Alliierten auf Kreta galt das Andartiko als Bedrohung.

Zerstörte Dörfer, ermordete Bewohner

Um die Achsenmächte Italien und Deutschland von der bevorstehenden alliierten Invasion in Süditalien abzulenken, gaben die

Briten den kretischen Andarten gezielt die Falschmeldung, die britische Landung stünde unmittelbar bevor, und zwar bei Ierápetra. Daraufhin machte Pandouwas Mitte 1943 mobil und bewaffnete über 3000 Mann in Psarí Madára. Seine Aktionen wurden gedeckt durch den Oberbefehlshaber Nahost in Kairo, General Wavell. Die Andarten bekamen italienische Verstärkung. Denn unmittelbar nach dem Waffenstillstand von 1943 mit Italien schlossen sich etwa 360 Soldaten der Division «Siena» dem Andartiko an. Kurz darauf, am 9. September, trafen Leigh-Fermor, kretische Andarten und der Chef des griechisch-kretischen Geheimdienstes mit dem italienischen General Kartas zusammen. Die Deutschen, die von dem Treffen Nachricht hatten, rückten mit etwa 2000 Soldaten vor. Es kam zur sogenannten Schlacht bei Áno Viánnos. Den Andarten gelang ein Überraschungsangriff. Sie konnten Papas Matheo, den Priester von Amirás, und vierzig Frauen und Kindern, die die Deutschen als Geiseln mit sich führten, befreien. Elf Offiziere, der gesamte deutsche Stab, wurden gefangengenommen.

Viele Bewohner aus den Dörfern im Bereich Viánnos flohen in die Berge. Am Dienstagnachmittag begannen die Deutschen mit der «Vergeltung». Die Dörfer Káto Sími und Péfkos wurden niedergebrannt und alle Einwohner exekutiert. Auch in Amirás wüteten die deutschen Soldaten, in Áno Viánnos trieben sie 700 Menschen zusammen und sperrten sie in der Schule ein. Die erregten Andarten forderten von Pandouwas die Hinrichtung der insgesamt 12 gefangenen deutschen Soldaten. Pandouwas berichtet in seinen Erinnerungen, er habe bei seinen Leuten einen Aufschub durchgesetzt, und nachdem die Briefe der Gefangenen dem deutschen Oberkommandierenden übergeben worden seien, habe dieser sofort per Funk alle Aktionen gegen die Zivilbevölkerung und auch ein Vorrücken gegen die Andartenstellungen untersagt. Die deutsche Führung machte die Zusage, vier Dörfer bei Viánnos zu schonen. Die Andarten ließen die 12 Deutschen am 20. September 1943 frei. Dennoch kein gutes Ende: Bei den Aktionen wurden 440 Kreter getötet, 200 festgenommen und ein halbes Dutzend Dörfer zerstört.

Die Briten meldeten inzwischen, daß keine Invasion auf Kreta stattfinden werde und eine Versorgung aus der Luft mit Munition und Verpflegung nicht möglich sei. Die Hoffnungen auf ein mit britischer Hilfe befreites Kreta waren damit vorerst zu Ende.

Im November 1943 wurde Pandouwas nach Kairo abkommandiert. Dort erklärte er in einem Gespräch mit dem griechischen Exilkönig Georg II., daß er notfalls auch gegen die Monarchie kämpfen werde, falls König Georg ohne Wahlen und Volksabstimmung nach Kriegsende die Macht in Athen ergreifen sollte, wie es die britischen Pläne vorsahen. Daraufhin ließen die Briten den antimonarchischen Kreter erst Ende August 1944 zu seinen Andarten zurückkehren. Der erbitterte Andartenkrieg ging unterdessen weiter. Aus Anógia stammende Andarten sollen 1944 an einem «Husarenstück» beteiligt gewesen sein. Bekleidet mit deutschen Uniformen, gelang es den britischen Offizieren Leigh-Fermor und Moss gemeinsam mit vier Kretern, den deutschen Oberbefehlshaber, General Kreipe, nur fünf Kilometer von seinem Hauptquartier entfernt, zu entführen. Unbehelligt passierten sie 22 deutsche Posten. Nach einer 18tägigen Odyssee kreuz und quer durch Kreta schleusten sie den General von der Südküste aus mit einem britischen U-Boot nach Ägypten. Deshalb – so die offizielle Rechtfertigung – überfielen deutsche Einheiten am 15. August 1944 Kretas größtes Dorf Anógia, zerstörten bis auf die Kirchen sämtliche Häuser und erschossen die männlichen Bewohner (s. Seite 169).

Kollaborateure und Judenverfolgung

Sehr früh bereits ging die deutsche Wehrmacht massiv gegen das Andartiko vor. Marlen von Xylander zeigt in ihrer Untersuchung der deutschen Besatzungsherrschaft, daß sich Phasen, die Zivilbevölkerung zu gewinnen, mit Phasen brutaler Verfolgung ablösten. Mit Hilfe von kretischen Kollaborateuren wurde ein Spitzelsystem aufgebaut, das zu zahlreichen Exekutionen von Kretern, die am Widerstand beteiligt waren, führte. Der Griechisch sprechende Oberfeldwebel Schubert befehligte 1943 ein derartiges Sonderkommando mit griechischen Kollaborateuren, von denen die Hälfte aus dem Dorf Krousónas stammte. Das Kommando war wegen seiner außerordentlichen Brutalität berüchtigt. Nach ein paar Waffenfunden im Dorf Kallikrátis ließ Schubert nicht nur das Dorf zerstören, sondern auch 50 ortsfremde Männer erschießen, einzig, weil sie ihm verdächtig erschienen. Die Terrormaßnahmen gingen selbst deutschen Offizieren zu weit, so daß man froh war, Schubert aufgrund einer Erkrankung abschieben zu können. Im Februar 44 wurde in Chaniá ein «Bandenjagdkommando» unter dem Gendarmerieoffizier Papajannakis aus rund 200 Griechen gebildet. Papajannakis arbeitete als Doppelagent sowohl für die deutsche als auch für die britische Seite. Sein Kommando bekämpfte vor allem die linksgerichteten Andarten der ELAS.

Schon im ersten Besatzungsjahr wurden zahlreiche Widerstandskämpfer aufgrund von Denunziationen verhaftet. Die Kapetanoi im Nomós Iráklion, Satanas, Petrajorgos und Pandouvas, gingen entschieden gegen «Verräter» vor und ließen bereits im Mai 42 sechs bekannte Kollaborateure umbringen. Und als dann im Juni kretisch-britische Kommandos massive Sabotageakte auf den Flughäfen Iráklion, Kastélli-Pediádas und Timbáki durchführten, kam es zu massiven Vergeltungsaktionen. Die Deutschen exekutierten am 14. Juni fünfzig Sühnegefangene.

Mit dem Mittel der «Sippenhaftung», so stellt Marlen von Xylander in ihrer wissenschaftlichen Untersuchung fest, verstieß die deutsche Wehrmacht eindeutig gegen internationales Kriegsrecht. Insgesamt lassen sich fünf Phasen des brutalen und gezielten Vorgehens gegen das Andartiko feststellen: Die erste unmittelbar nach dem Ende der «Schlacht um Kreta», dann im Juni 42 nach den Anschlägen auf den Flugplätzen, die nächste 43 zur Zeit der italienischen Kapitulation in der Region um Áno Viánnos –, im September 43 wurden die Dörfer Koustogérako, Livadás und Moní auf der Suche nach britischen Agenten dem Erdboden gleichgemacht (s. Seite 232) – und schließlich im August und September 44. Kurz vor dem deutschen Rückzug wurden das Bergdorf Anógia, weitere 13 Dörfer zerstört und eine Großrazzia unter dem Kodenamen «Rattenfänger» durchgeführt, bei der «500 Banditen und Banditenhelfer» erschossen wurden.

Während der deutschen Besatzungsherrschaft wurden 40 Ortschaften völlig, ebenso viele teilweise zerstört. Die Vergeltungsschläge trafen immer wieder die Zivilbevölkerung. 3474 Kreter, Andarten und Zivilisten, wurden exekutiert, Verdächtige häufig kurzerhand erschossen. Wenige überlebten durch Zufall, so der zweimal zum Tode verurteilte Andarte Kostas Mitsotákis, der 1989 griechischer Ministerpräsident wurde.

Während der gesamten Zeit der italienischen Besetzung Ostkretas wurden 22 Kreter hingerichtet, aber es hat keine Massenexekution stattgefunden. Die Italiener hatten sich nicht, wie die Deutschen es forderten, den Abschreckungsmaßnahmen angeschlossen.

Noch im Mai 1944 wurde auf Kreta befohlen, alle im deutschen Besatzungsteil zuvor registrierten 341 Juden festzunehmen; von der größten jüdischen Gemeinde in Chaniá gelang nur vieren die Flucht. Zusammen mit ein paar Dutzend kretischen Andarten sowie 150 italienischen Kriegsgefangenen wurden die Juden am 5. Juni an Bord der «Danae» verfrachtet, die Kurs auf Piräus nahm, wo sie allerdings nie eintraf. Entweder wurde die «Danae» durch einen britischen Angriff versenkt (wie in deutschen Berichten vermerkt) oder aber von den Deutschen selbst, nachdem die Wachmannschaft sich ausgebootet hatte. Das Ende wurde bis heute nicht zweifelsfrei geklärt.

Der Kuhhandel: Deutsche beschützen britische Soldaten

Entsprechend der Kriegsentwicklung verlief die deutsche Besatzungsherrschaft in unterschiedlichen Phasen. Zunächst diente Kreta als unversenkbarer Flugzeugträger für den Transport von Soldaten und Material im Afrikafeldzug. Für dieses strategische Ziel wurde der Flughafen von Timbáki groß ausgebaut.

Nachdem der Vormarsch der deutsch-italienischen Panzerarmee unter Rommel gescheitert war, begann im Spätherbst 1942 der Ausbau Kretas zur Festung. Hitler sah durch eine mögliche Invasion der Alliierten die deutsche Ölversorgung aus Rumänien gefährdet. Eine der am besten ausgebildeten und ausgerüsteten Divisionen, die 22. Infanteriedivision, war kurz zuvor auf Kreta stationiert worden. Zum Ausbau der «Veste-Kreta» wurde für den Flughafen-, Straßen- und Bunkerbau über ein Drittel der kretischen Bevölkerung zwangsverpflichtet. Die Reste einzelner Stellungen kann man noch heute finden, wie die halbunterirdischen Anlagen zwischen Kamilári und Pitsídia oberhalb des Kommosstrandes. Der Kafeníonwirt Kostas Sfakákis aus Pitsídia hat als Zwangsarbeiter diese Bunker mitbauen müssen.

Nach der Kapitulation Italiens im September 1943 besetzten die Deutschen zunächst den Ostteil der Insel und forcierten den weiteren Ausbau zur Festung. Da die Afrikafront zusammengebrochen war, wurde jetzt verstärkt eine alliierte Invasion befürchtet und der nagelneue Flughafen Timbáki vorsichtshalber wieder zerstört.

Das weitere Vordringen der Roten Armee und der Kriegseintritt Rumäniens erforderten den völligen deutschen Rückzug aus Griechenland. Ein Teil der auf Kreta stationierten Soldaten wurde zum Aufbau einer neuen Front auf den Balkan transportiert. Anfang Oktober 1944 nutzten die Andarten die Gunst der Stunde und schickten dem deutschen Kommandanten von Iráklion über den Metropoliten ein Ultimatum. Die deutschen Truppen hatten sich bereits aus dem Verwaltungsbezirk Lassíthi zurückgezogen. Es gelang ihnen, mit nur 50 Kämpfern, die schwer bewaffnet mitten in Iráklion auftauchten, eine Übermacht von einigen tausend vorzutäuschen. Gegen freies Geleit übergab am 11. Oktober 1944 der deutsche Oberkommandierende die Stadt an Kapetan Manolis Pandouwas. Auf eine zunächst beim Rückzug geplante Sprengung des Hafens, die auch das venezianische Kastell zerstört hätte, verzichteten die Deutschen, lediglich die Einfahrt wurde durch versenkte Schiffe blockiert. Zwei Tage später räumten die deutschen auch Réthimnon. Erstaunlicherweise wurden die Rückzugsbewegungen der deutschen Wehrmacht weder durch alliierte Angriffe noch durch Aktionen der Andarten gestört. Vermutlich war den Briten sehr daran gelegen, mit Hilfe der auf den Balkan transportierten Deutschen einen schnellen Vormarsch der Roten Armee zu unterbinden.

Es gab geheime Abmachungen zwischen den Deutschen und der Andartengruppe EOK, die nach dem Abzug befürchtete, die linke EAM könne die Herrschaft auf Kreta erringen. Die EOK erhielt sogar Waffen und Munition von den Deutschen. Trotz großer Anstrengungen bei der Evakuierung befanden sich im Oktober 1944 immer noch 12 000 deutsche Soldaten sowie 4700 italienische Kriegsgefangene auf der Insel. Bis zur endgültigen Kapitulation hielten sie die sogenannte Kernfestung Kreta besetzt, die Küstenregion im Westen von Kolimbári-Máleme über Chaniá-Soúda bis Georgioúpolis. In der Villa Ariadne am minoischen Palast von Knossós, wo die wenigen Anfang Mai 1945 gelandeten Briten ihr Hauptquartier eingerichtet hatten, unterzeichnete der letzte Kommandeur der Feste Kreta, General Benthack, am 9. Mai 1945 um 22.30 Uhr die bedingungslose Kapitulation. Damit aber war die deutsche Militärpräsenz auf Kreta noch nicht beendet.

Die Briten, die um jeden Preis ein kommunistisches Griechenland unter Herrschaft der EAM verhindern wollten, entwaffneten die deutschen Verbände zunächst nicht, da sie eine Übernahme der großen Waffen- und Munitionsvorräte durch die Andarten befürchteten. Als die ersten britischen Soldaten einen Teil der Kernfeste übernehmen wollten, wurden sie auf dem Weg nach Chaniá von Andarten der EAM angegriffen. Erst mit Hilfe einer deutschen Panzerabteilung konnten die Briten weiterfahren. Marlen von Xylander schreibt über die Endphase der deutschen Besatzungsherrschaft: «Vor und hinter dem britischen Generalswagen fuhr jeweils ein deutscher Panzerwagen zum Schutz, und bis in den Juni 1945 hinein führte die deutsche Truppe Einsätze gegen Andarten und Verhaftungen durch. So ergab sich auf Kreta die eigenartige Situation, daß die Briten de facto mit den besiegten Deut-

schen kooperierten. Die Kreter reagierten mit Unverständnis und Wut.»
Der Kuhhandel endete damit, daß die Deutschen vor den Augen der Kreter auf britische Anweisung tagelang Granaten verfeuerten, Munition im Meer versenkten und ihre Panzer und Fahrzeuge zerstörten.
Am Ende des Krieges war Kreta ausgeblutet. Der Dichter Nikos Kazantzákis schrieb am 11. Juli 1945 in Chaniá: «Gestern konnten wir uns den Wagen des Erzbischofs ausleihen und machten eine Rundfahrt zu mehreren Dörfern. Die Leiden Kretas sind furchtbar. In einem Dorf empfingen uns nur Frauen, alle schwarz gekleidet, weil die Männer von den Deutschen erschossen worden sind. Ganze Dörfer sind niedergebrannt, nur Trümmer. Die Menschen haben nicht einmal mehr Gabeln oder Tassen, keine Kleidung, keinen Wein, und dann klagen sie, daß sie nichts haben, um uns zu bewirten.»
Als «Kriegsverbrecher» wurden die Hauptverantwortlichen auf Kreta, die Festungskommandanten Andrae, Bräuer und Müller, vor griechische Sondergerichte gestellt. General Andrae wurde zunächst zu viermal lebenslänglich und zehn Jahren Zusatzstrafe verurteilt, im Jahre 1952 aber begnadigt. Die Generäle Bräuer und Müller wurden am 9. Dezember 1946 zum Tode verurteilt. Die Urteile wurden, nachdem der griechische König eine Begnadigung Bräuers (für dessen Todesstrafe sich drei der fünf Geschworenen ausgesprochen hatten, bei Müller hingegen alle) abgelehnt hatte, am 20. Mai 1947, dem sechsten Jahrestag der Invasion auf Kreta, in Chaidari bei Athen vollstreckt.

Andarte gegen Andarte
Beim Abzug der deutschen Truppen vom griechischen Festland am 2. November 1944 kontrollierten die republikanisch gesinnten Partisanen der EAM rund vier Fünftel des Landes. Über die Nachkriegspolitik kam es zu Auseinandersetzungen. An eine unmittelbare Rückkehr von König Georg II. ohne Volksabstimmung war nicht zu denken. Die als Zwischenlösung von den Briten gedachte Regierung unter Georgios Papandreou hielt sich nicht an das Versprechen, alle Kollaborateure der Deutschen vor Gericht zu stellen. Als es deshalb am 3. Dezember zu einer Großdemonstration von Kommunisten und Republikanern in Athen kam, ließ die Regierung unter Rückendeckung von Churchill auf die Demonstranten schießen: Mindestens zwanzig Menschen starben.
Im Anschluß an diese blutige Dekembriana (Dezemberaktion) brach der Bürgerkrieg aus, in dem rechte gegen linke Griechen bis zum 16. Oktober 1949 kämpfen sollten. Mit massiver militärischer Hilfe der USA, die ein kommunistisches Griechenland unter keinen Umständen wollten, siegten schließlich die Regierungstruppen. Auf Kreta allerdings entwickelte sich der Bürgerkrieg nicht über kleine Anfänge hinaus. Zum Selbstverständnis vieler kretischer Widerstandskämpfer gehörte es, dem Oberkommando Nahost der Briten in Kairo unterstellt zu sein. Als dieses im August 1943 die Mobilmachung befahl, verweigerten die Kommunisten die Ausführung – sie wollten sich nicht zu Werkzeugen britischer Interessen machen lassen. Kapetan Pandouwas begann die Mobilmachung, ohne seine Organisation, die EAM, zu informieren.

Viele Kreter hielten ihn seither für jemanden, der nicht bedingungslos die kretische Sache vertrat. Pandouwas änderte den Namen seines Kommandos: Aus EAM wurde «Hauptquartier der Freien Schützen, Emmanuil Pandouwas». Er setzte seinen kommunistischen Adjutanten Jánnis Podiás ab und verteilte die kommunistischen Partisanen so auf alle Gruppen, daß sie kein eigenes Kampfkader ausbilden konnten. Angesichts der deutschen Wehrmacht blieb dieses Konzept zunächst tragfähig. Nach der Dezemberdemonstration 1944 in Athen erhielten die kretischen EAM-Kämpfer den Befehl, sich ebenfalls gegen die Regierung zu erheben. Pandouwas machte nicht mit, und ohne ihn war eine Revolte in Mittel- und Ostkreta, den Bezirken Iráklion und Lassíthi, nicht möglich. Seine Getreuen entwaffneten alle linken Verbände in ihrem Gebiet. Im Westteil der Insel, dessen Küstenregion um Chaniá noch bis in den Juli 45 von den deutschen Truppen besetzt war, einte der gemeinsame Feind alle Andarten.

Im April 1947, während auf dem Festland weiterhin der Bürgerkrieg tobte, kam Jánnis Podiás von einer politischen Schulung in Pulke nach Kreta zurück, um den Kampf erneut zu organisieren. Die griechische Armee und auch Pandouwas gingen gegen die Kommunisten vor. Bis Ende August waren alle linken Andarten entwaffnet. Jánnis Podiás wurde am 30. Juni erschossen. Die Andarten brachten den Leichnam ins Dorf Agía Varvára.

34 Jahre Untergrund
Verbittert waren viele der ehemaligen Andarten über die Entwicklung im Nachkriegsgriechenland, weil nicht diejenigen, die tatsächlich im Widerstand gekämpft hatten, an die politische Macht gelangten. Die Liberalen und Kommunisten wurden regelrecht ausgeschaltet, sie wurden kriminalisiert und in die Gefängnisse gesteckt. Die Anerkennung der Kämpfer im nationalen Widerstand, ungeachtet ihrer politischen Zugehörigkeit, ließ lange auf sich warten, bis 1982. Die meisten Veteranen des Andartiko waren da schon tot.

Im Westen Kretas, in der Sfakiá, konnten sich etwa 240 linke Andarten noch bis 1948 halten, dann wurden sie in der Samariá-Schlucht von Regierungstruppen eingeschlossen. 35 von ihnen konnten noch einmal fliehen, ehe sie später dann doch gefangengenommen wurden oder aufgaben und sich stellten. Zwei, Georgios Tsombanakis und Spiros Vlassákis, schafften es, mit Unterstützung von Hirten in den Schluchten und Höhlen der Weißen Berge durchzuhalten. Obwohl auf jeden von ihnen eine Kopfprämie von einer halben Million Mark ausgesetzt war, wurden sie nicht verraten, und es gelang auch den Schergen während der Obristendiktatur nicht, sie aufzuspüren. Nach 34 Jahren im Untergrund kehrten sie nach der von Karamanlis erlassenen Amnestie 1975 in ihr Dorf zurück. Die volle Rehabilitation der Andarten des Bürgerkrieges erfolgte erst 1982.

Eine ganz andere Rechnung blieb bisher offen: Anläßlich des 50. Jahrestages der «Schlacht um Kreta» wurde der Ruf nach den noch ausstehenden deutschen Reparationszahlungen lauter. Bereits 1946 auf der Konferenz der Siegermächte in Paris wurden die Schadenersatzansprüche mit 7,5 Milliarden Dollar bilanziert, auf der

Londoner Konferenz von 1953 auf die Zeit nach der Lösung der deutschen Frage vertagt. Jetzt, nach der erfolgten Wiedervereinigung, vertritt das Außenministerium die Ansicht, nach so langer Zeit habe die Reparationsfrage ihre Berechtigung verloren, und verweigert sogar jede Verhandlung darüber. Je nach Rechnungsmodus summieren sich die aktuellen griechischen Forderungen für die Opfer des Nationalsozialismus, die Kriegsschäden und die Rückzahlung einer von den Deutschen 1942 erpreßten Zwangsanleihe auf 35 bis 70 Milliarden Mark. Zum 50. Jahrestag der «Schlacht um Kreta» ließ 1991 der damalige griechische Ministerpräsident Mitsotákis ein «Fest des Friedens und der Freundschaft» ausrichten. Neben den australischen, neuseeländischen und britischen Veteranen lud der ehemalige kretische Andarte Kostas Mitsotákis, der selber vor 50 Jahren 29 Tage lang in den Todeszellen des Zuchthauses Agiá gesessen hatte, nachdem er von den Deutschen zweimal zum Tode verurteilt worden war, auch seinen Duzfreund Helmut Kohl ein. Bei der Kranzniederlegung auf dem deutschen Soldatenfriedhof von Máleme erinnerte Kohl an die zahlreichen Toten auf griechischer, alliierter und deutscher Seite, aber auch an die 3474 kretischen Andarten und Zivilisten, die von den Deutschen exekutiert worden waren. Mitsotákis kam zwar mit nach Máleme, aber im offiziellen Programm der Feierlichkeiten erschien dieser Termin nicht. Dafür erschienen rund 700 Gäste, die zu den offiziellen Feiern nicht eingeladen waren: deutsche Kretakämpfer. Um die besten Plätze bei der Gedenkfeier einzunehmen, kamen die Veteranen frühmorgens als erste, unter ihnen nicht wenige Ewiggestrige. Die, so berichtete der Griechenlandkorrespondent der *Frankfurter Rundschau*, Gerd Höhler, stimmten beim Absingen der Nationalhymne prompt die erste Strophe an. «Stimmlich fest geführt vom Kanzler, konnte sich dann allerdings bald die Mehrheit mit der dritten Strophe gegen die Unverbesserlichen durchsetzen. So hatte eine neue Textversion des Liedes der Deutschen auf Kreta Premiere: ‹Deutschland, Deutschland, Recht und Freiheit, über alles auf der Welt›.»

KULTUR UND GEGENWART

TANZEN WIE ALEXIS SORBAS
FESTE, BRÄUCHE UND MUSIK

Mit Pistolen, Jagdgewehren, aber auch schon mal mit einer Maschinenpistole wird scharf in die Luft geschossen. Eine kretische Feier ohne spontane Ballerei – undenkbar. Vor allem auf dem Land, aber auch in der Stadt zeigen die Gäste einer Hochzeit ihre Begeisterung bis zur letzten Patrone. Und in der Osternacht gelingt es keinem Papás auf der Insel, in Ruhe das «Christós anésti» zu singen. Es geht im Höllenlärm der Böllerschüsse, Sprengkörper und Leuchtraketen völlig unter. Jedes Jahr kommt es zu Verletzungen und Todesfällen. Deshalb versucht die Behörde, die Feuerwerkskörper zu verbieten. Über eine Million Sprengkörper, 250 000 Knallfrösche und 10 000 Leuchtraketen beschlagnahmte die Polizei im März 1996 vorsorglich in Iráklion und Réthimnon. Dennoch wurde Ostern wie eh und je begeistert im Donnergewitter der Böller begangen. Das Inferno der Freudenschüsse hat seinen Ursprung in der griechischen Revolution von 1821, als die Auferstehung Christi zum Symbol der nationalen Wiedergeburt wurde, die mit Feuerwaffengetöse aus Pistolen und Gewehren gefeiert wurde. Aber daß jedes Jahr Todesopfer zu beklagen sind, wird selbst den Kretern zuviel. Wie dem Rektor der Universität Kretas, Grammatikakis, der die Bagatellisierung des Waffenbesitzes als Tradition seit dem Freiheitskampf nicht akzeptiert. Die Schießereien seien kein Privatvergnügen von Waffennarren, sondern dahinter verberge sich ein illegaler Waffenhandel großen Stils, der zur Zunahme der Kriminalität führe. Nach Angaben der kretischen Polizei gibt es heute auf der Insel mehr als 40 000 Waffen, die meisten von ihnen mit modernster Technologie ausgestattet.

Wie «Weihnachten»: Kalo Páska

I megáli evdomáda (Osterwoche) – «Alles ausgebucht, nichts zu machen.» An den Olympic-Airways-Schaltern für Inlandsflüge von Athen nach Kreta genauso Achsel-

Traditionsbewußt geht es im Kritiko Kentro zu, wenn Kreter groß ausgehen oder eine Hochzeit feiern

zucken wie in den Ticketbüros der Reedereien am Kai von Piräus. Fast jeder Kreter, jeder, der irgendwie kann, reist zu Ostern heim ins Dorf. Und dort wird bereits die Patina des Winters weggeweißelt, sozusagen die bösen Geister vertrieben. Es wird gebacken, eingekauft und ein Lamm geschlachtet. Die ewige Männerrunde vorm Kafeníon bekommt endlich Abwechslung: Kostas, der in Italien studiert, steigt bereits am Donnerstag aus dem Nachmittagsbus, zusammen mit Pagóna, die seit einem Jahr eine Stelle als Dolmetscherin in Athen hat. Athanasios' Stuttgarter Mercedes rollt ein, die fünfköpfige Familie zwischen die Mitbringsel geklemmt. Laute Hallos und ein Schwatz nach dem anderen läßt bereits am megáli paraskeví, Karfreitag, Feiertagsstimmung aufkommen. Über alle Dorfgeräusche triumphiert der Psalmen-. gesang aus der Kirche, den der Lautsprecher vom Glockenturm unentwegt über den Platz trägt. Und auf allen Fernsehschirmen flimmert – wegen der hohen Geistlichkeit dreimal so prächtig – die Live-Übertragung der byzantinischen Gesänge aus Athen.

In der Kirche ist ein Kommen und Gehen. Aufgeregte Vorfreude liegt in der Luft und beileibe keine niedergedrückte Stimmung ob der Leiden Jesu. Noch mehr Kerzen als sonst brennen, Frauen und Mädchen schmücken mit Wild- und Gartenblumen den aufgestellten «epitáphios» – das Grab Christi. Üppige, liebevolle Kunstwerke entstehen unter ihren Händen. In der Stadt sind die Schnitzereien des symbolischen Grabes kostbarer, aber die Floristengestecke erreichen nicht annähernd die Lebendigkeit der Dorfblumengebinde. Fremde werden in die Kirche hineinkomplimentiert, um das Prachtstück des Dorfes zu bewundern. Während die Eltern Kreuz und Tuch küssen, krabbeln die Kinder unter dem Grab Christi hindurch, denn das wird ihnen Glück bringen.

Spät Karfreitagabend ist dann alles auf den Beinen. Nach Einbruch der Dunkelheit wird der «epitáphios» in einer feierlichen Prozession durch die Straßen und um die Kirche getragen. Wer nicht laufen kann, setzt sich mit einer Kerze vor die Tür und läßt den feierlichen Zug aus Fahnen, Geistlichkeit, Honoratioren und Kind und Kegel an sich vorbeiziehen. In der Stadt entfaltet sich schon wegen der Menge der Gläubigen und wegen des Pomps der hohen Geistlichkeit mehr Pracht bei der nächtlichen Prozession. Die größte kommt in Iráklion zustande, die einzelnen Gemeinden ziehen jeweils durch ihre Bezirke in der Innenstadt.

Die Osternacht bringt mit der Auferstehungsfeier endlich den liturgischen Höhepunkt. Im mitternächtlich dunklen Kirchengewölbe verkündet der Priester das «Christós anésti». «Er ist wahrhaft auferstanden», antwortet die Gemeinde. Der Geistliche entzündet die erste Kerze. Ihre Flamme wird in der dichtgedrängten Menge von Kerze zu Kerze weitergegeben. Die wachsende Helligkeit erlöst die Gemeinde ebenso vom Dunkel des Winters wie von der ewigen Verdammnis. Manchem Kreter bedeutet die fromme Botschaft der Nacht auch die «Auferstehung» Kretas von jahrhundertelanger Fremdherrschaft. Draußen zündet deshalb die männliche Jugend bereits die ersten Böller, mitten in der dichten Menge, die sich langsam auf den Vorplatz der Kirche ergießt.

Das ohrenzerreißende Krachen nimmt zu, derweil die Alten noch in der Kirche singen. Mit Küssen werden die Zwistigkeiten des Jahres begraben. «Kalo páska» (Frohe Ostern) und «chrónia pollá» (viele Jahre) wünscht man sich. Das Osterfeuer wirft seinen flackernden Schein über die festliche Menge. Den großen Reisighaufen, der nun niederbrennt, haben die Halbwüchsigen mit viel Muskelkraft in der Karwoche aufgetürmt. Mit großem Gaudi wird mancherorts auch eine Judaspuppe verbrannt.

Ostern gilt den Kretern soviel wie den Deutschen Weihnachten, und daher steht Ostersonntag ganz im Zeichen der Familie. Morgens werden rotgefärbte Eier gegeneinander geklopft, wessen Ei heil bleibt, hat Glück im nächsten Jahr. Alle lassen sich den «tsouréki», den Osterzopf, schmecken. Dann werden im Freien die Lämmer gebraten. Im Hof oder an einem Kapellchen draußen wird stundenlang der Spieß gedreht. Fröhlich, ausgelassen und zunehmend lauter geht's zu. Es wird gesungen und getanzt zum bunten Durcheinander von griechischen Schlagern und kretischer Lyra-Musik. Möglich auch, daß sich sehr viel später abends auf dem Dorfplatz unter den Platanen eine Gruppe zusammenfindet, aus deren Mitte einer die Lyra aus dem Hause holt, und dann wird es eine lange, lange, tsikoudiá-feuchte Nacht.

Philoxenía:
Gastfreundschaft in Gefahr

«Kretische Feste haben viel von einer Lotterie: Der Besucher, der auf eine schöne und traditionsreiche Feier hofft, kann enttäuscht werden oder auch nicht.»
Jürgen, der am Osternachmittag die sagenumwobene kretische Gastfreundschaft erleben wollte, kommt gefrustet von einer ergebnislosen dreistündigen Runde durchs Dorf und übers Land zurück. Hatte er sich doch eingebildet, als «xénos», was im Kretischen Fremder und Gast zugleich bedeutet, direkt von der Straße weg zu Lamm und Wein eingeladen zu werden.

Was die fremdländischen Eroberer in Jahrhunderten nicht vermochten, das haben gut zwanzig Jahre Touristeninvasion geschafft: Sie bedroht die kretische Nationaleigenschaft, die «philoxenía», die Gastfreundschaft. Selbst deutsche Besatzer genossen sie im Zweiten Weltkrieg, als ärgste Feinde während ihres Diensturlaubs bei kretischen Bauern. Die hereinbrechenden Massen sonnenhungriger Urlauber aus allen Ecken Europas aber überfordern sie. Schon die schlechten Erfahrungen mit hemmungslosen Schnorrern der sechziger und siebziger Jahre ließ Fremdenfreundlichkeit teilweise in Fremdenhaß umschlagen. Zu viele hatten die kretische Gastfreundschaft schamlos ausgenutzt.

Am Strand von Paleochóra, in den sechziger Jahren neben Mátala Treffpunkt der Blumenkinder aus aller Welt, wurden nachts langhaarige Tramper, die im Freien schliefen, von Einheimischen verprügelt. Ihnen wurde handfest klargemacht, daß sie verschwinden sollten. Ein Mitarbeiter der Orthodoxen Akademie erzählt, daß die Bewohner einiger Dörfer Schilder aufhängten, auf denen sinngemäß stand: Wer nicht ordentlich gekleidet ist, haue besser ab. Und was sollte ein Kreter denken, wenn die Freaks in seiner Taverne die Reste von den Tellern seiner Gäste aufaßen? Derselbe

TANZEN WIE ALEXIS SORBAS

Kreter, der auf der anderen Seite regelrechten Neid gegenüber den «reichen» Touristen au den Industrieländern entwickelte. Die Frauenvereine der Provinzen von Kíssamos und Sélino brachten ein Flugblatt in deutscher Sprache heraus, in dem sie Respekt vor den Gefühlen, den Werten und der Lebensweise der Landbevölkerung einforderten. Gleichzeitig baten sie: «Bitte kommen Sie doch der großen Gastfreundschaft unserer Bevölkerung freundlich entgegen, und seien Sie für menschliche Kontakte offen.»
Aufgeschlossenheit und Neugier gehören nach wie vor zur Mentalität der Kreter. Nur haben sie sich inzwischen vorm xénos zurückgezogen in die eine oder andere Pension und Taverne oder ins Landesinnere. Aufgehoben ist sie im Herzen vieler alter Leute. Und sie wählen sich «ihren» xénos inzwischen sehr genau aus. Sollte auf einen Trester, zu ein paar Mandeln oder auf eine Apfelsine eingeladen werden, sollte man keine Hemmungen haben, darauf einzugehen. Eine Ablehnung würde in kretischen Augen zu einem ungehobelten Zeitgenossen abstempeln. Mit ein wenig Fingerspitzengefühl merkt man, wann es Zeit zum Aufbrechen ist oder ob die Gelegenheit zum Revanchieren besteht.
Ist der Gast eingefangen, kommt der Gastgeber durchaus auf seine Kosten. Mit oder ohne viel griechische Sprachkenntnisse entwickelt sich eine rege «Unterhaltung». Kreter sind von einer beeindruckenden, selbstverständlichen Neugier. Da werden Name, Familienstand, Beruf, Geschlecht und Anzahl der Kinder erfragt. Dieser Personencheck gehört zum guten Ton. Ebenso erwartet der Fragende Anteilnahme an seinem privaten Bereich. Fallen die Lebensumstände des Urlaubers aus dem kretischen Rahmen, provoziert das nicht unbedingt Vorurteile.
Früher erhielt der zufällig vorbeikommende Fremde, Grieche wie Ausländer, bei einer Hochzeit mitten in der Dorfgesellschaft unbedingt einen Ehrenplatz. Heute wird die Erfüllung des Touristentraums, einmal bei einem Dorffest dabeigewesen zu sein, immer unwahrscheinlicher: Bei den wachsenden Touristenmassen sinkt die Neigung der Kreter, jeden x-beliebigen Ausländer als Gast wahrzunehmen. Mancherorts herrscht inzwischen schlicht Kommerzdenken vor.

Panigíri: Live-Musik und Tanz

Grund zum Feiern findet sich immer auf der Insel. Schon die großen Familienereignisse wie Taufe und Hochzeit sind keine Privatfeierlichkeiten. Und der Dorfheilige, im Denken und Empfinden der Kreter von Kindesbeinen an verwurzelt, bringt zu seinem Namensfest, dem «panigíri», die gesamte Bevölkerung auf die Beine. Schon das Jahr über wetteifern die Dörfler darum, wer die größte und schönste Kirche zu Ehren seines Schutzpatrons aufzuweisen hat. Ist man im Besitz einer wundertätigen Reliquie oder ist gar die «Panagía» (Gottesmutter) Patronin, hebt man sich aus der Masse der ganz gewöhnlichen Kirchweihfeiern heraus und feiert entsprechend länger.
Raum bietet der Dorfplatz oder die Schule. Einer der Dorfwirte, dessen Kinder kräftig mit anfassen können, tischt die Speisen und Getränke auf. Es gibt wie jedes Jahr Lamm, Lamm und nochmals Lamm. Gegrillt oder gekocht, dazu riesige Schüsseln mit

Salat und Berge von «patátes». Wenig Wein, meist Bier wird dazu getrunken, obwohl die Flaschen in den wassergefüllten Badewannen nur leidlich kühlen. Eine Tombola ist aufgebaut. Über die Verstärkeranlage der Musiker wird verkündet, von wem die aufgebauten Herrlichkeiten gespendet wurden, die als ein Höhepunkt des Abends verlost werden.
Die Musik ist selbstverständlich live. Die Band in der traditionellen Besetzung, «lýra», «laoúto» und «tambourás», heizt bereits mit kretischer Volksmusik ein, während alle noch kräftig bei Brot und Fleisch zulangen. Die Dorfjüngsten haben sofort spitz, wann sie sich auf der Tanzfläche drehen dürfen, und im Nu wird die Spirale aus Reigentänzern immer länger und dichter. In der nächsten Verschnaufpause sieht man jemanden im kurzen Gespräch mit dem Lyraspieler, der nickt, und als er dann den Bogen auf der Lyra ansetzt, ist die eben noch berstende Tanzfläche wie leergefegt. Der Tanz ist bestellt, der Vortänzer hat ihn sich einiges kosten lassen. Er führt drei Tänzer an, der ausgestreckte Arm liegt jeweils auf der Schulter des Nachbarn. Nach und nach gesellen sich wenige andere dazu, vom Vortänzer fast unmerklich ausgewählt. Er steigert das Schrittempo, vollführt gewagte Sprünge. Bestechend, wie ruhig sein Oberkörper gegenüber dem feurigen Spiel der Beine bleibt, als sei alles nur Geplänkel. Geplänkel, welches aber augenfällig Gefühle übertüncht, die im nächsten Augenblick explodieren könnten. Ein junger Mann wechselt aus der Reihe an die Spitze. Und so geht es fort. Drachmenscheine fliegen, sie sind für die Musiker bestimmt.
Immer wieder kaufen sich Familien oder einzelne Männer einen Tanz. Die Umstehenden klatschen, feuern an, manchmal mit Porzellan, das klirrend zwischen den Füßen der Tanzenden zerscheppert. Oft entsteht der Eindruck, Tanzen sei Männersache. Beim offenen Kreistanz «sirtós» jedoch fassen sich Frauen und Männer an den Händen, halten Verbindung über ein Tuch. Jede Region Kretas hat ihre eigene Variante hervorgebracht, so zum Beispiel Chaniá den «chaniótikos», Iráklion den «kastrinós» und Anógia den «órtzes». Andere Tänze Kretas haben ihren Namen nach der Art der Bewegung wie «súsa» (Federn) oder «pentosális» (Fünfschritt), letzterer soll dem Ursprung nach ein Kriegertanz sein, jeder Schritt ein Aufstand. Der «súsa» ist vor allem auf Hochzeiten beliebt. Wohl weil er ein Paartanz ist und das Mädchen mit ausgelassenen Sprüngen vom Mann umworben wird. Die kretischen Tänze, die sich deutlich von denen der anderen griechischen Inseln absetzen, wirken sehr feurig, da sie sich im Tempo steigern und der Vortänzer tollkühne Figuren springt.
Der bekannteste «kretische» Tanz, der «sirtáki», stammt überhaupt nicht aus Kreta. Trotz hoher Gage gelang es dem Sorbas-Darsteller Anthony Quinn nicht, wie ein Kreter zu tanzen. Da sich kein kretisches Double auftreiben ließ, veränderte man kurzerhand den Tanz. Mikis Theodorákis, verantwortlich für die Musik der Kazantzákis-Verfilmung, kreierte einen Folklore-Verschnitt. Und nun fing Anthony Quinn ganz langsam an, wechselte in die Schrittfolge des «chassápikos» (Metzgertanz aus der Athener Subkultur der zwanziger Jahre) und hängte dann ein paar einfache Schritte des kreti-

schen «pentosális» an. Für sein Millionenpublikum tanzt Anthony Quinn «wie ein Kreter». Für die Kreter aber bleibt der sirtáki der Strandtanz des amerikanischen Schauspielers.

Hochzeitsbräuche

Von Beruf ist Charalámbos Fachangestellter in einem größeren Hotel. Seine dreisaitige Lyra spielt er nur an Wochenenden zusammen mit zwei Freunden. Mit dem «laoúto», der achtsaitigen kretischen Laute aus der Venezianerzeit, und dem «tambourás» oder der «baglamas», einer kleinen Bouzoúki, begleiten sie ihn. Bei Hochzeiten zum Beispiel verdienen sie recht gut, an Spitzentagen schon mal umgerechnet 1200 DM. Eine feste Gage für den Abend, nein, so etwas ist unbekannt. Geldscheine werden ihnen von den Gästen zugesteckt oder an die Instrumente geheftet, wenn es hoch hergeht beim Tanz im «kritiko kéntro».

Bei einer Hochzeit werden 1000 Gäste und mehr erwartet. Man tafelt, tanzt und trinkt nicht mehr wie einst in den Elternhäusern von Braut und Bräutigam, sondern in einem «Gasthaus» außerhalb. Offiziell eingeladen werden nur die engsten Familienmitglieder und die Paten. Daß die Nachbarn zum Gratulieren kommen, ist eine Selbstverständlichkeit. Penelópe sieht darin mehr Pflicht als Vergnügen und jammert zögerlich herum. «Wenn ich nicht gehe, werde ich schief angesehen. Mindestens muß einer das Geschenk abgeben. Da gehe ich lieber selbst, wenigstens haben wir dann was vom Essen.» Die Familie mußte sich an diesem Wochenende teilen: Ihr Mann ist mit den jüngeren Kindern zur Hochzeit in Skinés, sie soll ins neue, große Kentro an der New Road, zusammen mit der ältesten Tochter. Die brennt ungeduldig darauf, aufzubrechen. Verheißt das Fest doch: Abwechslung, Treff mit den Freundinnen, Tanz, vielleicht ein vorsichtiges Anbändeln. «Und was das kostet, jedes Wochenende in diesem Jahr war eine Hochzeit.» Penelópes Klagen nimmt kein Ende. Fünfzig Mark und mehr werden von guten Nachbarn erwartet. Für Paten und selbst Geschäftsfreunde wird's kostspieliger, von den Hochzeiterfamilien ganz zu schweigen. Die enormen Kosten für das große gesellschaftliche Ereignis auf dem Land teilen sich die Väter in der Regel, und für die Familien ist das ganze nicht zuletzt eine Prestigefrage.

McNeil Doreen erzählt in «Wind auf Kreta» von dem Brauch, daß die Braut in einer Prozession zu ihrer zukünftigen Heimat im Haus der Schwiegereltern geleitet wurde, was sie in den siebziger Jahren noch miterlebte. Jeder, der Beine hatte im Dorf, trug dabei etwas von der Aussteuer hinüber, die zuvor im Brauthaus bestaunt und kritisch unter die Lupe genommen worden war. Diese alten Bräuche schwinden, aber der ausländische Gast muß nicht verzweifeln. Zu gut lassen sich alte Sitten und Gebräuche im Touristikgeschäft vermarkten. Réthimnon, Anógia und das schöne Dorf Kritsá bieten in speziellen «Cretan Nights» Ersatz, sie lassen während der Saison eine «kretische Hochzeit vorspielen nach alter Sitte» und in den alten Trachten. Allerdings trug bereits die echte Brautpaar bei McNeil Doreen Anzug und Tüllkleid à la mode statt Tracht, eben etwas ganz Besonderes.

Sogar in Japan begehrt: Instrumente aus der Werkstatt von Antonios Stefanákis in Zarós

Musik, Musiker, Instrumentenbauer

Antonios Stefanákis ist einer der letzten Instrumentenbauer Kretas. Kaum zu glauben, was im wasserreichen Bergdorf Zarós alles an den Wänden seiner Werkstatt hängt: große und kleine Lyren, Lauten mit Rosetten und Intarsien, Bouzoukia, sogar eine Gitarre und irgendwo dazwischen eine einfache, kleine Rohrflöte mit fünf Löchern. Gerade weil diese «mantoúra» so simpel aussieht, ist verblüffend, was Antonios Stefanákis alles aus ihr herausholen kann. Es fehlt eigentlich nur die «askomantoúra», die Doppelflöte, dann wäre das Instrumentenrepertoire kretischer Musiker komplett in Stefanákis' Werkstatt aufgereiht.

Stolz zeigt Stefanákis einen bauchigen Bouzoúkirücken wegen der kostbaren Perlmutt-Holz-Intarsienarbeit im Fischgrätenmuster. Ein Monat Arbeit stecke in ihr, «und wenn sie fertig ist, geht sie nach Japan», verrät er. Außer ihm mache nur ein Instrumentenbauer in Athen solch ein wertvolles Instrument. Für seinen deutschen Freund Sigi Schwab in München hat Stefanákis einen deutsch-kretischen Zwitter gebaut, eine Laute mit Gitarrenhals. Im Gegensatz zum kretischen «laoúto» kann sie gezupft werden, weil ihre Saiten hoch liegen. Das Griffbrett des kretischen «laoúto» endet oben am Corpus, die flach liegenden Doppelsaiten werden ausschließlich mit dem Plektrum geschlagen. Wunderschön die handgesägten Rosetten der Schallöcher, mal streng geometrisch (barock), mal blumig verspielt (byzantinisch). Aus dem Holz der Maulbeerbäume ist der Rücken der Laute gearbeitet, der Lyra-Korpus gar aus einem einzigen Stück. Olivenholz nimmt Stefanákis gern für Steg und Hals. Gerade ist es ihm gelungen, 500 Jahre altes Zedernholz zu kaufen. Die dicken Balken aus einem Abrißhaus in Chaniás Altstadt standen vor Jahrhunderten als riesige Bäume im Atlasgebirge. Das gibt einen großen Vorrat libanesisches Zedernholz, um daraus die Decken der kretischen Langhalslauten zu arbeiten.

Um eine birnenförmige kretische Lyra zu stechen, braucht Antonios Stefanákis eine ganze Woche. Zwischendurch, so zur Entspannung, bringt er gern selbst das in Quinten gestimmte Instrument zum Klingen. Er spielt es im Sitzen, vom Körper abgewandt auf das angewinkelte linke Bein gestellt. Die Fingernägel berühren nur die Saiten, ohne sie abzugreifen. Der Bogen lockt die Melodie heraus, flötenähnliche Flageolettöne.

Schon wenn nur die Lyra allein erklingt, nicht zusammen mit Laute und kleiner Bouzoúki, fällt es einem mitteleuropäischen Ohr schwer, die Viertel- und Achteltonschritte, zusammen mit dem $^5/_4$-, $^7/_8$- oder $^9/_8$-Takt, aufzunehmen. Der Klang kretischer Musik erscheint ungeheuer orientalisch, wenngleich von großer emotionaler Ausdrucksstärke. Und ihr Rhythmus reißt mit.

Wenn nicht live, dann auf CD

Ein guter Einstieg zum Kennenlernen kretischer Volksmusik sind die Lieder von Nikos Xyloúris, dem auf der ganzen Insel verehrten, früh verstorbenen Sänger. Jannis Markópoulos arbeitete mit dem stimmgewaltigen, eher zierlichen Mann zusammen, dessen Konterfei noch heute viele Läden oder manches Kafeníon schmückt. Er stammt aus einer angesehenen, stolzen Familie des großen Bergdorfes Anógia, das bis hinauf zur Nída-Hochebene seine Weiden hat und von Milch, Fleisch und Wolle der Schafe lebt, aus dem die Frauen kunstvoll farbige Decken und Teppiche weben. Stilelemente und Melodien aus Kreta verwenden auch Manos Chatzidakis, Mikis Theodorákis und Jannis Markópoulos in ihren Kompositionen und Kunstvolksliedern. Neben kretischen Mantinaden und Rizítika-Liedern aus den Weißen Bergen entlehnen sie ihre Texte auch dem Lyriker und Nobelpreisträger Odysséas Elýtis. Literat wie Musiker stammen direkt aus Kreta oder sind durch ihre Familien eng mit der Insel verbunden.

Das Heimatdorf Anógia von Nikos Xyloúris, an den Nordhängen des Psilorítis, ist der traditionellen kretischen Musik in besonderer Weise verbunden. Jedes Jahr findet ein Musikerwettbewerb im extra dafür erbauten Amphitheater statt. Größen wie dem Lyraspieler Vassílis Skoúlas kann man hier lauschen. Nikos' Bruder, Antonis Xyloúris, genannt Psarandónis, steigt in die Fußstapfen des älteren Bruders. 1979 gewann er das Festival in Anógia, 1982 wurde er erster Preisträger des Internationalen Folklore-Festivals des WDR in Köln. Mit seiner Lyra versteht er es, seine Zuhörer wie ein Derwisch mitzureißen und zu bannen. Ungewöhnlich ist, daß er den Wurzeln kretischer Tradition nachspürt, indem er improvisiert. Nicht jeder Kreter findet das in Ordnung.

Die Anógianer Familientradition wird weitergegeben: Psarandónis' Sohn Georgios schlägt zur Begleitung des Vaters mit dem Plektrum über die vier Doppelsaiten des aus venezianischer Zeit stammenden kretischen «laoútos» (Laute); die jüngste Tochter Niki entlastet den Papa hin und wieder beim Singen. Im Familienrepertoire sind auch Texte alter Mantináden, die stets musikalisch begleitet werden. Diese fünf- und fünfzehnsilbigen Reimpaare entstanden auf Festen im schlagfertigen Wechselgesang. Sie charakterisieren eine Person, besingen die Freiheit oder die Liebe und werden mit Esprit und Mutterwitz spontan aus der Situation geboren.

Ob die Wurzeln kretischer Volksmusik bis zu den Minoern zurückreichen, wie oft zu lesen ist, sei dahingestellt. Sicher aber gehören Musik und Tanz seit über 4000 Jahren zum kretischen Lebensstil. Minoische Wand- und Vasenbilder sowie zahlreiche Siegel bezeugen es, auf denen Flöten, Lyren und Sistren, Rasselinstrumente, gespielt werden. 1988 fand das Archäologenpaar Sakellarákis auf dem Steinzeitfriedhof von Archánes solch ein Sistrum, nachweislich 3900 Jahre alt. «Erstmals können wir Klängen lauschen, die auch die Minoer hörten», kommentierten sie den phantastischen Fund.

JASSAS

VOM ESSEN UND TRINKEN

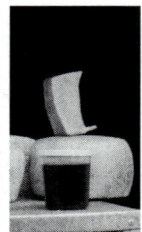

«Na plirósso parakaló!» Der herbeigerufene Kellner schaut in vom Wein gerötete, strahlende Touristengesichter. Die Stirn unmerklich gerunzelt, fragt er: «Óli masí oder deutsch?», um gleich für die ratlosen Mienen zu übersetzen: «Zusammen oder getrennt?» – «Jeder für sich!» – «Choristá», der Kellner nimmt den Block zur Hand und beginnt ergebungsvoll die umständliche Prozedur, über die Kreter nur den Kopf schütteln können.

In Kreta herrschen andere Tischsitten oder, zutreffender gesagt: Bei Tisch regiert ein anderes Lebensgefühl. – Für das Lebensgefühl gibt es nur ein Wort: «paréa». Das ist die mehr oder minder feste Clique aus Freunden, Verwandten. Zum leiblichen Wohl gehört die Unterhaltung dazu. Undenkbar, alleine zu essen. «Jeder hat seinen Teller vor sich, Messer und Gabel wie zur Bewachung, und dann ißt jeder seine Portion mit seinen Kartoffeln, mit seinem Fleisch und seinem Gemüse, allein in sich hinein – das ist doch kein Essen», meint ein Kreter nach jahrelangem Deutschlandaufenthalt.

Eine «paréa» trifft sich spät, so gegen 22 Uhr, dann haben die meisten Touristen das Speiselokal schon wieder verlassen. Treffpunkt ist ein beliebter Ort im Grünen oder das Lokal am quirligsten Platz oder die Taverne an der stark befahrenen Hauptstraße. Das volle Leben schwappt lautstark bis auf den Tellerrand. Gediegenes Mobiliar, gehobener Service sind in den Augen der Einheimischen keine Gütekennzeichen.

Tischdecke wie Porzellan, die Gläser und sonstiges Zubehör dürfen so einfach sein wie die weißgekalkten Wände oder die Neonröhren an der Decke. Lauschige Eckchen fehlen, man läßt sich nicht gern die Aussicht auf alles, was drum herum ist, nehmen. Nur bei den Speisen und ihren Zutaten, da ist man äußerst kritisch und sehr qualitätsbewußt. Ob das Gemüse frisch ist, das zarte Fleisch von Tieren der Insel stammt, das Olivenöl aus erster Pressung verheißungsvoll duftet, danach hat man den Wirt und sein Familien-Küchenteam ausgewählt.

Niemand verlangt die Speisekarte. Die liegt nur da für Touristen oder für die Behörde, die eine Preisauszeichnung verlangt. Meist schildert der Wirt am Tisch, was die Küche so zu bieten hat. Der eine oder andere trifft seine Menü-Entscheidung erst, wenn für ihn der Kochtopfdeckel in der Küche gelüftet wurde oder er einen wäh-

Der Blick in die Töpfe ersetzt jede Speisekarte – Garküche in der Markthalle von Chaniá

lerischen Blick über die lauwarm gehaltenen Schüsseln im Buffet geworfen hat. Wirt oder Köchin steht ihm dabei Rede und Antwort. Der Fisch, der gegrillt werden soll, wird, noch mit Kopf und Flossen, am Kühlschrank ausgesucht und vorm Zubereiten gewogen. Die Runde bestimmt souverän, in welcher Reihenfolge gegessen wird. Vorschriften wie Vorspeise und Hauptgericht läßt man sich nicht machen. Die gibt es nur gedruckt, nämlich in den Speisekarten.

«Psomí» (Brot) ist ein wichtiger und selbstverständlicher Bestandteil jeder Mahlzeit. Es wird in Körbchen, in denen auch die Gabeln, Messer und Papierservietten stecken, zuallererst über die lange Tafel verteilt. Bald darauf folgen alle gleichzeitig bestellten Portionen, eine kunterbunte Tellervielfalt. Da langt jeder zu, wie's gerade paßt, mal mit den Händen oder er tunkt mit dem Brot in den «dsadsíki» oder «taramosaláta». Fürs Schneckenpulen biegt man kurzerhand eine Gabelzinke um. Die Gabel wandert auch mal zum «moussakás» oder den «souvlákia», die vorm Nachbarn stehen. Mindestens die «patátes» (Fritten) und der Salat sind so placiert, daß sich alle bedienen können. Bei Bedarf wird nachgeordert. Die Kinder zappeln ungestraft am Tisch und tun es ansonsten den Erwachsenen gleich.

Das Schwatzen, Parlieren und Diskutieren zieht sich hin, Schlückchen für Schlückchen und Bissen für Bissen. Gezahlt wird am Ende «óli masí», das heißt mit einer Rechnung für die ganze «paréa», mal großzügig spendiert, mal überschlagen und irgendwie umgelegt. Zurück bleibt ein mit Brotkrumen, mehr oder weniger leergegessenen Tellern und Schüsseln, zerknüllten Servietten, Krebsbeinchen und ausgedrückten Zitronen übersäter Tisch.

Grünes Gold: ládi

Zwei Bauern lagern am Rand ihres Tomatenfeldes im Schatten eines Johannesbrotbaums. Hartgekochte Eier, Tomaten, hausgebackenes Brot wickeln sie bedächtig aus Tüchern. Einer öffnet eine Sardinendose. Mit der Gebärde der Verachtung gießt er den Ölsud weg – und taucht dann die Fischchen üppig ins mitgebrachte eigene Olivenöl.

Vorsicht bei kretischem «ládi», dem Olivenöl, bevor Gaumen und Nase sich zu sehr hineinvertiefen. Es könnte sonst passieren, daß auf dem Heimflug ein Fünf-Kilo-Kanister mit im Handgepäck geschleppt wird. Und schlimmer noch, daß zu Hause alle paar Wochen beim griechischen Händler nachgefragt wird nach erster Pressung («parthéno elaiólado») mit dem Säuregrad 0,1 bis 1 Prozent. Und möglichst sollte das Öl die Herkunftsbezeichnung des Dorfes tragen, vielleicht Kolimbári oder Selía, des Dorfes, in dem man mal direkt von der Familie einen halben Liter geschenkt bekam. Kein Sommersalat gelingt mehr ohne, und auch das gedünstete Gemüse zu Hause wird im Geschmack eben nur mit ihm unvergleichlich. Kein Zweifel, kretisches Olivenöl kann süchtig machen. Und in der Tat zählt es mit Abstand zu den Spitzenprodukten seiner Branche, seine gesundheitsfördernde Wirkung ist auch nach den neuesten Untersuchungen unumstritten.

Unbewußt sind Olivenöl-Fans auf besten Wege, eine der wichtigsten Regeln der kretischen Küche zu beherzigen. Der Koch oder die

Köchin unterstreicht mit wenigen Mitteln den Eigengeschmack. Gewürzt wird mit Salz, Pfeffer, Zitrone, Lorbeerblatt, Oregano oder frischen Kräutern (Anis, Dill, Pfefferminze) – ein Schuß besten Olivenöls garantiert Pfiff und Bekömmlichkeit. «Ládi» ist das universelle Elixier kretischer Kochkunst. Einzig die «koulourákia», ein Kleingebäck, vertrügen kein «ládi», sagt man auf Kreta. Raffinesse und Extravaganz sind nicht die Stärke kretischer Küche, die sich von der griechischen kaum unterscheidet, auch wenn auf deren Speisezettel die venezianischen und vor allem die türkischen Eroberer deutliche Zimt-Muskat-Blätterteig-Spuren hinterlassen haben. Kretische Küchenkunst an französischen oder italienischen Menüs zu messen wäre einfach unpassend. Denn ihr großes Plus ist ihre rustikale Direktheit, die sich «bisher noch» eng am bäuerlichen Rhythmus der Jahreszeiten Frühling, Sommer und Winter entfaltet. Frisch geputzte Artischocken («angináres»), mit dem Saft der frisch vom Baum gepflückten Zitrone überträufelt oder zusammen mit zartem Lammfleisch in einer Ei-Zitronen-Sauce gedünstet, sind zwar einfach zubereitet, munden aber köstlich. Die frisch aus der rohen Knolle geschnitzelten, grobschlächtigen «patátes», wie die in bestem Öl ausgebackenen Pommes frites kurz genannt werden, erinnern beileibe an keine Pommes d'alumettes, suchen im Geschmack aber ihresgleichen. Oder der «choriátiki saláta», der Bauernsalat, mit bröckelndem Schafskäse, Zwiebeln und Kräutern garniert, schmeckt unvergleichlich aromatisch, vorausgesetzt, Tomaten und Gurken sind frisch und sonnengereift. Selbst simple große weiße Bohnen («gigántes») schmecken in einem Öl-Tomaten-Gemüsesud ausgezeichnet. Leider verwenden Touristenlokale zunehmend Mais- oder andere farb- und geschmacksneutrale Pflanzenöle, die die meisten Gerichte und vor allem Salate fad schmecken lassen. Zum einen sind diese wesentlich billiger, und zum anderen wissen zahlreiche Sonnenurlauber das gute Öl nicht zu schätzen oder fürchten sich vor den Kalorien. Verlangt man aber danach, wird der Wunsch nach «ládi» prompt erfüllt und ein Fläschchen mit dem «grünen Gold» auf den Tisch gestellt. Es hat selbst auf der Erzeugerinsel seinen stolzen Preis, und der liegt einige Drachmen über dem Olivenölpreis anderer EU-Länder.

Den Mund verbrennt man sich übrigens beim ersten Bissen ebensowenig wie die Finger am Teller. Alle Speisen werden lauwarm gehalten und auch so serviert. Kreter wie alle anderen Griechen schwören darauf, daß sich der Geschmack auf diese Weise erst richtig entfaltet. Früher machte die Verwendung von Holzkohle in der traditionellen kretischen Küche auch den Garvorgang sanfter. Wie beim stundenlangen Vor-sich-hin-Köcheln auf Sparflamme mit Großmutters Ualtherd entfalten sich die Aromen langsam, aber unverwechselbar. Da viele Touristen lauwarmes Essen als persönlichen Affront verstehen, wird auf Wunsch inzwischen heißer serviert als gekocht.

Kostbarer Fisch, einfach und gut
Mittags kommen im Arbeitshafen von Chaniá die kleinen Kutter von See zurück, auf deren Deck sich bewimpelte Bojen stapeln. Die Fischer haben Schwertfische («xifías») an Bord, mannsgroße

Riesen mit dem meterlangen scharfen Fortsatz am Oberkiefer. Um sie vom schaukelnden Deck in einen planengedeckten Kastenwagen am Kai zu hieven, müssen immer zwei oder drei Fischer zulangen. Völlig überladen knattert der kleine Wagen nach einer knappen halben Stunde davon. Gegen Abend bieten die Tavernen bei den venezianischen Arsenalen Schwertfisch an, portioniert als zartrosafarbene Scheiben, von Zitrone und Petersilie auf dem Teller eingerahmt. Die Restaurants rund um den Arbeitshafen überbieten sich gegenseitig mit ihrem reichhaltigen Angebot fangfrischer Fische. Das ist nicht selbstverständlich. Trotz des Ausbaus der Fischereiflotte in den letzten Jahren kann der Fang Kretas Bedarf nicht decken. Die üppigen Buffets in den Hotels täuschen nur darüber hinweg, denn der überwiegende Teil des Meeresfrüchte wird aus Asien oder von sonstwoher eingeflogen. Das Mittelmeer um Kreta ist seit langem überfischt, wozu auch die illegale Dynamitfischerei gründlich beigetragen hat. Fisch zählt daher zu den teuersten Leckerbissen des Kretaurlaubs. Die kretische Küche kennt einige Fisch-Gemüse-Eintöpfe. Eine Fischsuppe wird sogar mit Milch zubereitet. Aber für die edlen und teuersten Arten, wie zum Beispiel die rote Barbe («barbúnia»), ist die Standardzubereitung das Braten oder Grillen. Keine Sauce, kein überraschendes Gewürz kitzelt den Gaumen. Auch hier ist die Küche, wie überall auf der Insel, einfach und gut.

Essen wie die Kreter

Die Frauen drängeln sich um den Wagen des Schäfers, der im Schatten der Dorfplatane parkt. Neugierig taxiert ein Tourist die raren Köstlichkeiten auf der Ladefläche. Er wird zunächst von den Kreterinnen an den Rand gedrängt. Denn offenen Schafsjoghurt («jaoúrti próvio») und «mizíthra», den sahnigen, milden Frischkäse, gibt es nicht alle Tage im Jahr, nur Anfang des Winters und im Frühling, solange Schafe und Ziegen reichlich Milch geben. Ein Großstadtkind rümpft skeptisch die Nase: Runzlige dicke Haut überzieht den frischen Schafsjoghurt in den rotbraunen Tonschalen. Grau und häßlich sieht der «kefalotíri» aus, eher wie ein schmutziger Blumentopf, den man auf den Kopf gestellt hat, als eine landestypische Käsespezialität. Erst wenn man ihn aufschneidet, bietet er sein makelloses, elfenbeinfarbenes Inneres feil und entfaltet sein sanft salziges Aroma. Kretische Spezialitäten wie er werden immer mehr von den perfekt gestylten und werbewirksam verpackten Industrieprodukten aus den Regalen der Läden verdrängt. Einheimische Käsesorten wie der aromatische «graviéra», «kefalotíri» und der «anthotiros» verschwinden aus Supermarkt und Dorfladen zugunsten der EU-genormten Hartkäse wie Gouda und Emmentaler. Kuhmilchjoghurt («jaoúrti ageládos») mit langem Haltbarkeitsdatum füllt neuerdings die Kühlregale, möglicherweise sogar «Pseudo-Feta» von glücklichen dänischen Kühen.

Gute, saisonale Auswahl an lokalem Käse bietet so mancher Dorfmetzger an. Aber die graugelben Käselaiber mit ihrer Patina und die klotzigen Schimmelkäse sind bei den jungen, europäisch orientierten Kretern out und wirken zudem auf die meisten Touristen wenig anziehend. In den Städten gibt es selbstverständlich Käsefachgeschäfte mit entsprechend großer Auswahl. Genau wie in der Markthalle in Chaniá, den Marktgassen in Réthimnon und Iráklion wird die genaue Herkunft ausgewiesen, denn der Kenner schätzt die feinen Unterschiede zwischen dem Käse aus der Sfakiá, dem Díkti oder aus den Psilorítis-Bergen.

Überhaupt sind die Marktstraßen und ist vor allem die Halle von Chaniá ein Eldorado für Feinschmecker, die das Unverfälschte bevorzugen. Hier decken sich die Städter mit allem ein, was die autarken Verwandten auf dem Land aus Stall und Garten holen. Die Urlauber probieren unbekannte Früchte wie unreife grüne Mandeln oder mürbe gelbe Mispeln, und die Kreter amüsieren sich, wenn die Gesichter verzogen werden. Gemüse und Obst stapeln sich zu bunten Bergen, Stockfisch und «paximádia» (getrocknete Brotbrocken), Kichererbsen, Sultaninen und Walnüsse, Gewürze und Kräuter füllen die langen Stände. Der Papás nimmt das Fischangebot für den Familienkochtopf unter die Lupe, denn traditionell ist der Fleisch- und Fischeinkauf Männersache. Und gegenüber, im ostwärts gerichteten Flügel der Markthalle zu Chaniá, kann man neben einem der Fleischerläden («kreopolíon») mitten im Getümmel speisen. Auch «Fast food» kennt die traditionelle kretische Küche. «Tirópitta» und «spinatópitta», mit Käse und Spinat gefüllte, warme kleine Teigtaschen, stillen den Hunger zwischendurch, oft von einem fliegenden Händler direkt vom Karren oder im Laden aus einer kleinen Glasvitrine heraus verkauft. Da, wo der Tourismus nur ansatzweise Fuß gefaßt hat, wie im Dorf Kournás, kann man zum Beispiel noch in der Taverne «Kalí Kardiá» der Chefin über die Schulter schauen, wie sie aus haarfeinen Fäden kunstvolle Süßspeisen dreht. Das schlichte Wort «süß» wird dem, was es zu kosten gilt, nicht gerecht. Es müßte um Nuancen erweitert werden wie nussig-süß, kandiert-fruchtig, karamellig. Und alles das scheint man gleichzeitig zu schmecken. Auf der Theke der Taverne stehen immer zwei, drei Bleche, auf denen Cremefüllungen oder orientalisch angehauchte Blätterteig-Nuß-Mandel-Kompositionen in Honig «schwimmen». Süßer als süß ist auch das Angebot in einer «sacharoplastía», einer Art Konditorei. Selbst wer nicht auf «sácharo» (Zucker) steht, sollte unbedingt «loukomádes» probieren. Diese kleinen Hefekrapfen werden schwimmend in Fett ausgebacken, in Honig getaucht und in Sesam gerollt.

Wiederkehr des Immergleichen: Kochen im Kopf

Erstaunlich die große Zahl der griechischen Kochbücher, die sich in einer gutsortierten deutschen Großstadtbuchhandlung auf Anhieb finden. Erstaunlich, denn die kretischen Tavernen bieten dem Reisenden nicht einmal einen Bruchteil der Palette, auf die jede griechische Taverne im Ausland mit Stolz verweisen kann, so findet sich zwischen den Buchdeckeln ein unendliches Universum unglaublicher landestypischer Gerichte. Entweder gibt es sie nur gedruckt, oder aber irgendwo in Hellas existiert ein für den fremden Besucher unsichtbares Schlaraffen- oder, besser gesagt, Kochmützenland. Denn daß nicht nur die erste Weinpresse ihren Ursprung in Griechenland hat, sondern auch die Kopfbedeckung der Küchenmeister, hat sich zumindest unter den Kochbuchautoren durchgesetzt. Nicht zufällig gleiche sie der ehrwürdigen Kopfbedeckung der Mönche, heißt es in Christidis' und Gaitanides' «Aus griechischen Küchen». Im Mittelalter seien die Berufsköche vor den Piraten und Türken in die Klöster geflüchtet. Und «da sie sich in ihrem ausgeprägten Selbstbewußtsein besser dünkten als die gewöhnlichen Mönche, bestanden sie auf Unterscheidung – so bekamen sie weiße anstatt der schwarzen Hüte».

Nach einer kretischen Urlaubswoche mit Bauernsalat, Lamm- («paisákia») oder Schweinekotelett («brisóla»), «patátes», Fleischspießchen («souvláki»), gefüllten Tomaten oder Paprika («jemistés»), «mousaká» oder «pastítio» verheißt die Speisekarte für die zweite Woche: Bauernsalat, Lamm- und Schweinekotelett, Fleischspießchen, «pastítio», gefüllte Tomaten, «patátes» und so weiter. Da hilft kein Kochbuch weiter, denn mehr bieten die Tavernen landauf, landab in der Regel nicht. Für einen der offiziellen Statistik entsprechenden Urlaub reicht das gerade, denn jeder Tourist verbringt zwölf Tage auf der Insel. Aber jede weitere Übernachtung kann Probleme machen, selbst wenn die Zutaten jeweils frisch und von ausgezeichneter Qualität sind. In der dritten Woche spätestens schmeckt dann alles fade. Eine abwechslungsreichere Jahreszeitenküche, wie sie die Familien genießen, gibt's zwar in den guten Garküchen der großen Städte, in wenigen Restaurants auf dem Lande, aber welcher Tourist verbringt schon mehrere Jahreszeiten auf Kreta. Nun gedeiht auf der mediterranen Insel beinahe alles, was raffinierte Abwechslung in die Töpfe und auf die Teller zaubern könnte. Wer weiß, was die Klosterflüchtlinge unter ihren weißen Mützen dachten, nach Kräutern und Gewürzpflanzen stand ihnen nicht der Sinn. Überall auf der Insel strotzt Basilikum in Amphoren, auf Fensterbänken und selbst in ausgedienten Kanistern. Kostas, der Wirt, aber benutzt das intensiv wohlriechende Basilikum nur, wenn der Güllepumpwagen für die Sickergruben im Dorf auftaucht. Ein Blatt stopft er dann in den rechten, ein zweites in den linken Nasenflügel.

Flasche oder Karaffe?

Alle Jahre wieder brachte Sir Arthur Evans, der Ausgräber des Palastes von Knossós, seine Wein- und Champagnervorräte aus Frankreich mit auf die Insel des Minos – auf die Insel, die uns Europas älteste Weinpresse überliefert hat und in deren Museen minoische Amphoren von uralter Kelterkunst erzählen. Das ist nur auf den ersten Blick verwunderlich. Als um die Jahrhundertwende die türkischen Agas und Beys die Insel verließen, trug die kretische Erde zwar noch berühmte Weinreben, aber die hohe Kunst des Weinkelterns war den Insulanern unter der muslimischen Herrschaft verlorengegangen (siehe S. 64). Für den bäuerlichen Eigenbedarf brachten die Menschen im Sommer die Lese ein, und die Männer stampften mit den bloßen Füßen den Saft heraus. Und das ist in manchen Dörfern bis heute so geblieben. Auf der Lassíthi-Hochebene kann man in der dunklen Stube des Museums von Ágios Geórgios ein hochgemauertes Maischebecken samt Ablaufrinne in Augenschein nehmen. Es diente, mit einer Matratze bedeckt, den Bauersleuten das Jahr hindurch gleichzeitig als Bett.

Die Bewohner von Archánes waren jedoch 1905 von ihren Reben und ihrer Winzerkunst so überzeugt, daß sie im selben Jahr eine Genossenschaft gründeten, die erste Griechenlands überhaupt und die einzige auf Kreta, die auf Privatinitiative zurückgeht. Die geographischen Bedingungen für einen guten Tropfen sind ausgezeichnet in der Region um den Berg Joúchtas: Wenige Kilometer entfernt von Archánes legten Archäologen 1949 im Herrensitz von Wathípetro eine vollständig erhaltene minoische Weinpresse frei. Archánes kann also auf eine über dreieinhalbtausend Jahre alte Weinbautradition zurückblicken, und damit läßt sich hervorragend werben.

Rebensaft gärte auf Kreta «bereits vor 3000 Jahren, bevor Mittel- und Westeuropa berühmte Weine bestimmter Anbaugebiete aufzuweisen hatte», verkündet stolz die aufwendige, professionell gemachte Broschüre der Griechischen Exportförderungsorganisation.

Die Minoer haben ihren Wein zwar nicht auf Flaschen gezogen, ihn aber in versiegelten Tongefäßen gelagert und exportiert. Die heutigen kretischen Winzer tun sich mit modernster önologischer Technik und Vermarktung noch etwas schwer. Doch wird spätestens seit dem Beitritt zur EG kräftig in Know-how, Keller, Fässer, Apparate und Fachleute investiert, um die Qualität französischer und italienischer Traditionsweine zu erreichen. Noch bis in die achtziger Jahre verkauften nicht nur die Genossenschaftswinzer von Archánes, sondern auch die anderen kretischen Produzenten ihre guten Weine bis zu neunzig oder günstigstenfalls zu fünfzig Prozent als lose Ware. Auf offenen Weinausschank im Restaurant zu achten war daher der gute Tip für den Urlauber. So individualistisch wie die Kreter sind auch ihre Weine. Überall differieren Farbe und Bouquet, jeder Tropfen fordert seine eigene Würdigung. Denn 75 Rebsorten wachsen auf der Insel. Mandilari, Vilana und Kotsifali gehören zu den besten, die letzten beiden sind ausgesprochen kretische Sorten. In der abgelegenen Dorftaverne mußte man früher schon mal damit rechnen, daß ein Karaffenwein aufgetischt wurde, der kurz davor war, umzukippen. So war das nun mal: Ein Weinberg von 0,6 Hektar pro Familie entspricht dem gesamtgriechischen Durchschnitt. Alles, was die kleinen Weingärten an Trauben hergaben, mischten die Winzerbauern, die gleichzeitig ihre Oliven ernteten und die Felder bestellten. Sie kelterten die Trauben mit dem hohen Öchslegrad nach dem überliefertem Rezept des Großvaters oder nach eigenem Gutdünken. Die einfachen Verhältnisse des häuslichen Raums entschieden über die Lagermöglichkeiten und Lagerqualitäten. Aber bis zur nächsten Lese waren die meisten Hausweine mit dem hohen Alkoholgehalt von mindestens 12 Prozent eh ausgetrunken.

Genossenschaften und Exporterfolge

Doch welch ein Erfolg: 1984 erzielt der rote «Archánes», Jahrgang 1981, im Weinland Frankreich auf dem «7. Salon Européen de la Vigne et du Vin» den ersten Preis. Rudolf Knoll, Fachjournalist, beschreibt ihn als einen schweren, wuchtigen Wein von fast schwarzer Farbe mit würzi-

Thymianhonig, Olivenöl, Hauswein und Hirtenkäse – Händler in Réthimnon

gem Bouquet und einem guten Alterungspotential. Und den weißen «Cava Armanti» der Kooperative lobt er als einen der Spitzenweißweine Griechenlands. Die Exportpfade und -verbindungen für kretische Qualitätsweine sind noch im Aufbau begriffen. Meist versuchen kleinere Importeure, die Geschäftsverbindungen zu knüpfen. 1990 tauchte zwar ein Kontingent roter «Archánes», Jahrgang 1984, als Sonderangebot zum Einführungspreis in einer westdeutschen Lebensmittelkette auf, aber inzwischen lagern in denselben Regalen wie eh und je nur zwei einfache Demestica-Landweine sowie ein Retsína ohne Jahrgangsbezeichnung in der Zwei-Liter-Schraubverschlußflasche. Kretas größter Familienbetrieb dagegen kann beachtliche Verkaufserfolge aufweisen. Er allein deckt rund 40 Prozent des gesamten kretischen Weinkonsums ab. Sein Lesegut stammt aus dem Qualitätsweingebiet Peza und aus der benachbarten Region Archánes. Bros Miliaraki O. E. Minos, Firmensitz in Iráklion, bieten die weißen Weine «Minos» und

«Cava», den Rosé «Minos» und den roten «San Antonio» erfolgreich in Kreta und auf außergriechischen Märkten an. Der Tourist ist alles andere als betrogen, wenn ihm in der kretischen Taverne einer dieser Flaschenweine empfohlen wird, an deren reifer Kreation seit 1934 in Familientradition gefeilt wird. Die Privaten sind bei der Umsetzung von önologischem Know-how wendig. So hat auch die Kellerei der Michalakis Brothers, ebenfalls in Iráklion, mit ihren «Lato»-Weinen sowohl auf der Insel als auch im Auslandsgeschäft achtbaren Erfolg. Fast ausschließlich im eigenen Land verbleiben dagegen die Weine der größten Genossenschaft Griechenlands, der von Peza auf Kreta, obwohl auch ihre Weinerzeugnisse sich sehen lassen können: «Logado», «Regalo» und «Mantiko». Ebenfalls überwiegend für den heimischen Markt produziert Iráklions landwirtschaftliche Genossenschaft ihren roten «Malvicino». Der sherryartige «Marouvas» der Vereinigung örtlicher Genossenschaften in Chaniá ist Meßwein in vielen Kirchen Kretas. Ähnlich ungewohnt für mitteleuropäische Gaumen wie der bräunliche «Marouvas» mundet der rote «Sitia» aus dem Osten der Insel. Dies seien, so die griechische Exportförderungsgesellschaft, die würdigen Nachfolger der weltberühmten Malvasier, die während der Venezianerherrschaft bis nach Indien exportiert wurden.

Wein, Wasser und Harz

Nicht von Weinpanscherei ist die Rede, sondern vom «krassí», dem offenen Wein. Wer die vorzüglichen regionalen Weine probieren will, muß den selbstgekelterten, den «Chima», verlangen. Damit die Bestellung unmißverständlich ist, fügt man am besten die gewünschte Menge hinzu: «éna potíri» (ein Glas), «mía karáfa» (eine Karaffe) beziehungsweise «éna» oder «missó kiló» (etwa ein bzw. ein halber Liter). Das Wort «krassí» bedeutet, wenn das í nicht betont wird, Mischung. Bei den Griechen ist es seit alters Sitte, dem Wein in kleinen, dem Wasser in großen Zügen zuzusprechen oder den sparsam genossenen Wein mit dem stets dazu servierten «neró» (Wasser) zu vermengen. Den Kretern wird zwar nachgesagt, daß sie das mit dem großen und kleinen Schlucken in umgekehrter Reihenfolge tun. Aber Vorsicht, wer zuviel trinkt, wird verachtet.

Das Wasser auf Kreta ist wirklich so gut, daß man sich den Wein damit nicht verderben kann. Einfach Wasser zu trinken ist für viele Touristen offensichtlich nicht vorstellbar. In den Städten und an den touristischen Plätzen auf Kreta wird Wasser als traditionelle Beigabe zum griechischen Kaffee oder zum Essen den Ausländern meistens nicht mehr serviert. Zu oft blieb es ungekostet stehen. Nur auf Wunsch wird das einst übliche Glas «neró» gebracht. Zum griechischen Kaffee ist ein kühles Wasser das Bekömmlichste, was man sich vorstellen kann. Auf ihr gutes, frisches Wasser sind auf Kreta zu Recht alle Dörfer stolz. Feine Zungen schmecken gar die lokalen Unterschiede. Gechlort wird das kostbare Naß nur selten, wie in Iráklion zum Beispiel. Andernorts auf Kreta weiß man ein Lob auf gutes Wasser zu schätzen.

Den geharztengelblich weißen Retsína für einen echten kretischen Wein zu halten ist ein Irrtum. Klassisch wurde er auf dem Festland hergestellt, erst neuerdings auch auf Kreta. Früher garantierte der luftdichte Abschluß des Amphorenhalses mit Harz die Haltbarkeit des Weines. Heute wird das Harz der Aleppokiefer des Geschmacks wegen zugesetzt. Retsína ist in der Regel ein einfacher Landwein, bei dem das Harz und die kräftige Farbe schon mal über qualitative Mängel hinwegtäuschen können. Jedoch gibt es Unterschiede, und manchmal wird er sogar «apó to varéli» (vom Faß) ausgeschenkt.

Nationalgetränke

Was den Griechen der Oúzo, ist den Kretern der Rakí, kein Anisschnaps, sondern ein Traubentrester wie der italienische Grappa. Um Gottes willen nicht zu verwechseln mit dem türkischen Raki, der in seiner Machart dem Oúzo entspricht. «Ratschi» sprechen die Kreter ihr Nationalgetränk aus. Aber manchem Sprachpuristen klingt das immer noch zu türkisch, und deshalb bestehen sie auf der urkretischen Bezeichnung für den Wasserklaren und nennen ihn ausschließlich «tsikoudiá». Während sonst die Schnapsbrennerei griechisches Staatsmonopol ist, dürfen die Kreter in ihren alten kleinen Anlagen weiterdestillieren – so lange, bis der Kessel nicht mehr zu flicken ist, denn neue Anlagen werden nicht mehr genehmigt. Wird einem ein echter Selbstgebrannter angeboten, dann ist das schon eine herzliche Geste, denn viel mehr als für den Eigenbedarf gibt die Hausdestille nicht her. Böse Zungen allerdings sticheln schon mal: «Der kostet ja auch nichts!» Spät im Sommer, nach der Weinlese, wird gebrannt, nachdem die Maische im Faß gestanden und unter einer Decke von Mastixzweigen nachgegoren hat. Eine ganz besondere Spezialität ist der «mournóraki», der aus Maulbeeren gebrannt wird und nur selten zu haben ist.

Das Gegenstück zur griechischen Ouzerie stellt auf Kreta die Rakádiko-Kneipe dar. Dort wird der Rakí nicht in Gläsern, sondern in kleinen Fläschchen serviert, und dazu bestellt der Gast die unterschiedlichsten Leckerbissen auf kleinen Tellern in Art der Mezédes-Häppchen zusammen.

Das Getränk Nummer zwei für den Kreter ist nach dem Wasser aber beileibe nicht der Rakí, sondern der «kafé ellenikó», der nach orientalischer Sitte gebraute Kaffee. Für einen Mitteleuropäer kaum nachzuvollziehen ist das Fingerspitzengefühl, mit dem er für den griechischen Gast gekocht wird. Die Menge an Kaffeemehl und Zucker, das kalte oder warme Ansetzen sind nur einige vom Gast geforderte Varianten. Feinschmecker bestehen neben dem haargenauen Zeitpunkt, wann der «ellenikós» vom Feuer genommen sein muß, sogar darauf, daß das Holzkohlebecken und nicht der Gas- oder Elektroherd für den richtigen Geschmack bürgt. Gut fährt, wer den «kafés» nicht gleich «glikó» (süß), sondern zunächst einmal «métrio» (mittelstark und mittelsüß) ordert. Will man partout keinen Zucker, bestellt man ihn «skéto». Ein Kreter nimmt sich viel Zeit für seinen Kaffee und schlürft ihn in ganz kleinen Schlückchen, nur Barbaren kippen das schwarze Gebräu ex. Das Mokkatäßchen fesselt lange an den Kafeníontisch. Jeder Schluck Wasser zwischendurch klärt die Zunge für den nächsten Schlürfgenuß. Aber sogar der «ellenikós» verliert nach und nach seine dominierende Bedeutung. Selbst einige Großväter schätzen inzwischen den «frapé», den in einem Handmixer aufgeschäumten, eiskalten Nescafé, den die jungen Leute in der Bar mit Strohhalm nuckeln.

Das Wittelsbacher Königshaus brachte das Bier nach Hellas. Aus dem Namen des bayerischen Braumeisters Fuchs wurde die Marke «Fix». Die deutsch-griechische Tradition setzte eine Tochter der Frankfurter Brauerei als «Henninger-Hellas» in einem der wenigen Industriebetriebe in Iráklion fort. Ihr Bier sieht man inzwischen immer seltener, Amstel und Heiniken haben ihm den Rang abgelaufen. Ob in Hellas gebrautes deutsches Bier endgültig verschwinden wird wie vor Jahren bereits das blau-weiße Firmenlogo von Fix? Eiskalt serviert, schätzen den Gerstensaft nicht nur die Touristen, sondern immer mehr Kreter. Inzwischen besteht kaum mehr ein Preisgefälle zum Wein. Gab früher ein Kreter ein Getränk aus, war es oft ein Bier. Denn sein verhältnismäßig hoher Preis bewies die Großzügigkeit des Spenders.

DIE VERTREIBUNG AUS DEM PARADIES

AUSSTEIGER UND SONNENANBETER

Da haben sie noch ein paarmal kräftig in die Hände gespuckt, der australische Künstler Bob Bunck und seine Freunde, bis das Werk, ihr Geschenk an die Bewohner von Paleochóra, fertiggestellt war: Am 1. Oktober 1992 enthüllte Bürgermeister Stavros Aligizakis an der kleinen Hafenmole des Südküstendörfchens die überlebensgroße Metallskulptur «The Traveller». Sie soll nach dem Willen ihrer Schöpfer die Freundschaft zwischen den Einwohnern und den Travellern symbolisieren, die seit vielen, vielen Jahren immer wieder Paleochóra besucht haben. Das Motiv stammt übrigens von einer alten Fotografie aus der Pionierzeit des Reisens, die im traditionellen Kafeníon an der Hauptstraße hängt. Die Skulptur zeigt die Silhouette zweier Männer, die markante tropenhelmartige Hüte tragen: hoch zu Esel der Reisende, daneben sein kretischer Führer – aufgereiht zum Erinnerungsfoto.

Bei einigen der Zuschauer mögen während der Enthüllungsszene durchaus zwiespältige Gefühle geweckt worden sein. So freundschaftlich und friedvoll, wie es die Spender rückblickend suggerieren, haben sich die Beziehungen zwischen Kretern und Travellern keineswegs immer entwickelt. Vor allem in den sechziger und siebziger Jahren, als immer mehr kamen und einige für immer bleiben wollten. «One more Paleochóra day» – mit dem Wunsch nach einem einzigen weiteren Tag am Strand des südkretischen Dorfes Paleochóra beginnt der Song eines britischen Travellers über die Hippiezeit in den frühen siebziger Jahren. Das Lied besingt Hoffnungen und Marotten der kleinen internationalen Clique, die am Libyschen Meer ihren Traum ausleben wollte – und sei es auch auf Kosten der gastfreundlichen Einheimischen. Der Pionier des Freak-Tourismus, Martin Velbinger, schrieb noch 1975 über den Ort, dessen wandelndes Wahrzeichen ein ausgewach-

Es war einmal: Traveller-Monument in Paleochóra

sener Pelikan ist: «Geheimtip Paleochóra: abends werden uralte, tausendmal geflickte US-Western unter strahlendem Sternenhimmel auf eine Hauswand projiziert! Leute saufen und irgendwo schreit ein Säugling!»

Von solch längst vergangenen Zeiten zeugen auch die Graffiti der inzwischen vertriebenen Hippies in den Höhlen von Mátala oder an den Wänden des verlassenen Klosters Káto Moní Préveli am Megalopótamos an der Südküste. «Cheep Holiday Inn» schrieben die damaligen «Ferienhausbesetzer» und versuchten sich auch als bildende Künstler: Noch heute schmückt die stilisierte Darstellung einer überdimensionierten Hanfpflanze die roh verputzte Wand einer der schlichten Mönchszellen. Die seligen Blumenkinder, die hier seit Ende der sechziger bis weit in die siebziger Jahre unbekümmert hausten, konnten sich wohl noch mit eigener Ernte im sonnigen Klostergarten volldröhnen und sich unter Palmen an der Flußmündung wie im Paradies fühlen.

Es war einmal

Aber der «Spaß am eigenen Dreh» ist auf Kreta längst passé. Am 10. März 1983 wurden zwei Deutsche in Chaniá wegen des Besitzes je eines halben Gramm Haschisch zu zwei Jahren Haft ohne Bewährung rechtskräftig verurteilt, nachdem sie bereits über sieben Monate in Untersuchungshaft saßen. Einem weiteren Deutschen und einem Österreicher wurden fünfzehn beziehungsweise zwei Monate aufgebrummt. Da die «Beweise» recht fadenscheinig waren, steckt hinter den Urteilen eher eine Abschreckungsabsicht. Die *taz* kommentiert die Beweislage leicht übertrieben, aber treffend so: «In fünf Tagen fünfzehn Hanfpflanzen angebaut, getrocknet, geraucht und verkauft.»

Die griechische Drogengesetzgebung ist drakonisch: Bis zu drei Jahren Knast drohen für das Rauchen von Cannabis, für den Handel liegt die Höchststrafe bei zwanzig Jahren.

Aber von einer Aussteiger-Idylle spürt man in Paleochóra zwanzig Jahre später nichts mehr; einzig der Pelikan watschelt, inzwischen etwas altersschwach, aber unbekümmert wie eh und je, durch die Dorfgassen. Die «Blumenkinder» suchten ihr Heil inzwischen andernorts. Neben den rasant steigenden Lebenshaltungskosten bildeten die bitteren Erfahrungen der Kreter mit den Gästen den Grund für die Vertreibung der Hippies aus dem «Paradies». Nacktbaden, Drogenkonsum, Bettelei und Diebstahl, bis dato unbekannt, ließen die traditionelle kretische Gastfreundschaft an manchen Orten regelrecht in Fremdenhaß umschlagen. Am weiten Sandstrand von Paleochóra stellten die Dörfler Schilder auf: «Don't put tents. Nudism is forbidden.» Die Wirkung auf die antiautoritären Weltenbummler war gleich Null. Manche hatten den geradezu missionarischen Eifer, mit demonstrativem Nacktbaden befreiend auf die «verklemmten» Kreter einzuwirken. Die Einheimischen fackelten nicht lange, sondern griffen zur Selbstjustiz: Nachts verprügelten sie die langhaarigen Strandschläfer und machten ihnen brutal klar, daß sie schleunigst zu verschwinden hätten.

Auch im weiter östlich gelegenen Fischerdörfchen Mátala, dem einstigen Hippie-Zentrum Griechenlands, hatten die Kreter die Nase voll. Als die regelmäßigen Polizeirazzien in den Steinzeithöhlen am Nordrand der Bucht nur den vorübergehenden Auszug der «Blumenkinder» bewirkten, half man sich mit einem Trick: Die Wohnhöhlen wurden kurzerhand zur archäologischen Stätte deklariert. Heute sorgen ein Wärterpavillon und ein hoher Drahtzaun mit Tor dafür, daß niemand mehr in den Höhlen übernachtet. En masse pilgern zahlungskräftigere Reisende hierher. Kein Wunder, daß sich die Fischerhäuschen inzwischen zu Boutiquen, Tavernen und Hotels aufgeplustert haben. Oben ohne sonnen sich jetzt die Reisebustouristinnen am Strand – und niemand regt sich mehr darüber auf. Der einzigartige Palmenwald am Strand von Vái im Nordosten der Insel verwandelte sich innerhalb weniger Jahre in ein Müll- und Rattenparadies. Die Behörden wußten sich auch hier nicht anders zu helfen, als den Hain mit den kretischen Dattelpalmen rigoros einzuzäunen und zum Naturdenkmal zu erklären. Das Palmenparadies bleibt bis auf weiteres für Menschen verschlossen; allerdings bringen Bus- und Mietwagen-Karawanen unentwegt Tagesausflügler zum schmalen Streifen Reststrand, dessen Betreten noch von 7 bis 21 Uhr erlaubt wird. Trotz alledem ist der, wie es auf einem Schild heißt, «ästhetische Wald Vái» für die zahllosen «Zaungäste» nach wie vor noch attraktiv.

Arbeitsemigranten und Unternehmer

Für die schlagkräftigen bis verschlagenen «Ausweisungsverfahren» der Kreter gab es auch einen einsichtigen wirtschaftlichen Grund. Gewollt oder ungewollt drückten die mittellosen Aussteiger aus den reichen Industrieländern die Löhne der einheimischen Landarbeiter. Ihre wenigen Drachmen fürs Überleben verdienten die Hippies hauptsächlich als Tagelöhner auf Gemüsefeldern oder in den mit Plastikplanen überdachten Treibhäusern. Kein seltenes Bild: hoch auf dem Traktor ein kretischer Kleinbauer, gefolgt von zwei oder drei Gestalten, die Steine aus den frischen Ackerfurchen lasen. Zu Niedrigstlöhnen, versteht sich, denn ebenso selbstverständlich, wie in den Industrienationen die Arbeitsemigranten ausgebeutet wurden, nutzten die Kreter die Sonnenemigranten zur Aufbesserung ihrer Erträge. Die kretischen Bauern kannten die verzweifelte Lage zahlreicher Exhippies genau. Je abgerissener ihnen die Arbeitsuchenden erschienen, desto weniger zahlten sie. In den beiden Zentren für die Gemüseproduktion, Ierápetra und Timbáki, hatten sich regelrechte «Sklavenmärkte» gebildet. Frühmorgens boten die Sonnenproletarier ihre Arbeitskraft feil. Durch die heruntergekurbelten Fenster ihrer Gemüse-Toyotas taxierten die Bauern das Angebot. Sie nahmen den, den sie für kräftig hielten. Hielt er nicht, was er versprach, lag er abends wieder am Strand.
Überall, wo seit dem EG-Anschluß die Frühgemüseproduktion florierte, gab es «Open-air-Arbeitsämter» an Straßenecken und vor bestimmten Kafeníons. Ein Wink, und schon jumpte ein arbeitswilliger Tramp mitsamt seinem Bündel auf die Ladefläche eines Pick-up.
Unter dem zunehmenden ökonomischen Druck begannen diejenigen Wahlkreter, die über etwas Durchblick verfügten, die ökonomischen Nischen außerhalb des

Landwirtschaftssektors zu besetzen und boten über Kleinanzeigen in Alternativblättern «Kretische Wolle, naturgefärbt» und «Bergtee und Honig aus Kreta» an. Für handwerklich geschickte Sonnenemigranten öffneten sich kurzzeitig neue Märkte, als in den kretischen Haushalten die Anschaffung von Elektrogeräten auf dem Programm stand: Wer die notwendigen Werkzeuge im Rucksack trug und sich auf die Reparatur von Waschmaschine, Fernseher oder Autos verstand, wurde regelrecht von Familie zu Familie empfohlen.

Die meisten Aussteiger aber versuchten in der Saison, mit den Touristen ins Geschäft zu kommen. Sie lasen am Strand aus der Hand, erstellten umfangreiche Horoskope oder offerierten Selbstgebackenes, Gemaltes oder Massage. Abends in den Tavernen öffneten die fahrenden Kunsthandwerker und Schmuckverkäufer an den Randtischen ihre mit Samt ausgeschlagenen Schatullen. Dem einen oder anderen Angebot begegnet man noch immer.

Gegenüber den sonnenproletarischen Tagelöhnern und den «Handelsreisenden» mit den mehr oder weniger günstigen Gelegenheiten hat sich heute in der Aussteigerszene die «selbständige Geschäftsfrau» oder der «Kunsthandwerker» durchgesetzt. So bietet im traditionellen Töpferdorf Margarítes ein Paar «Alternativ-Urlaub mit Töpferkurs» an, eine Yoga-Lehrerin wirbt für Seminare im eigenen kretischen Haus. Auch Surfunterricht kann man buchen. Der Trend geht zum gehobenen seriösen Dienstleistungsgewerbe mit werbewirksamen Connections in die bundesdeutsche Szene, zu kleinen Reisebüros, alternativen Busreiseunternehmen, gelegentlichen Handelsbeziehungen. Dernier cri: ein original kretischer «pithos» für Diele oder Gartenterrasse. Geführte Wanderungen in kleinen Gruppen entwickeln sich zu Rennern. Und immer häufiger stößt man auf deutsch-kretische Gemeinschaftsunternehmen wie Cafés und Restaurants, die zum Müslifrühstück deutschen Kaffee und neben vitaminreichem Obstsalat auch Kuchen anbieten. Viele dieser Wahlkreter besitzen eher den Status von etablierten, angesehenen Geschäftsleuten. Und ihr Laden gilt in Reiseführern als gute Adresse. Die Vorteile für den Reisenden liegen auf der Hand: Ihm wird das bereiste Land «vermittelt» durch jemanden, der sich in beiden Kulturen und Sprachen auskennt.

Alitótouristes und Albaner

Die Aussteigerszene hat sich so seit den Siebzigern radikal gewandelt. Am Anfang stand das ungehemmte Ausleben individueller Bedürfnisse, getragen von der Sehnsucht nach dem «einfachen, natürlichen Leben» in selbsternannten «Paradiesen» – ohne Rücksicht auf die traditionellen Lebensformen der Einheimischen. Wer in den Tomaten- und Gurkenfeldern hängenblieb, muß sich am Rande der kretischen Gesellschaft und am Rande des Existenzminimums durchschlagen. Gemessen an den traditionellen kretischen Werten wie Familie, Landbesitz und Dorfgemeinschaft, bleiben die meisten schwer tolerierbare Fremde. Nachdem die Hippies die Höhlen und Palmenstrände verlassen hatten, kamen auf ihren Spuren junge Leute aus aller Welt, um in ihrem Urlaub an den ehemaligen Geheimtips Robinsonaden auf Zeit, für Tage oder Wochen, zu erleben. Zurück zur Natur, aber mit Rückflugticket und Kreditkarte im Brustbeutel. In den Augen der Kreter waren diese ebenfalls Hippies, zumindest verhielten sie sich an den Stränden genauso. Und die Kreter fragten sich, wovon leben diese Leute? Und, leben diese Leute zu Hause genauso? Und schnell wurden Hippie und Rucksacktourist gleichgesetzt, das waren eben die «alitótouristes». Dieses Schimpfwort leitet sich vom Griechischen «alitís» ab, was Gauner, Schurke, Landstreicher bedeutet. Die Projektion von schlechten Erfahrungen auf jeden, der mit dem Rucksack das Land durchwanderte, bewirkte die pauschale Abwertung gerade der Kretareisenden, die an Land und Leuten interessiert waren. Das Negativimage geisterte auch durch die Köpfe der EOT-Spitzenbeamten. Dies führte Ende der achtziger Jahre zu dem absurden Versuch, nur noch Charterflugtouristen mit Pauschalarrangement ins Land zu lassen. Erst neuerdings lernen die Kreter wieder den unternehmungslustigen Individualreisenden zu schätzen, für dessen Art, sich im Lande zu bewegen, der Rucksack das einzig wahre Gepäckstück darstellt. Denn jeder, der den lebendigen Kontakt zu Kretern sucht, steuert mit Vorliebe das Privatzimmer oder das Hotel mit familiärem Anschluß an – und seine unpauschalierten Ausgaben bleiben voll im Lande.

Seit der Eiserne Vorhang gefallen ist, besetzen immer mehr Albaner (teilweise griechischer Abstammung) Arbeitsplätze in der kretischen Landwirtschaft. Diese meist illegal eingereisten rechtlosen Männer unterbieten selbst die anspruchslosen Tagelöhner aus Nordafrika und natürlich die Sonnenemigranten. Die sauer verdienten Drachmen werden eisern gespart. 1994 lebten schätzungsweise rund 200 000 Albaner illegal in Griechenland. Durch ihre Geldüberweisungen in die Heimat trugen sie 1993 wesentlich zur Zahlungsbilanz Albaniens bei. Diese 550 Millionen Mark waren zweieinhalbmal so hoch wie die Exporteinnahmen des Landes.

Wenn man in Kreta unterwegs ist, dann trifft man inzwischen auch auf andere Leute, die im Tourismus und in der Landwirtschaft den einen oder anderen Job gefunden haben. Zum Beispiel servieren in einer Kneipe in Zarós an den Forellenteichen zwei Frauen, deren perfektes Englisch aufhorchen ließ. Sie stammen aus der Ukraine, sind gut ausgebildet und versuchen, hier zu überleben. Eine junge Kroatin, die mehrere Sprachen spricht, füttert den Dorfpelikan in Soúgia, wenn sie ihren langen Arbeitstag im Restaurant beendet hat, und bei Maria hilft ein junges russisches Ehepaar aus. Die Albaner verstecken sich natürlich, da sie Illegale sind. Einerseits beschäftigen die Kreter gerne Albaner, andererseits verfolgt die Regierung eine rigide Ausweisungspolitik. Ein Bauer aus Vrísses brachte das gespaltene Verhältnis zwischen Kretern und Albanern, wie er es im Alltag erlebt, folgendermaßen auf den Punkt: «Und statt es hier wieder auszugeben, nehmen sie ‹unser Geld› und verschwinden», entrüstet er sich.

INSTITUTIONEN IM WANDEL
FAMILIE, SCHULE, KIRCHE

Fragt man einen Kreter, wieviel Kinder er habe, mag er durchaus antworten: «Zwei – und drei Töchter.»

Selbst gebildete Städter machen da keine Ausnahme. Mensch gleich Mann – dieses Eindrucks kann man sich auf Kreta oft nicht erwehren. Selbst wenn Männer dieses Bewußtsein nicht mehr großspurig vor sich hertragen.

Leben in Gesamtgriechenland etwa zwei Drittel der Bevölkerung in der Stadt, so wohnt noch fast die Hälfte der Kreter auf dem Land. Zwar nimmt die Landflucht gerade bei den jungen Leuten rasant zu, zwar hat sich seit Beginn der achtziger Jahre gesetzlich Erhebliches geändert, aber die alten Wurzeln bäuerlicher Traditionen reichen tief. Die Mühlen auf Kreta mahlen langsamer als in anderen Teilen Griechenlands. Immer noch sind über 40 Prozent in der Landwirtschaft beschäftigt (1981: 50,4 Prozent; 1991: 45 Prozent), weit mehr als im Tourismusgewerbe (1981: 26,7 Prozent; 1991: 37,9 Prozent). Das heißt, daß für viele Menschen noch das traditionelle Rollenbild gilt.

Mann und Frau sind in der kretischen Vorstellung gottgewollt von unterschiedlicher Natur. Naturgegeben sind damit ihre Aufgaben verschieden: Es gibt einen Bereich des Mannes und einen der Frau. Ist seine Domäne das Draußen, so regiert sie das Hauswesen, und das ist in der bäuerlichen Struktur ökonomisch genauso wichtig wie umfangreich. Durch die «príka», die Mitgift – neben Wäsche und Hausgerät zum Beispiel Land und/oder Vieh –, die die Frau mit in die Wirtschaftsgemeinschaft Ehe hineinbrachte, hatte sie einen beträchtlichen Anteil an der bäuerlichen Hauswirtschaft. Selbständig erwirtschaftete sie Nahrungsmittel, züchtete das Hausvieh, spann und webte Textilien und konnte Überschüsse als Tauschwert benutzen. Soweit die eingesetzten Mittel aus der Mitgift stammten, hatte der Mann ihr nicht hineinzureden. Die Organisation der Ernten gehörte ebenfalls zu ihrem Bereich. Säen und das Bedienen der Maschinen allerdings blieben seine Sache. Die offensichtliche Notwendigkeit und Ergiebigkeit ihrer Arbeit in der bäuerlichen Wirtschaft verschafften der Frau im Hause Mitspracherecht, Anerkennung und Achtung.

Der orthodoxe Glaube wurzelt tief

Über Kinder, Familie und den Hausstand hinaus hatten die ehelich Verbundenen kaum gemeinsame Bereiche. Und auch die Freizeit verbrachten und verbringen beide getrennt. Die Männer sitzen mit Freunden im Kafeníon und regeln geschäftliche Transaktionen und die Kommunalpolitik, die Stunden vergehen beim Gläschen Rakí oder bei einem Mokka. Den Ehefrauen fiele es nicht im Traum ein, ihren Männern Gesellschaft zu leisten. Das schickt sich nicht. Sie treffen sich statt dessen mit Nachbarinnen in den Höfen oder vor dem Haus, da haben sie die Dorfstraße besser im Blick. Neuigkeiten machen die Runde, aber ebenso wird über Dorfpolitik beraten und Meinungsbildung betrieben. Diplomatische Kniffe werden ersonnen, um bei wichtigen Familienangelegenheiten wie der Namengebung der Kinder, Entscheidungen zum Schulbesuch oder Heiratsplänen Einfluß zu nehmen.

Immer noch sieht man auf abgelegenen Dörfern junge Mädchen abseits in den Höfen auf Binsenstühlen sitzen, in den Händen die Stickarbeit. Stunde um Stunde wird im Kreise der weiblichen Familienangehörigen und Nachbarinnen an der Aussteuer gearbeitet. Sie mag, noch jung – erst vor kurzem wurde das Mindestheiratsalter von 14 auf 16 Jahre heraufgesetzt –, von der großen Liebe träumen. Verheiratet wird nach pragmatischen Gesichtspunkten. Herkunft, Stellung, Einfluß und Vermögen der Familien müssen zusammenpassen. Ohne finanzielle Basis sind die Aussichten auf einen passablen Ehemann schlecht. Der Zukünftige ist ihr auserwählt – vom Vater, von den Verwandten, und das ganze Dorf spekuliert und verkuppelt eventuell von Anfang an mit. Ehelos zu bleiben gilt für Mann und Frau als bedauernswertes Los. Ihr ist ein erfülltes Leben nach jahrhundertealten Vorstellungen ausschließlich als Frau und Mutter möglich. Töchter zu haben konnte für eine ohnehin nicht begüterte Familie den finanziellen Ruin bedeuten, denn die Mitgift war ein Rechtsanspruch. Jüngere Schwestern mit spärlicher Ausstattung wurden oft nicht unter die Haube gebracht und fristeten ihr Leben als Tante, ein mehr oder weniger bedeutungsloses Anhängsel der Familie.

Weitaus schlimmer als die Mittellosigkeit ist für ein junges Mädchen vom Dorf die Schädigung ihres guten Rufes, der Verlust der Jungfräulichkeit oft eine Katastrophe. Andererseits bot sich hier die einzige Chance, eine Liebesheirat durchzusetzen. Entführte er sie auch nur für eine außerhäusliche Nacht, war der Schaden nur durch schnellste Heirat mit dem Entehrer zu kitten. Der Mut und die Liebesglut, die dazu nötig waren oder sind, müssen dann ein Leben lang der allgemeinen Mißbilligung standhalten. Die frischgebackene Ehefrau zieht in der Regel zur Familie ihres Mannes und findet dort im Haus ihren Arbeitsplatz vor. Ihre Stellung festigt sich erst mit der Geburt von Kindern, Jungen natürlich.

Gleichberechtigung per Gesetz aus Athen

Kretische Männer am Wickeltisch, mit Schrubber und Schürze im Haushalt schwitzend – eine ideale Vorlage für die Karikatur der Witzseite? Weit gefehlt, seit 1983 muß der Mann der Männer dieser bitteren Wirklichkeit ins Auge sehen. Athen änderte recht einschneidend, aber in parlamentarischer Einmütigkeit das Ehe-, Familien- und Scheidungsrecht. Es entbindet fortan das Eheweib von der Pflicht, dem Göttergatten den Haushalt zu führen. Ausgeträumt auch für ihn der zielsichere, weil juristisch abgesicherte Griff nach der «guten Partie» – die Mitgift wurde mit gleichem Gesetzespaket vom Tisch gefegt. Künftig darf die Frau obendrein ihren Mädchennamen auf Wunsch behalten, sie, die bisher per Genitivform seines Namens ihrem Herrn und Gebieter zugeordnet wurde; so heißt die Frau von Herrn Bitsakakis Bitsakaki. Seine Gattin bestimmt jetzt auch gleichberechtigt die Erziehung der Kinder mit. Ebenfalls aus der Amtszeit Andreas Papandreous stammt das Gesetz, daß Schwangeren nicht mehr gekündigt werden kann, bisher war das problemlos. Die Änderung dürfte für ein selbstbestimmteres Leben einer Frau von größter Bedeutung sein.

Eine Scheidung war auch früher möglich. Doch fällt jetzt das Verschuldungsprinzip weg. Neu ist auch der Anspruch der Frau auf ein Drittel des während der Ehe erwirtschafteten Zugewinns. Früher konnte der Mann die Exgattin allein mit ihrer Mitgift zum Vater zurückschicken, dessen Namen sie erneut führte.

Ausschließlich von den Brauteltern eingefädelt werden die Ehen in den Städten schon lange nicht mehr. Die Eltern sind weit weg für die Mädchen, die vom Lande kommen, um an der Uni zu studieren oder am Lyzeum die Hochschulreife zu erwerben. Seit den siebziger Jahren hat sich die Zahl der Frauen, die in Griechenland eine Hochschule besuchen, enorm gesteigert, weit über 40 Prozent der Studenten sind weiblichen Geschlechts. Junge Mädchen gehen inzwischen auch in die Stadt, um hier einen Beruf auszuüben. Galt dies aus dörflichem Blickwinkel bis vor einigen Jahren noch als todsicherer Einstieg in ein moralisch zweifelhaftes Leben, gewöhnt man sich mittlerweile daran, daß das Mädchen seine Mitgift durch ihre Berufstätigkeit außerhalb des Schoßes der Familie erhöht. Ihre Chancen für eine gute Partie – Aufstieg mittels Heirat – steigen mit der Größe des eingebrachten Besitzes.

Obwohl die Zahl der Eheschließungen seit 1951 langsam gestiegen ist, nahm die Zahl der Geburten stetig ab. Die Frau in der Stadt bringt weniger Kinder auf die Welt als die Frau auf dem Dorf. In Gesamtgriechenland liegt die Kinderzahl, statistisch gesehen, knapp unter zwei. Zwar können selbst unverheiratete Dorffrauen, ebenso wie Städterinnen, an die Pille oder Spirale kommen, aber wer will schon in der einzigen «farmacía» im Dorf mit dem Satz auffallen: «Eine Dreierpackung Ovulationshemmer Marke XY, bitte!»

Verhütung wird als Sache der Frauen angesehen. Welcher «gesund empfindende» Mann würde sich denn ein Präservativ vorschreiben lassen. Das Thema Verhütung anzuschneiden ist nicht üblich. Die Zahl von Schwangerschaftsabbrüchen lag und ist weiterhin hoch. Zur Zeit, als die Abtreibung noch verboten war, wurden Eingriffe mit 200 000 bis 300 000 jährlich angegeben (Zahlen für Gesamtgriechenland); Schätzungen von Frauenorganisationen liegen mit eingerechneten Dunkelziffern erheblich höher. Geändert hat sich wenig, seitdem 1986 die Fristenlösung Gesetz geworden ist. Verschwiegene Ärzte sind nach wie vor bereit, gegen gutes – steuerfreies – Geld zu «helfen», und Frauen scheinen die «diskrete» Gefälligkeit mehr zu schätzen als den legalen Gang in die Klinik.

Alles beim alten?

Erheblich früher als die Europäerinnen aus dem schweizerischen Kanton Appenzell durften Griechinnen, wie ihre Männer, ab 1952 endlich bei jeder Wahl zur Urne gehen. Lange vor dem Zweiten Weltkrieg schon gab es Aktivitäten griechischer Frauenverbände. Dreiundzwanzig Jahre nach ihrem ersten Sieg wurde 1975 das Prinzip der Gleichberechtigung auch in der griechischen Verfassung verankert, 1983 wurde dann das Ehe-, Familien- und Scheidungsrecht unter der sozialistischen Regierung und ihrer Parteibasis PASOK reformiert.

Die Kommission, die 1983 das angestaubte Familienrecht aus Zeiten der Metaxa-Diktatur zu Fall brachte, bestand aus acht Frauen und sieben Männern. Haben diese Männer nicht aufgepaßt, waren die Verantwortlichen zu lange im westlichen Ausland und etwas «weltfremd» geworden, oder sollten sich die Herren der Schöpfung ihrer unanfechtbaren Rolle so sicher gewesen sein, daß sie sich ein paar leere Buchstaben leisten konnten?

Ein Stammgast stellt beim x-ten Urlaub in der Sfakiá fest, daß sich noch einmal Nachwuchs in der Wirtsfamilie eingestellt hat. Er kriegt den kleinen Erdenbürger zum Wiegen auf die Knie gesetzt. Sein herzlicher Glückwunsch bleibt ihm im Halse stecken, als der Vater nur eins erwidert: «Ein Mädchen, eine Katastrophe.» Sein Blick zur Mutter der kleinen Tochter versetzt ihn in depressive Stimmung. Sie nickt ihm zwar zu, kommt jedoch nicht aus ihrer Ecke in der Küche.

Zumindest bleibt einstweilen offen, ob die unbestrittene Dominanz des Mannes zurückgedrängt wird. Absolut sicher darf man davon ausgehen, daß Brautväter auch nach dem historischen Jahr 1983 unbeeindruckt mit dem Zukünftigen ihrer Tochter oder dessen Vater zäh um die Mitgift feilschten und handelten. Die Väter der Zukunft werden auch weiterhin sorgenvoll die Stirn runzeln und rechnen: Wie es anstellen, daß die Tochter mit einer respektablen Mitgift an den Mann gebracht werden kann. Junge Kreterinnen von heute wünschen sich jedenfalls fast ausnahmslos, Ehefrau zu werden. Vielleicht wird in Zukunft die Mitgift vom einen oder anderen Vater oder von der Familie als Druckmittel eingesetzt, wenn die Tochter ihre «modernen» Vorstellungen von Ehe oder selbständiger Lebensführung durchdrücken will. Denn einklagen wie früher kann die Widerspenstige nach Änderung des Gesetzes die Mitgift nicht mehr. Sie ist dann eventuell vor die Wahl gestellt, sich wohl zuverhalten und Mittel wie üblich zu erhalten oder die eigenen Vorstellungen durchzusetzen, aber bis auf die Erbschaft leer auszugehen. Gerichtlich erzwingen kann die «príka» aber auch der Zukünftige nicht mehr. Er muß unter solchen Umständen seine Entscheidung einzig und allein für eine Frau treffen.

Eine Rechtsänderung bringt nicht von Tag und Stunde an eine Kehrtwende in alten Gebräuchen. Zumal es bezüglich der Identifikation mit Gesetzen in Kreta eine lange, zwiespältige Tradition gibt.

Man hat Zeit: Vater und Sohn

Gesetze kamen von römischen Statthaltern, ungeliebten Lateinern (Venezianern), verhaßten Agas und Beys, den Metaxa-Diktatoren, deutschen Besatzern, einer geschmähten Junta und und und. Die Kreter erlangten die politische Selbstbestimmung Jahrzehnte später als die Festlandsgriechen. Ob ihnen das verbliebene Jahrhundert zum Üben demokratischer Spielregeln gereicht hat? In der Ölmühle faßt ein wohlhabender Bauer kretisches Rechts- und Selbstbewußtsein kurz, aber prägnant zusammen: «Sein Gesetz macht jeder im Dorf selbst.»

Die Anziehungskraft der Stadt

An der Hafenpromenade von Chaniá zeigen die Mädchen keineswegs nur die femininen «Tugenden» Zurückhaltung, Bescheidenheit und Freundlichkeit. Hier und anderswo in den Städten flachsen sie mit den jungen Männern, schlendern mit ihnen und tauschen Zärtlichkeiten aus. Offensichtlich ist auch ohne Gesetzesänderung nicht mehr alles so, wie es noch vor zehn, zwanzig Jahren war oder sein sollte: Das soziale Ordnungs- und Wertgefüge der Geschlechter und Generationen, wie es Jahrhunderte über bestand, gerät ins Wanken.

Charoúla und Stávros haben ihre Freiheit miteinander genossen, weit weg vom Dorfklatsch, von den Fragen und Ermahnungen der Großeltern, als sie sich – er in seiner ersten Stelle als Ingenieur, sie als Medizinstudentin im siebten Semester – in Iráklion kennenlernten. Keine Nachbarn, die über alles Bescheid wußten, welchen Schritt sie taten oder unterließen. Sogar ein gemeinsames Zimmer hatten sie, Pille oder Kondom, kein Problem! Klar, daß abends auch jeder für sich allein ausging, vor allem für Charoúla die Glückseligkeit auf Erden: Iráklions Flaniermeile mit italienischem Chic, die Szene-Bars und Kneipen voll mit intellektuell interessanten, attraktiven und eleganten jungen Männern und Frauen.

Das Glück, in die Stadt verschwinden zu können, hat der gerade volljährig gewordene Dimitri selten. Er ist noch von den Eltern abhängig, lebt bei ihnen in einem Dorf in der Messará und sucht eine Stelle. Hin und wieder kann er bei seiner unverheirateten Tante übernachten, der alten Eléni. «Sein» Zimmer vermietet sie für ein paar Wochen im Jahr an ein deutsches Touristenpaar, das das einfache Dorfleben und die familiäre Atmosphäre schätzt und immer wieder hier Ferien macht. Eléni sagt, die beiden wären für diese Zeit ihre Kinder.

Daß sich das Leben völlig verändert hat, wird Eléni vor allem an Dimitri deutlich. Das Fernsehen und internationale Stars bestimmen sein europäisches Outfit, nicht kretische Vorbilder. Ihr Neffe träumt von Autos, Geld und Reisen. Was Eltern und Tante für schicklich halten, wirft er spätestens in den Bars von Mátala und Iráklion über Bord. Per Motorrad vertauscht er innerhalb einer Stunde den Barhocker an der Südküste mit dem Discoplatz in der Inselhauptstadt. Die bescheidene Eléni hingegen, die in ihrem langen siebzigjährigen Leben noch kein einziges Mal in Iráklion war, versteht die Welt nicht mehr.

Voller Argwohn beobachten die alten Leute in den Dörfern die fremden Einflüsse durch Medien, Konsumgüter und den Tourismus, die das Sozialgefüge und die Dorflandschaft umkrempeln. Sie sehen, wie Rivalitäten aufkommen, wie der Sog des Neuen und andererseits das Festhalten an den Traditionen das Dorf und die Familien in Fraktionen spalten. Auf dem Land gilt das Wort der Alten noch etwas. Sie beklagen den Sittenverfall und pochen auf die Einhaltung der überlieferten Werte. Und das wiederum treibt die Jungen um so eher fort, verschiebt um so schneller die Balance zwischen den Generationen zu Ungunsten der zurückbleibenden Alten. Das Wunschbild von der städtischen Lebensweise überlagert bei den Heranwachsenden langsam den Mythos vom Palikaren, dem stolzen Mann, der in der klaren Weite der Berge autonom und unangefochten vom Ertrag seiner Tiere lebt. Bauer zu sein auf den ererbten Äckern oder gar Hirte in den Bergen verliert bei der Jugend rapide an Attraktivität, wird immer weniger mit positiven Assoziationen wie Unabhängigkeit, Freiheit und Männlichkeit verknüpft. Stadt und Touristenzentren locken mit leichterem Leben, Abwechslung und sexuellen Freiheiten für die Männer. Über sexuelle Erfahrungen des heranwachsenden Jungen wurde zwar auch im Dorf wohlwollend der Mantel der Diskretion gebreitet. Aber er durfte sich nicht erwischen lassen, und seine Möglichkeiten bei den beaufsichtigten Schönen im Dorf waren gleich Null.

Die Frauen drängen oft am stärksten auf eine Umsiedlung in die Stadt oder wollen nicht wieder ins Dorf zurück. Die traditionellen Spielregeln des dörflichen Lebens, sprich Einschränkungen, gelten nämlich nach wie vor besonders für sie.

Den überzeugten Rückkehrer zum Landleben gibt's auf Kreta tatsächlich auch. Ihn, der genug hat von der Hektik, dem Gestank der Stadt. Nur begegnet man ihm, im Augenblick, so häufig wie der sprichwörtlichen Stecknadel im Heuhaufen. Rückkehr auf Zeit oder sozusagen mit einem Standbein, das nimmt zu. Wenn in der Saison die Touristenströme belebend wirken, dann hält er es dort aus. Aber nur, um im Winter wieder in die Stadt zu flüchten.

Teure Prestigeangelegenheit: ein Studium

«Um auf die Uni zu kommen, wird Papas Geld benötigt ...», schreibt die Zeitung *Eleftheros Typos* und meint damit nicht etwa die Kosten für Hefte, Schulbücher oder gar Schulgeld. Nein, der Schulbesuch ist während der neunjährigen Schulpflichtzeit kostenlos und bleibt es auch in den nächsten drei Jahren bis zum Abitur. Jedoch klaffen Bildungskanon der staatlichen Schulen und Anforderungen der Universitäten auseinander. Für die panhellenische Abiturprüfung und die Zulassungsprüfung zur Universität muß mit privater Nachhilfe, in den «frontistíria», schwer das gebüffelt werden, was in der Schule nicht beigebracht wurde. Ob jemand sein Abitur in Iráklion oder im Landkreis gemacht hat, zu bearbeiten hatte er dieselben Aufgaben wie seine Leidensgenossen in Athen. Die vielen Zwischenprüfungen in den langen Schuljahren vorher sind ebenso nur mit Hilfe der nachmittäglichen «frontistíria» zu schaffen. Die Paukerei hat ihren Preis: Die Institutionen sind ausnahmslos private Unternehmen. Wenn irgend möglich, legt sich die Familie für Jungen wie Mädchen gleichermaßen krumm, indem Vater oder Pate tief in die Tasche greift. Gutes Abschneiden ist wichtig, und manches Gebet wird den hoffnungsvollen Familiensproß begleiten.

Büffeln als Dauerstreß: morgens in der Schule, nachmittags in den frontistíria

Denn nur rund ein Drittel aller Studienbewerber hat Aussicht auf einen Platz an einer griechischen Universität. Nach dem ehrenvollen Universitätsdiplom, auf das die komplette Großfamilie ungeheuer stolz ist, «... wartet dann die Arbeitslosenunterstützung», überspitzt die Zeitung *Eleftheros Typos* die Berufsaussichten der Studienabgänger. Gemessen an den Arbeitslosenzahlen der anderen EU-Länder, steht Griechenland allerdings noch günstig da.

Kreide und Zeigestock: der Schulalltag

Kein Nationalfeiertag (25. März), kein Oxi-Tag (28. Oktober) ohne I-Männchen, die vor der gehißten Flagge im Dorf im besten Sonntagsstaat oder in Tracht Gedichte von Helden aufsagen. In Iráklion ziehen zwischen Militär und Veteranen im Gleichschritt weibliche und männliche Schüler-Bataillone von den Abc-Schützen der «dimotiki skolío» (Grundschule) bis zur Abiturklasse des Lyzeums

an der Ehrentribüne Iráklions vorüber. Ihre Lehrer kommandieren mit der Trillerpfeife und passen auf, daß die Arme zackig geworfen werden und der Eindruck ein ordentlicher ist.

Mit ihrem unbeschädigten Nationalstolz belegen die Griechen eine Spitzenstellung in Westeuropa. Nationales Bewußtsein, nationale Identität zu stiften ist ein fundamentales Lernziel in allen Jahrgangsstufen. Das Auswendiglernen von Inhalten, Zahlen und Regeln ist dabei eine vielgeübte Methode. Selbständiges Handeln, kritisches Denken und Gruppenarbeit treten dahinter im methodisch-didaktischen Konzept deutlich zurück.

Der staatliche Etat für die Schule ist knapp. Sparen ist auch in Zukunft unter Herrn Simitis' Kabinett angesagt. Dabei sind Unterrichtsmaterialien und Schulausstattung schon seit Jahren überholungsbedürftig. Kreide, ein paar Wandbilder und der Zeigestock sind wesentliche Requisiten des Pädagogen, der hie und da mit einem durchgeschlissenen Sessel hinterm Pult vorliebnehmen muß. In der Grundschule auf dem Land ist es Usus, daß verschiedene Jahrgangsstufen gleichzeitig von einem einzigen Lehrer unterrichtet werden. Durch den Geburtenrückgang auf statistisch knapp zwei Kinder pro Familie und durch die Abwanderung in die Städte schmelzen die I-Männchen auf den Dörfern dahin.

Die Schulbücher sind antiquiert, die Klassen werden immer voller und sind im Winter eiskalt: Das Heizmaterial ist knapp. Zum Jahreswechsel 1991 sorgte der Bildungsfrust für massive Schulstreiks in ganz Griechenland, es kam sogar zu harten militanten Auseinandersetzungen.

Viel hat sich nicht getan seitdem, der Staat muß sparen. Fünfzehn Prozent des Staatshaushaltes seien als Bildungsinvestition vonnöten, meinten die Lehrer der staatlichen Schulen, die im Mai 1996 24 Stunden lang den Unterricht bestreikten. Und die Panhellenische Vereinigung der Pädagogen für Umwelterziehung will darüber hinaus Änderungen in der Schulorganisation und in den Lehrplänen. Nach ihren Vorstellungen soll «Umweltschutz» nicht länger als freiwilliges Fach am Ende eines langen Schultages angeboten werden, mit dem Effekt, daß nur zehn Prozent der Schüler diese Eckstunde wählen. Umweltschutz soll nach ihren Vorstellungen in den Lehrplan für alle Fächer aufgenommen werden. Sie möchten zudem Freiraum für praktische Arbeit und mit den Schülern Exkursionen machen dürfen, was bisher im griechischen Schulalltag nicht vorgesehen ist.

Im Alter von etwa fünfzehn Jahren ist für Kreterinnen und Kreter die Pflichtschulzeit zu Ende. Wenn nicht das Abitur angestrebt wird, geht es für weitere drei Jahre aufs berufliche oder technische Lyzeum oder gleich in einen Beruf: Bäcker, Maurer oder Bauer wird ein Junge im Dorf. Er guckt sich die Fähigkeiten von den Erwachsenen ab. Für zukünftige Elektriker oder Installateure reicht das nicht aus. Sie brauchen einen Lehrherrn, und der ist nur in den größeren Orten zu finden. Da das Dorf nur bedingt seinen qualifiziert ausgebildeten Handwerker ernährt – jeder kretische Mann ist das geborene Allroundtalent –, bleibt der Jungfacharbeiter meistens für immer in der Stadt.

Berufliche Ausbildung bringt längst nicht das Ansehen, wie sie akademischen Weihen beschieden ist. Das berufliche Ausbildungswesen steckt obendrein noch in den Kinderschuhen. Das größte Angebot macht die Tourismusbranche, unter anderem mit ihrer Hotelfachschule in Kókkini Cháni. Manch stolzer, bestens ausgebildeter Kreter findet sich im Dienstleistungsbereich für die Fremden wieder. Denn die Branche bietet neben dem Ausbildungsplatz auch ziemlich sicher eine Anstellung.

Kretische Schulkinder haben es in einem Punkt entschieden leichter als ihre Eltern, Groß- und Urgroßeltern: Sie dürfen schreiben und lesen lernen, wie ihnen der Schnabel gewachsen ist, nämlich in der Volkssprache «dimotikí» (Neugriechisch), die auch schon ihre Urururgroßeltern nach dem Krabbelalter plapperten. Bis 1975 – viele kostbare Schulstunden lang – büffelten diese eine griechische «Fremdsprache», die «katharévousa», die zu Beginn des 19. Jahrhunderts geschaffene Kunstsprache des Bürgertums. Nach der Befreiung von den Türken sollte diese «Reinsprache» wieder anknüpfen an die Väter, und damit waren die Hellenen der Antike gemeint. Man muß sich das ähnlich vorstellen, als wenn in Deutschland den Kindern das Mittelhochdeutsche eingetrichtert werden müßte. Wem das Lernen der «katherévousa» partout nicht glückte oder wer in der griechischen Amtssprache nur radebrechte, verstand viele Schulbuchtexte nicht, konnte keine Zeitung lesen, ein Behördenformular nur mit «Dolmetscher» ausfüllen und verstand vor Gericht Bahnhof. Für die einfachen Leute mit ihren wenigen Schulbesuchsjahren ging so die kurze Schulzeit ohne Nutzen dahin. Nach 1971 waren rund sieben Prozent der griechischen Männer Analphabeten, darunter viele junge Menschen. Wie in einer männlich dominierten Gesellschaft zu erwarten, lag die Quote bei den Frauen sogar gut dreimal so hoch. Nach sechs Jahren Grundschule werden die meisten Dorfkinder Fahrschüler. Bei Schnee kommt der Schulbus zur nächsten größeren Gemeinde mit dreijährigem Gymnasium nicht durch. Wer da nicht am Ort wohnt, hat Zwangsferien. Geschwänzt wurde die Schule früher, wenn die großen Arbeiten in der Landwirtschaft anfielen, denn dann wurde zu Hause jede Hand gebraucht. Selbst wenn der Vater Tavernenwirt, Handwerker, «dáskalos» (Lehrer) oder Papás im Dorf ist, werden nebenberuflich die Äcker bestellt, denn sonst reicht die Familienkasse nicht. Es gab auch Familien, die die Schulpflicht unterliefen – die Kinder arbeiteten dann im elterlichen Geschäft, auf den Feldern oder hüteten Schafe. Insgesamt erreichten die Kinder dann vielleicht eine Schulbesuchszeit von sechs oder nur vier Jahren. Früher traf diese Familienschulpolitik vor allem die Mädchen. Die ehemalige Amtssprache «katherévousa» sorgte für Sprachverwirrung: Von konservativen Kräften wurde sie allen griechischen Schülern per Lehrplan verordnet, fortschrittliche nahmen sie aus dem einfachen Bildungsgang heraus. Die «katherévousa» setzte sich nie richtig durch. Wie unfruchtbar die Sprachbemühungen der Oberschicht blieben, zeigt die Tatsache, daß die Literaten Odysséas Elýtis (Lyriker, Nobelpreis 1979) und Pandelis Prevelákis genau wie ihre Kollegen auf dem griechischen Festland sich nicht um die «katherévousa» scherten. Auch Nikos Kazantzákis schrieb seine Romane in der Sprache des Volkes und bereicherte sie mit eigenen Neuschöpfungen.

Forschung und Lehre auf Kreta
Ungeheuer stolz sind die Kreter auf ihre Universität, und die Broschüre «Tourism in Greece» sieht sie bereits wenige Jahre nach ihrer Gründung 1977 auf gleicher Stufe mit «Harvard, M.I.T., Cambridge, Heidelberg, Strasbourg, Stanford, Berkeley und Paris». Geplant war die Universität schon in den sechziger Jahren unter Georgios Papandreou. Die Obristen gründeten sie dann im Haudruckverfahren. Réthimnon war wegen diverser personeller Verflechtungen Favorit bei der Standortfrage. Stylos Pattakos, geboren in Réthimnon und Innenminister bei Papadopoulos, erhielt die Universitätszusage als Abschiedsgeschenk von seinem Diktator. Chanioten und Iraklioner machten jedoch lautstark ihren Protest

geltend, als die Junta abgedankt hatte. Sie hatten Erfolg.
Und so findet sich die Universität mit rund 6000 Studenten entlang der Nordküste aufgereiht. Die naturwissenschaftliche Fakultät ist über Iráklion verstreut, ein modernes Universitätsklinikum ist gerade an der Ausfallstraße nach Festós fertiggestellt. Verwaltung und geisteswissenschaftliche Fakultäten wie Philologie, Philosophie, Pädagogik haben ihren Sitz in Réthimnon, und Techniker müssen in Chaniá studieren. Die Kreter sind sich bewußt, was die Universität für ihre Insel bedeutet. So wird systematisch die neuere kretische Geschichte aufgearbeitet, mit kritischem Blick auf die alten Archive. An der Universität arbeitet zum Beispiel der international renommierte Hagen Fleischer, dessen Forschungsschwerpunkt Griechenland im Zweiten Weltkrieg ist. Weitreichende Bedeutung für Ökonomie und Ökologie dürften das Meeresbiologische Institut in Iráklion, das sich auch um Fischzuchtprogramme kümmert, und das Nationale Institut für subtropische Pflanzen und Olivenbäume in Chaniá bekommen. Wissenschaftler des letztgenannten Instituts und der Technischen Universität Chaniá nahmen zusammen mit Wirtschaftsfachleuten vom Festland und aus anderen europäischen Ländern im September 1995 am Internationalen Symposium zur Entwicklung Kretas auf der Basis des Programms Natura 2000 teil.
Das Skinaka Peak Observatorium auf 1750 Meter Höhe im Psilorítis-Massiv kooperiert mit dem Max-Planck-Institut, München. Internationalen Ruhm erhofft sich die Universität auf den Gebieten der Humangenetik und Biotechnologie, der Informationstechnologie und Mikroelektronik, experimentiert wird mit Laserstrahlen.
Ein Netz von ländlichen Gesundheitszentren überzieht inzwischen die Insel. Und das Universitätsklinikum krönt die Anstrengungen der letzten Jahre, die ärztliche Versorgung der Inselbevölkerung zu verbessern. Denn bis vor kurzem war manches Leiden nur in Athen, Thessaloniki oder im Ausland zu kurieren. Sollte ein Ferienunglück einen Touristen auf die chirurgische, innere oder die Hals-Nasen-Ohren-Station verschlagen, wird er verwundert feststellen, daß die Krankenschwester selten an sein Bett kommt, um die Kissen aufzuschütteln, und daß das fehlt, was er sonst noch an Service von einer Klinik erwartet. Fürs seelische und leibliche Wohlbefinden der Patienten bleibt auch hier – im Umfeld modernster Technik – die Familie zuständig, Mutter, Tochter, Schwester oder Schwiegertochter.

Mit direktem Draht zu Byzanz: die Kirche

«Weg mit gottlosen Büchern aus unseren Schulen» und «Griechenland ist ein christliches Land» war auf Spruchbändern zu lesen, die orthodoxe Priester und Mönche demonstrativ durch die Straßen trugen. Sie zogen nicht etwa gegen ein reich bebildertes Sexualkundewerk zu Felde, sondern «nur» gegen Darwins Evolutionstheorie, die im Oberstufenband 1985 nach Streichung durch die Junta erneut Einzug ins griechische Schulleben hielt. Fassungslose Reaktion einer griechischen Zeitung auf die fromme Empörung: «Sind wir im Mittelalter?»
Unerschütterlich bewahrt die orthodoxe Kirche das Altherge-

Unabhängig von Athen: Kretas Kirche untersteht dem Patriarchen von Konstantinopel in Istanbul

brachte. Ihre Zeremonien, Kleiderordnungen, Riten und Gesänge haben die Stürme der Jahrhunderte überstanden, ohne daß eine Note geändert wurde oder die Bärte der Mönche kürzer geworden wären. Das orthodoxe Glaubensideal der Weltabgewandtheit läßt hie und da schon mal Zivilisations- oder Kulturfeindlichkeit sprießen. Die Öffentlichkeit ist daran gewöhnt, daß die Geistlichkeit wider gottlose Regisseure und ihre Filme ebenso auf die Straße geht wie gegen fernöstliche Gurus. Als Bhagwan kurze Zeit auf Kreta weilte, rief ein kretischer Bischof zu den Waffen auf, um dem ketzerischen Treiben auf der Insel Einhalt zu gebieten.

Die alltägliche Harmonie zwischen Gläubigen und Kirche jedoch scheint ungetrübt. Wenn das Archäologenehepaar Sakellarákis im Sommer mit der jährlichen Grabungsarbeit beginnt, segnet der Papás von Archánes die Ausgräber und den ersten Spatenstich. Wird ein Krämerladen eröffnet oder ein Kraftwerk eingeweiht, nimmt ein Priester die feierliche Handlung vor. Am Nationalfeiertag sind in Iráklion auf der Ehrentribüne hohe Generäle, der Metropolit und der Bürgermeister einträchtig nebeneinander versammelt. Ein starkes Nationalbewußtsein verbindet die geistlichen wie weltlichen Honoratioren mit den vorbeidefilierenden Veteranen, Trachtengruppen, Pfadfindern, Schülern und Studenten.

Der einfache Papás mit dem Haarknötchen im Nacken belebt das Straßenbild der Stadt, und vor allem im Dorf verbreitet er für den Urlauber noch zuverlässig den Hauch von Exotik, den die Kreter mit ihrer Orientierung am europäischen Erscheinungsbild inzwischen verlieren. Seinem langen Gewand entströmen selten Weihrauchdüfte, häufiger weist es Spuren handfester Arbeit auf. Er ist verheiratet und nennt eine Kinderschar sein eigen. Auch sonst steht er mit beiden Beinen auf der Erde, betreibt eine Pension oder steuert seinen Pick-up zu den Feldern. In der Kafeníon-Männerrunde diskutiert er genauso über die Fleischpreise wie über heikle Familienangelegenheiten. In dem Punkt achtet er sehr auf die Moral. Sein theologisches Rüstzeug hat der Dorfpriester nicht auf der Universität erworben. Intellektuell erhebt er sich nicht ausdrücklich über seine Schäfchen, was seinem Wirken jedoch keinen Abbruch tut. Riten und Gesänge vermitteln den Gläubigen religiöses Erleben, nicht Predigten oder rationale Textauslegungen. Die Bilderzählungen der Ikonen unterweisen in den überlieferten Glaubenssätzen. Zum Beispiel ist die Gottesmutter Maria nicht leibhaftig in den Himmel aufgefahren, wie etwa die römische Kirche lehrt: Ein Engel trägt die Seele Marias, die, klein wie ein Wickelkind, den toten Körper der Gottesmutter verläßt, hinauf zu ihrem göttlichen Sohn Jesus.

Die weihrauchgeschwängerten Kirchenrituale gehören so selbstverständlich zum kretischen Privatleben wie das Olivenöl in die Küche. Von der Wiege bis zur Bahre begleiten sie das kretische Dasein. Ob tiefer Glaube und inbrünstige Frömmigkeit oder ob nationale Identität die Triebfedern sind, läßt sich, von außen gesehen, schwer feststellen. Die Taufe ist weit mehr als eine einmalige feierliche Handlung zur Aufnahme in eine Religionsgemeinschaft. Verankert sie doch den jungen Erdenbürger auf besondere, nämlich soziale Weise in der weltlichen kretischen Gemeinschaft. Der «nonós», der Pate oder die Patin, die das frisch getaufte Kind aus den Händen des Papás entgegennehmen, werden kraft der Zeremonie so etwas wie die zweiten Eltern des Täuflings. Sie werden ihn lebenslang unterstützen: finanziell und durch das Knüpfen von Verbindungen. Diese «geistige Verwandtschaft» hat im modernen Sozialgefüge der kretischen Gesellschaft eine herausragende Bedeutung (siehe S. 130–131).

Laizismus, die Trennung von Kirche und Staat, ist kein alterprobtes Denkmuster in der griechischen Gesellschaft, die keine Auseinandersetzung mit westlicher Aufklärung und nachfolgender Französischer Revolution durchlaufen hat. Die byzantinische Symphonie zwischen Kirche und Staat wird bisweilen noch heute in die politische Diskussion eingebracht. Nicht allen Kretern ist wohl bei dem Gedanken der Dreieinigkeit von orthodoxer Kirche, Militär und Politik. Übel aufgestoßen ist manchem, daß die geistliche Führungsspitze auch während der Junta-Diktatur eng mit der politischen Macht zusammenarbeitete.

Erst in jüngster Zeit haben Kirche und griechischer Staat damit angefangen, ihre Zweifaltigkeit auseinanderzupuzzeln. Noch in den achtziger Jahren unseres Jahrhunderts mußten Väter den Taufschein zur Anmeldung ihres Kindes in der Schule vorlegen, denn die Personenregister führte die Kirche. Erst die PASOK-Regierung übertrug diese Funktion staatlichen Ämtern. Und die orthodoxen Theologen haben inzwischen weitere Probleme bekommen. Das neue Scheidungsrecht, der liberale Abtreibungsparagraph und die Zivilehe rütteln am Kanon orthodoxer Glaubenssätze. Doch auch nachdem die Zivilehe möglich ist, ziehen weiterhin 90 Prozent der Kreter die Trauung in der Kirche vor.

97 Prozent der Griechen bekennen sich zum orthodoxen Glauben. Da bleibt wenig Platz für die drei Prozent Andersdenkenden. Wie in Deutschland der Muezzin nur selten von einem Minarett rufen darf, erteilt man in Griechenland «unorthodoxen» Gotteshäusern nicht ohne weiteres eine Baugenehmigung. Daß ein Grieche – aus Gewissens- oder Glaubensgründen – gar seinen Wehrdienst in der Armee verweigert, kann einfach nicht Rechtens sein. Und so wandern junge Männer, zum Beispiel Zeugen Jehovas, wegen der Kriegsdienstverweigerung für vier Jahre in die überbelegten Gefängnisse. Amnesty international protestiert seit Jahren dagegen. Zivildienst als Alternative ist unbekannt: Ein griechischer Mann verteidigt seinen orthodoxen Glauben und sein Land, «echte» Griechen sind eben Patrioten. Im September 1996 bekamen drei Kreter recht, die als Verweigerer den Europäischen Gerichtshof für Menschenrechte in Straßburg angerufen hatten. Der harsche Urteilsspruch: Griechenland verstoße gegen die Europäische Menschenrechtskonvention. Ob die höchstrichterliche Feststellung in punkto Gewissensfreiheit ins kretische Volksempfinden paßt, bleibt abzuwarten.

PARTEIEN UND PATRONE
INSELPOLITIK

«Was ist der Staat?» ereiferte sich Nikos, ein kretischer Bauer, «wo ist er? In Athen, in Iráklion? He! Der Staat sind wir – wir hier im Dorf. Athen ist weit!»
Dementsprechend verhält man sich auf dem Dorf: Gebaut wird, wie man es für richtig hält, ein neues Feld wird dort gebulldozert, wo es einem paßt, und der Polizist, ein Ortsfremder, der nur für gewisse Zeit im Rotationsverfahren hierher abkommandiert wurde, sieht, wenn es eben noch geht, darüber hinweg.
Die politischen Diskussionen werden von den Männern im Kafeníon geführt, dabei rangieren lokale oder regionale Probleme mit Abstand vor weltpolitischen Themen. Und auch das griechische Fernsehprogramm, das meist ununterbrochen über den Köpfen der Kafeníonbesucher flimmert, bringt im Vergleich zu unseren eher auf Unterhaltung getrimmten Kanälen auffällig häufig politische Diskussionen. Die Meinung und das Urteil fast aller Kreter über den Staat und vor allem über die Berufspolitiker fallen recht herb aus: Karrieristen, Betrüger, Egoisten, die nur in die Politik gehen, um sich möglichst schnell möglichst viel in die eigene Tasche zu wirtschaften; man nennt sie verächtlich «fagádes», Esser.
Bei aller Verachtung bleiben die Dörfler aber auf den Politiker mit den weitreichenden Beziehungen angewiesen. Denn die politischen Entscheidungen, die auch das Dorf betreffen, sei es wegen der Wasserleitung oder der Verkehrsanbindung, werden im zentralistisch regierten Griechenland weit weg vom Dorf in Iráklion oder gar Athen getroffen. Was bei dieser Zweckgemeinschaft zwischen Politiker und Bürger ausgebrütet wird, nennt man «rousféti», einen politischen Handel. Erledigt der Politiker die Angelegenheit zur Zufriedenheit seines Klienten, so kann er auf alle Wählerstimmen der begünstigten Großfamilie bei der nächsten Wahl zählen.
Eine Käserei will investieren, ihr Absatzgebiet erweitern, es fehlen die entsprechenden Geldmittel. Das Gespräch geht hin und her, bis einer aus der Runde, offensichtlich ein Bürger aus Chaniá,

Im Kafeníon werden Geschäfte abgewickelt, politische Weichen gestellt und Ehen angebahnt

erklärt: «Morgen sag ich das Kostas!» Und mit diesem Hinweis auf seinen «Patron» ist für ihn und die anderen das Thema erledigt. Gemeint war der ehemalige Parteivorsitzende der Nea Dimokratia (ND), der 1989 griechischer Ministerpräsident wurde: Kostas Mitsotákis. Der hochgewachsene Kreter aus Chaniá mit dem Spitznamen «o psilos» (der Lange) ist ein vermögender Mann, der sich auf eine große und treue Klientel stützen kann. Er gilt als gerissen, und nicht zuletzt wegen dieser «Qualität» traut seine Klientel ihm einiges, wenn nicht alles zu.

Im Himmel und auf Erden

Historisch gesehen entstand dieses Patron-Klientel-System während der Türkenherrschaft, wie der kretische Soziologe Dr. Vassilios Vuidaskis in seiner grundlegenden Arbeit «Tradition und sozialer Wandel auf der Insel Kreta» dargelegt hat: Um einen Verbindungsmann zwischen ihrem Dorf und der türkischen Verwaltung (Aga, Bey) zur Übermittlung von Anliegen und Beschwerden zu haben, wählten die Kreter aus ihrer Mitte einen «kapetánios». Nach dem politischen Anschluß an Griechenland wurde das Patronagesystem beibehalten. Wurde zur Zeit des Freiheitskampfes derjenige Kapetan, der sich mit seinem geschlossenen Anhang (Großfamilie und Sippe) im Kampf bewährt hatte, so mußte ein Patron jetzt erfolgreicher Vermittler sein zwischen den Interessen seiner Klientel (Großfamilie, Sippe, Region) und den neuen politischen Institutionen (Zentralregierung in Athen, Lokalregierung auf Kreta).

Wie gelangt nun der potentielle Patron zu einer möglichst großen Anhängerschaft? Er kann seine eigene Großfamilie dadurch erweitern, daß er geistliche Verwandtschaften schließt und Taufpatenschaften übernimmt. Für diese Taufpatenschaft, die fast blutsmäßigen Verwandtschaftscharakter hat – der Täufling darf weder seinen Taufvater noch seine Taufmutter, noch einen Angehörigen aus deren Kernfamilie heiraten –, gibt es eine nur auf Kreta gebräuchliche Bezeichnung: «synteknia». Auch die Täuflinge desselben Patrons gelten untereinander als «geistliche Geschwister» und dürfen untereinander nicht heiraten. Hier liegt eine sozialökonomisch motivierte Form des Inzestverbotes vor, die nicht einfach der Verhinderung der «Blutschande» dient.

Ideologisch ist dieses Klientelsystem im orthodoxen Glauben verankert: Die Panagía (Gottesmutter) und die zahlreichen Heiligen vermitteln als «Dorfpatrone» die Bitten der Menschen an Gottvater und Jesus Christus fürsorglich weiter. In den Dorfkirchen finden sich «taxímata», kleine silberne Nachbildungen von menschlichen Gliedmaßen, die ans Heiligenbild gehängt werden, um Hilfe zu erflehen oder für bereits erfolgte Heilung zu danken. In «Alexis Sorbas» wird die Hilfe der Gottesmutter wie folgt eingeklagt: «Er verriegelte die Tür und stellte sich vor ihre Ikone. ‹He, heilige Jungfrau!› ruft er, ‹du weißt doch, daß meine Frau, die Maroulia, dir jeden Samstagabend Öl bringt und dein Lämpchen anzündet. Seit drei Nächten windet sie sich in Schmerzen und fleht dich um Hilfe an. Hörst du sie nicht? Ich glaube wirklich, daß du taub geworden bist. Handelte es sich um eine Tsafer Chanum, eine türkische Hündin, dann wärst du sicher sofort da, um ihr zu helfen.

Aber für meine Frau, die Christin, hast du nur taube Ohren. Wärest du nicht die Gottesmutter, so könntest du was mit diesem Knüppel erleben.'»

Das Sozialprestige eines Patrons steigt mit seiner Durchsetzungskraft. Beschafft er den Kredit der Agrarbank, gelingt es ihm, den in Nordgriechenland stationierten Sohn in eine kretische Kaserne zu holen, besorgt er diesen oder jenen Arbeitsplatz, so gilt er als erfolgreich – unabhängig von den eingesetzten Mitteln. Um dies leisten zu können, muß der Patron gebildet und wirtschaftlich unabhängig sein, was seine häufig bäuerliche Klientel in der Regel nicht ist.

Ohne Zepter und Krone

Seit der politische «Inselheilige», Elefthérios Venizélos, den die Kreter in ihren Mantinaden auch schon mal als «Gott» besingen, erfolgreich gegen den als Fremdkörper empfundenen Hochkommissar der Schutzmächte, Prinz Georg, geputscht hatte, wurde auf Kreta die Monarchie zu einer Art Negativsymbol des Politischen. Als nach dem Ende der Militärdiktatur am 8. Dezember 1974 die Griechen in einem Referendum über die Staatsform zwischen konstitutioneller Monarchie und einer Präsidialverfassung zu entscheiden hatten, zeigte sich die tiefsitzende Abneigung der Kreter gegen König und Königtum drastisch im Wahlverhalten. Während sich immerhin noch gut dreißig Prozent der Griechen für die Monarchie aussprachen, befürworteten nur neun Prozent der Kreter diese.

Kretischer Eigensinn offenbarte sich auch bei den ersten freien Wahlen nach dem Sturz der Militärjunta am 17. November 1974. Wählten über 54 Prozent der Griechen auch aus Furcht vor einem erneuten Putsch vorsorglich den Konservativen Karamanlis, nahmen die Kreter keinerlei taktische Rücksichten und erteilten der ehemals royalistischen Partei von Karamanlis, der Nea Dimokratia, eine klare Absage mit nur 25 Prozent der Stimmen. Der Wahlkampf von 1981, mit der PASOK (Panhellenische Sozialistische Bewegung) von Papandreou unter der Parole «allagí» (Wechsel) geführt, erbrachte folgende Ergebnisse: Mit dem Versprechen eines Nato-Austritts und der Auflösung der US-Militärbasen erreichte die PASOK auf Kreta 56 Prozent (Landesdurchschnitt 48 Prozent), die ND dagegen nur 23 Prozent (knapp 36 Prozent). Dieser Trend setzte sich auch bei den Wahlen 1985 fort: Die PASOK erzielte auf Kreta 60 Prozent (Landesdurchschnitt 46 Prozent), die ND 30 Prozent (41 Prozent), die Kommunisten 7,5 Prozent (10 Prozent). Nach den Parlamentswahlen im Juni 1989 hatten ND und Vereinigte Linke unter Führung der Kommunisten die befristete Katharsis(Reinigungs)-Koalition gebildet, um die Finanz- und Abhörskandale aufzuklären, in die ein Dutzend Minister verwickelt war. Dies führte sogar dazu, daß sich Exregierungschef Papandreou vor einem Sondergericht verantworten mußte. Auch Scheidung und skandalträchtige Heirat des 70jährigen mit der 34jährigen Stewardeß Dimitria Liani konnten die Kreter nicht beirren. Landesweit rutschte die PASOK (40 Prozent) zwar deutlich hinter die ND (46 Prozent), nicht aber auf Kreta, wo sie mit über 50 Prozent der Stimmen und 9 Mandaten die unangefochtene Nummer eins blieb. Die Wahl brachte ein Patt im Parlament und mußte im April 1990 wiederholt werden. Zwar sackte die PASOK weiter ab, legte auf Kreta aber mit insgesamt zehn Mandaten noch zu. Griechischer Ministerpräsident wurde der Kreter Mitsotákis, seinen Wahlkreis aber hatte er wohlweislich aufs Festland verlegt, nach Thessaloníki. 1993 gewann dann wieder die PASOK mit Papandreou. Betrug ihr Stimmenanteil landesweit knapp 47 Prozent, so lag er überall auf Kreta weit über 50 Prozent, im Nomós Iráklion schnellte er sogar auf über 63 Prozent.

Die PASOK-Leidenschaft der Kreter hat selbst der Tod Andreas Papandreous nicht erschüttern können. Ministerpräsident Kostas Simitis, der bezüglich Charisma und massenwirksam inszenierter Auftritte seinem Vorgänger nicht das Wasser reichen kann, erzielte im September 96 in allen vier Wahlkreisen über 50 Prozent, in Iráklion sogar 58, von Lassíthi mit 59 Prozent noch übertroffen. Während die kretische ND mit drei Sitzen im Athener Parlament vertreten ist, stimmen zwölf Abgeordnete der PASOK für Kreta.

Mit direktem Auftrag

Insgesamt sechzehn der dreihundert Abgeordneten des Athener Parlaments werden auf Kreta gewählt, einer der insgesamt zehn griechischen Regierungsbezirke, die von Athen aus zentralistisch regiert werden. Es gibt keinen föderalistischen Aufbau wie in der Bundesrepublik, also auch kein kretisches Landesparlament. Iráklion ist seit 1971 in der Nachfolge Chaniás Verwaltungshauptstadt. An der Spitze der vier Verwaltungsbezirke (Nomi) steht ein von Athen ernannter Präfekt. Die Ministerien der Zentralregierung unterhalten auf Kreta Zweigstellen mit Sitz in Iráklion.

In direkten Wahlen wählt jede Stadt ihren Bürgermeister («dímarchos») und jede Gemeinde ihren Vorsteher («próedros»). Bei den Bürgermeisterwahlen werden große Spannungen zwischen einzelnen Familie und Gruppen ausgetragen, das Patronatssystem ist noch sehr lebendig. Die Großfamilien werden über die Patrone vereint, und jeder Clan will seinen Leuten die entsprechenden Posten sichern. Auch heute noch kann es zu vendettaähnlichen Formen der Auseinandersetzung kommen. Weil er sich zum Kandidaten für das Bürgermeisteramt hatte aufstellen lassen, wurde im Herbst 1983 in Georgioúpolis ein Mann auf offener Straße vor seiner Tür erschossen – im Haus macht man so etwas nicht. Als es dann im Frühjahr 1984 wegen dieser Angelegenheit zu einem weiteren Mord kam, wurden, um weitere Bluttaten zu verhindern, der Vater und Sohn einer Familie aus Kournás prophylaktisch ins Gefängnis gesteckt.

Der Bürgermeister ist der direkte Mittelsmann zu allen Instanzen der Verwaltung, deshalb kommt ihm eine hohe Bedeutung zu. Dabei entscheidet die Persönlichkeit des Bürgermeisters über seinen Erfolg. Gewählt werden können ohne weiteres auch Leute, die von ihrer Ausbildung oder Verwaltungserfahrung her die Qualifikation für das Amt nicht erfüllen; so kann sich ein Ziegenhirte als Kandidat gegen einen Arzt durchsetzen. Bei den volks- oder, besser, familiennahen Bürgermeistern hat sich häufig das kretische Rebellentum erhalten – sie widersetzen sich gern den Anordnungen der Zentralverwaltung. So besetzte am 2. März 1979 der Bürgermeister von Iráklion das Archäologische Museum, das von

Athen aus zentral verwaltet wird. Der Grund: Minoische Kunstwerke sollten für Ausstellungen nach New York und Paris ausgeliehen werden. 50 000 Kreter schützten ihre minoischen Schätze, indem sie die Zufahrten zum Museum am Tag der Auslieferung sperrten. Karamanlis, der damalige Ministerpräsident, ließ den Bürgermeister vorübergehend verhaften, gab dann aber doch dem Druck der Kreter nach.

Regionales Tauziehen

Auf Kreta existieren politische Spannungen zwischen den einzelnen Regionen. Im Kreis Chaniá gibt es so etwas wie einen Venizélos-Kult, und die Chanioten leiten aus der Tatsache, daß dieser bedeutende Staatsmann aus ihrer Stadt stammt, eine gewisse Vorrangstellung gegenüber den anderen Inselteilen ab. Die Bewohner Irákions pochen demgegenüber auf ihre wirtschaftliche Potenz. Nachdem 1972 die Volksaktien-Reederei ANEK in Chaniá gegründet worden war, fackelten die Bürger Iráklions nicht lange und riefen ein Konkurrenzunternehmen ins Leben: die Minoan Lines. Auch der kostspielige Kompromiß, die Institute der kretischen Universität in die drei größten Städte zu legen, verdankt sich dem Versuch, lokalen Rivalitäten und Egoismen die Spitze zu nehmen.

Zeigt sich bei der PASOK, die als Parteineugründung von 1974 auf keine wesentliche Klientel zurückgreifen konnte, eine Tendenz weg von der Patronage- und hin zur Programmpartei, so darf man dennoch die Parteistruktur nicht mit dem Parteiensystem der Bundesrepublik vergleichen. Erst zehn Jahre nach ihrer Gründung fand ein erster ordentlicher Parteitag statt. Und auch ihre Wahlerfolge verdankt die PASOK nicht ihrem Programm, sondern ihrem 1996 verstorbenen «Patron» Andreas Papandreou, der reichlich über das magische Charisma verfügte, das griechische Wähler von Spitzenpolitikern verlangen.

Aber eine zunehmende Bedeutung der Parteien offenbaren die Wahlergebnisse dennoch, und auf dem kretischen Dorf wirkt sich das so aus: In manchen Dörfern sind die Bewohner entsprechend ihrer Parteizugehörigkeit untereinander bereits völlig verfeindet. Das Kafeníon verliert seinen Wert als «Dorfparlament», die Männer treffen sich abends in ihren Parteibüros, erkennbar an der blauweißen Fahne der Nea Dimokratia, der grünweiß stilisierten Sonne der PASOK und dem revolutionären Rot der Kommunisten. Trotz vehementer Fraktionsbildung dominiert – unabhängig von den Parteien – das «rousféti» im Alltagsleben. Ein System, das sich über Jahrhunderte eingespielt hat und gesellschaftlich anerkannt wird, verschwindet nicht so schnell. Briefe an Behörden zu schreiben bleibt daher vergebliche Mühe, man muß persönlich auftreten, aber «vermittelt»: Als Journalisten einen kretischen Beamten fragten, ob es möglich sei, eine der Reservatsinseln für die Agrími, die kretische Wildziege, zu besichtigen, antwortete er: «Man braucht ein Papier der Forstbehörde.» Ob das schriftlich beantragt werden müsse, vielleicht in Athen, wollten die zwei weiter wissen. «Kein Problem, ihr geht dahin und sagt, daß ihr von mir kommt, der Neffe des Bruders meiner Frau arbeitet dort, ihr bekommt die Genehmigung sofort.»

WEGE DURCH KRETA

STÄDTE
ZUM ANKOMMEN
IRAKLION UND CHANIA

Obwohl ohne Strände und voller Großstadthektik, kommt an der Inselmetropole Iráklion niemand vorbei: Das Archäologische Museum ist eins der bedeutendsten der Welt, das einzigartige kretische Ikonenmuseum liegt in ihren Mauern und Knossós direkt vor der Tür. Um länger zu verweilen, bedarf es der Liebe auf den zweiten Blick. Chaniás italienischer Charme dagegen nimmt sofort jeden gefangen. In ihrer Altstadt, die viele für die schönste Kretas halten, lassen sich anregende und erholsame Tage in einem der renovierten venezianischen Palazzi verbringen.

Einer der merkwürdigsten Brunnen plätschert seit 1588 in Iráklion am südlichen Ende der basarartigen Marktstraße. Flankiert von zwei Säulen, ließ der Venezianer Zuanne Bembo eine kopflose römische Statue aus Ierápetra so in den Brunnen einbauen, als sei Kopflosigkeit die natürlichste Sache der Welt. In der Tat scheint Kopflosigkeit auch alle an anarchisch-wütenden Bauboom der Inselmetropole Beteiligten zu charakterisieren: Überall ragen Stahlbetonskelette empor. Skrupellos wird abgerissen. Mietskasernen und Hotelbauten entstehen ohne städtebauliches Konzept. Allein in den letzten zwanzig Jahren wurden rund 20 000 Häuser ohne Baugenehmigung errichtet; daher stehen neben venezianischen und türkischen Altbauten irgendwelche Neubauklötze. Zusätzlichen Platz für den Beton schufen deutsche und britische Bomber, die im Zweiten Weltkrieg ein Drittel der Stadt in Schutt und Asche legten. Dabei wurden viele historische Denkmäler der Stadt, die einst als Hafen von Knossós gegründet wurde, vernichtet.

Die Inselhauptstadt ist das dominierende Handels- und Wirtschaftszentrum. Zwei Drittel aller kretischen Industrie- und Handwerksbetriebe sind im Großraum Iráklion angesiedelt. Rund achtzig Prozent aller Im- und Exporte rollen über die gepflasterten Kais des neuen Hafens, eines der bedeutendsten Griechenlands. Alle paar Minuten wird in der Urlaubssaison, die reicht von April bis Oktober, der Dauerlärm am Hafen und in der Stadt vom Krach startender und landender Jets ergänzt. Jährlich kommen rund

Motiv für Modefotografen: vor der venezianischen Loggia in Iráklion

1,76 Millionen Reisende an, darunter fast 700 000 Deutsche (Zahlen von 1994).
Im 19. Jahrhundert ein Kleinstädtchen mit 12 000 Bewohnern, kam es zu einer ersten schlagartigen Vergrößerung, als 1923 die Flüchtlingsströme aus der Türkei zu Stadtteilneugründungen führten; Néa Alikarnassós, so nannten die neuen Kreter ihr Viertel nach dem alten Heimatort in Kleinasien (heute das türkische Bodrum). Aber am provinziellen Charakter änderte sich nichts. Noch 1939, als Henry Miller zum erstenmal nach Kreta kam, schilderte er seinen unmittelbaren Eindruck: «Das Flugzeug landete bei der Hafenstadt Heráklion, einer der wichtigsten Städte Kretas. Die Hauptstraße würde einen prachtvollen Hintergrund für einen drittklassigen Wildwestfilm abgeben.»
Während in den ländlichen Gebieten Kretas die Bevölkerungsdichte in den beiden letzten Jahrzehnten kontinuierlich abnahm, verdoppelte sich die Einwohnerschaft Iráklions nahezu. Heute ist es Griechenlands viertgrößte Stadt. Hatte sie 1961 bereits 70 000 Einwohner, so lebten 1991 schon über 125 000 der insgesamt 540 000 Inselkreter hier zusammengeballt. Zum Vergleich: Etwa die Hälfte (über 60 000) wohnt in Chaniá und nur noch 25 000 wohnen in Réthimnon, der drittgrößten Stadt.
Mit der sprunghaften Zunahme der Stadtbevölkerung waren die Behörden überfordert. In den Jahren der Militärjunta bis 1974 reagierte man mit dem Erlaß einer pauschalen Bauvorschrift, die es jedem Hausbesitzer erlaubte, zwei zusätzliche Stockwerke zu errichten. Damit verschwand zwar die historische Silhouette der Stadt, aber die Probleme wurden nicht gelöst. Der Stadtplaner Jannis Pertselakis berichtete jedoch 1996 auf dem Tourismus-Kongreß der Thomas-Morus-Akademie von hoffnungsvollen Ansätzen. In den neunziger Jahren wurden Bebauungspläne erstellt, die das Bestehende sanieren und gleichzeitig das Verkehrschaos in den Griff bekommen sollen. Ein modernes Abwassernetz wurde durch die Stadt gezogen, und eine biologische Kläranlage der neuesten Generation sorgt dafür, daß Iráklions Abwässer erstmals geklärt ins Meer geleitet werden. Die Stadt hat außerdem ein Grundstück erworben, um eine Müllverbrennungsanlage zu bauen.
Ihrer wirtschaftlichen Bedeutung verdankt die Inselmetropole ihren unwirtlichen Eindruck auf gerade ankommende Reisende. Wer mit einer der großen Fähren von Piräus aus in Iráklion anlegt, landet halt nicht in einem kretischen Fischerdorf, sondern befindet sich urplötzlich inmitten der Hektik eines großen Handelshafens: Staub, Lärm, Diesel- und Benzingestank begleiten den Schiffspassagier auf seinen ersten hundert Metern Kreta.
So ernüchternd und abschreckend Kretas einzige Großstadt auf den ersten Blick auch erscheinen mag, auf den zweiten und zahlreiche weitere Blicke entpuppt sie sich als quirliges und lebendiges Zentrum, das bei aller Widersprüchlichkeit einmalige Reize hat. «Jeder Zollbreit von Heraklion ist malenswert; es ist eine wirre, eine bedrückende Stadt, völlig anomal, völlig heterogen, eine Traumstadt, die in einer Leere zwischen Europa und Afrika schwebt und stark nach rohen Häuten, Kümmelsamen, Teer und subtropischen Früchten riecht»,

gesteht Henry Miller nach seinem zweiten Blick ein.

Orient und Mittelalter

Über die basarartige **Marktgasse**, die Odós 1866, von den Kretern kurz Agorá (Markt) genannt, zu schlendern, bringt sinnliches Vergnügen. Kräuter und Gewürze aromatisieren die Luft; Obst und Gemüse, die kunterbunt aufgestellten Waren – ein einziger Augenschmaus. All das wird überlagert von schier babylonischem Stimmengewirr. Eng aneinander reihen sich die markisenüberdachten oder segeltuchüberspannten Stände mit ihrem überwältigenden Angebot von Früchten und Gemüsen, Honig und Gewürzen, Käsen und Joghurts. Die Metzger mit blutbefleckten Schürzen arbeiten in ihren Buden, zerlegen ganze Lämmer auf einfachen Hackklötzen. Dazwischen ein Kiosk, eine Kaffeerösterei und von Jahr zu Jahr mehr Souvenirstände. Mitten auf der Gasse der Karren eines fliegenden Händlers, der preiswerte Textilien anbietet. Durch das Gewimmel schlängelt sich ein Verkäufer für Sesamkringel, mittendrin steht unbeeindruckt ein Losanbieter. Gut 400 Meter farbigster Orient, 200 auf jeder Gassenseite. Am südlichen Ende der Agorá, neben dem venezianischen **Bembo-Brunnen**, eine Oase der Ruhe: Das alte türkische Brunnenhaus wurde vor einigen Jahren restauriert und in ein kretisches Kafeníon verwandelt. Hier sitzt man unter schattigen Bäumen, vor sich das Gewühl des Markttrubels. In der Fotiou-Straße, einem kleinen exotischen Seitengäßchen, reiht sich Taverne an Taverne; hier sitzt man draußen, aber inzwischen werden hier fast nur noch Touristen abgefüttert.

Der Markt setzt sich in einem Seitengäßchen, der Odós Karterou, fort: Hier hämmert, näht und klebt noch der eine oder andere Schuhmacher in seinem wie im Mittelalter offenen Lädchen; diese Schuster fertigen kretische Lederstiefel nach Maß. Auch Fischhändler haben ihre Buden in der Gasse und preisen ihre glitzerndglitschige Ware an. Kleine offene Metallschmieden, in denen alles Mögliche gebogen und geformt und behämmert wird, runden das mittelalterliche Bild ab.

Man befindet sich hier bereits in den verwinkelten Seitengassen des Viertels um die Minás-Kirchen, wo sich die Einheimischen zum preiswerten Essen treffen. Besonders in der Karwoche vor den nächtlichen Prozessionen durch die Stadt ist jedes Lokal überfüllt. Denn hier werden auf tischgroßen Holzkohlerosten «oktapodia» (Tintenfische) zubereitet. Kretas größte Kirche, die für griechisch-orthodoxe Verhältnisse riesige **Ágios-Minás-Kirche**, ragt auf der Platía Ekateríni̱s empor. Unter ihrer Kuppel, in der ein gewaltiger Leuchter schwebt, finden 8000 Gläubige Platz. Erbaut wurde sie noch unter der Türkenherrschaft in den Jahren 1862 bis 1895 als neobyzantinisches Gotteshaus. Aber nur an den hohen Kirchenfesten, zum Beispiel Ostern, ist sie überfüllt. Westlich in ihrem Schatten steht ein wenig verloren die kleine Ágios-Minás-Kirche, die unter der Türkenherrschaft als Bischofskirche diente. Die dritte Kirche, die **Agía Ekateríni**, gehörte einst zur «Klosterschule des Berges Sinai», nach dem Fall von Konstantinopel eine Art Hochschule des Ostens und Zentrum der sogenannten kretischen Renaissance. Dort erhielt auch Doménikos Theotokópou-

Ágios Títos – nach Erdbebenzerstörung 1872 als Moschee wiederaufgebaut – birgt heute die Schädelreliquie des Inselheiligen

los, der sich später El Greco nannte, seine erste Ausbildung. Heute befindet sich in ihr ein Museum für christliche Kunst. Die bedeutendsten Exponate stellen sechs Ikonen des Michael Damaskinós dar, der El Greco ausgebildet haben soll. Kunstgeschichtlich bedeutsam sind seine Werke wegen der Verbindung starrer byzantinischer Stilelemente mit Formen der italienischen Frührenaissance.

Pizza und Bougátsa

Das Zentrum der Stadt ist die **Platía Venizélou** mit dem **Morosíni-Brunnen**, 1628 als Endpunkt eines fünfzehn Kilometer langen Trinkwasser-Aquädukts vom Berg Joúchtas erbaut. Trinkwasser ist insbesondere in den Sommermonaten so knapp, daß die Löwenmäuler des Brunnens, des Wahrzeichens der Stadt, nur stundenweise und dann spärlich Wasser speien. Die Marmorreliefs an den Wasserbecken zeigen Szenen aus der Mythologie: Europa auf dem Stier, Poseidon, Delphine, auf denen Nymphen reiten.

Der Platz ist mit den Tischen und Stühlen der zahlreichen Restaurants, Café-Bars und Fast-food-Imbisse völlig zugestellt. Zwei alteingesessene Tavernen, «Ta Leontária» und «Kirkos», haben alle Veränderungen an der Platía bisher überstanden und sind sich selbst treu geblieben: Hier werden sie noch aufgetischt, warme «bougátsa» (gefüllter Blätterteig) und «tirópitta» (Teigtaschen mit Käse). Morgens frühstücken die Touristen auf dem Platz, abends trifft sich hier die Jugend.

In Iráklion gibt es Küchen für jeden Geschmack und Geldbeutel, von Pizza bis traditionell. Gleich am Morosíni-Platz, in der angrenzenden Fußgängerzone Odós Dedálou und der parallelen Korais-Straße findet sich ein abwechslungsreiches Angebot, ebenso in der Schmutzgasse am Markt und an der Evans-Straße. Beliebt sind auch die Fischtavernen an der Meerespromenade westlich des venezianischen Hafens, am unteren Ende der Straße des 25. Avgoústo und oberhalb der Arsenale. Etwas Besonderes bietet der ruhige Daskalojiánnis-Platz, hier kann man sich «mezédes», unterschiedliche Vorspeisenportiönchen, zu einer Mahlzeit zusammenstellen. Traditionell wird dazu Oúzo getrunken, auf Kreta auch Rakí.

Venezianische Spuren

Die «Vólta», der traditionelle Abendspaziergang des Sichzeigens und des Gesehenwerdens, führt in Iráklion durch die Fußgängerzone zwischen Morosíni-Brunnen und Eleftherías-Platz, vorbei an den schicksten Geschäften der Insel. Für ihren abendlichen Soft Drink bevorzugen die Kreter die Kafeníons am Eleftherías-Platz, an dessen Rande auch ein kleiner Dauerrummel aufgebaut ist. Vom Morosíni-Brunnen kann man über die Straße des 25. Avgoústo direkt zum Hafen bummeln. Abgesehen von den Agenturen, Reisebüros, Banken und Autoverleihfirmen finden sich hier die bedeutendsten Bauwerke aus der Venezianerzeit. Am **Venizélou**- und am angrenzenden **Kallergón-Platz** war das wirkliche Stadtzentrum: Palast der Herzöge von Candia, Sitz der Signoria, Residenz des Militärgouverneurs, Loggia, Markuskirche und Gerichtsgebäude. Unter der Türkenherrschaft hatte der Pascha seinen Sitz hier. Noch am Venizélou-Platz steht die Ágios-Márkos-Kirche, die älteste venezianische Kirche der Insel; die Türken wandelten sie in eine Moschee um, die bis 1915 bestand. 1956 wurde das markante Gebäude mit einer säulentragenden Vorhalle restauriert, jetzt dient es als Ausstellungs- und Veranstaltungssaal. Neben wechselnden Ausstellungen birgt die ehemalige Kirche in ihrem Innern eine Sammlung von Kopien kreto-byzantinischer Fresken aus berühmten Klöstern und Kapellen Kretas. Etwas nördlich der Club der venezianischen Adligen, die Loggia; der eleganteste Renaissancebau Kretas wurde mit italienischer Finanzhilfe rekonstruiert, in seinem hinteren Anbau, der Armeria, ist das Dimarchíon (Rathaus) Iráklions untergebracht. Die Ágios-Títos-Kirche, die Kirche des Metropoliten von Kreta, nur wenige Schritte entfernt, beherbergt seit 1966 wieder die Titus-Reliquie, den in Gold gefaßten Schädel des Inselheiligen (s. S. 63).

Der venezianische Kriegshafen wird überragt vom **Kastell Koúles**, das zwischen 1523 und 1540 im Frondienst erbaut wurde. Im Kastell soll später einmal ein Hotel oder ein Touristenpavillon eingerichtet werden, jetzt befindet sich ein Freilufttheater darin. Der venezianische Hafen wird zwar noch von den Kaikfischern genutzt, ihm fehlt aber gänzlich die einladende Atmosphäre. Dies will man ändern, die Arsenale werden zur Zeit restauriert. In ihnen sollen Läden und Tavernen Platz finden. Ob sich die erhoffte Belebung einstellen wird, bleibt zweifelhaft, denn die breite Schneise der vierspurigen Küstenschnellstraße trennt das Hafengebiet von der Altstadt ab.

Der alte Stadtkern wird fast vollständig von den guterhaltenen und sorgsam restaurierten, über drei Kilometer langen venezianischen **Befestigungsanlagen** umschlossen. Im 17. Jahrhundert galten sie als die mächtigsten im Mittelmeerraum. Heute liegt auf ihrem südlichsten Aussichtspunkt das schlichte Grab des aus Iráklion stammenden «Alexis Sorbas»-Dichters Nikos Kazantzákis. Die Kreter haben ihren Nikos geliebt. Deshalb haben sie ihm bewußt an diesem beliebten Aussichtspunkt die Grabstätte bereitet. Die Anekdote, Kazantzákis sei ein christliches Begräbnis verweigert worden wegen seiner undogmatischen Ansichten, ist zwar einprägsam und langlebig, aber falsch. Unter einem schlichten Holzkreuz steht eingemeißelt sein Satz: «Ich erhoffe nichts, ich fürchte nichts, ich bin frei.» Von hier oben blickt man weit über die Stadt auf das Kretische Meer. Wendet man den Blick stadtauswärts, so liegen vor der Stadtmauer Sportanlagen und das Stadion des kretischen Renommierklubs Orphi, der meistens in der griechischen Oberliga mitkicken darf. In der Ferne erkennt man unschwer in der Silhouette des heiligen Bergs Joúchtas das Antlitz des Götterbosses Zeus, der nach griechischer Version schläft, nach kretischer aber tot ist.

Um einen Eindruck von dem mächtigen Befestigungswall zu gewinnen, lohnt es sich, weiter nach Nordwesten auf den Anlagen herumzuturnen. Teilweise haben die Kreter sie als Steinbruch für ihren Häuserbau benutzt, so daß nur noch die blanke Erdfüllung der Wälle vorhanden ist. Mit Mitteln aus den Fonds der EU entsteht auf dem Wall ein Park. Vertraut man sich blind einer der vielen ins Stadtzentrum führenden Gassen an, so glaubt man stellenweise, sich in ein kretisches Dorf verlaufen zu haben. Die Bewohner sitzen vor ihren Häusern auf den Treppenstufen, die Wäsche trocknet auf den Dachterrassen. Daß man sich in der Stadt befindet, merkt man vielleicht daran, daß hier die Hunde gestreichelt und gefüttert werden – auf dem Dorf jagt man sie weg. Streifzüge innerhalb der Stadtmauern bringen die Eigenart Iráklions näher: eine merkwürdige Mischung aus Großstadt mit Fußgängerzone und Dorf mit Grandhotels.

Nachts unterwegs

Früher dominierten große, traditionelle Kafenía, in denen die Männer abends beim Rakí oder Kaffee saßen, über Politik stritten oder Karten spielten. Heute zeigt sich die kretische Großstadt jung, dynamisch, europäisch mit einem entsprechenden Angebot an schicken Läden, Boutiquen, Kneipen, Restaurants und Discos. Treffpünkt ist nach wie vor der Morosíni-Brunnen. Zahlreiche Cafés und Studentenkneipen sind seit Gründung der kretischen Universität in der Altstadt entstanden. Vor allem rund um die Platía Adam Korai spielt sich das Nachtleben ab, aber auch am El-Greco-Park und entlang der Odós Chandakos. Die Discos liegen nicht weit weg an der östlichen Bastion oberhalb des Busbahnhofs an der Epimenidou- und der Doukos-Bofor-Straße.

Während in den Discos «Trapeza» und «Athina» nach den neusten Hits geschwoft wird, spielt sich das klassisch-kretische Nachtleben ab 22 oder 23 Uhr in den Kritiká Kéntra ab: Kretische Live-Musik und Tanz, hier fliegen die Teller und werden Geldscheine voller Begeisterung an die Spieler und ihre Instrumente geheftet. Auftritte der besten Lyraspieler und Sänger finden in den Kéntra statt, hier feiern die Kreter, wenn sie einmal groß ausgehen.

Die **Kéntra** sind nicht auf Touristen eingerichtet. Wer als Fremder ins Kéntro geht, sollte das in Begleitung von Kretern tun oder sich zumindest zurückhalten, denn sonst stört er. Bekannte kretische Musiker haben schon mal ihr eigenes Kéntro wie der Lyraspieler und Sänger Psarandonis an der alten Straße von Iráklion nach Anógia. Die Kéntra liegen meistens außerhalb der Städte, zum Beispiel an der Straße nach Knossós das «Ariadne» und «Kastello». Neben der organisierten gibt es auch noch die spontane Folklore. Abends an der Seepromenade: Ein Gemüse-Toyota fährt auf den Bürgersteig, die Wagentüren werden weit geöffnet, das Autoradio auf volle Lautstärke gedreht, Fahrer und Beifahrer tanzen im Scheinwerferlicht einen Kastrinós, einen Sprungtanz aus Iráklion.

Produktives Zentrum

Viele Reisende aus aller Welt kommen nur nach Iráklion, um dem Archäologischen Museum, in dem alle bedeutenden Funde aus der minoischen Epoche ausgestellt sind, einen Kurzbesuch abzustatten. Für alle, deren Interesse für Kreta nicht bei den Minoern endet, gibt es das **Historische Museum** fast an der Küstenstraße beim Xenia-Hotel (Gegenstände aus frühchristlicher, byzantinischer, venezianischer und türkischer Zeit; ältere Fotografien kretischer Landschaften; Rekonstruktion einer byzantinischen Kirche; Innenraum eines Bauernhauses; kretische Trachten; Fotodokumentation der «Schlacht um Kreta» im Zweiten Weltkrieg; Arbeitszimmer des Dichters Nikos Kazantzákis).

Für Individualreisende ist Iráklion in erster Linie der zentral gelegene Ankunfts- und Abreiseort. Sogar die Zeitschrift *test*, die Kreta unter Pauschalreisegesichtspunkten durchgecheckt hat, klassifiziert unverblümt: «Als Urlaubsort eine Zumutung.» Baden kann man nur in den Schwimmbecken einiger Hotels. Die nächsten Badestrände liegen etwa acht Kilometer östlich bei Karterós/Amnissós und kosten Eintritt.

Mag die Stadt auch keine eindrucksvollen Postkartenmotive enthalten, so ist sie doch produktiv und lebendig, und sie hat große Pläne für die Zukunft. Der Architekt Jannis Pertselakis nennt eine große Marina für 1500 Yachten und daß Baupläne für eine Theater- und eine Konzerthalle fertiggestellt wurden. Außerdem bewerbe sich Iráklion um den Sitz der ersten Musikhochschule Griechenlands und bemühe sich um eine große Gemäldegalerie. Dem Stadtplaner ist natürlich die desolate Infrastruktur Iráklions bewußt, dennoch bleibt er angesichts der jüngst erstellten Bebauungspläne optimistisch. «Die heutige Situation ist umwendbar, für alle Probleme des bebauten Raumes gibt es Lösungen. Es ist nur eine Frage der Zeit, bis die Stadt wieder ihre alte historische Bedeutung zurückgewinnt.»

Alter Charme: Chaniá

Zweifellos ist Chaniá Kretas nobelste Stadt – und ihre Bewohner, die Chanioten, wissen dies. Von ihrer vergangenen, aber noch nicht vergessenen Größe zeugen die Regierungs- und Botschaftsgebäude sowie die zahlreichen Diplomatenvillen im gepflegten Vorort **Chalépa**. Viele der Patrizierhäuser des Villenvororts, der zu Beginn dieses Jahrhunderts als Regierungsviertel des «Autonomen Kreta» erbaut wurde, stehen unter Denkmalschutz. So auch das neoklassizistische Wohnhaus des bedeutendsten griechischen Politikers, Eleftherios Venizélos, an der nach ihm benannten Platía, in Nachbarschaft zum «Palast», der ehemaligen Residenz des Prinzregenten Georg von Kreta. Hier befindet sich auch inmitten eines kleinen Parks die in russisch-byzantinischem Stil 1901 erbaute Maria-Magdalena-Kirche, deren Bau mit 10 000 Rubeln vom russischen Großfürsten Romanow bezuschußt wurde. Einige Kilometer weiter, auf dem Hügel des Propheten Ilías, liegen die Gräber der Staatsmänner Eleftherios und seines Sohnes Sofoklís Venizélos, beide wiederholt griechische Ministerpräsidenten. Von der hoch am Berghang gelegenen Ruhestätte hat man einen herrlich weiten Blick auf Chaniá bis zur Rodopoú-Halbinsel im Westen, die die Meeresbucht begrenzt.

Chaniá blieb bis 1971, nachdem die Türken es 1850 dazu erhoben hatten, Verwaltungshauptstadt Kretas; seither ist Iráklion Inselhauptstadt.

Die Stadt führt ihren Namen auf den sagenhaften König Kydon zurück, dessen großherziger Wahlspruch lautete: «Du bist allzeit willkommen in Kydons Haus.» Die Häuser, in denen Alexis Sorbas so viele Nächte willkommen war, bis er das Geld seines britischen Gentleman-Freundes und Chefs verpraßt hatte, findet man südlich vom alten Hafen, zwischen den Arsenalen und der östlichen Stadtmauer. Vom antiken Namen der Stadt Kydonia leitet sich unser Wort Quitte her, und die war als «kydonischer Apfel» die Liebesfrucht der Aphrodite.

Der venezianische Hafen von Chaniá mit Kretas längster Promenade

Heute kauft man diese Frucht wie alle anderen, die auf der Insel wachsen, in der großen, nach Marseiller Vorbild konstruierten kreuzförmigen **Markthalle**, in der man übrigens auch gut und preiswert essen kann. Hier wickelt sich der gesamte Handel mit Fisch, Fleisch, Obst, Käse und Gemüse ab. Um eine bessere Kontrolle über das urwüchsig wuchernde Händlerwesen zu gewinnen, sprich Steuern kassieren zu können, ließ die Gemeinde die Hallen 1913 erbauen. Die Öffnungszeiten sind die gleichen wie bei den normalen Lebensmittelläden. Unter der Uhr im Kreuzpunkt der Halle befindet sich ein Kiosk, der internationale Zeitschriften anbietet. Einen Kreuzarm füllen die Stände der Fischhändler aus, die ihre silbrige Ware mit zahlreichen Lampen verführerisch illuminieren. In einem der Kafeníons im Innern sollte man bei einem Rakí oder Kaffee das Markttreiben genießen.

Vor der Markthalle an der Platía Venizélou befinden sich Banken, Agenturen, Post- und Telegrafenamt; hier brodelt der Verkehr, als sei den ganzen Tag über Rushhour. Nicht weit in Richtung

Neustadt liegt an der Dimokratías-Straße die grüne Oase des Stadtparks. Der vielgepriesene Mini-Zoo darin mit einigen original kretischen Wildziegen, Kri-Krí oder Agrími, ist enttäuschend, die Tiere werden in viel zu kleinen Käfigen nicht annähernd artgerecht gehalten. Der **Park** ist ein beliebter Treffpunkt der Chanioten, abends finden häufig Konzerte und Filmvorführungen statt. In Park-Cafés haben die Tavli- und Kartenspieler unter den Männern der Stadt ihr Eldorado gefunden. Wer kiebitzen will, sollte zuvor die Spezialität des Wirts ordern: Hanum Burek, ein Traum aus Blätterteig, Honig, Schlagsahne und Nüssen.

In den **Altstadtvierteln** Chaniás, die sich rund um die beiden Hafenbecken gruppieren, hat sich etwas von der Atmosphäre aus venezianischer und türkischer Zeit erhalten. In den letzten Jahren haben die Stadtplaner damit begonnen, historische Gebäude zu restaurieren. Nördlich hinter der Markthalle beschwört in der Chatzí-Micháli-Daliáni-Straße ein komplettes Minarett türkisch-kretische Atmosphäre. Einige Gassen weiter demonstriert ein Gebäude

CHANIA

wie kein zweites auf Kreta die wechselvolle koloniale Vergangenheit: Die **San-Nicolao-Kirche** am Platz von 1821 besitzt links vom Portal einen Campanile, rechts ein Minarett. Von den Venezianern als römisch-katholisches Dominikanerkloster erbaut, wurde es von den Osmanen in die «Kaiserliche Moschee» zu Ehren des Sultans Ibrahim umgebaut. Kranke Muslime pilgerten zur heiligen Stätte, da in ihr das wundertätige Schwert aufbewahrt wurde – bis 1912, als sie in eine christliche Kirche rückverwandelt wurde, diesmal in eine griechisch-orthodoxe, versteht sich. Ágios Nikólaos und die nahe gelegene katholische Kirche des heiligen Rocco liegen bereits im Splantzia-Viertel, in dem die Türken wohnten. Bis hin zu den Arsenalen führen die engen, verwinkelten Gassen.

Streifzüge lohnen sich in Chaniá überall durch die Gassen der alten Viertel zwischen der Markthalle im Süden und dem venezianischen Hafen im Norden sowie den Resten der alten Stadtbefestigung im Westen und Osten. Türkische Häuser mit den typischen Holzbalkonen stehen neben venezianischen Palazzi im **Topanás-Viertel**, zwischen Hafen und westlichem Bollwerk, dem Fort Firkas.

Im Fort ist heute das **Nautische Museum** untergebracht, sehenswert wegen seiner Schiffsmodelle von den Anfängen der Seefahrt bis heute und der umfangreichen Ausstellung zum Zweiten Weltkrieg. Hier, rund um die Odós Theotokópoulo und die Zampeliou-Straße hinter dem venezianischen Hafen, wohnten während der letzten Türkenjahre die wohlhabenden Christenfamilien, die Großmächte unterhielten hier ihre Konsulate. Viele venezianische Portale an der Odós Zampeliou tragen neben den Jahreszahlen Inschriften, am Haus der Renier, deren Privatkapelle noch vollständig erhalten ist, ist zu lesen: «Multa tulip fecitus et studarit dulces pater, sudavit et alsit semper requies serenat» (Vieles studierte und vollbrachte der süße Vater, er schwitzte und litt, möge Ruhe ihn für immer erquicken). An der Ecke Zampeliou-/Skoufon-Straße ist ein türkischer Brunnen erhalten, an der Ecke Portou ein türkisches Bad, das heute das Restaurant «Tamam» beherbergt. In die engen Gassen des **Evraiki-Viertels**, hinter der Zampeliou, verbannten die Venezianer die Juden Chaniás. In der erst in jüngster Zeit abgebrannten Synagoge aus venezianischer Zeit an der Parodos Kondiláki wirtschaftet heute das Restaurant «Ela». Die venezianische Loggia stand vermutlich an der Ecke Zampeliou/Chalidon. In den beiden verwinkelten Vierteln befinden sich heute einige der attraktivsten Lädchen und Restaurants der Stadt. Chaniá bietet mehr Raffinesse als die Inselmetropole. Man kann die Schiavo-Bastion erklimmen, von der aus man einen beeindruckenden Überblick über die Altstadt hat, auch auf die Mitte des vorigen Jahrhunderts entstandene Mitropolis-Kathedrale und die alte Kirche des Franziskanerklosters, in der heute das Archäologische Museum untergebracht ist. Die alte Wallmauer wird noch bewohnt, wenn es mal regnet, hängen die Bastionsbewohner ihre Wäsche einfach unter dem Torbogen zum Trocknen auf.

Östlich der Bastion beginnt die Skridlof-Straße mit ihren zahlreichen Schusterwerkstätten, besser ist sie unter dem Namen Lederstraße bekannt. Streifzüge lohnen sich in die Viertel östlich dieser Straße. Hier befanden sich wie bei uns im Mittelalter reine Zunftstraßen. Bewegt man sich von der Skídlof-Straße nach Norden, erreicht man in Höhe der Karaoli Dimitriou das **Kastélli-Viertel**. Hier legten die Venezianer nach den Zerstörungen ihrer Eroberung den Grundstein für das von ihnen geplante und gebaute Chaniá. Hoch oben, nördlich der Karneváro-Straße, baute der Adel, südlich entstanden Wohnquartiere, alles umgeben von Mauern und Befestigungen. Erst später wurde die Stadt nach Westen, Osten und Süden erweitert und von neuen Bastionen umgeben. Auf dem Kastélli-Hügel nördlich der Karneváro-Straße ließen Bomben des Zweiten Weltkriegs nur Spuren von der venezianischen Herrlichkeit zurück, so daß heute imposante, nicht restaurierte Baureste neben verwilderten Grundstücken und kleinen Häuschen mitten in der Stadt einen chaotischen Eindruck hinterlassen. Die Technische Universität hat auf dem Hügel ihr Domizil. An der Karneváro-Straße haben Archäologen in den sechziger Jahren die Grundmauern einiger minoischer Häuser freigelegt. Die Funde waren sensationell, weil man bis dato geglaubt hatte, der Westen der Insel sei von den Minoern nicht besiedelt worden. Weitere Grabungen, die vielleicht Spektakuläres offenlegen könnten, lassen sich aber mitten in der Stadt nicht durchführen.

Attraktiver Hafen

Selbst wer mehrere Tage in Chaniá verbringt, wird immer wieder magisch vom **Hafen** angezogen. Nirgends auf Kreta ist die Atmosphäre italienischer als hier, galt «La Canea» doch bereits im 17. Jahrhundert als «Venedig des Ostens». Auch der türkische Leuchtturm an der Hafeneinfahrt kann sich dem Gesamteindruck nicht widersetzen – er wirkt einfach adriatisch. Das imposante weiße, ursprünglich rosafarbene Gebäude mit den kleinen und der großen Kuppel ist die ehemalige, nach den osmanischen Elitetruppen benannte Janitscharen-Moschee. Früher beherbergte sie das Informationsbüro der Griechischen Zentrale für Fremdenverkehr und eine Ausstellung kretischen Kunsthandwerks. Sie soll gründlich renoviert werden, und auch Archäologen wollen in ihrem Bereich Untersuchungen anstellen. Von der Moschee bis zum Nautischen Museum umsäumen Tavernen in und vor den alten Häusern das Hafenrund. Spätnachmittags und während der Vólta, des Abendspaziergangs, scheint hier ganz Chaniá zu flanieren. Blickt man dann von der Höhe des Leuchtturms auf die Hafenpromenade, wirkt die Bummelzone der Touristen und Chanioten wie eine riesige Ameisenstraße.

Unterhalb der Kastélli-Mauer werden immer mehr venezianische Gebäude renoviert, und moderne Bars und Restaurants entstehen. Der östliche Fischereihafen bleibt

selbst abends viel ruhiger, ihn säumen verhältnismäßig wenige Tavernen und die riesigen sieben von einst siebzehn bleigedeckten Arsenale, die venezianischen Werften und Magazine. Noch heute werden diese als Lagerhäuser benutzt, neuerdings auch für Kunstausstellungen und Aktionen. Die Luft schmeckt nach Öl und Fisch, im Hafen dümpeln Kaïkis, Segelboote und Yachten. Die abends einfahrenden Fischer genehmigen sich in der ursprünglichen Taverne gleich an ihrer Anlegestelle einen Rakí oder Oúzo, dazu gibt es unaufgefordert ein

Nach Sonnenuntergang füllen sich Cafés und Tavernen – im Hintergrund der venezianische Leuchtturm

Glas Wasser und die traditionellen «mezédes», einen Teller mit Oliven, kleinen Sardinen, Schinkenwürfeln und gekochten Schnecken. Hier bieten die Tavernen frischen Fisch und eine Spezialität: «Arssinósalata», ein aus frischen Seeigeln hergestelltes Aphrodisiakum.

Ein paar Schritte zurück ins beginnende **Splantzia-Viertel** spielen im «Kafe Kriti» in der Kallergon-Straße kretische Musiker Lyra und Tambourás, die kleine Bouzoúki. Wenn nicht allzu viele Touristen da sind, kann man sich an die Zeiten erinnert fühlen, als Alexis Sorbas hier im ehemaligen Vergnügungsviertel Chaniás ein und aus ging.

In Chaniá kommen aber nicht nur Liebhaber traditionell kretischer Musik auf ihre Kosten, die Bars am Hafenrand bedienen von klassischer Hintergrundmusik über Rock bis zu aktuellen Hits jeden Geschmack. Selbst Discos finden sich hier. Die einheimische Jugend trifft sich in den neuen Bars in den Seitenstraßen am Ende des Fischereihafens und bleibt weitgehend unter sich.

AUSFLÜGE ZU DEN MINOERN
KNOSSOS, ARCHANES, FESTOS UND AGIA TRIADA

Spannende Geschichten sind mit dem Kapitel der Grabungen und ihrer Ausgräber verbunden. Traumhafte Landschaften und vielfältige Zeugnisse kretischer Geschichte erwarten den, der sich aufmacht, die spektakulären Spuren der ersten europäischen Hochkultur zu suchen: die Kulthöhlen des Ída-Gebirges und die Nída-Hochebene, die minoischen Palast- und Handelszentren, den Menschenopfer-Tempel von Anemóspilia, die römischen Ruinen bei Górtis, das Katzantzákis-Museum in Mirtía. Noch immer steht Europas älteste Weinkelter inmitten eines der besten Weinanbaugebiete der Insel, und bei einem Trip auf den Berg Joúchtas kann man sogar dem Götterboß Zeus auf der Nase herumtanzen.

Mehr als 50 000 Kreter, viele von ihnen bewaffnet, rotteten sich am 2. März 1979 auf der Platía Eleftherías, dem Freiheitsplatz, vor dem Archäologischen Museum zusammen. Ihr Bürgermeister, der PASOK-Politiker Emanuel Karellis, war unmittelbar nach der üblichen Museumsschließung auf höchsten Befehl aus Athen von der Polizei verhaftet worden, weil er sich weigerte, die Ausstellungsräume freiwillig zu verlassen. In Windeseile hatte sich die Nachricht über Iráklion hinaus verbreitet, und immer mehr Kreter strömten zum Museum. Traktoren, Pick-ups und andere Fahrzeuge wurden zu Barrikaden zusammengestellt, alle Zufahrtswege zum Museum abgeriegelt.

Die Athener Regierung unter dem konservativen Regierungschef Konstantinos Karamanlis – das Museum untersteht in zentraler Verwaltung dem Kulturministerium – heizte die spannungsgeladene Situation zusätzlich an: Militärmaschinen, vollgepfropft mit Spezialeinheiten, landeten auf dem nahe gelegenen Flughafen. Eine bürgerkriegsähnliche Auseinandersetzung schien unvermeidlich, als die Stimmen immer lauter und zahlreicher wurden, die zu einem Marsch gegen den Flughafen aufriefen. Mit Lautsprechern gelang es den «Gemäßigteren», die wild entschlossenen Rebellen am Museum zu halten.

Der Grund für den jüngsten aller kretischen Volksaufstände lag in einer Athener Regierungsentscheidung: 36 minoische Kunstgegenstände, darunter die Fayence-Statuette der «Schlangengöttin», sollten im Rahmen eines Kulturaustausches aus dem Archäologischen Museum Iráklion entfernt und vorübergehend nach New York und Paris ausgeliehen werden. Und am 9. Mai sollten die 36 Exponate versandfertig gemacht und abgeholt werden.

Bereits Wochen zuvor, als erste Gerüchte über das Vorhaben auftauchten, hatten die Kreter scharf protestiert und den Kultusminister zu einer Diskussion in der Markusbasilika nach Iráklion eingeladen.

Evans erschuf den Palast von Knossós zum zweiten Mal

«Kretische Kunst bleibt hier. Wer sie sehen will, soll herkommen, von wo auch immer. Aus Kreta holt man die Kunstwerke weg, und was bringt man uns dafür?» Der Kultusminister drückte sich zwar, aber die Kreter machten weiter Druck. Am Siedepunkt der Eskalation flog Bürgermeister Emanuel Karellis nach Athen, und die Zentralregierung kapitulierte. Ministerpräsident Konstantinos Karamanlis gab unmittelbar nach seiner Rückkehr von einem Staatsbesuch noch am Ende des Rollfeldes bekannt, alle Kunstgegenstände könnten in Iráklion bleiben.

Die Kreter sind stolz darauf, daß auf ihrer Insel vor 3000 Jahren die minoische Kultur als erste «eigenständige» Kultur Europas entstand. Aus ihrem so frühen Beitrag zur Weltgeschichte, dem jahrtausendelange Fremdherrschaft folgte, ziehen sie einen erheblichen Teil ihres Selbstbewußtseins und verschaffen sich so ein Gefühl der Überlegenheit gegenüber den anderen Griechen und weit hergereisten Touristenmassen aus den reichen Industrienationen.

Diese Einstellung gegenüber den eigenen historischen Stätten ist noch keine hundert Jahre alt, denn erst die Ausgrabungen des Briten Evans, die 1900 begannen, werteten die Frühkultur auf. Aber anders als bei Funden aus früheren Hochkulturen, wie Ägypten oder China, die als Beutestücke in den diversen Museen westlicher Hauptstädte landeten, blieben, weil schon die ersten Ausgräber darauf verpflichtet wurden, bisher alle bedeutenden minoischen Schätze auf der Insel.

Scherben, wohin man tritt

«Popo, was wollt ihr? Das Wichtigste ist doch da. Alle Kunstwerke. Und sind sie nicht wunderbar?!» entgegnete ein Kreter auf die von vielen Besuchern immer wieder geäußerte Kritik. Und in der Tat, das einzigartige **Archäologische Museum in Iráklion**, das jährlich von über 800 000 Gästen besichtigt wird, zählt zu den ganz großen in der Welt. Nirgendwo sonst erhält der an Kretas Frühgeschichte Interessierte einen derart umfassenden Überblick. Ausgrabungsfunde von der Steinzeit über die minoische Epoche bis zur römischen Besatzungszeit werden umfassend präsentiert. Der Unmut vieler weit angereister Besucher richtete sich auch gar nicht gegen die Kunstwerke, sondern gegen ihre Präsentation. Dämmerlicht herrschte vor, die Beschriftung der Vitrinen folgten einem willkürlichen Ordnungssystem, abwechselnd fehlten Fundort oder Fundzeit. Drei Jahre lang blieb die erste Etage, in der sich die minoischen Fresken befinden, wegen Baufälligkeit des Daches geschlossen. Vieles daran hat sich in den letzten Jahren merklich gebessert. Die Beleuchtung der Räume wurde erneuert, das Dach repariert. Aber nach wie vor sind keine zeitgemäßen museumspädagogischen Konzepte erkennbar. Wer hier im Museum etwas Zusammenhängendes über die minoische Epoche erfahren will, findet sich ohne Führung oder zusätzliche Hilfen kaum zurecht. Allerdings gibt es einen informativen und reich bebilderten Katalog in deutscher Sprache vom früheren Direktor Jannis Sakellarákis im Museum zu kaufen.

Zunächst wurden die Fundstükke von allen bedeutenden Ausgrabungsstätten in Iráklion, im Archäologischen Museum, zusammengetragen. Mittlerweile ergänzen sechs weitere archäologische Museen die Ausstellungspalette: in Chaniá, Réthimnon, Ágios Nikólaos, Sitía, Archánes und Ierápetra. Absolutes Highlight ist das kleine, aber in jeder Hinsicht gelungene Museum in Archánes, das Funde vom Langzeitfriedhof Fourní und den Menschenopferaltar von Anemóspilia anschaulich darbietet und nach dem neuesten Forschungsstand kommentiert.

Immer wieder werden auf Kreta neue archäologische Funde gemacht; die Insel ist eines der besterforschten Gebiete Griechenlands, und dennoch muß vieles einfach liegenbleiben. Bei einer Wanderung von Paleochóra nach Soúgia quert man die Ruinen der dorischen Stadt Lissós. Hier kann man buchstäblich keinen Schritt tun, ohne auf irgendwelche antiken Scherben zu treten. Und gleichzeitig erfährt der Urlauber, wie schwierig es ist, die Überfülle an Funden zu sichern: Der prächtige Mosaikfußboden des hellenistischen Asklepios-Tempels bleibt ungeschützt Regengüssen und Wanderstiefeln ausgeliefert.

Lange Zeit folgte die Fachwelt der These des britischen Archäologen Pendlebury, wegen der rauhen Natur habe es in Westkreta keine minoische Siedlung gegeben. Erst deutsche Archäologen begannen während des Zweiten Weltkriegs illegal mit gezielten Grabungen. So entdeckte 1942 Ernst Kirsten eine palastartige minoische Anlage bei Monastiráki im Amári-Tal. In den fünfziger Jahren wurden diese Arbeiten erstmals veröffentlicht, aber ein weiteres Jahrzehnt verging, ehe neue Forschungsprojekte griechischer Wissenschaftler in Kooperation mit italienischen, britischen und schwedischen Teams anliefen. Äußerst erfolgreich, wie sich jetzt erweist: Zahlreiche steinzeitliche und frühminoische Höhlen- und Gipfelheiligtümer werden ebenso entdeckt, wie die Überreste bedeutender Siedlungen freigelegt werden konnten. So Teile der minoischen Palaststadt Ku-tu-na-yu, in der griechischen Zeit Kydonia genannt, das heutige Chaniá. Und vielleicht wird bald die spätminoische Industriestadt Westkretas gefunden, deren Kupferbergwerk und Nekropole mit mehr als 250 Felsengräbern bei Arméni bereits bekannt ist.

Knossós: Disneyland der Archäologie

Pro Jahr durchstreifen mehr als 500 000 Touristen die Überreste des **Palastes von Knossós**, der rein physisch diesem Ansturm nicht mehr gewachsen ist. Viele der originalen Bodenplatten sind aus Gips gefertigt und zerbröseln unter Pumps und Profilsohlen. Neben den Touristen haben auch Regen, Wind und Sonne die alten Gemäuer angenagt, und die immer wieder vorkommenden kleinen Beben rütteln an den Grundmauern. Aber auch das, was die alten Gemäuer eigentlich retten sollte, erweist sich nun als Plage. Die massiven Betonkonstruktionen, die der Archäologe Evans dort bauen ließ, wo früher nur Holz benutzt worden war, erdrücken mit ihrem Übergewicht die Fundamente. In Zukunft wird der Palast nicht mehr so freizügig zu besichtigen sein wie in der Vergangenheit. 1996 blieben große Bereiche der Anlage abgesperrt, und Baugerüste zieren die jahrtausendealten Fassaden. Beim permanenten Geldmangel des griechischen Staates darf ähnlich wie auf der Akropolis in Athen mit einer Dauerbaustelle gerechnet werden.

Zehntausend Menschen drängten sich im Sommer 1935 im einstmals heiligen Palastbezirk von Knossós. Trauben von Menschen hingen in den Bäumen, Überfüllung auch im «Piano nobile», der rekonstruierten ersten Palastetage. Sie alle wollten die Ehrung des mittlerweile 81jährigen Wiederentdeckers des Labyrinthes von Knossós, **Sir Arthur Evans**, miterleben. Evans wurde zum Ehrenbürger ernannt, und am Westhof enthüllten die Honoratioren – unter ihnen der Metropolit von Athen – feierlich seine Bronzebüste, ein Geschenk der «Bewohner von Iráklion in Dankbarkeit». Dankbar waren die Kreter aus verschiedenen Gründen: Einmal hatte Evans ihnen das Bewußtsein ihrer einstigen Größe vermittelt, mit der, wie er in seiner Rede betonte, «Wiederauferstehung einer Gesellschaft, die zweimal so alt ist wie Hellas». Zum anderen hatte er ihnen im Freiheitskampf gegen die Türken beigestanden. Er war nicht nur Archäologe, sondern auch ein entschieden politischer Streiter. Bereits in den achtziger Jahren schrieb Evans als Korrespondent des *Manchester Guardian* flammende Artikel sowie zwei Bücher über die «Balkanfrage». Darin trat er für die Selbstbestimmung der Völker ein, für ihren Freiheitskampf gegen die Türken und jegliche Fremdherrschaft anderer Großmächte wie zum Beispiel Österreich. In den letzten Jahren des Bürgerkriegs auf Kreta verfaßte Evans erschütternde Berichte wiederum für den *Manchester Guardian*, protestierte persönlich beim Pascha von Megálo Kástro (heute Iráklion), als man seinen kretischen Führer Herakles verhaftete und in ein «Verlies von Kot, das die Türken als Bedürfnisanstalt benutzten», einsperrte. Evans' Protest drang bis ins Londoner Parlament: Er bekam Herakles wieder frei.

Daß dieser Engländer, den die Kreter am nächsten Tag noch mit einem Lorbeerkranz krönten wie einen ihrer ganz großen eigenen Helden, überhaupt zum Wiederentdecker der minoischen Kultur werden konnte, verdankt sich manchem Zufall. Denn nachdem der beharrliche Tagträumer Heinrich Schliemann durch die Freilegung von Troja (ab 1870) und Mykene (ab 1874) bewiesen hatte, daß die Homerischen Epen keine bloßen Mythen und Sagen sind, begannen Wissenschaftler und Laienarchäologen, die klassisch-griechische Mythologie auf ihren Wirklichkeitsgehalt hin abzuklopfen. So führte 1878/79 als erster der kretische Kaufmann Minos Kalokerinós auf dem Hügel Tselepi Kefala, der den Palast des Königs Minos in sich barg, Grabungen durch. Er stieß auf sechs der insgesamt 21 westlichen Magazinräume mit zwölf Vorrats-Pithoi (große Tonkrüge), außerdem legte er Abschnitte der Westfassade sowie zwei Korridore frei. Einige hundert Objekte, von Gefäßen über Siegel bis zu Schrifttäfelchen, konnte er zur Grundlage seiner Sammlung machen, die von der «Vereinigung der Bildungsfreunde», die später das Archäologische Museum in Iráklion gründete, verwaltet wurde. Der Pascha ließ die Grabungen stoppen, denn die Osmanen hatten durch den immer wieder aufflackernden Freiheitskampf auf Kreta ganz andere als archäologische Probleme. Einige Fundstücke übereignete Minos Kalokerinós den Museen von Paris, London und Rom sowie Prinz Konstantin von Griechenland. Die Funde erregten Aufsehen; der amerikanische Konsul auf Kreta, W.J. Stillman, stellte bald die These auf, es handle sich um Mauern des sagenhaften Labyrinths des König Mi-

Minoische Geschichte als Puzzle – eine Archäologin sichtet Ausgrabungsstücke im Gräberfeld von Arméni nos. Schliemann kam 1886 zu einer Ortsbesichtigung; es gelang ihm aber nicht, das Gelände vom türkischen Grundbesitzer zu kaufen. Noch 1888 versicherte Schliemann aber in einem Brief, nachdem er trotz riesiger Schwierigkeiten die Grabungserlaubnis durch die türkischen Behörden erhalten hatte, er wolle mit der Ausgrabung des «prähistorischen Königspalastes» sein Lebenswerk krönen. Ein Jahr später reiste er erneut nach Kreta. Wiederum konnte er mit dem türkischen Bey nicht handelseinig werden. Zum einen erschien ihm der Preis zu hoch, zum anderen versuchte der Besitzer ihn reinzulegen, was Umfang, Bebauung und Lage des Grundstückes anging. Entscheidend aber war wohl, daß Schliemann jetzt offensichtlich die Bedeutung von Knossós verkannte, denn in einem Brief schrieb er, daß er keinesfalls bereit sei, das geforderte Geld «wegzuwerfen für die in einer Woche vollendbaren Arbeiten, deren Ergebnis – bis auf die letzte Tonscherbe – dem Museum von Iráklion zugute kommt». Daß er auch noch alle Funde abliefern sollte, widersprach zutiefst seiner eingefleischten Schatzgräbermentalität.

Als Evans seine erste Kretareise im Jahre 1894 antrat, machte man ihn mit Minos Kalokerinós bekannt. Es gelang ihm, ein Viertel des Geländes zu kaufen, nach osmanischem Recht hatte er damit ein Veto gegen jede Grabung und eine Option auf das ganze Grundstück erworben, das er nach dem Abzug der türkischen Soldaten von der Insel 1899 erwerben konnte. Insgesamt zahlte Evans 122 000 Piaster (heutiger Wert etwa 300 000 Mark). Am 23. März 1900 konnten die Ausgrabungsarbeiten endlich beginnen, nachdem Kreta unter dem Protektorat der Großmächte Italien, Rußland, Großbritannien und Frankreich «selbständig» geworden war.

Evans' prächtige Visionen

Evans leitete 35 Jahre lang selbst die Grabungs- und Rekonstruktionsarbeiten. Für seinen Traum von Knossós, den er in jeder Hinsicht großzügig realisierte, opferte er fast sein ganzes Vermögen. Äußerlich entsprach der 157 Zentimeter kleine, stark kurzsichtige Gelehrte, der immer mit Krawatte, Hut und «Prodger» (einem Taststock wegen seiner extremen Kurzsichtigkeit) ausgestattet war, dem Bild eines viktorianischen Aristokraten. Standesgemäß speiste «Milord Inglese» regelmäßig in der Offiziersmesse der britischen Garnison von Iráklion. Waren seine Umgangsformen eher reserviert und dem Understatement verpflichtet, so setzte die südländische Sonne farbenprächtige Visionen in Sir Arthur frei: Unverhohlen spricht man in Fachkreisen vom «Disneyland der Archäologen». Der österreichische Archäologe Camillo Praschniker äußerte gar, Evans habe aus Knossós eine «Filmkulisse» gemacht.

Evans, der bereits im ersten Grabungsjahr an Malaria erkrankte, die damals auf Kreta noch weit verbreitet war, hatte eines Nachts, als er wegen eines Fieberanfalls nicht schlafen konnte, folgendes Erlebnis: Während er im Mondschein auf dem Grabungsgelände umherwandelte und die mit Hilfe von Eisenbeton rekonstruierte «Große Treppe» betrachtete, schien der gesamte Grabungsplatz «für eine Weile zum Leben zu erwachen. Alles kam in Bewegung. So stark war die Illusion, daß sich der Priesterkönig mit seiner federgeschmückten Lilienkrone, eng gegürtete Hofdamen mit Fälbeln und Leibchen, lang gewandete Priester und hinter ihnen eine Gefolgsschar eleganter, doch muskulöser Jünglinge – als ob der Rhytonträger und seinesgleichen von den Wänden herabgestiegen seien – dort unten auf den Gängen hin und her zu bewegen schienen.» Man mag es wenden, wie man will – es ist sicher eine große Begabung, wenn man aus Mauerresten und Tonscherben einen Palast mitsamt Inventar wiederauferstehen lassen kann. Andererseits setzt sich hinterrücks die eigene Zeitgebundenheit unkontrolliert durch, wenn man 36 Jahrhunderte mit seiner Vorstellungskraft überbrücken will. Bezeichnungen von Evans wie «Megaron der Königin» beziehungsweise «Megaron des Königs» sind reine Phantasienamen, denn wir wissen gar nicht, ob Kreta von Knossós aus regiert wurde oder ob es überhaupt einen König oder eine Königin gegeben hat. Knossós ist eben nicht der Buckingham Palace und Pasiphae keine britische Queen.

Evans trug in seine Bücher nur ein, was ihn persönlich an den Ausgrabungen interessierte, dabei dominierte einige Male seine Phantasie über die Fakten, manches änderte er im nachhinein sogar ab. Insbesondere die Räume der ersten Palastetage sind in ihren Grundrissen archäologisch nicht gesichert. Jedem Besucher wird noch heute bei einem Rundgang das «Badezimmer der Königin» mitsamt «Badewanne» gezeigt. Die angebliche Wanne in Form eines minoischen Sarkophags, aus Ton und ohne Abfluß, fand man elf Meter vom sogenannten Baderaum entfernt. Die an den Haaren herbeigezogene Erklärung war, daß minoische Gipser, die den Raum renovieren sollten, just dabei von irgendeinem Angriff überrascht wurden. Kaum zu glauben, daß in einem Palast mit Wasserleitungen und einem Abwassersystem, das uns heute noch zu Recht in Staunen versetzt, die Badewanne der Königin keinen Abfluß hatte.

Scherben im Akkord

Man muß Evans zugute halten, daß er um 1900 noch nicht modernste archäologische Methoden anwenden konnte. Gemessen an der Schatzsuchermentalität eines Schliemann, ging er recht behutsam vor. Er war der erste Ausgräber, der einen Architekten engagierte, der als Fachmann in der Lage war, aus den übriggebliebenen Mauerresten den Gesamtplan der Anlage zu rekonstruieren. Allerdings rekonstruierte Evans den Palast im Hinblick auf den Zeitpunkt, der ihn interessierte. So sehen wir heute den Palast von Knossós in seiner Endphase um 1450 v. Chr. Alles, was jünger oder älter war an Funden, vernachlässigte Evans.

In einer Art Wettkampfstimmung, Evans spöttelte später über die langsamere Arbeit seiner französischen Kollegen in Mália, wurde in drei Kampagnen von je drei Monaten Dauer die 20 000 Quadratmeter große Palastanlage freigelegt. Dabei beschäftigte Evans zwischen 50 und 200 Arbeiterinnen und Arbeiter, teilweise wurden die extra aus England importierten Schubkarren im Akkord vollgeschaufelt. Das vorgelegte Tempo ließ es unmöglich zu, daß der Grabungsleiter, der Archäologe Duncan Mackenzie, und der Architekt Theodore Fyfe den Überblick behielten.

Noch einen weiteren Fachmann engagierte Evans, den Jugendstilmaler Emile Gilliéron, der Restaurationsarbeiten für das Archäologische Institut in Athen durchführte und nebenbei Zeichenlehrer der griechischen Prinzen und Prinzessinnen war. Die heute im Palast sichtbaren grellbunten Fresken sind recht freie Nachschöpfungen. Wenn man im ersten Stockwerk des Archäologischen Museums in Iráklion die «Originale» betrachtet, verschlägt es einem schier den Atem angesichts dessen, was dieser Künstler aus den wenigen Bruchstücken und Leitlinien der ursprünglichen Fresken herausgezaubert hat. Kein Wunder, daß ein französischer Gelehrter, der Gilliéron bei den Restaurationsarbeiten über die Schulter guckte, beim Anblick restaurierter Minoerinnen spontan ausrief: «Aber das sind doch Pariserinnen!» Die «Pariserin», das Freskoportrait einer Minoerin, ist inzwischen so etwas wie die «Mona Lisa» des Archäologischen Museums geworden.

Knossós war Anfang des 20. Jahrhunderts sicher die populärste archäologische Stätte. Evans, der Journalist, verstand es, seine Grabungsberichte in die englischen Zeitungen zu lancieren, und wenn er in Knossós weilte, besuchten ihn ganze Schiffsladungen von Bildungsreisenden. Mit einer gelben Teerose im Knopfloch gab er Touristengruppen von 100 bis 150 Personen Teepartys im Garten der Villa Ariadne oberhalb des Ausgrabungsgeländes, die er sich hatte 1906 erbauen lassen.

Das weltweite Interesse an minoischer Kunst wußten auch Gilliéron senior und junior zu nutzen. Da alle Fundstücke ins Museum nach Iráklion kamen, konnte kein Museum der Welt offiziell minoische Stücke erwerben. Es existierte zwar ein kleiner Schwarzmarkt, gespeist von Bauern und Ausgrabungsarbeitern, die mal etwas unter der Hand verschacherten, aber dies blieb in relativ kleinem Rahmen. Das Vorgehen der Gilliérons war bedeutend einträglicher: Sie fertigten auf legalem Wege Kopien an und suchten sich einen starken Partner in der Geschenkartikelbranche. Ihre Wahl fiel auf die Württembergische Metallwarenfabrik (WMF) in Geislingen; dort gingen nach den Vorlagen die Replikate in Serie.

Neues von den Minoern: Archánes und Anemóspilia

«Bitte anrufen. Komme sofort. Tel. 081/751619.» Das erste, was der Ausflügler vom Weindorf **Archánes** sieht, sind schon meilenweit vor dem Ortseingang plazierte Hinweisschilder des freundlichen Vermieters Orestis, der früher einmal in Deutschland gearbeitet hat. Seine wenigen, sehr einfachen Zimmer sind schnell belegt. Weitere Übernachtungsmöglichkeiten gibt es im 3500 Seelen zählenden Winzerort leider nicht, deshalb empfiehlt es sich, mindestens eine oder mehrere Ganztagestouren hierher zu unternehmen. Es lohnt sich allemal. Nicht nur Orestis wartet, auch vier Highlights der jüngeren Ausgrabungsgeschichte Kretas, das Weingut Wathípetro, die Nekropole Fourní, der minoische Palast und der Menschenopferaltar von Anemóspilia. Besonders hervorzuheben ist das kleine, aber hervorragend ausgestattete Museum, das übersichtlich und anschaulich Funde präsentiert. Die Erläuterungen zu szenisch aufgebauten Grabfunden und zum Menschenopferaltar sind ausführlich, gut verständlich und wissenschaftlich auf dem neuesten Forschungsstand. Doch damit nicht genug, der 811 Meter hohe Joúchtas lockt mit Gipfelkapelle und atemraubenden Ausblicken sowie einer außergewöhnlichen Flora. Darüber hinaus finden Freunde kirchlicher Kunst eine reiche Ikonensammlung in der Panagía-Kirche. 46 nachbyzantinische Ikonen vom 16. bis ins 19. Jahrhundert sind in den drei Kirchenschiffen ausgestellt. Guterhaltene Wandmalereien aus dem frühen 14. Jahrhundert beherbergt die Kirche von Asómatos, die etwas außerhalb von Archánes Richtung Wathípetro liegt.

Und in den Tavernen mundet der Wein vom Faß hervorragend, so wie es sich für ein Winzerdorf gehört. Wem das noch nicht reicht, der kann einen weiteren Abstecher nach **Mirtiá** zum Nikos-Kazantzákis-Museum unternehmen. Aber Achtung, vielleicht heißt das Dorf inzwischen wieder Varvari (Die Barbaren), so wie im Werk des Dichters, denn eine Bürgerinitiative will den traditionellen Ortsnamen wieder einführen – trotz der negativen Nomen-estomen-Assoziation.

Das Töpferdorf **Thrapsanó** ist im Sommer ebenfalls sehenswert. In der trockenen Jahreszeit formen je ein Töpfer und ein Dreher auf der Töpferscheibe die traditionellen «pithoi», die bis zu 1,60 Meter hohen Vorratsgefäße. So ein «pithári» trocknet anschließend zusammen mit unzähligen anderen in den Olivenhainen, bis er im freistehenden, imposanten Ofen und in seinem zehnstündigen Feuer gebrannt werden kann. Den Kunsthandwerkern der Kooperative kann man bei allen Arbeitsgängen über die Schulter sehen.

Efi und Jannis Sakellarákis haben mitten in Archánes eine bislang unbekannte **minoische Palastanlage** ausgegraben. Seit 1964 wird das Gelände systematisch erforscht; ganz freilegen wird man den Palast nie, denn Teile von ihm sind mit Häusern überbaut. Bereits Evans hatte vermutet, daß hier ein Sommerpalast für Knossós, ebenso wie Agía Triáda zu Festós, existieren könnte. Die Anlage selbst erstaunt durch ihre Größe und kann, so die Ausgräber, «nur mit den Palästen in Knossós und Festós verglichen werden und keineswegs mit dem provinzielleren Mália oder gar mit Zákros».

Nordwestlich auf einem Hügel namens **Fourní** (Ofen) – Hirten hatten hier seit Menschengedenken, ohne es zu ahnen, ein uraltes Kuppelgrab in Form einer runden Steinhütte, die in ihren Augen wie ein großer Backofen aussah, als Pferch benutzt – entdeckte das Ehepaar Sakellarákis den größten bronzezeitlichen Friedhof des minoisch/mykenischen Kulturraumes, der von 2400 bis 1300 v. Chr. ununterbrochen benutzt worden ist. Als bedeutendster Fund erwies sich das nicht geplünderte Grab einer hochgestellten Frau, vielleicht einer Priesterin oder Königin. Die wertvollen Grabbeigaben sind im Archäologischen Museum in Iráklion im Saal VI ausgestellt. Das Gelände kann besichtigt werden, obschon weitergegraben wird. Vom Dorf aus kann man auch an der ewig qualmenden Müllkippe vorbei – streckenweise über eine alte minoische Wegführung – zum 1979 entdeckten rund drei Kilometer entfernten Menschenopferaltar Anemóspilia emporlaufen (siehe S. 162–163). Den Schlüssel zu den beiden umzäunten Stätten erhält man im Kafenion am Dorfplatz.

Wer mal einem Gott so richtig auf der Nase herumtanzen will, kann das nach einer guten Stunde Aufstieg oder einer serpentinenreichen Motorrad- oder Autofahrt von Archánes auf dem Nordgipfel des **Joúchtas** tun. In der Bergsilhouette sehen die Kreter das Haupt des toten Zeus (siehe S.43–44 Matriarchat). Während in minoischer Zeit ein Heiligtum den Südgipfel schmückte, steht dort heute die Kirche Christós Sotiras aus vier aneinandergebauten Kapellen. Jedes Jahr am 6. August wird hier das Fest der Metamórphosis (Umformung, Wandlung) gefeiert, das in seinen Ursprüngen auf heidnische Kulte verweist – Wandlung und Wiederauferstehung der Natur. Die christlichen Gläubigen lassen am Festtag Brotlaibe vom Popen segnen – das Brot symbolisiert Fruchtbarkeit. Der weite Rundblick vom heiligen Berg entschädigt vielfach für jeden beim Aufstieg vergossenen Schweißtropfen: Zu sehen sind Iráklion, Knossós, Archánes, das Lassíthi-Gebirge und Psilorítis. Nur vier Kilometer südlich von Archánes liegt einsam auf einem kleinen Hügel, umgeben von Weinbergen, das minoische Weingut **Wathípetro**. Das um 1550 v. Chr. zerstörte Landgut und Herrenhaus wurde 1949 vom griechischen Archäologen Spyridon Marinatos freigelegt. Eine der ältesten Kelter wurde hier gefunden und eine Olivenpresse. Die Landschaft rund um das minoische Landgut ist selbst für kretische Verhältnisse traumhaft schön.

Kannibalismus und Menschenopfer

Die Ergebnisse der Untersuchungen waren sensationell: Auf dem Altartisch lag, den Kopf nach Süden, ein etwa achtzehnjähriger, 1,65 Meter großer Mann. Bevor man ihm mit einem langen Bronzedolch die Halsschlagader durchtrennt hatte, waren seine Unterschenkel, bis zum Gesäß abgewinkelt, gefesselt worden. Dies ist die gleiche Methode der Schächtung, die kretische Hirten beim Schlachten der Lämmer anwenden. Die Schächtung führte ein etwa dreißigjähriger Mann durch, assistiert von einer ungefähr gleichaltrigen Frau. Ein weiterer Mann hatte den Raum gerade mit dem Blut des Opfers, das er in einem stiergeschmückten Gefäß aufgefangen hatte, verlassen, als durch ein gewaltiges Erdbeben das Gebäude einstürzte und alle unter den Trümmern begrub. Ort des Geschehens: ein minoischer Tempel auf den nordwestlichen Hängen des Joúchtas in 440 Meter Höhe; Zeitpunkt des Geschehens: das Jahr 1700 v. Chr. Das Aufsehenerregende dieses Grabungsfundes des Archäologenehepaares Sakellarákis vom Sommer 1979 in **Anemóspilia** ist zum einen die Entdeckung des ersten minoischen Tempels überhaupt, zum anderen der Nachweis eines Menschenopfers.

Bis zu diesem sensationellen Fund haftete dem minoischen Kreta das Flair eines friedlichen Paradieses an: Waffenlos lebten die Menschen in unbefestigten Städten und Palästen, matriarchaler Geist dominierte, die Wandmalereien strahlten unbekümmerte Lebensfreude aus, grausame Szenen kriegerischen Inhalts fehlten, selbst die Jagd war kein Thema minoischer Künstlerinnen und Künstler. Delphinschwärme, Fabelwesen, Naturszenen und Darstellungen von Festlichkeiten bestimmten unser «Wunschbild» vom Ursprung der abendländischen Kultur. Immerhin könnte es sein – diese These vertritt jedenfalls Professor Sakellarákis –, daß es sich

Im Schlachten des Osterlamms bleiben Erinnerungen wach an uralte Opferriten

bei dem Fund in Anemóspilia um ein einmaliges Ereignis handelt, daß angesichts einer drohenden Katastrophe, die, wie wir wissen, alle minoischen Paläste zerstörte, die Menschen zum scheinbar letzten Mittel griffen und einen der ihren der Gottheit opferten.

Der freigelegte Tempel besteht aus einem Korridor, an dem südlich angebaut drei Räume liegen. Der östliche Raum diente der Vorbereitung der unblutigen Opfer: Wein, Öl, Feldfrüchte. Der mittlere Raum war der Raum der Gottheit, in ihm fand man zwei Füße aus Ton und verkohlte Holzreste. Wahrscheinlich stand hier eine Holzstatue, bekleidet mit kostbaren Gewändern. Auch die frühen Standbilder der Griechen waren noch Holzplastiken, ehe man sie aus Marmor meißelte oder in Bronze goß.

Aus spätminoischer und mykenischer Zeit (um 1400 v. Chr.) kennen wir eine Darstellung beider Opferformen. Auf einem **Sarkophag** (Archäologisches Museum Iráklion) aus einem Kammergrab nahe **Agía Triáda** (Messará) wird ein Stier geopfert, und genauso muß man sich das Menschenopfer in Anemóspilia vorstellen. Allerdings werden die Opfer auf den Bildern von Priesterinnen dargebracht, ein Musikant tritt im Hintergrund auf, drei weitere Männer bringen Opfergaben, zwei Kälbchen und ein Schiffsmodell, entweder dem Verstorbenen oder der Gottheit dar. Beim Menschenopfer in Anemóspilia, das 300 Jahre früher stattfand, scheinen dagegen die Männer die Hauptrollen innegehabt zu haben. Wenige Monate nach dem Fund von Anemóspilia veröffentlichte Professor Peter Warren von der Universität Bristol, der Ausgrabungen in der Nachbarschaft des Palastes von Knossós leitet, seine Erkenntnisse von einem Haus, das 1450 v. Chr. zerstört worden war. An rund 200 Knochen von etwa zehn Kindern, die alle jünger als fünfzehn Jahre gewesen waren, fanden sich Messerspuren, wie man sie von Tierknochen kennt, von denen das Fleisch abgelöst wurde. Warren hält es für möglich, daß die Knochen Zeugnis eines Kannibalismus religiös-rituellen Charakters sind.

Sowenig Kannibalismus und Menschenopfer ins ansonsten farbenfrohe Bild des kultiviert-zivilisierten Inselreiches auch passen mögen, der Mythos vom Minotauros enthält bereits das grausame Gegenbild: Alle sieben beziehungsweise neun Jahre hatten die Athener dem kretischen König Minos als Kriegstribut sieben Jünglinge und Jungfrauen zu schicken, die dann dem furchtbaren Minotauros, einem Ungeheuer mit Männerkörper und Stierkopf, zum Fraß vorgeworfen wurden.

Alltagsgeschichte in und um Festós

Die meisten minoischen Stätten liegen an den landschaftlich schönsten Stellen der Insel, in ihrer Umgebung gibt es also auch viel heutiges Kreta zu entdecken. **Festós** besucht man am besten Samstag nachmittags, weil im nahe gelegenen Míres, dem landstädtischen Zentrum der fruchtbaren Messará-Ebene, vormittags ein großer Straßenmarkt stattfindet. Alles wird angeboten, was die Menschen im Kleinstädtchen und im Umland benötigen. Wie kretische Bauern und Handwerker noch vor einem Jahrhundert ihr tägliches Leben meisterten, zeigt das hervorragende **Ethnologische Museum** im ehemaligen Gutshof des ruhigen Dörfchens **Vóri**. Zum einen wurde es nach modernen museumspädagogischen Gesichtspunkten gestaltet, und zum anderen vermittelt es überraschende Einblicke in die kretische Alltagsgeschichte der letzten Jahrhunderte. Einen Besuch sollte man auf keinen Fall auslassen. Der späte Nachmittag ist für Festós eh die richtige Tageszeit. Dann sind die vollen Busse der Reiseunternehmen bereits wieder unterwegs.

Das abendliche Licht verzaubert die Landschaft, man blickt vom Ausgrabungsgelände weit über die Messará, nach Süden auf die Kette der Asteroússia-Berge, nach Norden aufs Ída-Massiv. Man kann mit bloßem Auge die dunkle Öffnung der Kamáres-Kulthöhle unterhalb des Doppelgipfels am Mávri Ída erkennen, auf die die Palastanlage durch ihren Zentralhof ausgerichtet wurde.

Seit 1900 arbeiten italienische Archäologen in Festós. Frederico Halbherr, der auch die Gesetzestafeln von Górtis im Mühlbach wiederentdeckte, begann mit den Ausgrabungen, ihm folgten später Luigi Pernier und Doro Levi. Die Archäologen sind «wissenschaftlicher» als Evans vorgegangen: Es fehlen Rekonstruktionen, alles befindet sich noch am Ort, so wie der Spaten es freilegte. Wer zuvor Knossós besichtigt hat, kann aber auch hier die Grundmauern in seiner Vorstellung errichten und den immergleichen Bauplan ausmachen. Auch für Festós gibt es einen empfehlenswerten Katalog und Führer von Costis Davaras.

Unterhalb des südlichen Festós-Hügels, dem man ansieht, daß viele Mauerreste unter seiner buckeligen Grasdecke schlummern, liegt das Örtchen Ágios Ioánnis. Mitten in seinem mauerumschlossenen Friedhof steht malerisch zwischen Zypressen die Anfang des 14. Jahrhunderts erbaute und ausgemalte Kuppelkirche **Ágios Pávlos**, die die Namen des Stifters und von Mitgliedern der byzantinischen Kaiserfamilie aus der Paläologen-Dynastie trägt. Als Alternative für Unternehmungen rund um Festós bieten sich Ausflüge an zu den minoischen Hafenplätzen von Festós, nach Mátala mit seinen Höhlen oder nach **Kommos** bei Pitsídia. Hinter den östlichen Kommos-Dünen erlaubt die Umzäunung einen Blick von oben in die 1976 begonnenen Ausgrabungen des minoischen Hafens, in die der Wind jedes Jahr eine neue Sandwelle schiebt. Das kanadische Team unter Joseph Shaw wies neben seit mittelminoischer Zeit bestehenden Wohnhäusern und einem griechischen Heiligtum in Kommos eine spätminoische monumentale Schiffshalle nach. Viele Funde belegen intensive Handelsbeziehungen nach Italien, in die Levante und Kontakte mit phönizischen Händlern, die möglicherweise hier ein Heiligtum errichtet hatten (siehe S. 22–24).

Agía Triáda

Zu Fuß läuft man eine gute halbe Stunde von Festós zum ruhigeren Agía Triáda. An den Hängen des Fahrwegs leuchten die roten Blüten des Endemiten Ebenus creticus. Es ist nirgends überliefert, wie Minoer und Mykener diese Siedlung nannten. Daher griffen die italienischen Ausgräber auf den Flurnamen zurück. Vom verschwundenen kretischen Dörfchen Agía Triáda ist nur noch das byzantinische Kirchlein Ágios Georgios auf dem eingezäunten Ausgrabungsgelände erhalten geblieben. Früher galt das um 1600 v. Chr. über einfachen Vorgängerbauten errichtete Agía Triáda als

165

Sommerresidenz des «Herrschers von Festós» – nur drei Kilometer entfernt, aber näher am Meer gelegen. Nach Freilegung des l-förmigen «Palastes», zahlreicher Werkstätten, von Wohntrakten, Magazinen und vor allem der «Agorá» – hinter einer rund 40 Meter langen, offenen Vorhalle liegen gleichförmige Kammern, wahrscheinlich Läden – ist man sicher, hier einen spätminoischen Marktflecken entdeckt zu haben. Das ist einmalig auf Kreta, die Agorá, die bisher älteste Griechenlands. Viele wertvolle Funde wie die Schnittervase stammen von hier, der weltberühmte freskengeschmückte Sarkophag von Agía Triáda wurde in der außerhalb liegenden Nekropole gefunden (siehe S. 164).

Baden und Bergsteigen

Die Busse von Iráklion halten auf dem Weg nach Festós alle in **Górtis** (siehe S. 38; 58–59). Die Reste der römischen Stadt sind imposant: die Titus-Basilika aus dem 6. Jahrhundert, das Odeion mit den dorischen Gesetzestafeln, die immergrüne Platane von Zeus und Europa – und, kilometerweit verstreut in den Olivenhainen, Säulen und Mauern.
Italienische Archäologen graben noch immer südlich der großen Straße. Im riesigen Ausgrabungsgelände führt ein Spaziergang über Feldwege und Pfade an Bädern, Tempeln, einem Theater und dem römischen Prätorium vorbei.
Kretische Tradition und moderner Alltag sind im südlich von Ágii Déka gelegenen Dorf **Vassilika Anógia** lebendig miteinander verbunden. Um ihrem Patron, dem heiligen Stefanos, für lebenslangen Schutz zu danken, erbauten 1992 die Brüder Vrelianakis etwas abseits des Dorfes ein Kapellchen. Einer der beiden, Manolis Vrelianakis, ist ein auf Kreta bekannter Andarte, er war im Zweiten Weltkrieg an der spektakulären Entführung des deutschen Generals Kreipe beteiligt. Die Ikonastase (Bilderwand) vor dem Altarraum der Kirche ist von Woula Manousaki gestaltet worden. Ihr Atelier liegt in der Chandakos-Straße in Iráklion, und sie hat sich als Ikonenmalerin einen Ruf über Kreta hinaus erworben. Ihre Arbeit und ihre Bilder hat Professor Peter Höffken so unkonventionell beschrieben, daß die Lektüre seines Buches «Eine kretische Ikonenmalerin der Gegenwart: Woula Manousaki» die dem Laien so fremd daherkommende Ikonenwelt kurzweilig und spannend erschließt.

Vassilika Anógia liegt am Fuß der Asteroússia-Berge. Etwas westlich zweigt die Asphaltstraße nach **Léndas** ab (28 Kilometer von Górtis bis Léndas). Auf der imposanten Serpentinenstrecke begeistern die Rückblicke auf die Messará ebenso wie die karge Schroffheit der durchfahrenen Landschaft. Nicht lang hinterm Dörfchen Miramoú blitzt das Libysche Meer zwischen den felsigen Bergen durch, und bald ist die Aussicht frei auf die paar Häuser und das löwenähnliche Kap, das die Bucht von Léndas im Westen abschließt. Viele Häuser, die Zimmer anbieten, sind seit den siebziger Jahren dazugekommen, und Baugruben und Betonskelette verheißen noch mehr. Trotzdem scheint die Zeit stehengeblieben, gerade so, als hätten die rauhen, abweisenden Asteroússia die Rucksackreisezeit konserviert. Gästezimmer, Supermarkt und Tavernen wirken oft noch improvisiert, teilweise einfach. Ein paar schöne Apartements, die auch pauschal oder über kleine Anbieter vermittelt werden, garantieren ein paar ruhige Urlaubstage mit direktem Blick aufs Meer. In der westlichen Nachbarbucht mit schönem Sandstrand bei Papadogiánnis sind ein paar Pensionen entstanden. Als Nostalgie-Trip, für ein paar ruhige Frühjahrs-, aber vor allem warme Herbsttage, hat das abgelegene Örtchen Léndas unterhalb des antiken Asklepion-Heiligtums einen gewissen Charme.

Im westlich gelegenen **Kalí Liménes** stehen riesige Öltanks auf den vorgelagerten Inselchen, an denen Schiffe aufgetankt werden. Von Léndas aus ist Kalí Liménes (übersetzt etwa «gute Häfen») sicherer mit dem Motorrad als mit dem Pkw zu erreichen. Die Piste mit schönen Ausblicken auf die Küste ist streckenweise abenteuerlich. Es gibt Zimmer, sogar ein Hotel für Geschäftsleute, aber die Atmosphäre des Ortes ist wenig einladend. An den Apostel Paulus, der 59 n. Chr. auf seiner Fahrt von Caesarea nach Rom hier anlegte, erinnert ein kleines Kapellchen im Westen der Bucht. Die römische Basilika in Górtis hingegen trägt den Namen seines Mitstreiters Titus, der, von Paulus in Kalí Liménes zurückgelassen, die Insel erfolgreich christianisierte.

In den abgelegensten Tälern stehen Klöster, auf den einsamsten Gipfeln künden Kirchlein vom christlichen Leben. Auf dem wilden Kofinas, dem mit 1231 Metern höchsten Berg der **Asteroússia**, triumphiert eine Kapelle am Platz eines alten minoischen Gipfelheiligtums. Seine weiteste Umgebung ist hinreißend, die Bergwelt einsam und trotz der verhältnismäßig geringen Höhe alpin. Kein Wunder, daß zwei Österreicher, Luisa und Gunnar Schuschnigg, sich im winzigen Dörfchen Kapetanianá niedergelassen haben. Sie bieten Unterkunft und vor allem unvergeßliche Bergtouren und Wanderungen durch die zerklüftete Landschaft am Libyischen Meer. Highlights in diesem vergessenen Winkel Kretas sind die Wege zu den Höhlenkirchlein Ágios Ioánnis, mit menschengroßen Engelsfresken an den Außenwänden, und Ágios Antonios, mit seinem «ewigen» Wasservorrat aus einer tröpfelnden Quelle, am Ort eines alten Heiligtums. Übernachtet wird draußen oder im Kloster Koudoumas, das erst seit wenigen Jahren durch eine Straße mit der Messará verbunden ist.

Wanderung auf den Spuren von Zeus: Kamáres- und Ídahöhle

Erfahrung, Kondition für acht Wegstunden und eine große Wasserflasche braucht, wer vom Dorf Kamáres aus beide Höhlen an einem Tag im Sommer erwandern will. Die Aufstiegsmühen zum ersten Etappenziel (Dorf Kamáres 570 Meter, Höhle 1525 Meter, benötigte Gehzeit mindestens drei Stunden) werden mit unvergleichlichen Ausblicken belohnt. Vom östlichen Ortsrand Kamáres' ist der Pfad entlang der betonierten Wasserleitung recht gut zu finden, das riesige Loch der **Kamáres-Höhle**, auf die hin der Palast von Festós ausgerichtet wurde, bleibt jedoch bis zuletzt verborgen. Spätestens an der dritten Wasserstelle muß kräftig Vorrat in die Wasserflaschen genommen werden. Hin und wieder gibt es zwar Bäume auf der Strecke, ein kurzes Stück erfreut sogar ein uralter Kermeseichenbestand, dessen Unterwuchs die Ziegen kahlfressen. Ansonsten brennt die Sonne auf dem schattenlosen Hang. Das letzte Stück Anstieg ist

167

steil, die Füße suchen sich zwischen duftenden Thymianpolstern und Steinen den schmalen Weg. Das Höhlenloch – 18 Meter hoch und 33 Meter breit – taucht unvermittelt auf. Zum Ausruhen oder Lagern ist davor nur spärlich Platz, der Ausblick über die weite Messará, das Meer mit den beiden Paximadia-Inselchen bis nach Agía Galíni und auf die Asteroússia-Berge jedoch unvergeßlich. Am Berg selbst scheint der knapp 500 Meter höher liegende Doppelgipfel des Mávri (des Schwarzen Ida) zum Greifen nah. Der Höhlenboden ist mit Felsbrocken übersät und nach wenigen Metern stockfinster. Blickt man von der schräg nach unten fallenden Höhle nach draußen ins Licht, so drängen sich mythische Bilder auf. Aus der «Unterwelt» erscheint in einem gewaltigen Rahmen das Diesseits, überspannt vom Blau des dritten mythischen Ortes, des Himmels. Opfergaben («Kamáres-Keramik») und Altäre sind verschwunden, die archäologischen Auswertungen abgeschlossen.

Der Weg Richtung Ída-Höhle führt zuerst wieder hinunter bis zum Bereich der Mándra Kalamáfka, einer kleinen Alm, östlich um den Berg herum und leicht ansteigend durch einen Sattel. Drei Stunden nach dem Start von der Kamáres-Höhle öffnet sich der südliche Rand der annähernd kreisrunden **Nída-Hochebene** in 1300 Meter Höhe. Ihre Schäferlandschaft erschließt sich von Süden noch «unberührt»: Am Horizont taucht das erste «mitáto», der mörtellose, steinerne Rundbau der Hirten mit dem Melkpferch aus Felssteinen, auf. In die kleinwüchsigen Ahornbäume am Ebenensaum haben die Hirten ein Holzgestell montiert, auf dem die aus Körben gestürzten Käselaiber im Schatten luftig reifen. Nach einer weiteren Stunde über den glatten, gelbbraunen Weideboden, an den sich die Blätter und blauen Blüten der Alraune schmiegen, und die **Idäische Höhle** liegt 170 Meter über der Ebene am Ostabhang des Tímios Stavrós, wie der höchste Berg Kretas nach seiner Gipfelkapelle auch genannt wird.

Hier im Berg hielten die Minoer orgiastische Riten zu Ehren des Knabengottes ab: Die Ída-Höhle gilt als Kinderstube von Zeus (siehe S. 36–38).

Seit 1982 halten griechische Archäologen die Kulthöhle durch erneute Ausgrabungsarbeiten «besetzt». Professor Jannis Sakellarákis hat bisher über 3000 Funde im systematisch durchgesiebten Höhlenboden gemacht, vor allem erhärten sie seine Theorie, daß Menschen die Höhle bereits im Neolithikum nutzten. Für Besucher bleibt die Zeus-Höhle vorerst gesperrt, ab und an erlauben die Ausgräber einen Blick über ihre Schulter auf Planquadrate und Loren. 1989 hatte die Idéon-Andron-Hütte, die einzige Übernachtungsmöglichkeit auf der Hochebene, geschlossen. Inzwischen kommen an Stelle der ausbleibenden Höhlenbesucher immer mehr Hochgebirgswanderer vom Dorf Anógia herauf. Vor oder nach ihrem achtstündigen Gipfelsturm auf den Psilorítis (2456 Meter) kehren sie ein, weshalb sich die Bewirtschaftung der Hütte, über der ein Betonrohbau hochgezogen wurde, während der Sommertage wieder lohnt. Gelegentlich läßt das freundliche Wirtspaar den einen oder anderen Wanderer schon mal kampieren, obwohl der Betrieb, der nicht zuverlässig geöffnet hat, abends garantiert schließt. Selbst die Hirten fahren heutzutage mit ihren Pritschenwagen am Spätnachmittag oder frühen Abend nach Hause, in ihr Dorf Anógia, das an den Nordausläufern des Ída in einer Höhe von 710 bis 790 Metern liegt. Busverkehr besteht nicht, viele Tagesausflügler kommen mit dem Leihwagen. Die Wanderung von der Nída-Hochebene zum Dorf dauert gut fünf Stunden auf der 20 Kilometer langen Piste; ein Wegstück lang kann ein östlich verlaufendes Teilstück des E-4-Wanderweges genutzt werden. Aber selbst von der Fahrstraße aus erschließt sich die phantastische Bergwelt des Ída, in die Anógia eingebettet ist, als schwebe es auf dem Dach der Welt. Und Begegnungen mit Gänsegeiern sind hier keine Seltenheit, «säubern» sie doch die Felsklüfte von tödlich verunglückten Ziegen und Schafen. In den Käsereien und Unterständen am Wegrand ergibt sich der eine oder andere Plausch mit einem Hirten oder Hütejungen.

In **Anógias** blumengeschmückten Gassen werden einfache, aber hübsche Quartiere angeboten. Einige der Wirtinnen weben gleich nebenan im Haus bunte Decken und Teppiche aus Wolle. Das selbstbewußte große Dorf Anógia lebt wie eh und je von Milch und Fleisch, Haut und Haar seiner Ziegen- und Schafherden. Das Leben auf den beiden Dorfplätzen ist abends so außerordentlich faszinierend, daß man Müdigkeit und Zeit vergißt.

Nach dem Massaker vom 13. August 1944, einer deutschen «Sühnemaßnahme» (siehe S. 75 – 76), mußten die überlebenden Anógianer aus dem Nichts neu beginnen – die meisten Männer waren erschossen, Herden, Käsereien und die uralten Webtraditionen der Frauen vernichtet, nur die zwei Kirchen ragten aus dem Schutt der Häuser.

An die Zeit der deutschen Besatzung und des kretischen Andartiko erinnert ein Mahnmal ganz besonderer Art. Von den umliegenden Hügeln der Nída aus läßt sich eine riesige, aus Steinbrocken gefügte menschliche Figur auf dem Weideboden erkennen, der «ANDARTIS TIS IRINIS» (Partisan des Friedens). Drei Jahre arbeitete die Berliner Bildhauerin Karina Raeck an der Verwirklichung ihrer Idee. Die Schäfer hatten während der deutschen Besatzungszeit Felsbrocken auf der Ebene verteilt, um Flugzeuge am Landen zu hindern. Mit der Künstlerin transportierten fast fünfzig Jahre später die Hirten wiederum Gesteinsbrocken, diesmal für das geflügelte Mahnmal. «Eine Naturmetapher, dem geschichtsträchtigen steinernen Topos der IDA-Gebirges entnommen – und wieder in den Ursprung seiner Jahrtausende alten Geschichte zurückgeführt –» so beschreibt Karina Raeck ihr Werk, das am 23. Juni 1991 «auf der Idäischen Hochebene unter großer Beteiligung der kretischen Bevölkerung als Symbol deutsch-griechischer Versöhnung eingeweiht» wurde.

Beim Dörfchen **Grigoría**, drei Kilometer südlich von Kamáres, stiftete das Künstlerehepaar Hilde und Albert Kerber eine kleine Kapelle, um ein Zeichen für Sühne und Versöhnung zu setzen nach dem Grauen und dem Leid, das der Zweite Weltkrieg über Griechenland brachte. Die Gemälde im Innenraum nehmen Bezug auf die «Vergeltungsmaßnahme» in Kalávrita (Peloponnes), bei der die Deutschen mehr als 800 männliche Bewohner erschossen.

ACHTUNG, SPERRGEBIET
NATO—INSEL KRETA

Militär und Politiker statten regelmäßig den historischen Kriegsschauplätzen und Soldatenfriedhöfen des Zweiten Weltkriegs einen Besuch ab oder inspizieren die stationierten Truppenverbände. Spätestens dann, wenn es im Nahen Osten kriselt, rückt die friedliche Ferieninsel als bedeutender Luftwaffen- und Marinestützpunkt weltweit ins Bewußtsein.

Ein Seeadlerpaar in Mecklenburg-Vorpommern hat verhindert, daß die Bundeswehr sich aus Kreta zurückzieht. Es üben weiterhin deutsche Soldaten in den östlichen Klippen der Akrotíri-Halbinsel auf dem NATO-Stützpunkt NAMFI (NATO Missile Firing Installation) das scharfe Schießen mit Roland-Raketen. Ebenso wie die Einheiten aus den USA, Dänemark, Norwegen, Holland, Belgien und Griechenland. Außerdem sind in der gebirgigen Sperrzone die Luftabwehrsysteme «Nike», «Hawk», «Chaparral» und «Stinger» installiert, neuerdings auch Lance-Kurzstreckenraketen, die im Ernstfall mit Atomsprengköpfen bestückt werden. Ab 1992 sollten die Roland-Raketen auf dem ehemaligen Truppenübungsplatz der Nationalen Volksarmee bei Zingst verschossen werden. Allerdings liegt der Schießplatz in der Kernzone des Nationalparks Vorpommersche Boddenlandschaft. Dort protestierten die Anwohner gegen «Roland» und für das Seeadlerpaar, dem es im ersten Jahr der deutschen Wiedervereinigung, ungehemmt durch Waffenlärm, gelungen war, ein Junges aufzuziehen. Als Volker Rühe seinen Vorgänger Stoltenberg ablöste, verzichtete er kurzentschlossen auf den Wechsel vom Mittelmeer zur Ostsee. Dieser «Verzicht» brachte ihm vier Jahre später eine attraktive Dienstreise nach Kreta ein. Im August 1996 durchwanderte Rühe gemeinsam mit dem griechischen Verteidigungsminister Gerassimos Arsenis die Samariá-Schlucht, die im Zweiten Weltkrieg dem kretischen Andartiko als wichtiges Rückzugsgebiet gedient hatte. Auf dem deutschen Soldatenfriedhof in Máleme legte er den obligatorischen Kranz nieder und gedachte besonders der 42 Bundeswehrsoldaten, die beim Absturz einer Transall 1975 auf Kreta getötet wurden.
Später zwängte er sich im Marinehafen der Soúda-Bucht ins Innere eines deutschen U-Boots, denn seit dem Golfkrieg zeigt die Bundesmarine im Rahmen der NATO verstärkt Flagge im östlichen Mittelmeer.

**Zwiespältige Erinnerungen:
Soldaten haben auf Kreta immer
eine Rolle gespielt**

Spannungen mit dem NATO-Partner Türkei und der Krisenherd Balkan verschaffen der Armee eine hohe Akzeptanz

Neue Waffen neben alten Gräbern

Erstaunlich war die Normalität und Selbstverständlichkeit des Ministerbesuchs. Die Kreter haben nicht vergessen, daß vor wenigen Jahrzehnten Soldaten der deutschen Wehrmacht Dörfer und Städte ihrer Insel zerstörten und zahlreiche Menschen in sogenannten Vergeltungsmaßnahmen ermordeten. Militärische Vergangenheit und Gegenwart sind auf Kreta in nahezu makabrer Weise präsent.

Auf dem **Soldatenfriedhof** der Commonwealth-Truppen an der Soúda-Bucht (östlich der Landstraße von **Soúda** zum Militärflughafen Stérnes) liegen 1500 Gefallene. Über die Kreuze der Reihengräber hinweg blickt man auf moderne Kriegsschiffe, die hier ankern. Auch vom deutschen Soldatenfriedhof, der inmitten von Weinbergen am Hang der im Mai 1941 umkämpften «Höhe 107» liegt, blickt man auf militärisches Sperrgebiet – den Flughafen

von **Máleme**: oben das große schmiedeeiserne Kreuz, unten das Kreuz der betonierten Landebahn. Der Friedhof wurde erst im Oktober 1974 eingeweiht: Der Volksbund Deutsche Kriegsgräberfürsorge hatte zuvor die Gebeine von 4465 gefallenen Deutschen geborgen und ins nahe gelegene Kloster Goniás überführt. Inmitten violetter Mittagsblumen liegen die kleinen Sandsteintafeln mit Namen, Geburts- und Todesjahr – viele der sinnlos Gefallenen waren nicht älter als 18 bis 20 Jahre. Auf einigen Gräbern stehen frische Blumen: Eine bundesdeutsche Reisegruppe mit Angehörigen der hier bestatteten Soldaten ist kurz vorher eingetroffen. Ob sie wissen, daß die schmucke und nach deutschen Standards tipptopp gepflegte Anlage jahrelang von einem Gärtner betreut wurde, der selber ein bekannter Partisan aus dieser Gegend war und hier gegen die deutschen Fallschirmspringer gekämpft hat? Und daß die Schulkinder, die mit ihrer Lehrerin auf den Friedhof strömen, hier einen Teil ihres Geschichtsunterrichts absolvieren?

Auf der Rückfahrt vom Friedhof wird ihr Bus noch am **Kriegerdenkmal** drei Kilometer östlich von **Chaniá** haltmachen, das noch während des Weltkrieges von der deutschen Wehrmacht zur Erinnerung an die vielen gefallenen Fallschirmjäger errichtet wurde. Ein herabstürzender Adler aus Stein trägt in seinen Fängen ein Hakenkreuz, noch immer deutlich erkennbar, obschon man bei der letzten Restauration versucht hat, die Freiräume zwischen den Haken mit Mörtel zu verputzen. Auf der Gedenktafel steht: «Euch Toten gehört der Dank, die ihr fern der Heimat getreu eurem Fahneneid das Leben gabet unserem Groß-Deutschland.»

Darüber haben Kreter mit roter Farbe geschrieben: «Éxo i vassis» (Weg mit der Militärbasis).

Die NATO-Garnisonen grenzen an die riesige US Navy Base Suda Bay. Die fünfzehn Kilometer lange und vier Kilometer breite natürliche Hafenbucht bietet neben einem griechischen Marinehafen auch noch Unterschlupf für die gesamte Sechste US-Flotte. In **Soúda** bunkert die US-Mittelmeerarmada ihren Nachschub an Munition und Treibstoff. In unterirdischen U-Boot-Silos sollen auch Atomsprengköpfe lagern, wie Mitglieder der kretischen Friedensbewegung vermuten. Dagegen demonstrierten Anfang der achtziger Jahre 60 000 Kriegsgegner, unter ihnen der Bürgermeister von Iráklion und der griechisch-orthodoxe Bischof Irenäus. Auch mit einem riesigen Autokorso, 3000 Lkw und Pkw fuhren am 24. Juni 1981 im Schrittempo am hermetisch abgeriegelten Camp der amerikanischen Luftwaffe bei Goúrnes (östlich von Iráklion) entlang, machten die Kreter deutlich, wie sie ihre Insel haben wollen – frei von fremden Militärs.

Die US Air Force unterhält eine mit modernster Elektronik ausstaffierte Abhörstation, die in der Lage ist, im gesamten südöstlichen Mittelmeerraum und bis in den Nahen Osten die militärische Kommunikation zu verfolgen. Entgegen der amerikanischen Beteuerung, man habe von alldem nichts gewußt, kann man sicher sein, daß die elektronischen Superohren die spektakuläre israelische Bombardierung des PLO-Hauptquartiers in Tunesien im Oktober 1985, bei der sechs Bombenflugzeuge mehrfach in der Luft aufgetankt werden mußten, exakt registriert hatten.

Still geworden ist es in letzter Zeit um die amerikanischen Pläne einer weiteren Basis in der Messará-Ebene. Die deutsche Wehrmacht hatte während der Besatzungszeit in der Nähe von **Timbáki** ein Flugfeld angelegt, das auch noch später von griechischen Militärmaschinen benutzt wurde. Gegen starke Proteste der Kreter haben vor einigen Jahren die Amerikaner auf dem Gelände neue Kasernen mit israelischer Hilfe erbauen lassen, die seither leer stehen. Kreta gilt ebenso wie die Osterinseln vor der südamerikanischen Küste als potentieller Notlandeplatz für die amerikanischen Weltraumfähren.

Die Friedensdemonstrationen richteten sich zwar vordringlich gegen die unerwünschte Anwesenheit der Amerikaner, die spätestens seit dem griechischen Militärputsch von 1967, bei dem der CIA maßgeblich seine Hände im schmutzigen Geschäft hatte, ihr politisches Kapital in Griechenland verspielt haben, aber auch gegen die Militärs aus anderen NATO-Ländern.

Bliebe aus Zeiten des Kalten Krieges noch nachzutragen, daß auch die Schiffe mit dem roten Stern eine kretische Basis hatten. Die sowjetischen Schiffe ankerten in einer Untiefe knapp außerhalb der Sechs-Meilen-Zone genau in der Verlängerung der äußersten Nordostecke Kretas, des Kaps Sídero (Eisernes Kap). Hier wurden sie von Mutterschiffen aus mit Nachschub versorgt. Drei Vorteile hatten sie gegenüber den Amerikanern: Zum einen zahlten sie für ihren strategisch günstigen Stützpunkt keine Miete, zum anderen war er unkündbar und darüber hinaus ließ sich hier schlecht demonstrieren.

Asterix der NATO

Der verstorbene sozialistische Ministerpräsident Papandreou hat wohl nie ernsthaft riskiert, sein Wahlversprechen, alle US-Stützpunkte zu schließen, in die Tat umzusetzen. Zum einen kassierte Athen jährlich für die vier großen und zwanzig kleinen US-Basen 500 Millionen Dollar, die durch die amerikanische Militärhilfe noch verdoppelt wurden, zum anderen drohte Washington im Kündigungsfall, seine 4000 GIs kurzerhand zum «Erzfeind» in die Türkei zu verlegen.

Ausgerechnet dem konservativen Ministerpräsidenten Kostas Mitsotákis blieb es im Mai 1990 vorbehalten, das alte Versprechen seines politischen Gegners teilweise einzulösen. Aus Kostengründen gab die US-Regierung im neuen Pachtvertrag, der acht Jahre gilt, zwei der großen Stützpunkte auf. Die strategisch wichtigeren kretischen Basen hingegen werden ausgebaut. Nicht zufällig nahmen die fünf Minensucher und die Fregatte «Bremen» der Bundesmarine während des Golfkrieges Kurs auf die Suda Bay.

Obwohl die griechischen Militärausgaben, im Verhältnis zu denen der anderen NATO-Staaten, sehr hoch sind, gilt Griechenland als äußerst unbequemer Partner. Im Brüsseler NATO-Hauptquartier spöttelt man, Griechenland sei der Asterix der NATO, denn kaum ein Kommuniqué werde verabschiedet ohne eine griechische Distanzierung in Form einer Fußnote (griechisch «asterisk»). Ob sich das kleine Land gegen die Interessen der großen Mitgliedsstaaten dauerhaft durchsetzen kann, bleibt offen. Vielleicht ist der Spitzname «Asterix» ein gutes Omen.

Trotz der zahlreichen Proteste gegen die Militärpräsenz auf ihrer Insel dürften andererseits viele Kreter froh darüber sein, daß Griechenland fest in der NATO eingebunden bleibt. Denn die Türkei greift seit neuestem sogar nach der kretischen Insel Gávdos. Zwar mag der Dauerkonflikt zwischen den beiden NATO-Ländern um die Hoheitsrechte in den Agäisgewässern in mitteleuropäischen Augen recht absurd erscheinen, die Gefahr eines Krieges ist aber nicht auszuschließen. Wie die Auseinandersetzungen um die unbewohnte Felseninsel Imia im Januar 1996 zeigten. Damals wurde ein Waffengang nur durch die nachdrückliche diplomatische Intervention der amerikanischen Regierung verhindert. Im selben Jahr wurde eine Studie der türkischen Militärakademie bekannt, in der einhundert griechische Inseln als türkisch eingestuft werden. Nach wie vor bezweifelt Ankara den griechischen Status der Insel Gávdos.

HÖHLEN, KLÖSTER UND RAKETEN
HALBINSEL AKROTIRI

In den kühlen Morgenstunden vom Renaissancekloster Agía Tríada übers wehrhafte Moní Gouvernéto bis zum verlassenen Schluchtkloster Katholikó mit den Eremitenhöhlen hinabzusteigen bedeutet gleichzeitig, einen Einstieg in Kretas byzantinisch-orthodoxe Geschichte zu finden. Am Nachmittag lädt zum erfrischenden Bad der Strand ein, an dem Anthony Quinn wie Alexis Sorbas tanzte, und bei Sonnenuntergang schweift der Blick vom Grab des politischen Inselheiligen Eleftherios Venizélos.

Drei markante Halbinseln ragen im Westen aus Kretas Nordküste heraus: Gramvoússa, Rodopoú und Akrotíri. Die beiden äußeren gehören den Ziegen, Akrotíri jedoch den Menschen: Dörflern, Erholungssuchenden aus dem nahen Chaniá, Mönchen und vor allem den Militärs.

Die Akrotíri-Halbinsel bildet mit der kretischen Küste einen fünfzehn Kilometer langen und vier Kilometer breiten Naturhafen, einen der besten des Mittelmeers. Zwar dient die Bucht als Marinestützpunkt, aber gleichzeitig ist Soúda der Fähr- und Frachthafen Chaniás für die Verbindung mit Piräus. Mitten in der Zufahrt zum Hafen liegen drei Inselchen, die durch Festungsbauten verstärkt und bis 1715 von der Seemacht Venedig behauptet wurden. Heute ankert hinter ihnen die Sechste Amerikanische Flotte. Wie ein Fossil vergangener Macht droht vom Kap Kalámi imposant die türkische **Festung Izzedine**, eine Erweiterung des venezianischen Vorgängermodells. Bis vor kurzem noch als Gefängnis genutzt, in dem auch ausländische Touristen bei Drogen- und Verkehrsdelikten landeten. Das antike **Áptera** gleich nebenan wurde fast zwei Jahrtausende lang bebaut und ebenfalls strategisch genutzt. In 200 Meter Höhe siedelten hier als erste die Mykener. Alle erhaltenen Ruinen- und Grundmauerreste stammen jedoch aus klassischer griechischer und frühbyzantinischer Zeit. Vom Plateau der versunkenen Stadt bietet sich ein herrlicher Rundblick. Vergangenheit neben der Gegenwart auch vom Flugzeug aus: Wer zur Charterlandung auf dem Flughafen Stérnes/Chaniá auf Akrotíri ansetzt, erspäht als grüne Oase am Ende der Soúda-Bucht den britischen Soldatenfriedhof aus dem Zweiten Weltkrieg mit 1500 Gefallenen des Commonwealth. Ein- oder ausgecheckt wird in Nachbarschaft von Militärmaschinen der NATO-Verbündeten. Der Pendelbus vom «Festland Kreta» zum Flughafen rollt auf Straßenstücken mit Warnschildern und Drahtverhauen. Große Teile Akrotíris im Süden und Osten sind militärisches Sperrgebiet. Hier wird

Fabelwesen an der Renaissance-Kirche Panagía Theotokos im Hof des Wehrklosters Moní Gouvernéto

geübt, mit Raketen scharf zu schießen. Es stehen sogar Esel auf der Soldliste der NATO, denn im schroffen Gelände kommt selbst das hochtechnisierte Militär nicht ohne die vierhufigen Helfer aus.

Akrotíri-West und Alexis Sorbas

Die Chanioten, bis 1971 noch Einwohner der Inselmetropole, bevor Iráklion diesen Part übernahm, zieht es im Sommer vor allem in den zivilen Teil der pilzförmigen Halbinsel. Ihre «Hausbadestrände» in Kalatás und **Stavrós** liegen Soúda-abgewandt an den Stränden der sanft gewellten Westseite von Akrotíri, wo immer mehr Sommerhäuschen und bescheidene Wochenendappartements der Städter das Umfeld der Buchten zersiedeln. Die flach abfallenden Sandstrände sind bei Familien mit Kindern sehr beliebt. Nostalgikern bietet das Dorf Stavrós einen Originalschauplatz aus dem Film «Alexis Sorbas», nämlich die Höhle, vor der die Träume des von Kazantzákis erschaffenen Kreters und seines englischen Geldgebers im Nichts zerstoben, als die Seilbahn am steilen Hang zusammenbrach und zersplitternd zu Tal donnerte. So lieblich die Bucht mit dem Sandstrand ist, auf dem Anthony Quinn den Sirtaki tanzte, vor dem schroff ansteigenden Hügel ist von der kraftvollen, bisweilen gewalttätigen Großartigkeit des Films in der bescheidenen Größe der Kulisse rundum nichts zu spüren. Und Stavrós wuchs zu einem häßlichen Kaff heran, das im Sommer total überlaufen ist.

Chaniás Vorort **Chalépa** schmiegt sich in den Westhang des Isthmus, der die Halbinsel Akrotíri an der Nordküste Kretas verankert. Das ehemalige Regierungsviertel stammt aus der Jahrhundertwende. Seine Lichter blinken allabendlich in Chaniás Hafenrund herunter, es locken exquisite Lokale zwischen den Villen, schmucken klassizistischen Häusern und einer russisch-orthodoxen Kirche. Tagsüber sind Grab und Gedenkstätten der Venizélos' auf dem Profitís-Elías-Hügel beliebtes Ausflugsziel der Chanioten. Die beiden Staatsmänner – der wie ein Heiliger und als Held noch heute verehrte Eleuthérios Venizélos und sein Sohn Sofoklís – blicken von ihrer Ruhestätte aus auf ein überwältigendes Panorama. Geradezu lieblich breitet sich die Altstadt Chaniás hinter der venezianischen Mole tief unten aus. Die rauhen Felsklippen der Halbinsel Rodopoú verschwimmen als blaugrauer Schimmer am westlichen Horizont, und die immer weiße Kette der Lefká Óri baut eine ebenso romantische wie imposante Kulisse im Süden auf, einen Freiheitsriegel, den kein Eroberer dauerhaft knacken konnte. Der gut einhundert Meter hohe Profitís-Elías-Hügel ist für Kreter von doppelt nationaler Bedeutung. 1897, als die Türken von Kreta verjagt waren, wurde hier oben die griechische Flagge gehißt – und sofort von Schüssen heruntergeholt, abgefeuert von den um Chaniá ankernden Kriegsschiffen der europäischen Großmächte. Denen paßte die patriotische Demonstration für den Anschluß ans Mutterland nicht ins politische Konzept. Kaum hatte sich der Pulverdampf verzogen, flatterte das blaue Kreuz auf weißem Grund erneut auf dem Berg des Propheten Elías. Fanatische Kreterkämpfer hielten das Tuch mit bloßen Händen, und diesmal sollen die Marinesoldaten neben ihren Geschützen applaudiert haben. Das Feuer wurde eingestellt. Dem symbolischen Akt folgte 1913 die realpolitische Vereinigung Kretas mit Griechenland durch Elefthérios Venizélos, der hier oben begraben ist.

Heilige Höhlen und Klostermauern

Innerhalb weniger Kilometer wechselt die Landschaft Akrotíris. An der Nordostküste fand der Heilige Johannes, aus Kleinasien oder Ägypten stammend und deshalb auch Heiliger Johannes o Xenos genannt, vor rund tausend Jahren genau das, was er suchte: schroffes, abweisendes, unzugängliches Gelände. Der christlichen Legende nach ließ er sich mit seinen Gefährten dort in Felshöhlen rund um einen Schluchteinschnitt nieder, als nach verheerenden Sarazenenjahren wieder Ruhe im Inselleben eingekehrt war. Im 10. Jahrhundert soll er dort ein Kloster gegründet haben, möglicherweise das erste Kretas überhaupt. Bis zum heutigen Tag ist ein Fußmarsch nötig, um das im 16. Jahrhundert verlassene **Kloster Katholikó** tief unten in der Schlucht zu besuchen. Sicher ist, daß der Eremit das westliche Kreta nach den Sarazeneneinfällen missionierte. Viele Klostergründungen des 10. und 11. Jahrhunderts werden ihm zugeschrieben, wobei die Gestalt nicht scharf von einem anderen Johannes der Überlieferung zu trennen ist. Noch heute pilgern die orthodoxen Gläubigen am 7. Oktober, seinem Namenstag, zu der Höhle Ierión Spíleon. Ein Maultierpfad mit vielen in den Fels gehauenen Stufen führt an der östlichen Schluchtseite hinab zum Klosterportal mit dem venezianischen Campanile und auf den Vorhof der Klosterkirche, die unter einen Überhang im Fels verschwindet. Die etwa fünfzehn Meter bis zum anderen Schluchtufer überspannt etwas unterhalb eine mächtige Steinbrücke. Sie schafft einen weiten Platz zwischen den wildromantischen Felswänden mit ihren Höhlen, an denen geräumige Klausen und die Kirche kleben. Im Brückengewölbe horteten die frommen Männer Vorräte und Wasser in Zisternen.

Nach dem Fall Konstantinopels machten immer mehr türkische Freibeuter das Mittelmeer unsicher. Von Berufs wegen selber Meister im Verstecken, war ihnen der winzige Felseinschnitt von der Breite eines Bootes nicht verborgen geblieben, mit dem die Schlucht, wenige Kilometer Luftlinie entfernt vom Kloster, ins Meer mündet. Ein unbefestigter Pfad führt in einer halben Stunde von der Klosterruine zur Küste hinab. Mit der Brandung spritzt das Gischtwasser auf die Tuffsteinfelsen; deutlich erkennt man, daß quaderförmiges Baumaterial aus ihnen herausgeschnitten wurde. Landeinwärts gurgelt und gluckert Salzwasser im Spalt der Schlucht. Die Rinne führt zu versteckten «Bootshäusern», die in den Fels gehauen wurden. Ein Rest des so entstandenen Tonnengewölbes ist noch intakt, es wirkt wie eine Miniaturausführung der venezianischen Arsenale. Ständige Piratenüberfälle zermürbten die Klosterinsassen, sie gaben im 16. Jahrhundert das Kloster endgültig auf.

Ein 1537 erstellter «Neubau», das **Kloster Gouvernéto**, nur eine halbe Wegstunde oberhalb des alten Klosters gelegen, nahm einst die Mönche aus Katholikó auf. Gouvernéto ist der «kiría ton angélon», der Muttergottes von den Engeln, geweiht, mit einer sehr schönen Ikone verehrt man den Heiligen Johannes. Selbst im Frühjahr sprießen rund ums Kloster nur spärlich grüne Halme zwischen den vom Vieh verschmähten Blättern der Meerzwiebel. Aus dornig trockener Einöde betritt man durch ein mächtiges Holzportal einen idyllischen, baumbestandenen Innenhof. Die kretisch-venezianische Renaissancefassade der Klosterkirche prägt sich als ein auf Kreta einzigartiges Bauwerk ins Gedächtnis ein, denn aus dem Rund ihrer Säulen sind überdimensionale Kopffratzen plastisch herausgearbeitet, die an Südamerika erinnern, an Skulpturen der Inkas.

Mönchskutten und Wehrtürme

So friedvoll der Tagesablauf der Mönche und die Klostergebäude im Innern des umfriedeten Gartens heute wirken, Gouvernétos beeindruckende Wehrmauern und -türme machen klar, daß den frommen Mönchen auch nach ihrem Umzug auf das felsige Plateau keine klösterliche Oase der Weltabgeschiedenheit beschieden war, in der sie nach ihrem Ideal, der mystischen Vereinigung mit Gott, streben konnten.

Die Piratenübergriffe verstärkten sich sogar noch, weil Venedigs Macht ab- und die der in den Okzident drängenden Türken zunahm. Aber als die Muslime schließlich die Flagge mit dem Halbmond siegreich auf Kreta hißten, hatten die Mönche in Gouvernéto und andernorts vorerst wenig zu leiden, genauso wie ein Papás auf dem Land kaum behelligt wurde. Zwar trieben die neuen Machthaber aus dem Osten eifrigst Abgaben ein, verdrängten die Stadtbevölkerung aufs Land, ließen aber ansonsten die einfachen Leute nach ihrer byzantinischen Fasson selig werden. Des Sultans Abgesandte missionierten nicht. Ganz im Gegenteil zu den katholischen Venezianern, die den Kretern in übler Erinnerung blieben. Auf Druck des Papstes hatten sie ihren italienischen Einfluß nicht auf die künstlerische Gestaltung orthodoxer Kirchen und Klöster beschränkt, sondern auf die Seelen der Kreter ausgedehnt.

Im kretischen Alltag war die religiöse Toleranz des fernen Sultans jedoch von geringem praktischen Wert. Orthodoxe Christen statt Muslime zu sein hieß stets, den kürzeren zu ziehen, Kopfsteuern zu zahlen, die Stadt verlassen zu müssen. Daß der Ökomenische Patriarch von Konstantinopel seit 1453 die griechischen Untertanen im türkischen Reich vor der Hohen Pforte in Istanbul politisch vertrat, nützte einem Bauern bei Ierápetra oder in Vámos gar nichts, wenn er enteignet wurde oder fruchtbares Land unter Preis an einen türkischen Nachbarn oder Grundbesitzer verkaufen mußte. Da Klöster allerdings ihre Besitztümer behalten durften, hatte das zur Folge, daß mancher Weinberg und unzählige Olivenhaine lieber den Mönchen vermacht wurden, bevor sie in «heidnische» Hände fielen. Auf diese Weise wuchsen die kirchlichen Güter während der 400jährigen Türkenzeit beträchtlich an. «Die bereits wohlhabenden Klöster der Insel entwickelten sich so zu Wirtschaftsriesen. Das Kloster Toplou in Siteia, die Klöster Apanosifi, Agkarathos, Apezanes und Odigitria (Irakleio), die Klöster Arkadi und Preveli (Rethymno) sowie die Klöster Gouverneto, Agia Triada, Chrysopigi und Gonia (Chania) zählten zu den reichsten der Insel», so Nikos Psilakis.

In den Fels geschlagene Stufen führen hinunter in die Schlucht zum Kloster Katholikó

Mit der hohen orthodoxen Geistlichkeit, ihrer Stellung und Macht verfuhr die Besatzungsmacht rabiater als mit Dorfgeistlichen und Klöstern. Die Osmanen griffen auf die reiche Bausubstanz der Venezianer zurück. Viele kretische Bischofskirchen wurden kurzerhand in Moscheen umgewandelt. Ihr Grundbesitz fiel dem Sultan oder den von ihm eingesetzten Agas oder Beys zu.

Die griechische Muttersprache wurde von den unterjochten Kretern nur noch in der Familie gesprochen, und der Papás las sie aus den alten liturgischen Büchern vor, deren Inhalt seit dem 5. Jahrhundert n. Chr. unverändert war. Der Gottesdienst verbreitete die vertraute griechische Atmosphäre, Gesänge und Riten waren sozusagen ein Garant der Traditionen des byzantinischen Reiches. Weil in den kirchlichen Institutionen das «Griechentum» mitten im Muslimenreich weiterleben konnte und aktiv bewahrt wurde, erlangte die orthodoxe Kirche auf Kreta wie im übrigen Griechenland große Bedeutung und hohes Ansehen, das sich bis heute aus dieser Erfahrung speist. Die Religion wurde Teil der nationalen Identität.

Abgeschiedene Lage und Wehrmauern der Klöster waren von unschätzbarem Vorteil, wenn Mönche mit Hilfe der alten liturgischen Texte die nachwachsenden Generationen – genau wie es in den Dorfkirchen die Papádes taten – heimlich in der griechischen Sprache unterrichteten. Hinter Klostermauern konnten Jungen untertauchen, die ihre Eltern vor der Zwangsrekrutierung zur Elitetruppe der Janitscharen bewahren wollten. Und mancher junge Mann zog gleich die Mönchskutte an. Schließlich mauserten sich die Klöster zu Verstecken und Versammlungsstätten. Sie unterstützten in Not geratene Familienclans, boten Verfolgten, national Gesinnten und Freiheitsliebenden nicht nur Unterschlupf, Brot, Wasser, geistige Sammlung und göttlichen Segen. Die Mönche kannten sich aus in neuester Waffentechnik, Äbte knüpften inselweite Verbindungen, Aufstände gingen meist auf ihre Initiative zurück, konnten auf ihre Unterstützung rechnen. Die Widerstandsnester hinter den heiligen Mauern blieben der türkischen Besatzungsmacht nicht verborgen. Sie rächte sich mit Vergeltungsschlägen, die rauchende Trümmer, ermordete Mönche, zerschlagene Ikonen und brennende Bücher zurückließen. Fast immer errichteten die Nachfolger der Ermordeten die Wehrmauern noch höher und mächtiger und mit noch zahlreicheren Schießscharten. Schon 1645 brannte das Kloster Goniás bei Kolimbári zum erstenmal, ein Jahr später wurde das Kloster Préveli an der Südküste und 1704 das als uneinnehmbar geltende Toploú zerstört, das die Türken Kanonenkloster genannt hatten. 1821 wüteten die Soldaten in Agía Triáda und ließen in Gouvernéto nur Tote und Trümmer zurück, im Wehrturm verschanzt soll ein Mönch Odigitrias (Messará) alle Angreifer getötet haben, bevor eine Nachhut der Türken ihn überwältigte. Zu ihrem Nationalheiligtum, dem 1886 in die Luft gesprengten Kloster Arkádi bei Réthimnon, pilgern noch heute Kreter und Griechen, um der bei dem Massaker Getöteten zu gedenken. Und die Liste der Wehrklöster und die Chronik ihres Widerstandes ließe sich fortsetzen, über die Türkenepoche hinaus bis zum Ende der deutschen Besatzungszeit im Zweiten Weltkrieg.

Spaziergang in die Renaissance

Mit dem Auto kann man mittlerweile vom Moní Agía Triáda über Schotterstraße und Asphalt bis vor Gouvernétos Mauern fahren. Vor wenigen Jahren noch war der Pfad in der Schlucht zwischen den Klöstern, von Büschen begleitet, mit Dornpolstern und Steinen übersät, nur zu Fuß zu begehen. Nach wie vor erlebt man den Landschaftskontrast jedoch am besten auf der einstündigen Wanderung. Die große Anlage von **Agía Triáda** liegt wie in einen fruchtbaren Garten eingebettet vor dem direkt hinter ihr ansteigenden Gebirge. Wie zu einem herrschaftlichen Gut führt die Zypressenallee zwischen Mauern entlang, über die die Kronen gepflegter Zitrus- und Feigenplantagen ragen. Nordwärts leuchten die Gipfel der Lefká Óri über Weinfeldern und riesigen, intensiv bewirtschafteten Ölbaumkulturen. Glasgewächshäuser reflektieren die Sonnenstrahlen, im umgepflügten braunroten Boden richten Mönche unter den Olivenveteranen mit langen Folienschläuchen Frühkulturen ein.

Ein reicher, für Meditationen und gottgesegnetes Wirtschaften geeigneter Ort, den die zum orthodoxen Glauben konvertierten Venezianer Jeremias und Laurentzios Tzangarola im 17. Jahrhundert wählten. Ihr Werk war die Reorganisation des Klosters, weshalb es auch den Namen Moní Tzangarólou trägt, mitunter auf Straßenkarten vermerkt. Die heutigen Gebäude des Klosters stammen aus ihrer Zeit und tragen ausnahmslos die Handschrift italienischer Architekten. Aber nicht nur die Schönheit des Renaissanceensembles, die in neuerer Zeit entstandene Freskenausschmückung der Kreuzkuppelkirche, die 1821 vor den Türken geretteten Kostbarkeiten im Klostermuseum, der Blick von den der Kirche gegenüberliegenden Balkonbalustraden auf die vielen Türme des Katholikons und das liebliche Umland machen den Reiz des Dreifaltigkeitsklosters aus. Es wirkt im Gegensatz zu den meisten anderen ehrwürdigen Klöstern Kretas sehr lebendig, obwohl nur noch fünf Mönche hier leben und es inzwischen wie alle Klöster mit Nachwuchssorgen zu kämpfen hat. Bis in die siebziger Jahre hinein tummelten sich zwischen den gestandenen Priestern und Mönchen der Klosteranlage zahlreiche junge Männer. Im ältesten Priesterseminar Kretas wurden sie für die Dorfgemeinden ausgebildet. Besonders erfolgreiche Absolventen schickte man zum Theologiestudium aufs Festland. Ihnen stand die Laufbahn des höheren Klerus offen, eine Karriere, die neben akademischen Weihen den Verzicht auf eine Ehepartnerin voraussetzt.

Steinzeitler sind übrigens möglicherweise denselben Weg gezogen, über den sich an manchen Tagen ein Touristenlindwurm von Agía Triáda über Moní Gouvernéto hinunter in Richtung Katholikó schlängelt, vorbei an einer uralten **Kulthöhle** mit einem bärengestaltigen Stalagmiten. Scherben und andere Funde bezeugen kultische Handlungen im Neolithikum und aus klassischer Zeit die Verehrung der Artemis. Natürlich hatten Mönche der Akrotíri-Klöster später Klausen vor ihrem Eingang. Das Kapellchen innen ist der «panagía arkoudiótissa», der Muttergottes zu den Bären, geweiht.

BERGE, BAUERN, BEACH
GEORGIOUPOLIS UND UMGEBUNG

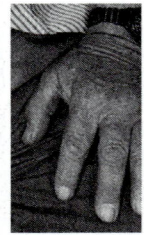

Wind und Wellen lassen für Sport- und Sonnenfreunde keine Wünsche offen in der weiten, sandstrandgesäumten Bucht von Georgioúpolis. Dabei ist es per Bike oder mit dem Auto nur ein Katzensprung zum einzigen Süßwassersee Kretas, zu recht unberührt gebliebenen grünen Dörfern an den Hängen der Weißen Berge oder auf der Drapanon-Halbinsel. Hier kommen Wanderer und selbst Spaziergänger auf ihre Kosten. Und wer Chic, Charme und Nachtleben sucht: Chaniás nahe gelegene Altstadt hat von allem reichlich.

Georgioúpolis Beach: Der schier endlose Sand- und Kiesstrand scheint sich am Horizont zu verlieren. Die Augustsonne hat den Sand so aufgeheizt, daß man barfuß die Strecke von den Dünen bis zum Meer kaum laufen kann. Die leise rollende Brandung verheißt Kühlung, die nahe Strandbar der Hotelanlage einen erfrischenden Drink. Der richtige Ort, um die Augen zu schließen für eine kurze imaginäre Reise in die Vergangenheit.

Hinter den Dünen begannen einst die Erdnußfelder. Früher kamen die Bewohner von Kournás zur Ernte herunter. Noch zur Zeit ihrer Urgroßväter war die weite **Bucht von Georgioúpolis** ein wildes Terrain gewesen, von Schilf, Rohr, Binsen und undurchdringlichem Gestrüpp überwachsen, das die Menschen mieden. Nichts als Sümpfe und Moore, die sporadisch von ein paar Flüssen gespeist wurden, welche bei hohem Wasserstand im Winter und Frühjahr anarchisch ihre Ufer verlegten. Im glasklaren Almirós-Tümpel brodelten Süßwasserquellen zwischen untergetauchten Polsterpflanzen. Aus purem Vergnügen den kilometerlangen Strand entlangzuwandern oder gar im Meer zu baden, daran dachte damals niemand. Dort zu siedeln schon gar nicht. Als ungesund galt der Küstenstreifen des Órmos Almiroú mit seinen Mücken und Fieberdünsten. Die Korbflechter holten sich hie und da Weiden- oder Myrthenzweige, um ihre Kundschaft mit Gerätschaften fürs Haus, für die Feldarbeit, den Fischfang und für die Käseherstellung zu versorgen. Der Stuhlmacher suchte hier die Ruten des Mönchspfeffers für die Sitzflächen seiner rohen, robu-

Animateur am Beckenrand, aber hinter dem Pool beginnt der feinsandige Dünenstrand

sten Holzstühle aus. Ein paar Fischerhütten werden an trockenen Stellen gestanden haben, denn am Küstenstreifen vorm nie versiegenden Fluß gingen viele Fische ins Netz. Der eine oder andere aus den hoch gelegenen Dörfern ringsum wird sein Glück versucht haben, in der Wildnis eine Ente zu erjagen. Die Leute munkeln gar, Banditen hätten zur Türkenzeit Unterschlupf in dem unheimlichen Gelände gesucht. Ansonsten blieben die ursprünglichen Bewohner, die Tiere, unter sich: Kaspische Wasserschildkröten, bunte Libellen, quakende Lurche, tauchende Eisvögel, Braune Sichler, Silberreiher und andere langbeinige Watvögel, die mit ihren Schnäbeln stochernd überreichlich Nahrung fanden. Im Hochsommer quälten sich nachts in Scharen die riesigen Meeresschildkröten an Land, um nach der stundenlangen, mühsamen Eiablage im warmen Sand am Dünensaum sofort wieder in den Weiten des Meeres zu verschwinden.

Die Kapelle des heiligen Nikólaos, draußen auf einem Inselchen an der Mündung des Almirósflusses, soll schon viel länger existieren als das Dorf **Georgioúpolis**. Erst am Ende des vorigen Jahrhunderts wurden Ansiedlungsversuche in der Niederung unternommen. Offiziell gegründet wurde das Dorf dann ein paar Jahre später vom Hochkommissar Prinz Georg von Griechenland (siehe S. 68). Dessen Namen trägt der Ort bis heute. Einige der hohen Eukalyptusbäume, die mit Prachtexemplaren den großen Dorfplatz schmücken, das Flußufer säumen und die alte Straße nach Chaniá zu einer lichtdurchfunkelten Allee machen, soll der Potentat höchstpersönlich gepflanzt haben. Denn eigentlich gehört der australische Fremdling gar nicht hierher. Wie alle seine Zeitgenossen war Prinz Georg festen Glaubens, daß der Eukalyptusduft die Malaria vertreiben würde. Aber ebensowenig wie der importierte Monarch Kreta die Freiheit gebracht hat, befreite er mittels Exotenimport die sumpfige Niederung von den Anophelesmücken. Ihnen machte erst in den vierziger Jahren das DDT den endgültigen Garaus. Immerhin verringerte der enorme Wasserverbrauch der Eukalyptusbäume die allgegenwärtigen Wasserpfützen.

Im üppigen Frühjahrsgrün überwältigt in Georgioúpolis heute genauso wie vor Jahrhunderten der Blick auf das Panorama der schneebedeckten Gipfelkette der Lefká Óri. An einem der vielen dunstfreien Tage sieht man sie besonders gut, wenn man auf der Flußbrücke des Dorfes oder auf der Hafenmole in der Sonne steht. Deren Schmelzwässer versickern langsam im Kalk des Gebirgsstocks. Karstquellen geben es kontinuierlich bis lange in den Sommer hinein ab. Auch der Almirós wird von unterirdischen Zuflüssen aus den Weißen Bergen gespeist. Unmittelbar in Meeresnähe drückt das süße Quellwasser gleichzeitig Salzwasser mit hoch. Der Tümpelsee ist wegen seines seichten Brackwassers biologisch außerordentlich wertvoll. In Kreta hat nur noch Georgioúpolis diese Naturrarität aufzuweisen. In der ehemaligen Idylle bei Rogdiá versucht die Stadt Iráklion Großstadttrinkwasser aus dem Almirós des Ída-Gebirges zu bekommen. Den ehemaligen Almirós des Díkte bei Ágios Nikólaos kann man nur noch am Hotelnamen erkennen. Er ist den Leidensweg vieler anderer «nutzloser»

Feuchtgebiete gegangen, nämlich zugeschüttet und überbaut worden.

Noch 1980 holte man sich, mindestens im Winter und Frühjahr, an vielen Plätzchen im und rund ums Dorf Georgioúpolis nasse oder matschige Füße. Und bei einem Streifzug nach Exópolis wurden die vielen Schildkröten am Ufer aufgeschreckt, die plumpsend im Fluß verschwanden. Nach der explosionsartigen Bebauung im Dorf und vor allem am einst menschenleeren östlichen Strand verraten heute nur noch hie und da Binsen den Standort ehemaliger Feuchtgebiete. Ein hölzerner Steg überbrückt am Strand die kalten Mündungsfluten des Delfinos, der vom Kournás-See hinunterfließt. Touristen, die im Mietbötchen den Fluß am Fischerhafen hinaufpaddeln, lesen auf einem kleinen Schild gleich hinter der Brücke neuerdings, sie möchten im «Hidden Turtle River» Rücksicht nehmen.

Startbahn Dorfplatz

Georgioúpolis hat viele Seiten: einen fast zehn Kilometer langen Sandstrand, einen kleinen, aber regen Fischerhafen, eine Flußlandschaft mit imponierender Gebirgskulisse, unwegsames Felsgelände nebst schwer aufzuspürenden Ruinenresten einer antiken Stadt, Amfímalla. Gut erreichbar liegen in der Nähe schöne Bergdörfer und Kretas einziger Süßwassersee. Aber der Dreh- und Angelpunkt ist der Dorfplatz, über den jeder und alles seinen Weg nehmen muß. Zusammen mit einigen Fischerhütten dürften früher wohl die zweigeschossigen Häuser dieses Karrees samt Eukalyptusriesen, Kafeníon, Kiosk, Polizei- und Telegraphenstation das Dorf ausgemacht haben.

Das einst bescheidene, aber hübsche Häuser-Ensemble mit den zum Platz hin ausgerichteten, manchmal rot gedeckten Spitzgiebeln ist nicht mehr zu erahnen. Die ursprünglichen Hausfronten sind entweder nach jahrelangem Verfall abgerissen, modernisiert, aufgestockt oder um Terrassenflächen erweitert worden. Eine Neon-Goofy-Figur zieht heute alle Blicke auf sich, wenn man über die kleine Stichstraße von der New Road aus die Platía erreicht – neben den vielen Autos, die dort parken. Am leicht abfallenden Hafenweg träumen nicht mehr verrottende Schmiedeeisen-Balkone von ruhigeren Zeiten, sondern helle Lädchen und Boutiquen werben mit Agenturen und Rent-a-car-Büros um die Touristen. Eins der alten adlergeschmückten, eisernen Balkongitter hat sich in die neue Zeit gerettet, es findet sich als Terrasseneinfassung wieder, aufgearbeitet und gestrichen.

Wie ein Fossil aus alten Tagen mutet das Hotel «Amfímala» direkt an der Nordwestecke des Platzes an, vor dem alte Kreter Komboloi spielend und Rakí trinkend das Treiben auf dem Platz betrachten. Je nach Sonnenstand rücken sie die krummen Holzstühle mehr oder weniger in den Schatten des mächtigen Eukalyptusriesen. An einem der Tische hat Maria zwei Touristen gerade ein Frühstück serviert. Wie eh und je im Frühjahr trudeln die spitzen gelben Hütchen der Eukalyptusfrüchte in den Nescafé und garnieren Joghurt und Spiegelei, was die beiden aber nicht weiter irritiert. Offensichtlich sind sie nicht zum erstenmal bei Maria eingekehrt. Ein Sightseeing-Bus hält mitten auf der Platía. Die Türen öffnen sich zischend, und die Karawane der Tagesausflügler zockelt zur Ortsbesichtigung die zweihundert Meter zum Hafen hinunter. Der Busfahrer genehmigt sich einen Kaffee. Fünfzehn Minuten später sind alle wieder da, die Besichtigung ist abgeschlossen. Maria kommt im selben Augenblick mit vier leuchtenden Orangen aus der Tür, um sie ihren einzigen ausländischen Gästen zu schenken. Die Truppe vergißt über dieser «echt ursprünglichen» Szene das Einsteigen, einige zücken die Fotoapparate und Videokameras.

Dabei hatte gerade hier vor knapp zwanzig Jahren die touristische Entwicklung des Dorfes verheißungsvoll angefangen. Maria hatte damals die modernste Zimmervermietung. Der Sandstrand war weitgehend menschenleer, und zum ersten größeren Hotel, dem «Gorgona», waren die Grundsteine noch nicht gelegt. Die Pionierstrukturen des Tourismus, die damals aufgebaut wurden, blieben sehr bescheiden, die Individualreisenden ebenfalls. Sie suchten nicht den Komfort. Sie schätzten an Georgioúpolis vor allem das Dorfleben an der Platía, die Atmosphäre am Hafen und das ungezwungene Strandleben, Ausflüge in die benachbarten Bergdörfer, die vielen Begegnungen mit den Kretern und die Andersartigkeit des bäuerlichen Lebens. Der Schäfer ließ sich beim Melken bewundern, und wer zuschaute, durfte, ja mußte auch kosten. Die Frauen waren stolz, wenn sich jemand für ihr Klöppeln und ihre Webarbeiten interessierte. In gewisser Weise waren die damaligen Rucksackler, nicht zu verwechseln mit den Aussteigern und Freaks der gleichen Zeit, Exklusivreisende. «Hier müssen Hotels her, dann habe ich mein Restaurant immer voll», meinte der couragierte Besitzer der Fischtaverne eines Abends. Seine Vorstellungen von der touristischen Entwicklung haben sich schon lange bewahrheitet, jetzt, da Georgioúpolis auf der Schwelle zum Massentourismus steht. Aber weniger Gäste als früher kommen in seine Taverne. Das Pauschalarrangement versorgt den sonnenhungrigen Kofferträger mit Halb- und Vollpension rund um die Uhr. Und in eine mit kretischer Mentalität geführte Kneipe setzt er sich vielleicht einmal aus Neugier. Er ist von Mallorca, den Malediven, Thailand und sonstwo einen ganz bestimmten Standard beim Sonnenurlaub gewöhnt. Land und Leute drum herum sind schmückendes Beiwerk, ein Hauch lokaler Exotik.

Zug über die Dörfer: Talos Express

«Fére mas, fére mas!» Inmitten seiner «paréa» thronend, läßt sich Manolis in einem seltsamen Lindwurm von der Verwandtschaft bedienen. Großes Hallo, man plaudert, erkundigt sich, und die Frauen reichen dies und das auf dem Tablett heraus: Rakí und Wein mit Mezédes oder Gebäck und Süßigkeiten. Normalerweise läuft das durchs runtergekurbelte Autofenster, wenn ein Kreter mit seinem Wagen am Haus eines Bekannten oder Verwandten vorbeikommt. Zur Feier des Tages jedoch hat Manolis den Talos Express gemietet, eine Road-Eisenbahn mit Gummireifen, und die Route über die Dörfer zwischen Vrísses und Kournás dirigiert er als großzügiger Spender vom «Tender» aus. Ein Superzug durch die Gemeinde und wieder zurück. Die grellbunte Spielzeugeisenbahn ist der neueste Hit in

Die Alten auf den Dörfern haben oft viel von der Welt gesehen – als Seeleute oder Emigranten

Georgioúpolis zur Ankurbelung des Touristikgeschäftes. So abartig einem braven Kretafan auch diese Sfakioten-Nachfahren in einer gummiberäderten Benzineisenbahn vorkommen mögen, die Dörfler haben innerhalb von nicht einmal einer Generation den Anschluß an mitteleuropäischen Standard geschafft. Dazu gehört neben dem gefliesten Bad auch der Spaß an all den Errungenschaften der Konsumgesellschaft, welche ihre Touristenkundschaft zu Hause ebenfalls schätzt und genießt. Diverse Kernzonen kretischen Lebens hat die «paréa» auf ihrer Zugfahrt aber garantiert berührt, mehr als ein Beacher je zu Gesicht bekommt.

Einsteigen in den Talos Express, und ab zu den «Hightlights of Apokoronou» (Kreis im Nomós Chaniá neben Kíssamos, Sélino und Sfakiá), so verheißt das Werbeplakat Georgioúpolis' Strandmüden den eintägigen Erlebniskitzel: Kournás-See, der einzige Süßwassersee Kretas, Ausflug zum historischen Volkskundemuseum in Gavalochóri oder gar eine Rundfahrt zu den Quellen von Argirópolis. Dabei ist es nicht schwer, die Umgebung von Georgioúpolis auf eigene Faust zu entdecken. Die Dörfer rundum sind fast alle in ein üppiges Grün eingebettet, und das heißt hier tatsächlich noch dichtes Buschwerk und Baumbestand, darunter viele Platanen, Zypressen, Johannesbrot- und Nußbäume, manchmal auch eine hohe, weit ausladende Kermes- oder Steineiche. Der Frühling ist berauschend, weil die zahlreichen Frühblüher auf den Äckern, dem Brach- und Weideland sich vor der Schneekulisse besonders abheben und die alte Kulturlandschaft nicht mit Treibhäusern und den dazugehörenden Baggern und Planierraupen zugepflastert ist, die den Mutterboden der Erosion ein gutes Stück näher bringen. Neben den Olivenhainen leuchten im März und April noch die saftigen Kugeln der Orangen-Nachlese, und die weißen Blüten der Zitrusfrüchte verstäuben einen betörend schweren Duft. Die hügelige Vorgebirgslandschaft am Fuß der Madára läßt den touristischen Rummel schnell vergessen. Hier kann man sich noch auf Kreta einlassen. Quartiere findet man inzwischen auch außerhalb von Georgioúpolis, z. B. im spärlich mit Bäumen versehenen Mathés, in Vámos, Gavalochóri, am Meer in Kalíves sowie am süßen Kournás-See. Ausflüge kann man deshalb von verschiedenen Standorten aus planen, zu Fuß oder mit öffentlichem Bus und mit Leihwagen und Motorrad kombinieren. «Me ta pódia», zu Fuß, das ist und bleibt die beste Methode, mit Menschen, Landschaft, Tieren und Pflanzen Kontakt zu bekommen, Kretas unverwechselbarem und einmaligem Kapital, nicht austauschbar mit jedem beliebigen Urlaubsziel, an dem die Sonne scheint.

Traditionelles läßt sich da fast überall entdecken: Die Frauen von **Exópolis** bis **Kalamitsi Amigdáli** sieht man über ihre Klöppelkissen gebeugt, auf denen zarte Wunderwerke entstehen. Und ihre staatlich geförderte Seidenraupenzucht zu schauen lohnt im Juni und Juli. Im kleinen Laden im Zentrum von Kalamitsa Amigdáli verkaufen die Frauen ihre Handarbeiten, die auch an den zwei Webstühlen im Raum entstehen. An der Schnellstraße bei Vrísses sind vorzüglicher Käse und Joghurt bei Styl. Gouvadakis zu erwerben. Benutzt man die alte

Straße Richtung Chaniá, kommt man bald durch die Kreisstadt **Vámos**, die jahrhundertelang ein wichtiger Verkehrsknotenpunkt war, bevor die New Road entstand. Die Reste des Klosters Karidi in der Nähe, ehemals kretisches Dorf, nach der Zerstörung durch die Türken einer der vielen Gutshöfe des reichen Moní Agía Triáda auf Akrotíri, zeugen von der jahrtausendelangen Kultivierung des fruchtbaren Bodens. In Pemónia lassen sich zwei traditionelle Handwerker, ein Stuhltischler und ein Korbflechter, bei ihrer Arbeit über die Schulter blicken. In Agiói Pantés sorgt ein Köhler durch den kunstvollen Bau seiner Meiler dafür, daß die Holzkohlengrills der Region nicht kalt werden. Für die Hirten in den Weißen Bergen hämmert in Arméni eine Werkstatt die unterschiedlich klingenden Glocken für die Schaf- und Ziegenherden. In **Kalíves**, einem Ausflugsörtchen, das auch die Chanioten schätzen, arbeitet noch ein Böttcherbetrieb. Vater und Sohn Chazidimitriou stellen nicht nur kunstvolle Fässer aus Eichen- und Kastanienholz her, sondern nutzen einige auch gleich zur Wein- und Rakílagerung. Im selben Ort hat auch der Maler Elias Ravtopoulos sein Atelier. Durch einen Unfall an den Rollstuhl gefesselt, malt Elias seit 1981 seine Bilder mit dem Mund.

Seit den sechziger Jahren haben sich einige Ausländer in der Region niedergelassen. Ihren Standort haben sie gut gewählt, denn sie können geschäftlich vom überschaubaren Tourismus leben, und das nahe gelegene Chaniá verspricht Abwechslung auch in den Wintermonaten. Sie arbeiten als Dienstleister im Tourismus oder als Immobilienmakler und Bauunternehmer in den umliegenden Dörfern. In der Nähe des letzten Domizils der Autoren von «Wind auf Kreta», Pláka/Kámbia bei Kalíves, malt und radiert auch ein deutscher Wahlkreter unter dem Künstlernamen Antonios o Santorinos. Seine stilisiert naiven Hinterglasmalereien zeigen vor allem Szenen kretischen Lebens.

Ein wenig an historischer Bausubstanz und -tradition hat sich in Apokóronas ebenfalls erhalten: In **Gavalochóri**, einem uralten Siedlungsplatz, wurde in einem traditionellen Haus ein kleines, aber sehenswertes Volkskundemuseum eingerichtet. Auch in diesem Dorf haben sich die Frauen zusammengeschlossen und bieten ihre Handarbeiten an. Die Dörfer auf der Drapanon-Landspitze liegen höher hinauf. In **Kókkino Chorió** wird wieder Geld mit der alten Steinmetzkunst verdient, mancher Kreter oder der eine und andere Ausländer besinnt sich darauf, altes Gemäuer zu erhalten und sachgerecht zu restaurieren. Dazu braucht er die sorgfältig behauenen Steine, die «roukoúnia», die Fenster- und Türöffnungen sowie die Ecken des Hauses markieren. Die «roukoúnia» wurden auch zur Gestaltung der Wandnischen im Innern verwendet, die den Wasserkrug und andere Gerätschaften des Alltags aufnahmen. Für Filmfans bietet der Dorfplatz von Kókkino Chorió nostalgisches Feeling: Die Steinigungsszene aus dem Film «Alexis Sorbas» wurde hier gedreht. Handfest in der Gegenwart steht dagegen Andreas Tsombanakis. Er schmilzt Altglas ein und bläst daraus hübsches Neues. Er sei der einzige Recyclingbetrieb für Glas in Griechenland, sagt er stolz.

KRETAS
WILDER WESTEN
SFAKIA UND DIE SAMARIA-SCHLUCHT

Im einzigen Nationalpark Kretas fand das Kri-Krí, die kretische Wildziege, ihr Refugium. Kein Wunder, daß in den unwegsamen Lefká Óri Kretas unbändiger Freiheitswille seine unbezwingbare Bastionen hatte, die Omalós-Hochebene und die Samariá-Schlucht. Noch nie in der Jahrtausende zählenden Geschichte haben so viele Fremde die Schlucht betreten wie in den letzten Jahren. Eine überwältigende Natur mit imposanten Zweitausendern verlockt zu Hochgebirgstouren und Schluchtdurchquerungen, zu Ausflügen zu zwei abgelegenen Küstendörfern, die nur mit dem Boot oder auf Maultierpfaden zu erreichen sind.

Das Bild vom wettergegerbten, stolzen Hirten, der in schwarzen Stiefeln und mit Fransentuch beim Blick in die Ferne die Arme über den quer im Nacken liegenden Krummstab legt, entspricht der Sehnsucht des Touristen, aber immer weniger der Realität. Nach wie vor ist zwar die Käse- und Fleischwirtschaft mit Ziegen und Schafen in der felsigen Landschaft der Lefká Óri der Haupterwerbszweig, aber die von der EU subventionierte Viehwirtschaft ist dabei, einen ganz anderen Typ von Schäfer hervorzubringen. Einen Mann, der mit seinem Pick-up zwischen Dorf und Herde hin und her pendelt und nicht Monate einsam in der spartanischen Rundhütte aus Trockenmauerwerk, dem «mitáto», mit seinen Tieren lebt und arbeitet. Ein Mann, der statt Tracht eher moderne Arbeitskleidung oder im Winter Militärjacken trägt, wenn auch die Stiefel nach wie vor unentbehrlich sind.

Was den Urlauber auf der Suche nach dem Urwüchsigen fasziniert, enthüllt bald seine Kehrseite. Die Sfakiá mit ihren heute rund 3000 Bewohnern, vor 200 Jahren waren es noch 15 000, gehört zu den ärmsten und rückständigsten

Alte Maultierpfade – wie der durch die Arádena-Schlucht – machen das Wandern in Kreta zu einem unvergeßlichen Erlebnis

Landstrichen Europas. Denn im regenreichsten Gebiet der Insel künden nur noch kleine Waldreste von seinem einstigen Holzhandelsreichtum. Die Böden sind nach dem Waldverlust verkarstet. Trotz oder gerade wegen ihrer Abgeschiedenheit und Unzugänglichkeit ist die Sfakiá zum attraktiven touristischen Ziel geworden. Die Samariá-Schlucht, vor drei Jahrzehnten nur von wenigen «Eingeweihten» durchquert, ist inzwischen Mittelpunkt eines Rundreise-Zirkus geworden: von der Omalós-Hochebene nach Agía Roméli am Libyschen Meer, von dort mit dem Schiff nach Chóra Sfakíon und zurück in die Hotels an der Nordküste. In den Monaten, in denen die Samariá begangen werden kann, wandern im Schnitt etwa 1700 Menschen täglich, und an einzelnen Tagen schieben sich sogar 4000 Urlauber durch die Schlucht. Dem Andrang der Touristenmassen bieten die Reisebüros inzwischen zusätzlich die Ímbros-Schlucht an.

Durch Orangenhaine zum Schnee

Von Chaniá kommend durchquert man in Richtung Omalós, dem Startpunkt zur Samariá-Wanderung, die Küstenebene. Für sie und das ansteigende Hügelland sollte man sich Zeit nehmen. Die Szenerie vor den sommers wie winters weißen Hochgebirgszweitausendern ist besonders im Frühjahr unglaublich schön. Nur an wenigen Orten Kretas findet man Land und Vegetation vergleichbar üppig und grün. Der Landstrich ist für Wanderungen ideal. Ein leichter Weg, zum Beispiel von **Thérisso** (600 m) nach **Mesklá** (250–300 m), kann bequem und streßfrei mit dem Linienbus kombiniert werden. Dieser zuckelt von Thérisso durch die eindrucksvolle gleichnamige Schlucht, deren Sarazenen-Höhle in der Steinzeit eine Kulthöhle war.

Hinter Chaniá liegt auch das größte Orangenanbaugebiet Kretas. Im Frühjahr ist dies ein Farbenmeer von dunkelgrünen Bäumchen mit leuchtend weißen, betörend duftenden Blüten und gleichzeitig orangefarben leuchtenden «portokália» (Apfelsinen). Anfang April wird jedes Jahr in Skinés das große Orangenfest gefeiert: Es ist nicht sehr touristisch, vielleicht weil es so früh vor der Saison liegt. Kurz hinter dem Orangendorf Fournés schlängelt sich die Straße in Kurven mit grandiosen Ausblicken zum großen Bergdorf **Lákki** auf 500 Meter empor, das imposant mit seiner markanten Kirche auf Bergnasen klebt. Von ihm aus überblickt man weit die grüne, kunstvoll bewässerte Ebene vor dem Golf von Chaniá, im Rücken die unvergleichliche Schneekette der Lefká Óri.

Hinter Lákki steigt die asphaltierte Serpentinenstraße durch hochgebirgig karge Gegend zu einem 1200 Meter hohen Paß, und dann breitet sich die fast kreisrunde, 25 Quadratkilometer große **Omalós-Hochebene** in 1050 Meter Höhe aus. Im Winter liegt hier alles unter einer bis zu sechs Meter hohen Schneedecke begraben. Alte venezianische Karten, eine davon hängt im Nautischen Museum in Chaniá, zeigen einen See und keine Ebene. Erklärung: Es gibt häufig Überschwemmungen, da das Schmelzwasser und die großen Niederschlagsmengen nur durch Höhlen und Spalten im Fels abfließen. So verwandelte sich die Omalós nach der Schneeschmelze hin und wieder in ein Binnengewässer. Die Schwemmlandebene ist im Gegensatz zur Lassíthi-Hochebene Ostkretas nur im Sommer bewohnt. Bauernfamilien aus den tiefer gelegenen Dörfern Lákki und Agía Iríni bauen auf der Omalós-Hochebene Kartoffeln, Weizen, Gerste und Tomaten an. Wer im Sommer unten in den Dörfern blieb, beschäftigte sich mit Imkerei, Oliven- und Weinanbau. Weit verstreut am Gebirgsrand finden sich verfallene Häuser, aber auch intakte Käsereien.

Im Frühjahr stechen Bauern Löwenzahnrosetten, dunkelgrüne, ledrige Blätter, die als «chórta» (Wildsalat und Wildgemüse) in den Familien zubereitet werden. Die Männer achten beim Ernten wenig auf die unzähligen, an den Boden der Omalós geduckten, blauen und rosa Kronenanemonen, die sich phantastisch gegen den Berg Gíngilos abheben, der wie ein Zuckerhut zum Schluchteingang hin den Ebenenrand überragt. Eine geführte Touristengruppe treibt botanische Studien. Die Wildblumenliebhaber halten den Blick wie die Chórta-Pflücker stets gesenkt, um ja nicht eine der Kostbarkeiten zu verpassen oder zu zertreten. Felstulpen zum Beispiel, die, Anfang April noch geschlossen, ihre grünen, bereits gelb-rosa überlaufenen Knospen zwischen den Blättern emporrecken.

Die Wandergruppe wohnt offensichtlich in einem der zwei Hotels am Eingang des Plateaus. Es gibt inzwischen auch Tavernen. Tourismus bedeutet für Omalós in der Regel nur eine Übernachtung vor dem frühmorgendlichen Abstieg in die Schlucht oder, seltener, nach dem Aufstieg aus der Schlucht. Die Straße der Hochebene durchquert das winzige Dörfchen Omalós. Wohnung und Grab des Rebellenführers der Revolution von 1866, Chazímíchail Jíannaris, sind hier zu sehen.

An einem Sonntag in der ersten Aprilwoche bewirft sich bei strahlend blauem Himmel eine Gruppe junger Griechen ausgelassen mit den Schneeresten, die zwischen den wenigen Autos des Parkplatzes am Xilóskalo vor sich hin schmelzen. Die meisten Besucher am Einstieg zur Schlucht stärken sich am Kiosk oder schlendern hinauf zum Restaurant, das unterhalb des Gíngilos im ehemaligen Xenia-Hotel eröffnet worden ist, nachdem seine Erdbebenschäden behoben wurden. Denn die Samariá ist noch gesperrt. Der Wärter am Eingangshäuschen hinter der Informationstafel zeigt Interessierten Orchideenblätter am Phrygana-Hang. «Káto», weiter unten blühten sie schon, sagt er und weist in die Schlucht.

Aus der Vogelperspektive

Zwei phantastische Ausblickspunkte in die Samariá gibt es. Einmal herunter vom 2080 Meter hohen **Gíngilos**, dessen Ersteigung hinter dem Restaurant mit einem alten Maultierpfad beginnt. Selbst im Frühjahr sieht man seine Zickzacklinie, wie spielerisch mit dem Finger in den Hangschnee gemalt. Der zweite Platz ist das Plateau an der **Kallérghi-Hütte** (1680 m), das einen guten Einblick in die Schlucht ermöglicht. Der Fußpfad dorthin geht gleich links neben dem Einstieg zur Schlucht ab. Die Hütte sei sogar schon geöffnet, versichert der Wärter am Xilóskalo. Über den Fußpfad ragt zwar ab und an noch eine Schneezunge, und das Schmelzwasser macht den Boden stellenweise matschig, aber die Sonne wärmt. Zwischen dem tropfenden Schnee

In unzähligen Liedern besungen – die Hochebene von Omalós, das «Herz» der Sfakiá

stehen cremefarbene Krokusse auf kleinen dunklen Inseln am Hang. Auf halber Höhe des Aufstiegs öffnet sich der Blick rückwärts in die Omalós. Wie von einem Maurerpolier mit dem Speißbrett glattgezogen liegt der Kreisboden der Hochebene da. Weit weg am südwestlichen Rand blinkt wie eine kleine Pfütze ein stehengebliebener Schmelzwasserrest.

Das letzte Stück Weges verläuft der Pfad auf der Schotterpiste, der von der Omalós heraufführt, hinter dem «mitádo» sieht man die Kallérghi-Hütte vor sich liegen. Ziegen springen über den patschigen Schnee, der die Straße und die weiten Flächen um die Hütte bedeckt. Nur ein Zaun rechts schützt vorm Abgrund der schroff in die Samariá runterstürzenden Felsen,

an denen sich große Bäume festkrallen. Mitten im Schnee leuchten kräftig blaue Sternchen. Chionidóxa, der Schneeglanz, trägt seinen Namen zu Recht: «chión» heißt im Griechischen Schnee, und «dóxa» bedeutet Ruhm.

Neben der Hütte parken drei Landrover, zwei davon mit österreichischen Nummernschildern. Seit gestern habe er geöffnet, sagt der junge Hüttenwirt. Von den soliden hölzernen Jausentischen draußen bietet sich ein gleißend sonniges Gipfelpanorama aufs östliche Pachnesmassiv. Am Nachmittag holt der Hüttenwirt mit dem Jeep Bergwandergäste von der Omalós ab. Sie haben eine Woche bei der Alpinschule Innsbruck gebucht, an die die Hütte der Sektion des Griechischen

Bergsteigervereins ganzjährig vermietet ist. Im österreichischen Prospekt der Alpinschule ist zu lesen: «Das großartigste Gebirge Kretas, die Lefká Óri, ist eine Welt zahlloser Gipfel, die auf den Bergwanderer eine eigenartige Faszination ausüben. Über fünf Dutzend sind zwischen 2000 und 2400 Meter hoch, drei übersteigen sogar 2400 Meter. Das Bergmassiv beginnt wenige Kilometer südlich des Kretischen Meeres und endet in den Steilabstürzen, von tiefen Schluchten zerrissen, am Libyschen Meer.»

Blutrache und Freiheitskampf

Nur von wenigen, leicht zu verteidigenden Stellen aus zugänglich, war das Omalós-Plateau seit jeher Hauptsammelplatz kretischer Freiheitskämpfer und Rückzugsgebiet vor den venezianischen, türkischen und deutschen Eroberern. Stolz trägt noch heute mancher Sfakiote seine Tracht: In hohen Schaftstiefeln steckt die Vráka, die Stulpenhose nebst Schürze, über das weiße oder dunkle Hemd wird eine ärmellose, gestickte Weste gezogen. Das Kefalomándilo, das schwarze Fransentuch, wird kunstvoll um die walroßbärtigen Köpfe geschlungen. An Feiertagen mag auch noch in der mehrfach um die Taille gebundenen roten Binde das lange kretische Messer mit dem Elfenbeingriff stecken. Die älteren Frauen tragen lange, dunkle Kleider, Witwen nur schwarz, und Kopftücher, mit denen sie nach orientalischer Sitte außer Haus das Gesicht verhüllen. Als großherzig und heißblütig zugleich gelten die Sfakioten. Nichtkretern erscheinen sie geradezu unberechenbar. Von einem zum anderen Moment kann ihre Stimmung umschlagen, scheinbar ohne Grund. Philotimo, der absolute Ehrbegriff eines Kreters, macht ihn empfindlich für die leiseste Kränkung und andererseits bereit, ohne zu zögern sein Leben für das hinzugeben, was er für richtig hält.

Nicht «Jássas» (Gesundheit) wünschen die Sfakioten einander beim Zuprosten, sondern «Unbeleidigt sterben!» Ein Beispiel: 1943 wird Charalámbos Kokolakis die Nachricht zugespielt, daß seine Schwester Stella schwanger sei. Er stellt den Verführer. Dessen Familie lehnt eine Heirat der beiden ab und nennt das Mädchen öffentlich eine Hure. Charalámbos tötet daraufhin seine Schwester. Als nächster muß der Verführer sterben, die Vendetta nimmt ihren Anfang: 63 Tote jener Familien fielen ihr nachweislich bis 1952 zum Opfer, wahrscheinlich waren es mehr.

Die Vendetta soll es auch heute noch geben. Der Anlaß kann nichtig sein, ein Wort gibt das andere. Über einen Fall im Georgioúpolis der achtziger Jahre berichteten sogar Presse und Fernsehen in Deutschland. Allerdings kommt es nicht immer zum Mord. Ganze Sippen ziehen die Auswanderung vor. Sitía und Ágios Nikólaos sollen in früheren Jahren einen Großteil ihrer Bevölkerung solcher «Auswanderung» verdankt haben.

Flora und Fauna
im Biosphärenreservat

«Wenn auf den Bergen Nebel hervortritt, kommen die Agrímia heraus», besingt Jannis Markopulos wie unzählige Kreter vor ihm in seinem Lied «Kríti mou» das ungekrönte Wappentier und größte Wildbret Kretas. Daß die Dämmerung des frühen Morgens oder Abends die Zeit ist, in der sich die eindrucksvoll gehörnten kretischen Wildziegen oberhalb des

Dorfes Samariá gelegentlich äsend oder trinkend in der Schlucht beobachten lassen, gibt auch der Biologe Thomas Schultze-Westrum an. Die Chance allerdings, eins der wenigen, vom Aussterben bedrohten Exemplare freilebend im natürlichen Lebensraum zu Gesicht zu bekommen, ist geringer als ein Treffer im Lotto. Ihr Refugium, die Samariá-Schlucht, darf in der Zeit zwischen 16.00 und 6.00 Uhr nicht betreten werden. Sie ist kraft königlichen Dekrets seit 1962 kretischer Nationalpark.

Dokumentiert bereits seit den Minoern, war die Unterart der Bezoarziege, Capra aegagrus cretica, seit Menschengedenken herdenweise auf Kreta in den Hochgebirgen anzutreffen. Das Gewehr, das jeder kretische Haushalt seit den Freiheitskämpfen in Truhe oder Schrank verwahrt, hat dafür gesorgt, daß um die Jahrhundertwende nicht ein Kri-Krí oder Agrími, wie die Kreter die Wildziege nennen, in Ída und Díkti übrig war. Lediglich in den noch unzugänglicheren Lefká Óri hatte sich eine kleine Population erhalten. Obschon die Bewohner der Samariá 1962 aus ihrem gleichnamigen Dorf umgesiedelt wurden, kommen die Agrímia nicht zur Ruhe. Bereits scheu seit der gnadenlosen Bejagung, sorgen nun die Touristenströme dafür, daß die Tiere sich zurückziehen und leicht über die Grenzen ihres Schutzgebietes geraten, also die 4500 Hektar mit Schlucht und umliegenden Bergen meiden. Damit steigt das Risiko, daß sie sich mit den verwilderten Hausziegen mischen oder von einem Wilderer erwischt werden. Nur in Ausnahmefällen bekommt ein Tourist solches mit, zum Beispiel bei einer Taxifahrt nach Omalós, wie Jürger Meyer in seinem Buch «Die kretische Stimme» berichtet.

«Beim Einsteigen in den Fond des Wagens blickten wir in die schwarzen Löcher einer doppelläufigen Flinte ... Ein Patronen-Gurt lag daneben ... Jagen? Auch auf Agrimis? Unser Fahrer tat ganz unschuldig, ließ kurz das Steuer los, legte beide Handgelenke über Kreuz. ‹Wer Kri-Kris schießt, kommt ins Gefängnis. Diese Kugeln sind auch nichts dafür.› Damit war das Thema vorerst beendet. Doch nach ein paar Minuten fummelte er mit der Hand unter seinem Sitz herum. Dann hielt er mir eine Kugel unter die Nase. ‹Die hier – die ist fürs Kri-Kri›, sagte er grinsend.»

Erik Zimen begleitet in seiner spielfilmartig wirkenden TV-Reportage den Forstbeamten Thomas Russos während seines Arbeitsalltags in den Bergen. Dieser stellt eine düstere Prognose für das Überleben des Wildtiers. Zu groß sei das Ansehen, daß ein junger Mann erntet, sollte es ihm gelingen, mit einem stattlichen Kri-Krí aus den Bergen zurückzukehren. Selbst als die Forsthüter in Samariá Augen- und Ohrenzeuge solcher Wilderei werden, reichen Mittel und Personal nicht aus, die Verdächtigen zu überführen. Und vor allem, von der Bevölkerung werden die Täter gedeckt. Männlichkeitsbeweis und listiges Austricksen der staatlichen Obrigkeit stehen halt höher im Kurs.

Eine Möglichkeit wäre, das geschützte Areal zu erweitern und Nachbarschluchten mit einzubeziehen. Ein entsprechendes Programm, 1969 für den WWF erarbeitet, wurde nicht umgesetzt. Es fehlt bis heute ein angemessenes und effektives Naturschutzmanagement für die Schlucht. Umweltorganisationen Kretas äußern sich skeptisch zur Verwendung der Gebühr, die seit 1996 von jedem Besucher erhoben wird. Das EOT begründet sie mit den steigenden Kosten, die die Bergung leichtsinniger, für die Tour nicht ausgerüsteter Touristen verursache.

Das Kri-Krí ist nicht der einzige Grund, warum die Samariá Gorge Schutz genießt. Nach Angaben der zuständigen Forstverwaltung in Chaniá sind von 450 in der Schlucht wachsenden Pflanzenarten und Unterarten 70 endemisch, das heißt, sie kommen nur auf der Insel Kreta vor. Und mit etwas Glück kann man Gänsegeier beobachten, die gleich zu mehreren mit unbewegten riesigen Schwingen in unglaublichen Höhen kreisen, oder den kleineren Bartgeier mit der typischen hellen Unterseite, der ein Einzelgänger ist. Stein- und Habichtsadler haben in der Schlucht ebenfalls ein Refugium. Eventuell fallen Alpenkrähen (rote Füße, roter Schnabel) an ihrem abendlichen Sammelplatz ein, oder es ist einem Wanderfalken beim Jagen zuzusehen, eine Maskenkopfgrasmücke oder das hübsche Chukarsteinhuhn auszumachen. Ob die riesigen Greifvögel ahnen, daß sie über einem Territorium segeln, das die EU als bedeutend für die Vogelwelt einstuft und das die UNESCO zum Biosphärenreservat erklärte?

Ab in die Tiefe: Samariá-Schlucht

Fast senkrecht geht's in Serpentinen über den Xilóskalo aus 1227 Meter Höhe in die Tiefe der **Samariá-Schlucht**. Die Holzleiter und die quer eingeschlagenen Stämme und Bohlen, die den Einstieg früher ermöglichten, bevor der Weg angelegt wurde, geben der Stelle bis heute den Namen. Jeder Besucher erhält ein Billett, das er am unteren Kontrollpunkt kurz vorm alten Dorf Roméli wieder abgeben muß. So kann in den «Öffnungszeiten» von Mai bis Oktober kontrolliert werden, ob jeder heil durch die Schlucht gekommen ist. Weiterer Effekt: Niemand kann es sich einfallen lassen, in der Schlucht zu übernachten. Lediglich für zwei Kilometer ist von 16.00 Uhr bis Sonnenuntergang ein Spaziergang jenseits der beiden Eingänge erlaubt.

Am Kapellchen **Ágios Nikólaos** zwischen Almengras, und im Frühling bei prächtigen weißen Pfingstrosen, zum erstenmal zu rasten heißt, daß bereits 800 Meter Höhenunterschied bewältigt sind, aber nur 1600 Meter der 18 Kilometer langen Schlucht.

In heidnischen Zeiten stand anstelle der Kirche vermutlich das Apollo-Orakel der dorischen Stadt Kainó. Die frommen Heiden hatten hier, von Tárrah, dem heutigen Roméli, emporsteigend, ihr Ziel bereits erreicht. Die Vegetation ist derart reich, daß offensichtlich wird, warum hier vor zweieinhalb Jahrtausenden Naturgottheiten verehrt wurden wie die Nymphe Britómartis, die hier geboren sein soll. Der Blick erreicht immer noch die frei ausladenden Bergrücken der mächtigen Lefká Óri. Wie in einem Urwald liegen gefallene Baumriesen über dem Weg, leicht stolpert man über knorrige Wurzeln uralter Veteranen, die vom Gebirgsbach ausgewaschen wurden. Sein Bett ist untrüglicher Leitfaden bis zum Ziel. Vor mehr als 3000 Jahren stützte Zypressenholz von hier die Tempeldecken der Paläste von Knossós und Festós, aber auch von Tyrins und Mykene.

Im späten Frühjahr tragen die mächtigen Zypressen, Platanen,

Die Samariá ist die berühmteste der grandiosen Schluchten, die die Weißen Berge durchschneiden

Pinien und Eichen zartes Grün über den älteren Khakitönen. Dazwischen, darunter und darüber wie ausgestreute Sterntaler die leuchtenden Blütenkelche der vielfältigen Frühjahrsboten an Boden und Hang. Wäre nicht der mediterrane Affodill, glaubte man sich manchmal auf österreichische Almen versetzt. An schattigen Stellen wachsen kleine weiße Alpenveilchen. Endemiten wie die weißen Päonien bei Ágios Nikólaos.

Nach knapp einem Drittel der Gesamtstrecke ist die Talsohle erreicht. Lediglich etwa 250 Meter Höhenunterschied geht es noch abwärts.

Geisterdorf und Eisenpforten

Der Weg verläuft nun im Geröllfeld des Flusses, der hier im Karst unterirdisch fließt, bis zum evakuierten Geisterdorf **Samariá**, das seinen Namen von dem 1379 erbauten venezianischen Kirchlein Ossia Maria hat. Seit die Menschen aus dem Nationalpark ausgesiedelt wurden, ist nur noch eins der Häuser bewohnt, einige andere werden recht und schlecht – jeder Sack Zement muß mit dem Muli herangeschleppt werden – für Wärter und Gehilfen restauriert. Hier lebt der staatlich bestellte Förster und Naturhüter. Die Umgebung wirkt wie eine große Karawanserei unter Maulbeerbäumen und Platanen. Überall lagern Touristen und machen Pause. Ein «zwangsumgesiedelter» ehemaliger Bewohner des Dorfes, der vom Autor David McNeil Doreen, «Wind auf Kreta», gefragt wurde, ob er dem paradiesischen Samariá nicht nachtrauere, antwortete: «Ein Paradies? Das? Das war die Hölle!» Während in Omalós und Agía Roméli zeitweise landwirtschaftlicher Nebenerwerb möglich war, fehlte in der Samariá diese Existenzgrundlage in den letzten Jahren fast ganz. Zuletzt wurde illegal Holz eingeschlagen und zu Geld gemacht. Im dunklen Tal gibt es nur für wenige Stunden direktes Sonnenlicht. Anbauflächen sind rar, von der Außenwelt ist der Flecken meilenweit entfernt und im Winter praktisch abgeschnitten.

Südlich von Samariá tritt der Fluß wieder an die Oberfläche. An den drei engsten Stellen, den sogenannten «sideropórtes» (Eisenpforten), verengt sich die Schlucht auf dreieinhalb Meter, während ihre rötlich schimmernden Kalkwände mehrere hundert Meter senkrecht emporragen und man unwillkürlich den Himmel sucht. Nach der engsten Klamm öffnet sich die Schlucht weit: Nach der dämmerigen Enge steht das sonnendurchflutete Flußtal im Frühsommer voll blühender, leuchtendroter Oleanderbüsche, am Horizont das tiefblaue Libysche Meer.

Inmitten von Olivenbäumen, teilweise umzäunt von Opuntienhecken, tauchen die Häuser des alten Dorfes **Agía Roméli** auf. Häufig verfallend, bereits ohne weißen Anstrich und Putz, haben die Häuser durchweg ein Obergeschoß: Hier wohnten die Jungen über den Alten. Der Vater baute als Mitgift das eingeschossige Steinhaus mit Lehmdach zum Zweigeschosser aus. Tochter und zugezogener Schwiegersohn gründeten dort den neuen, selbständigen Hausstand.

Nach einer Überschwemmung 1952 wurde die Siedlung von Roméli an sicherer Stelle unmittelbar am Meer mit staatlichen Subventionen teilweise neu gegründet – als Ortsteil **Jialos**. Nur wenige Dörfler, meist alte Leute, blieben, andere nutzen ihre alten Häuser als Zweitsitz oder Stall. Die meisten Gebäude aber verfallen im alten Dorf. Die Gesamteinwohnerzahl Romélis ging nach der Überschwemmung in den fünfziger Jahren von 200 auf ein Drittel zurück. Tendenz bis in die achtziger Jahre: weiter rapide fallend. Touristen aus den reichen Industrieländern, überwältigt von dem «paradiesischen» Erlebnis der Schlucht, hatten von den Versorgungsspielregeln des Ortes selten eine Vorstellung. In Flußtümpeln badende Touristen hatten die alte ortsnahe Wasserstelle verschmutzt, so daß die Wasserversorgung wegen des schwierigen Transports durch die Schlucht problematisch wurde. Roméli hat nach wie vor keine Straßenverbindungen und war bis 1971 nur zu Fuß oder mit dem Muli erreichbar; erst seitdem gibt es den Schiffsverkehr nach Chóra Sfakíon, zuerst allerdings nur während der Sommermonate. Strom lieferte spärlich der Dieselgenerator. In den einfachen Unterkünften, die lediglich im Frühjahr an Einzelwanderer vermietet werden konnten, weil diese nicht wegkamen, wurde die Petroleumlampe angezündet. Die Sommerwanderer tranken oder aßen in Eile, da die Weiterfahrt mit dem Boot meist vorausgebucht wurde. Neben dem bißchen Tourismus hatten sich traditionelle Erwerbszweige halten können: Schafzucht, Imkerei und bescheidene Landwirtschaft in den Gärten des alten und neuen Dorfes. Vorräte für den langen, einsamen Winter konnten in eigens von der Regierung errichteten Vorratshäusern gehortet werden. Früher zählten diese langgestreckten Natursteinhäuser zu den markanten Gebäuden im Örtchen, heute verschwinden sie zwischen den wie Pilze aus dem Boden schießenden Betonneubauten mit Hotels, Läden und Restaurants und den drei, vier rechtwinklig angelegten Betonstraßen mit Bürgersteig und Kantenstein, auf denen ein Müllwagen rangiert, der in eine Großstadt passen würde. Der ganze Ort wirkt wie frisch aus dem Baukasten zusammengestellt. Und auf den paar Metern Straßennetz fährt sogar die eine oder andere Privatlimousine: Man braucht eben ein Auto, denn im Winter lebt man in Chaniá.

Cola statt Honig

Ermattete Wanderer sitzen auf der mit Stelzen über den Strand gebauten Restaurantterrasse und beobachten, wie die Autofähre in Agía Roméli beladen wird. Mehrmals am Tag kommt das riesige Schiff. Viele Leute nutzen die Fahrt für einen Tagesausflug ins Dorf am Ausgang der bekanntesten kretischen Schlucht, wenn diese im April noch gesperrt ist. Hoher Wasserstand mit reißender Strömung macht den Engpaß der «sideróportes» unpassierbar, die sechs Rastplätze mit Quellen sowie der Zentralpfad in der Schlucht sind nach den Verwüstungen des letzten Winters noch nicht wieder beseitigt. Außerdem sausen ohne Vorwarnung Steinbrocken von den nassen Schluchtwänden gefährlich in die Tiefe. Bis zu den Steilwänden der Eisenpforten kann man sich allerdings im Frühjahr von Agía Roméli aus vorwagen, nimmt man mitunter waghalsige Balanceakte in Kauf, die nötig sind, um das eiskalte Wasser des Baches mehrfach zu queren, an dessen ruhigeren Stellen die Wechselkröten zwischen den hellen Kieseln ihre langen Laichschnüre ablegen.

Einige Touristen schwelgen in Erinnerungen, während sie an ihrem Kaffee schlürfen und auf die nächste Fähre warten. Vor Jahren konnte man von Glück sagen, wenn man im fast verlassenen Dorf mal das Postboot erwischte. «Schwiegermutter erkrankt» oder «Wetter zu schlecht» hieß es meistens, und auch der Fischer war nicht zu bewegen, für gutes Geld bis Loutró zu tuckern. Bis Anfang der Achtziger wurden in Roméli im Winterhalbjahr Transportprobleme für Menschen und Material mit Improvisationstalent gelöst. Mancher randvoll beladene Fischerkaíki löschte einen gewagten Turmbau aus Hohlblocksteinen samt zugehörigem Zement am damaligen kleinen Betonsteg, und vier oder fünf rucksackbepackte Wanderer drängten sich, für die Rückfahrt ein Plätzchen auf den schaukelnden Brettern zu ergattern, mit der Gitarre zwischen den Knien. Nicht jeder wollte im Frühjahr nach erfolgreicher Schluchtbezwingung sechs Stunden stramm bis Loutró oder sogar bis Chóra Sfakíon durchmarschieren – die ersten zwei Stunden im Strandkies bis zum byzantinischen Kapellchen **Ágios Pávlos** und den Rest ohne Quelle und schattenlos.

So wohnte man vielleicht für eine Nacht in dem bescheidenen neuen Haus eines alten Sfakioten, strandfern und preiswerter als in den lauten und überfüllten Pensionen über den Tavernen. Abends entzündete er zwei Räucherstäbchen und die Petroleumlichter: Sein Haus war noch nicht an den ortseigenen Dieselgenerator angeschlossen. Wasser gab's nur außerhalb. Der Raum diente der Familie ansonsten als Wohnzimmer. An den Wänden, schlicht gerahmt, aber unter Glas, die Familienchronik: Elternbildnisse, Hochzeits- und Tauffotos, der Hausherr als Freiheitskämpfer. Neben zwei Ansichtskarten aus Übersee das Farbfoto des Sohnes aus der Militärzeit, der mit der Handelsmarine fuhr und vierteljährlich einen dicken Batzen seiner Heuer nach Roméli überwies. Mitten unter den Familienbildnissen Muttergottes und Heiligenbildchen.

Der orangefarbene Müllwagen holt wieder in die Gegenwart zurück, wenn er über die betonierte Zufahrt kurvt und die grüne Schiffsklappe erreicht, just bevor sie eingezogen wird. Kein totes Dorf ist das, sondern eine aufstrebende, wiedererstandene Gemeinde, die ihre Chance nutzt. Existenzbasis ist der Tourismus, wenn auch nur für eine Mahlzeit oder eine Nacht. Die jungen Leute sind zurückgekehrt – für den Sommer. Wasser- und Stromversorgung sind gewährleistet, die inzwischen zu klein gewordene Solaranlage wurde an die Insel Gávdos weitergegeben. Um seine Gesundheit braucht niemand im Dorf mehr zu bangen, ein Hubschrauberlandeplatz garantiert schnelle Hilfe.

Durchgangsstation Chóra Sfakíon

In Chóra Sfakíon sind die Tavernentische auf der halbrunden Hafenmauer alle besetzt. Die nächste Fähre aus Agía Roméli wird dafür sorgen, daß kein frei werdender Stuhl unbesetzt bleibt. Gerät man in die Parallelgasse dahinter, ist es schon ruhiger, kein Kellner drängt sich auf, und verläuft man sich etwas den Berg hinauf, so findet man «romantische» Winkel, ruhige Eckchen mit Gärten, und die eine oder andere Madame oder «déspina», die Privatzimmer vermietet. Im Bäckerladen treffen sich wie im Kafeníon die Männer, und wenn der kurze Durchreisetrubel vorbei ist, läßt sich's für ein paar Tage aushalten in der Hauptstadt der Sfakiá, die eine Spur von kretisch-sfakiotischer Atmosphäre behalten hat. Obendrein bieten sich viele Wander- und Ausflugsmöglichkeiten von hier aus an.

Chóra Sfakíons heutige Gestalt ist geprägt vom touristischen Umschlagsgut. Der Ort zählt rund 400 Einwohner, 1980 waren es nur noch knapp 250. Die meisten, die die Samariá-Schlucht durchwandern, werden hier ausgeschifft und in Reisebusse verladen, die schon auf dem Parkplatz warten, um über das Gebirge zurück in die Hotelanlagen der kretischen Nordküste zu fahren. Vom kurzzeitigen Aufenthalt der Fremden profitierten einzelne Familien, vor allem die Tavernenbesitzer und Kleinhoteliers mit ihren Grundstücken im Ortsteil Brosjanis, aber auch die Souvenirladeninhaber.

In die ehemals harmonische Bebauung seines Hafenviertels mit zwei- bis dreigeschossigen Lagerhäusern, Werkstätten und Tavernen, die architektonisch dem bescheideneren Loutró ähnelte, sind Bauschneisen gebrochen, in denen sich seit Beginn des Tourismus ein unkontrollierter Bauwildwuchs ausbreitet.

Von der einstigen Größe der Hauptstadt, begründet in den Handelsverbindungen zu Afrika, zeugten bis in die achtziger Jahre die Reste von Häusern wohlhabender Bürger im selben Stadtteil. Die Mauern des Erdgeschosses wurden zum Aufstocken genutzt oder sind hinter Vorbauten verschwunden. In den auf die umliegenden Hänge verteilten Ortsteile Messochorio, Georgitsi und Tholos, die nicht in Hafennähe liegen, sind nur wenige Häuser bewohnt und bewirtschaftet. Streift man zwischen den schönen «kamaróspita», den zweistöckigen Häusern mit braunen Türen und Fenstern, dem weiten «stegasto» und der Außentreppe zur Terrasse im ersten Stock, herum, gewinnt Chóra Sfakíon das Flair einer Geisterstadt. Durch die sich verschiebenden Welthandelsstrukturen sowie durch den Anschluß Kretas an Griechenland verlor Chóra Sfakíon als Handelshafen an Bedeutung. Viele Sfakioten trieb das zur Auswanderung nach Übersee. Chóra Sfakíon hat das einzige Gymnasium der Region. Es verfügt aber nur über drei der insgesamt sechs Klassen, die man nach der sechsjährigen Volksschulzeit bis zum Abitur absolvieren muß. Das bedeutet für die Schüler mindestens drei Jahre Unterricht vielleicht in Chaniá oder sogar in Athen. Die fehlenden Bildungsmöglichkeiten waren ebenfalls ein Grund zur Abwanderung.

Das Xenia-Hotel am westlichen Hafenrand liegt schön, und die Atmosphäre ist behaglich, nicht zuletzt durch das Paar Jorgos und Marion. Das auf der felsigen Landzunge liegende Haus wurde in der ersten Hälfte des vorigen Jahrhunderts von Herrn Malandrakis, einem weitgereisten und gebildeten Bürger der Stadt, errichtet. 1965/66 durch das EOT, die griechische Behörde für Fremdenverkehr, vorm Verfall bewahrt, restauriert und durch einen Acht-Betten-Anbau nach Westen zum Hotel erweitert, ist es ein Beispiel für den Versuch, alte Bausubstanz bei neuer Nutzung zu erhalten. Die wechselnden Pächter des bis vor wenigen Jahren staatlichen Betriebes haben in den letzten dreißig Jahren ihre Spuren hinterlassen und das Haus nicht völlig im Renovierungszustand belassen. Der Grund dürfte darin liegen, daß den Bewohnern Chóra Sfakíons ein anderes Ideal über Wohnen und Leben vorschwebte als den Planern, die mit dem Blick des Fremden kamen oder geschult durch Studium und Auslandsaufenthalt das Vertraute anders einzuschätzen wußten. Eléni, die in den achtziger Jahren das Regiment im Hause führte, war begeistert von den Betonneubauten ihrer Brüder. Spätestens, wenn sie nur noch Zimmer im alten Teil hatte, wand sie sich, diese zu vermieten, und setzte statt dessen lieber das Telefon in Bewegung, um bei dem einen oder anderen aus der Verwandtschaft etwas Vorzeigbares, nämlich ein neues Quartier, aufzutreiben. Beton und neu war schön, das Ambiente völlige Nebensache. Dieses Lokalkolorit, das die Fremden reizt, war für sie Alltag und alles andere als erstrebenswert.

Loutró, ein blau-weißer Traum

Was reizt ganz unterschiedliche Leute dazu, immer wieder das sfakiotische **Loutró** anzusteuern, dieses winzige Dorf ohne Straßenanschluß, ohne einen besonders attraktiven Strand?

Ankommen in Loutró ist der Moment, in dem die Fähre einläuft in die intime Bucht am Fuß der wilden Sfakiá, die das Flair eines großen Wohnzimmers ausstrahlt. Alle Tavernenterrassen reichen bis ans Meer. Nur ein Stückchen Kiesstrand ist im Mittelteil der Bucht übriggeblieben. Über ihn senkt die Fähre ihre Bugklappe. Biker mit hochgepackten Satteltaschen, kofferbeladene Pauschaltouristen, Schubkarren mit schwankenden Türmen aus Gemüse und Toilettenpapier, Wandertouristen gesetzten Alters nebst Jugendlichen und jungen Familien, mit und ohne Zelt auf den Rucksäcken, spuckt die Autofähre in buntem Durcheinander durch wartende Packesel, ausladende Einheimische, Mannschaft und Rückreisewillige auf den Strand. Der eine Ankömmling steuert zielsicher die Tamarisken vorm «Blue House» an, der andere genehmigt sich erst einen Willkommens-Rakí beim Stavros. Jeder findet, was er sucht, das Ältliche, das Moderne oder das kretische Ambiente. Schnell geht alles, und kurz danach ist nur noch ein vollbeladener, schaukelnder Holzsteg zu sehen, der wie ein langer Finger ins Wasser ragt. Bürgermeister Stavros schafft von hier aus Bier- und Orangenkisten, Limo, Tomaten und Gurken mit dem Motorbötchen quer rüber in sein neuerbautes «Porto Loutró II» am Westrand der Bucht. Loutró wirkt auch nach dem Touristikboom noch idyllisch. Seine Hotelneubauten zeigen ein menschliches Maß, sind eher bescheiden geblieben. Vor rotbrauner Felsenkulisse liegt Loutró überschaulich da, ein Traumbild in Weiß mit wunderschönen Blautupfern, kein Auto, kein Pool, nur ein paar Stimmen und das Wellenrauschen, und jeder beliebige Standpunkt eröffnet den Blick aufs Meer. Neubauten erfreuen das Auge mit Elementen aus der kretischen Kubenbauweise, sogar Reste alter Bausubstanz sind erhalten geblieben. Ein kretisch-englisches Paar bewohnt den alten, zweistöckigen Familiensitz und hat den äußeren Halbrundbogen, den «stegasto», beim Renovieren wieder freigelegt. Im Restaurant nebenan ist dieser Bogen zum Schaufenster der Garküche umfunktioniert. Da

Nur zu Fuß oder mit dem Schiff ist Loutró zu erreichen

er von außen ins Innere des Restaurants lockt, ist er seiner ursprünglichen Funktion gewissermaßen treu geblieben. Den Kirchplatz schmückt immer noch eine Palme.

In der zweiten und dritten Reihe des Kessels wurden die brachliegenden Familiengrundstücke adrett wieder bebaut. Das Angebot an Betten und Kneipen ist enorm gestiegen. Sogar zwei Läden haben im Sommer geöffnet. Obwohl alles nur auf die Touristen ausgerichtet ist, herrscht nicht nur beim Stavros und im «To Kri Kri» eine Spur kretisches Ambiente und Gastfreundlichkeit.

Neuerdings erst ist das touristisch blühende Loutró von November bis März ausgestorben, fast alle Familien wohnen dann in Chaniá. Zwar wechseln seit Jahrhunderten viele Sfakioten mitsamt ihren Tieren entsprechend dem Wandel der Vegetation ein- bis zweimal jährlich zwischen dem Stammdorf in den Bergen und den am Meer gelegenen Häusern. Seit Menschengedenken wurde in Loutró das ganze Jahr über gelebt. Vom antiken Phönix sind auf der Felshalbinsel im Westen jedoch nur Spuren zwischen Mauerresten und einem verfallenden Kastell aus späteren Jahrhunderten zu sehen. Loutrós geschützter Naturhafen, von dem aus im Zweiten Weltkrieg Tausende alliierter Soldaten mit U-Booten nach Afrika evakuiert wurden, ermöglichte im Mittelalter einen regen Handel, als die einst bewaldete Sfakiá noch wertvolle Hölzer besaß. Das Dorfbild bestimmten daher Lagerhäuser und Arsenale mit, eines ist noch erhalten und befindet sich im Besitz der Familie Androulakakis, die unter seinem Boden die Sickergrube für ihr erstes Hotel aushob, das sie Ende der achtziger Jahre eröffnete. Wegen der harten Lebensbedingungen in der abgeholzten, verkarsteten Landschaft schrumpfte die Bevölkerung rapide, und vor rund fünfzehn bis zwanzig Jahren waren nur knapp zwei Dutzend Menschen in Loutró übriggeblieben: alte Leute mit einer kleinen Jahresrente, die sich von der Regierung vernachlässigt fühlten. Ihre Kinder und Kindeskinder waren ausgewandert, arbeiteten in Deutschland oder Australien oder fuhren zur See. An den Hängen des engen Kessels verfielen die verwaisten, leer stehenden Natursteinhäuser, nachdem das Lehmdach nicht mehr gewartet wurde. Ihre Ruinen wurden nach und nach wieder eins mit der Felsenkulisse. Eine Straße zur übrigen Welt gab es nicht, die bestehenden Wege waren äußerst mühselig. Auf dem Saumpfad stieg man zwei Stunden bis nach Anópolis, schweißtreibend den steilen 700-Meter-Hang hinauf. Die schnellste Verbindung nach Chóra Sfakíon bot das Boot, aber im Winter blieb das Meer durch die vielen Stürme unsicher. Schnee und Regen, die den bräunlich roten Boden ins türkisblaue Meerwasser abschwemmten, machten die Saumpfade unpassierbar. Auch für den Arzt, der mit dem Maultier aus Anópolis oder Chóra die Notfälle versorgte. Der Pfad an der Steilküste nach Osten wurde noch im Oktober 1991 einer Wandergruppe zum Verhängnis, die vor einem kräftigen Gewitterregen in eine kleine Höhle geflüchtet war. Zehn von ihnen konnten sich im allerletzten Moment noch ins Freie retten, als ein Erdrutsch den Eingang verschüttete. Aber eine 21 Jahre alte Französin und ein 37jähriger Deutscher wurden von den Fels- und Geröllmassen erschlagen.

Pionierin Marika

Als die ersten Touristen mit Rucksack das verwunschen erscheinende Loutró entdeckten, fanden die jungen Leute Schutz und Unterkunft in Felshöhlen oder leer stehenden Häusern. Ein Dutzend bewohnter, weiß gekalkter Natursteinhäuser verteilte sich im Halbkreis der Bucht. Buschige Tamarisken standen halb mit den Füßen im Wasser, und ein paar Palmen setzten exotische Tupfer. Die wenigen Häuser waren mit staatlicher Unterstützung restauriert worden, ein bescheidenes Ensemble traditioneller sfakiotischer Volksarchitektur. Das Einraumhaus zeigte stets mit der Breitseite zum Meer. Statt der Holzbalken waren zwei weite Steinhalbbögen tragendes Element im Innern des Hauses. Zur vorgelagerten Terrassenfläche des ersten Stockwerks führte eine Außentreppe, und größere Häuser waren in L-Form erweitert. Besonders schön wirkte auf den Fremden der «stegasto». Dieser überdachte, halboffene Raum bildete durch den sorgsam gemauerten großen Außenbogen den Übergang vom öffentlichen Leben zum privaten Bereich des Hauses.

Marika, die Großmutter der beiden Brüder, die nun das Restaurant «Blue House» betreiben, soll die erste gewesen sein, die eine Beziehung zu den jungen Leuten hergestellt hat, die da mit dem Traum vom einfachen Leben aus aller Herren Länder und für längere Zeit hereingeschneit kamen. Mal gestattete sie, daß die Luftmatratzen unentgeltlich ausgerollt werden durften, und sie war es, die mal eine Suppe für alle kochte aus Linsen, Kichererbsen oder Bohnen. Denn Gemüse war noch knapper als das wenige Wasser, das in den Zisternen gesammelt wurde.

Der touristische Stein kam ins Rollen. Manche nicht mehr genutzte Kammer wurde hergerichtet, eine Bretterwand machte aus ihr zwei «Gästezimmer». Wenn das Dach eines vom Verfall bedrohten Hauses mit Beton überzogen wurde, ließ sich ein zusätzliches Stockwerk mit einfachen Unterkünften gewinnen. Auch mußten die Gäste bekocht werden. Im Laden gab es nur wenige lagerfähige Waren für Selbstversorger. Langsam, aber stetig bildete so der Tourismus einen Teil der Existenzgrundlage der verbliebenen Bewohner. Doch verliefen sich außer in Oster- und Sommerferien nur wenige Leute hierher. Das Saisongeschäft mit den durchweg sparsamen Rucksackwanderern hatte bis 1980 kein Dorado geschaffen. Bis dahin lag das Pro-Kopf-Einkommen aus Tourismus und Fischfang unter 4000 Mark im Jahr. Dabei wurden Fische schon seit langem nur noch für den eigenen Bedarf gefangen, und die Ausbeute blieb gering. Daran änderte die Dynamitfischerei, deren Zeuge man bei Wanderungen über der Küstenlinie noch in den achtziger Jahren werden konnte, nur für den Augenblick etwas. Die Fangmethode machte aus dem Meer buchstäblich eine Wüste, wurden doch auch Laich, heranwachsende Jungfische und alle andere Fauna sinnlos zerstört.

Das Meer sei nicht mehr gut, stellte Marika fest, wenn sie den lange versprochenen Fisch ihren Gästen schuldig blieb. Marika ist im Frühjahr 1995 gestorben, und auch mancher der anderen ganzjährigen Bewohner hat seine letzte Ruhe auf dem kleinen Friedhof südwestlich des Dorfes unterhalb der weißen Kapelle gefunden.

Große Veränderungen bahnen sich für die Zukunft an. Wie lange wird noch die Ankunft der Fähren das große Tagesereignis sein in Loutró? Bis zum oberhalb gelegenen Dorf **Livanianá** ist bereits eine Straße als Schotterpiste von Anópolis herangeschoben. Sollte ein Straßenbau nach Loutró verwirklicht werden, dann sind in der Sfakiá nur noch Agía Roméli und die Gipfel der Lefká Óri übrig, die weder mit Auto noch Zweirad erreichbar wären.

Menschen auf der Hochebene: Anópolis

«Ich geh mal eben 'nen Kaffee trinken nach Anópolis», augenzwinkernd beschreiben gestandene Wanderer den Ausflug auf die Hochebene als Spaziergang, und das, obwohl der Saumpfad steile 700 Meter hochklettert. Unterwegs eröffnen sich traumhafte Ausblicke zurück nach Loutró und mit zunehmender Höhe weit über die Sfakiá-Küste. Krönung ist der Blick von der Plattform der Agía-Katarini-Kirche, die an der höchsten Felskante etwas abseits vom Weg wie ein Adlerhorst thront. Hundert Meter darunter überklettert der Maultierpfad den Paß im aufgewölbten Gebirgsrand, und der Wanderer überblickt die 650 Meter über Meeresniveau gelegene **Hochebene von Anópolis**. Wie im Patchwork verteilen sich die Rot-, Grün- und Grautöne der Felder über die flache, fruchtbare Mulde. Kräht irgendwo ein Hahn, hört es die ganze Ebene. Im Norden stößt das Auge auf einen geschlossenen Riegel von bis in den Frühsommer hinein schneebedeckten, ansonsten knochenweißen Zweitausendern, im Nordwesten recken sich die Gipfel des Troharis und Pachnes sogar noch gute 400 Meter höher empor.

Zur Zeit der Antike und des Byzantinischen Reiches lag hier eine bedeutende Stadt, die zusammen mit Phönix/Loutró 60000 Einwohner gezählt haben soll. Ein Ortskern der heutigen Siedlung läßt sich nicht ausmachen, nur hier und da Häusergruppen, die zu den zehn Ortsteilen von Anópolis gehören. Wahrscheinlich wegen ihres Hangs zum Individualismus zerfallen viele Siedlungen der Sfakioten in solche vereinzelte Teile. Das Einzelgehöft im eigenen Ackerland wuchs erst langsam zur Häusergruppe und dann zum Ortsteil heran, da für die Nachkommen immer wieder neu in Nachbarschaft zum Stammhaus der Familie gebaut wurde. Obwohl ähnlich wie in Loutró die Einwohnerzahl in den Jahrzehnten nach dem letzten Weltkrieg stark gesunken war, lebten bis in die achtziger Jahre noch rund 400 meist ältere Bauern in Anópolis, die ihren Unterhalt allein mit Schafzucht, Weinanbau und ihren 12000 Olivenbäumen bestritten, die hundert Tonnen Öl jährlich liefern. Wer mit dem Auto, Motorrad oder dem täglich einmal verkehrenden Bus ankommt, stößt gleich am Einstieg zur Hochebene von Anópolis auf zwei Pensionen und eine Taverne, die seit geraumer Zeit bestehen. Das Angebot in den Kafenía am Dorfplatz, wo das Denkmal des sfakiotischen Freiheitskämpfers Daskalojánnis (siehe Seite 65) steht, ist seit den achtziger Jahren für touristische Bedürfnisse erheblich verbessert worden. Die meisten Touristen, die mit ihren Motorrädern, Jeeps und Leihwagen weiter zur Arádena-Schlucht unterwegs sind, schauen sich im Dorf ein wenig um. Langstreckenwanderer, die Tourenrucksäcke ans Stuhlbein gelehnt, stärken sich mit einem Omelett und einem Bauernsalat, bevor sie über

Arádena nach Ágios Ioánnis auf- und dann nach Agía Roméli hinuntersteigen wollen.
Während die Bewohner Loutrós, Romélis und Chóra Sfakíons auf den Tourismus zur Verbesserung ihrer ökonomischen Lage setzen, wollten ihn die Sfakioten des Bergdorfes Anópolis bisher nicht. Freundlich, aber selbstbewußt distanziert wird im Kafeníon die Erfrischung gebracht. Traditionsbewußt und bäuerlich spielt sich das Landleben ab. Die jungen Mädchen und Frauen handarbeiten noch nach alter Sitte in den Höfen an der Aussteuer. Schlicht unverfänglich ist es für den Fremden, die Fotolinse auf ein historisches Zeugnis des sfakiotischen Freiheitswillens zu richten, eine gut einen Meter hohe, verrostete robuste Geschoßhülse aus dem Zweiten Weltkrieg, die in einer Hofumrandung aufgemauert ist. Oder auf den von Gewehrsalven durchsiebten Briefkasten an der Platía.
Ein Polizist am Nachbartisch redet sich seinen Frust von der Seele. Von außerhalb auf die Hochebene abkommandiert, um einen Mord aufzuklären, läuft er allenthalben gegen eine Wand des Schweigens. Geschlossen verlassen die Männer das Kafeníon und nehmen draußen Platz, wenn er den Fuß über die Schwelle setzt. Sucht er draußen Abkühlung, läuft der Umzug in entgegengesetzter Richtung. In der Gestalt eines Ortsfremden hat das Gesetz hier keine Macht. In ihrer Planerstudie «Zwischen Ursprünglichkeit und Verwertung» stellen Agnes Bairaktari und Thoms C. Hinrichs fest: «Die Sfakioten der auf der Hochebenen und im Landesinneren liegenden Orte betrachteten – im Hinblick auf ihre unterschiedliche Rolle während der Revolution – die an der Küste lebenden lange als mindere Leute... Gleichzeitig gelten sie als ausgesprochen gastfreundlich, aber auch als impulsiv. Noch heute wird vereinzelt die Blutrache ausgeübt, und Gesetze werden oft nur soweit beachtet, wie sie mit den überlieferten Gebräuchen zu vereinbaren sind.»

Brückenschlag in die Gegenwart
Sich waghalsig hinunterzustürzen in den gähnenden Schlund der Schlucht und dann im allerletzten Moment vorm Aufprall durchs Bungeeseil zurückgeflippt zu werden, so soll sich bereits ein Deutscher die neue Sporttouristenattraktion in der Sfakiá ausgemalt haben. Etwas ganz anderes hingegen hatte der Stifter der Stahlträgerbrücke im Sinn, der, in Amerika zu Geld gekommen, seinem 800 Meter hoch gelegenen Heimatdorf Ágios Ioánnis eine zeitgemäße Überquerung der **Arádena-Schlucht** ermöglichte. Er wollte wohl den wenigen noch ausharrenden Dörflern im höchst gelegenen Flecken der Sfakiá das Leben erleichtern. Ihre – bis dahin einzige – Verbindung mit der «Außenwelt», den Saumpfad nach Anópolis, hegen und pflegen die Bewohner seit Jahrhunderten. Ungeheuer eindrucksvoll leitet der von Hufen und Stiefeln blankgewetzte, völlig intakte Zickzackpfad durch die Arádena-Schlucht. Ein Stück hinter Anópolis' Ágios-Dimítrios-Kirche taucht er nach steiniger Dornpolsterstrecke in spitzen Kehren zum Schluchtgrund und windet sich in der gegenüberliegenden Felswand wieder nach oben.
Bis zum Brückenbau blieb die Hochebene von Anópolis eine Sackgasse für alle, die sich nicht auf zwei oder vier Beinen fortbe-

wegten, denn die kilometerlange und abrupt klaffende Schlucht von Arádena ließ sich nur auf einem Maultierpfad überwinden.

Kaum war die neue Brücke fertiggestellt, da rollten die ersten Planierraupen über die Schlucht und trieben die Schotterstraße bis zum Dorf **Ágios Ioánnis** voran, bis vors Viehgatter, das wie eh und je die Dorfgärten vor sträunenden Ziegen und Schafen schützt. Die Straße überbaut teilweise den alten Maultierpfad. Vor der Brückenzeit führte über ihn eine der schönsten Wanderungen auf Kreta. Sein Pflaster verlief zwischen den von Legesteinmauern gesäumten blühenden Mandelbaumfeldern hinter Arádena, durch Kiefernwäldchen ins Sfakiá-Dorf Ágios Ioánnis. Und dann der schwindelerregende Abstieg hinunter ans Libysche Meer, am Kirchlein Ágios Pávlos vorbei und weiter über den sandigen Küstensaum zum Ausgang der Samariá-Schlucht ins Dörfchen Agía Roméli. Das zu jeder Jahreszeit unvergeßliche Natur- und Landschaftserleben kostete früher sechs bis sieben Stunden angestrengtes Wandern und Bäche von Schweiß. Heute ist ohne große Ausdauer eine Tagestour in die «ursprünglichen» Sfakiá-Regionen möglich, mit Jeep oder Motorrad. Und das sogar, ohne in der Region, nämlich in Chóra Sfakíon, Anópolis, Agía Roméli oder Loutró, zu übernachten.

Die Stahlträgerbrücke sieht nicht einmal schlecht aus, wie sie sich südlich vom alten Maultierpfad über die beiden Schluchtränder spannt. Etwas abenteuerlich fühlt man sich, wenn zwischen ihren dicken Holzbohlen der Abgrund gähnt. Das alte Dorf **Arádena** – an der Stelle des antiken Aradín erbaut – zählte 1980 ganze dreizehn Bewohner und wirkt heute völlig ausgestorben. Nur die altehrwürdige **Erzengel-Michael-Kirche**, aus antikem Baumaterial errichtet und mit Fresken aus dem Jahr 1546 geschmückt, harrt frischgekalkt und mit neuen roten Ziegeln eingedeckt an der Kante des Schluchtufers aus. Beim Stromern in den Dorfruinen kann man die eisernen Gerätschaften der verlassenen Ölmühle, solide Balken-, Steinbogen- und Dachkonstruktionen entdecken. Zwei, drei alte Häuser zeigen sich mit grau-orange-braunem Mauerwerk und sorgfältig behauenen Steinen an Fenstern und Tür, als wären sie wieder auferstanden. Ein Blick in die fast fertiggestellten Rohbauten läßt erkennen, daß ihr Inneres mit zeitgemäßem Komfort ausgestattet sein wird, keinesfalls mehr so spartanisch und zweckdienlich-bäuerlich, wie das in vergangenen Jahrhunderten üblich war.

Zwingburg mit Drosoulítes-Bar

1371 ließen die Venezianer am Küstenstreifen östlich von Chóra Sfakíon eine mächtige Zwingburg erbauen, die sie Castello franco (freie Burg) nannten. Die Kreter verballhornten diesen Namen zu **Frangokástello** (Frankenburg – im Griechischen steht der Franke für alle Abendländer). Im Mai, wenn vor Sonnenaufgang um die Zinnen der hochragenden Wehrmauern und vierkantigen Ecktürme die Frühnebel wallen, zieht ein gespenstischer siebenhundertköpfiger Zug vor der düsteren Kulisse entlang. Es sind, wie die Sfakioten sagen, die Drosoulítes (Taumänner), die unerlösten Seelen von ebenden 700 kretischen Freiheitskämpfern, die am 19. Mai 1828 vergeblich die Festung gegen eine gewaltige türkische Übermacht verteidigen wollten und allesamt von Heidenhand erschlagen wurden. Wer nicht mehr an Geister glaubt, gibt sich vielleicht mit dem nüchternen Untersuchungsergebnis griechischer Wissenschaftler zufrieden. Die fanden heraus, daß bestimmte atmosphärische Bedingungen im Mai eine Fata Morgana hervorbringen können, eine Luftspiegelung vom Libyschen Festland.

Im Schatten des Kastells haben Bauern aus Patsianós große Tavernen und auch Pensionen errichtet, in denen man sich für den Geisterzug rüsten kann. Und unterhalb des alten Gemäuers lädt ein großer weißer Strand ein, durch ein erfrischendes Bad Leib und Seele nach den Anstrengungen der Geistererscheinung zu erquicken.

Die Straße, die Chóra Sfakíon mit Agía Galíni verbindet, hat in kleinen Teilstücken noch Rohbau-Charakter und bewegt sich stets oberhalb der Küstenlinie und an Schluchteinschnitten weit ins Land hinein. Der Bus verkehrt nur einmal täglich. Ein paar Kilometer hinter Chóra Sfakíon berührt die Straße den Ausgang der **Ímbros-Schlucht**. Leute aus Komitádes haben sich hier eine neue Erwerbsquelle erschlossen, seitdem die gemessen an der Samariá kleinere, aber ebenfalls eindrucksvolle Schlucht immer öfter von Reiseunternehmen angesteuert wird. Sie bieten den Wanderern Einkehrmöglichkeit in zwei neuen, riesigen Tavernen direkt an der Landstraße nach Plakiás und sind beim Rücktransport Richtung Sfakíon oder Réthimnon behilflich, da die Fahrzeit des Linienbusses nicht auf den Schluchtwanderer zugeschnitten ist.

Die Bauerndörfer hinter Chóra Sfakíon – Komitádes, Vraskás, Vouvás, Patsianós, Skalotí und Argoulés – liegen am nördlichen Saum der großen Küstenebene, vor die die Venezianer das Kastell bauten. Sie wurden traditionell nur im Winter zur Olivenernte bewohnt. Im April stiegen die Bauern mitsamt ihren Herden in die Bergdörfer Ímbros, Asféndou und Kallikrátis, wo sie bis zum November auf den Hochebenen Imkerei, Wein- und Getreideanbau betrieben. Die ganzjährige Bewirtschaftung der Küstenebene scheiterte bisher am Wassermangel. Jetzt, obgleich technisch machbar, scheitern die Bewässerungsprojekte, die den öden Landstrich in einen Garten Eden verwandeln sollten, am hartnäckigen Widerstand der meisten Bauern. Sie müßten ihre Felder für ein Gemeinschaftsprojekt «opfern», zu kooperativem Handeln bereit sein, und das widerspricht sfakiotischem Lebensgefühl. Mit dem Bau einiger Bewässerungsanlagen jedenfalls wurde inzwischen am Westrand der Wüstenei begonnen.

Das Kastell ist in den letzten Jahren gründlich restauriert worden. Organisierte Bus-Tagesausflüge nehmen stark zu, die die Ímbros-Wanderung mit einem Ausflug an den flach abfallenden Sand-Kies-Strand oder die benachbarte Sandbucht kombinieren. Ausflugsboote laufen im Sommer hier auf und entlassen ihre Badegästefracht direkt unter die Mietsonnenschirme. Das mächtige Kastell hebt sich vom Meer aus prächtig vor der majestätischen Bergkulisse ab. Manchem weitgereisten Touristen allerdings genügt der Blick aus einer der Tavernen aufs Kastell.

HIMMEL, ERDE UND LAGUNEN

HALBINSEL GRAMVOUSSA UND KLÖSTER IM WESTEN

Ein querdenkender Bischof hat im äußersten Westen Kretas seine Schäfchen mit seinem irdischen Elan angesteckt. Von des Hirten geistlicher Erneuerungskraft zeugt die Orthodoxe Akademie Kretas beim traditionsreichen Moní Goniás. Den Besucher erwarten im abgelegenen Landstrich zerklüftete Halbinseln, grüne, geruhsame Dörfer, Landsträßchen, auf denen das Fahrradfahren noch Spaß macht, und Traumstrände.

Kretas westlichstes Hafenstädtchen, **Kastélli-Kíssamos**, liegt im Abseits. Im überschaubaren Provinzstädtchen spielt der Tourismus noch eine unbedeutende Nebenrolle. Zweimal wöchentlich landen im Handelshafen rund vier Kilometer westlich die Fähren, die von Piräus via Peloponnes verkehren. Die Belebung durch den Schiffsverkehr verflüchtigt sich schnell nach der Ankunft wieder. Kastéllis reizvollste Ecke findet man zwei Kilometer außerhalb – den hübschen kleinen Kaikfischerhafen.

Zweierlei allerdings macht den Ort bemerkenswert: Hier lebt zum einen inmitten von 3000 seiner Seelen der bereits zu Lebzeiten legendäre kretische Sozialreformer, der Metropolit von Kíssamos und Sélino, Irenäos Galanakis. Zum anderen ist die Lage des Ortes am Golf von Kissámou, umgeben von Wein und Oliven, sehr reizvoll: Die zerklüfteten, unbewohnten Halbinseln Gramvoússa im Westen und Rodopoú im Osten, aber auch das gebirgige Hinterland mit den Ruinen der dorischen Stadt Polyrrhínia laden zu Wanderungen ein.

Tomaten, Melonen und Bananen

Während der dorischen und römischen Besatzungszeit beherrschte die mächtige Bergstadt **Polyrrhínia** mit ihren beiden Seehäfen Kíssamos und Falássarna den äußersten Nordwesten. Strategisch optimal wie alle dorischen Siedlungen auf einem kegelförmigen Berg erbaut, konnten die Bewohner jedes Schiff, das sich von Westen her Kreta näherte, bereits weit draußen auf hoher See sichten. Erst die Sarazenen zerstörten die dorisch-römische Stadt, die bis zu ihrem Untergang immerhin 1500 Jahre ohne Unterbrechung bestanden hatte. Trotz dieser einstigen Größe galt den Kretern bis in die heutige Zeit der dünnbesiedelte, arme, rauhe Westen als unentwickelt und zurückgeblieben. Selbst die Archäologen stimmten in diesen Tenor ein, indem sie zunächst behaupteten, selbst die Minoer hätten den Westen gemieden – ein Fehl- und Vorurteil, das erst in jüngster Zeit durch zahlreiche bedeutende Funde endgültig widerlegt wurde.

Auf einem Felsplateau über dem Meer thront Chrissoskalítissa, das Kloster der Muttergottes zur goldenen Treppe

Was Wunder, wenn die im Westen rackernden Bauern kein rechtes Selbstbewußtsein ausbilden konnten. Vieles war einfach schlechter, der Acker gab weniger her als in den östlichen Inselteilen. Und als schon überall auf Kreta Frühgemüse in Plastiktreibhäusern angebaut wurde, behaupteten Bauern im Westen immer noch felsenfest, hier könne man keine Tomaten anbauen wie in Ierápetra. Da bedurfte es der ganzen Autorität des Bischofs Irenäos und der erfolgreichen Versuche auf dem Mustergut am Kloster Goniás, um einen Sinneswandel herbeizuführen. Ein ganz neues existenzfähiges Dorf, dessen Bewohner, zum Teil Reemigranten, vom Frühgemüsebau gut leben können, wurde bei Falássarna an der Westküste mit kirchlicher Hilfe gegründet. Nicht so sehr wegen der Tomaten, sondern wegen der Küstenlandschaft mit ihren Dünen und langen Sandstränden lohnt es, einen Ausflug zu unternehmen. Täglich fahren zwei Busse von Kastélli direkt nach Falássarna, mehrere bis Plátanos. Zum Wandern startet man am besten in **Kaliviani**, das am Fuße der westlichsten, unbewohnten Halbinsel Gramvoússa liegt. Von Kaliviani geht's über eine Nebenstraße weiter nach Azogyrás, dann über einen Pfad am westlich vom Dorf gelegenen Berghang hinauf, von oben blickt man auf die Strandebene von **Falássarna**: Gewächshäuser mit Tomaten und Gurken und – neuerdings traut man sich wieder einiges zu – Melonen und Bananen flimmern im Sonnenlicht. In einer Stunde sind die zweihundert Meter Abstieg auf der Schotterstraße geschafft. Kneift man die Augen ein wenig zusammen, kann man unschwer nebeneinanderliegende Tavernen erkennen, hie und da verstreut ein Hotel, ein paar Pensionen und eine Feriensiedlung. Nach Norden ragt ein mächtiger Bergrücken aus dem Meer, auf dem sich in der Antike die Seestadt Falássarna befand, deren spärliche Hafenreste im trockenen Sand schlummern. Ganz sicher stößt man zwischen Mastixsträuchern am Wegrand auf einen riesigen, steinernen Thron. Nach Süden dehnen sich flach abfallende Sandstrände mit zahlreichen Buchten, die Wohnmobile und Camper anziehen. Bei kräftiger Brandung kommen Nordsee- oder Atlantikgefühle auf.

Von der Halbinsel zur Pirateninsel

Wild und unbewohnt, genauer, von den Menschen wieder verlassen, erstreckt sich die **Halbinsel Gramvoússa** nach Norden. Ihrem Kap Voúxa vorgelagert ist die Ágria (wilde) Gramvoússa. Aber ihr Name täuscht: Wirklich wild ging es auf der südlicher gelegenen Schwesterinsel Ímeri (zahme) Gramvoússa zu. Dieses agavenüberwucherte, abweisende Eiland ist eine der ältesten Pirateninseln des Mittelmeeres. Die Venezianer bestückten sie mit einem praktisch uneinnehmbaren Kastell, das sie noch, nachdem Kreta 1669 endgültig von den Osmanen erobert war, ähnlich wie die ebenfalls zu Festungen ausgebauten Inseln Soúda, an der Einfahrt der Hafenbucht, und Spinalónga im Mirabéllo-Golf bis 1715 halten konnten. Im 19. Jahrhundert war Ímeri Gramvoússa wiederum ein Piratennest, das die Handelsschiffahrt nachhaltig störte. Den Osmanen gelang es nicht, die Seeräuberkolonie einzunehmen. Erst eine britisch-französische Militärexpedition knackte die Festung, befreite zahlreiche Gefangene und beschlagnahmte den Piratenschatz. Heute kann man sich von Kastélli mit Ausflugs- und Fischerbooten zum 137 Meter hohen Felseneiland bringen lassen.

Die Halbinsel selbst läßt sich erwandern. Startet man bereits in Kaliviani, muß man sich mit Proviant eindecken und auch einen Schlafsack mitnehmen, will man nicht am selben Tag die Strecke in umgekehrter Richtung zurücklaufen. Anderthalb Wanderstunden entfernt liegt die Kapelle **Agía Iríni**. Der alte Pfad wurde inzwischen zum Fahrweg erweitert, der sich zunächst an der Ostküste entlangschlängelt und später durch eine Schlucht führt, die aufgegebene «grüne» Ortschaft Ágios Ioánnis mit der einzigen Wasserquelle der Halbinsel. In weiteren anderthalb Stunden wandert man bis zu einem herrlichen korallenfarbigen Sandstrand an der Bucht, die die kleine Halbinsel **Tigáni** (Pfanne) mit Gramvoússa verbindet. Von hier läßt es sich wunderbar zur einst berüchtigten Korsareninsel hinüberträumen. Die Autopiste führt mittlerweile bis hierher, so daß selbst diese abgelegene Gegend, in der sich die wenigen Wanderer noch wie Robinsons und Freitags fühlen konnten, sonntags voller Badegäste ist. Und es bestehen bereits Pläne (siehe Seite 32), die westlichen Strände der Insel auch für den Massentourismus zu erschließen. Wenn hier erst Hotels stehen, dann wird der südseehafte Strand sicherlich regelmäßig von Plastikmüll und Teerplacken gereinigt werden. Jetzt erscheint er stellenweise wie eine wilde Müllkippe. Für den Teer kann Kreta nichts, denn die Schiffe reinigen ihre Tanks in den weiten Wasserflächen zwischen der Insel und Libyen. Dort, wo der Pfad zum «Pfannenstrand» absteigt, führt ein schlecht markierter Saumpfad nach Norden zum Kap Voúxa. Die Dorer hatten hier ein dem Gott des Orakels, Apollon, geweihtes Heiligtum namens Agníon erbaut.

Herrin der Netze: Rodopoú

Die östlich den Golf von Kissámou umrahmende **Halbinsel Rodopoú** galt unter Aussteigern, die sich der Schmuckproduktion verschrieben hatten, wegen ihrer Unberührtheit – es gibt praktisch keine Badestrände – als Schnecken- und Muschelpfründe; hier finden Sammler noch einzigartige Exemplare. In den zerklüfteten Felsen brüteten Habichtsadler und Wanderfalke bisher ungestört, Eleonorenfalken jagen hier sommertags, und Reihern und Weihen ist der Felsenfinger ein wichtiger Rastplatz während des Vogelzugs.

Jungfräulich unberührt wie die Halbinsel blieb auch die Zeustochter Britómartis, die dieser mit seiner Geliebten Karme gezeugt hatte, trotz der ständigen Anmache durch ihren Halbbruder Minos. Geil und brünstig rannte er einst hinter ihr her über die ganze Halbinsel. Die Fliehende sprang voller Verzweiflung ins Meer und wurde gerettet, da sie in die Netze eines Fischers fiel. Der wundersamen Errettung verdankt sie ihren Beinamen «Diktynna» (Herrin der Netze), und **Diktynnaion** heißt auch das Heiligtum, das ihr zu Ehren im Nordosten der Halbinsel an einer winzigen Bucht erbaut wurde. Deutsche Archäologen führten während des Zweiten Weltkrieges Grabungen durch und stellten fest, daß in römischer Zeit auf Befehl Kaiser Hadrians ein neuer und größerer Tempel errichtet wurde, der mit einer Straße an die Nordküstenverbindungen angebunden wurde. Teilweise ist die alte Römerstraße nahe am Heiligtum noch zu erkennen. Vom Dorf Kolimbári, bei dem das Kloster Goniás mit der Orthodoxen Akademie des Metropoliten Irenäos liegt, bringt im Sommer ein Kaiki Interessierte in die Badebucht Ménies, wo auch das Heiligtum liegt.

Kein Zufall, daß in der Nähe des heidnischen Tempels auch ein Kloster entstand, von dem nur noch Ruinen übrigblieben. Dieses Moní Ágios Giórgios war der Ursprung des Klosters Goniás. In der Antike befand sich unterhalb des Plateaus, auf dem die Reste des Heiligtums stehen – dort, wo die bis zu drei Meter hohen Mauerreste ragen –, noch ein Pilger- und Kurhotel. Wer heute vom Dorf **Rodopós** aus die gesamte Strecke zu Fuß machen will, muß sein Bett selber mitbringen, denn er kann am gleichen Tag nicht mehr zurück. Da inzwischen mindestens die ersten sieben Kilometer der Strecke mit einem fahrbaren Untersatz zu bewältigen sind, können sich ausdauernde Wanderer nach erfrischendem Bad am Diktynnaion getrost am frühen Nachmittag auf den Rückweg in die Zivilisation zum Dörfchen Rodopós machen. Hier warten Tavernen und Kafenía.

Am 28. August, dem Vorabend zum Todestag Johannes des Täufers, ist das Dorf Ausgangspunkt für einen riesigen Pilgerzug zum Kirchlein **Ágios Ioánnis Gíonis** im Nordwesten der Halbinsel, in der die Ikone des Täufers verehrt wird. Zwei Tage oder mehr währt das große Fest der Diözese Kíssamos-Sélino auf der unwegsamen Insel. Erst nach erquickendem Schlaf unterm Sternenhimmel bricht man zum beschwerlichen Rückweg auf. Bischof Irenäos selbst, bereits über achtzig Jahre alt, weiht noch eigenhändig Brot, Wein und Öl und tauft nach dem gemeinsamen Mahl mit den Pilgern unzählige Kinder und Säuglinge im Marmorbecken vor der Kapelle.

Ein Bischof und seine Schiffe

Sie tue nichts gegen Drogen, für Arbeitslose, Frauen, Jugendliche und Studenten. Mit ihrem Ideal der spirituellen Abkehr vom profanen Tagesgeschehen könne sie den Gläubigen keine Hilfe geben, sich in der modernen Welt mit ihren Problemen zurechtzufinden. Diese berechtigte Kirchenschelte trifft auf einen Vertreter der Amtskirche Kretas nicht zu, den Erzbischof und Sozialreformer Irenäos.

Als der Metropolit von Kreta, Timotheos, am Montag, dem 26. Januar 1981, einer riesigen Menschenmenge vor der Minas-Kathedrale in Iráklion «Axios! Axios!» (Er ist würdig) zurief, entwickelte sich aus dem Jubel mit kretischem Ungestüm ein Volksfest. Irenäos Galanakis wurde damit endlich von der Synode der Kirche Kretas für würdig befunden, Erzbischof der Diözese von Kíssamos und Sélino zu werden. Einige Zeit zuvor hatte dieselbe Synode einen anderen Priester zum Bischof gekürt. Tausende verhinderten dessen Inthronisation, indem sie die Pforte der Bischofskirche vernagelten. Auf die weißgekalkten Wände zahlreicher Kirchen pinselten die entschlossenen Gläubigen mit blauer Farbe ihre Forderung: «Wir wollen Irenäos!» Unter dem Druck der Basis versammelten sich die sechs kretischen Bischöfe erneut in Iráklion, vorsorglich umstellt von mehreren tausend Christen. Drei

Bischöfe verließen vor der Wahl die Synode – so konnten die übrigen die erforderliche einstimmige Wahl des Irenäos durchführen.

Was finden die Kreter so einmalig an diesem ihrem Bischof? Wer auf einer der vier großen Autofähren der kretischen Volksaktien-Reederei ANEK angereist ist, ist dem Geheimnis bereits auf der Spur. Seit 1968 gibt es, initiiert von Irenäos, diese Schiffahrtsgesellschaft. Ihrer Gründung voraus ging ein stetig wachsender Unmut über die Abhängigkeit Kretas von den beiden griechischen Reedern Typaldos und Efthymiadis, die praktisch ein Beförderungsmonopol von und nach Athen besaßen. Ihre Schrottschiffe entsprachen nicht den sich rasant entwickelnden Bedürfnissen Kretas: zunehmender Tourismus und steigender Export leicht verderblicher landwirtschaftlicher Produkte. Die Bauern bangten um den Marktwert ihrer Tomaten, Gurken, Apfelsinen, Trauben und Nelken, die Passagiere um ihr Leben. Am 8. Dezember 1966 kam es zur lange befürchteten Katastrophe: 240 Menschen, zumeist Kreter, starben, als die Typaldos-Fähre «Iráklion» auf der Fahrt nach Athen sank.

Nach dem Schock realisierte Irenäos seine ebenso simple wie zündende Idee: Die Kreter sollten die Geschicke ihrer Seefahrt fortan in die eigenen Hände nehmen – mittels einer Volksaktiengesellschaft. Fünftausend Kreter, darunter Angehörige der «Iráklion»-Opfer, erwarben die 356 000 Volksaktien mit einem Nennwert von rund fünfzig Mark. Wer eine Aktie kauft, muß seine kretische Abstammung nachweisen, und niemand darf mehr als tausend der Namensaktien halten, was eine volkstümliche Streuung garantiert. Die Selbsthilfe-Volksinvestition hat nicht nur sichere Arbeitsplätze für Kreter geschaffen, sondern erweist sich darüber hinaus auch ökonomisch als erfolgreich: Bis zu 14 Prozent Dividende werden ausgeschüttet.

Die volkskapitalistische Idee des Bischofs Irenäos fand willkommene Nachahmer in ganz Griechenland – auf Lesbos, Naxos, Samos/Ikaria und Kefallonia –, unwillkommene auf Kreta selbst. Innenpolitische Spannungen zwischen dem Westen und Osten der Insel, Interessengegensätze zwischen den beiden größten Städten Chaniá und Iráklion führten dazu, daß neben der ANEK mit Sitz in Chaniá die Minos-Schiffahrtsgesellschaft in Iráklion von viertausend Lokalpatrioten gegründet wurde, sich also zwei kretische Volksreedereien gegenseitig Konkurrenz machen. Darüber hinaus gibt es zwei kleinere volkseigene Schiffslinien, die weniger miteinander konkurrieren, als sich ergänzen: Bewohner der Lassíthi-Hochebene betreiben einen Fährdienst von Ágios Nikólaos nach Piräus, Bürger aus Chaniá und Sparta unterhalten die Verbindung zur Peloponnes.

Unbequemes Kirchenzentrum und weltliches Wirken

Bischof Irenäos ist als sozialer Reformer weit über Griechenland hinaus berühmt. Bis 1971 war er Erzbischof in Kíssamos gewesen, wurde dann aber zum Oberhaupt der Griechisch-Orthodoxen Kirche Deutschlands ernannt. 1965 gründete Irenäos die **Orthodoxe Akademie**, ein ökumenisches Zentrum, das als Begegnungs- und Tagungsstätte dient. Das Haus auf dem Gelände des **Klosters Goniás** wurde im Oktober 1968 eingeweiht, also genau zu der Zeit, als die Militärjunta unter Oberst Papadópoulos mit aller Brutalität herrschte. Jede Versammlung oder Tagung mußte politisch genehmigt werden und wurde bespitzelt. Alexandros Papaderós, der Leiter der Akademie, wurde unter Aufsicht gestellt, sein Reisepaß eingezogen. Es gab bedrohliche und verlockende Maßnahmen des Regimes – mit der Absicht, die Akademie gleichzuschalten. Der Druck nahm zu, als Irenäos nach Deutschland versetzt wurde. Je unbeugsamer die Akademie als Ort des geistigen Widerstandes, ganz in der Tradition des kretischen Freiheitskampfes, auftrat, desto mehr Sympathie und Unterstützung zeigten die Kreter. Die Akademie zu schließen, wagte die Junta nicht, da sie unter der Schirmherrschaft des Ökumenischen Patriarchats von Konstantinopel steht. Erst bei der Generalmobilmachung im Juli 1974 wurde das Haus in eine Polizeigarnison umgewandelt.

Was die Akademie in den Augen der Militärs und konservativen Kirchenleute suspekt machte, waren weniger ihre innerkirchlichen Programme wie Fortbildung von Priestern und Laien oder Förderung der Missionsarbeit, als vielmehr die in der Satzung festgehaltenen weiter reichenden Ziele: «Wissenschaftliche Erforschung wirtschaftlicher, sozialer und geistiger Probleme im Hinblick auf Tradition und Nöte des griechischen Volkes» und «Gewährung technischer und finanzieller Hilfe zur Entwicklung des Landes». Und dies, das wußten die Obristen, war mehr als eine der kirchenüblichen, erbaulichen Sonntagslosungen.

Der fintenreiche Kirchenmann Irenäos wagte sich nicht nur aufs Meer hinaus, er ackerte auch als

Landmann. Um den Bauern eine Hilfe zur Umstrukturierung und Weiterentwicklung ihrer Betriebe zu geben, wurde ein Mustergut am Kloster Goniás gebaut. Nach den modernsten wissenschaftlichen Methoden wurden dort Vieh, Geflügel und Bienen gezüchtet und Gemüseanbau betrieben, außerdem wissenschaftliche Experimente durchgeführt – Veredelung von Schafherden durch künstliche Besamung, Futtermischungen oder Frühgemüsebau, deren Ergebnisse der landwirtschaftlichen Entwicklung zugute kamen. Die Produkte der Versuchsfarm wurden zum Unterhalt von 900 Jugendlichen in schulischen Internaten der Diözese verwendet. In Verbindung mit einem Erwachsenenbildungsprogramm der Orthodoxen Akademie war die Farm gleichzeitig Lehrstätte für die Bauern und landwirt-

Ihr Atelier hat die Ikonenmalerin Konstantina Stefanaki in der Orthodoxen Akademie beim Kloster Goniás

schaftlichen Fachleute Kretas. Inzwischen hat die Farm ihren Forschungsbetrieb abgeschlossen. Sie wird als Gut von Bauern weitergeführt.

Nicht alle begrüßten diese weltlichen Aktivitäten. «Christus ist in die Welt gekommen, das Wort Gottes zu säen, nicht aber Gurken und Tomaten!» schrieb ein alter Priester erbost an die Akademie. Welche Schwierigkeiten bei dieser praktischen Art der Nächstenliebe zu überwinden waren, zeigt folgendes Beispiel: Die Ankündigung eines Fachseminars über künstliche Besamung von Schafen weckte entweder Heiterkeit oder Empörung. Angesprochene Hirten meinten, das sei «wider die Natur». Es bedurfte der ganzen Autorität der Kirchenmänner, die konservativen Bauern zu überzeugen. 1974 wurden bereits 17 000 Schafe künstlich besamt, wobei man das kleine kretische mit dem großen friesischen Schaf kreuzte. Ergebnis: ein «deutschkretisches» Schaf, das mehr Fleisch auf die Waage bringt und mehr Milch gibt.

In jeder Diözese von Kíssamos und Sélino gibt es mittlerweile einen Frauenverein. In Kombination mit Seminaren der Akademie sollen sie der kretischen Frau helfen, ihre aus der patriarchalen Gesellschaft herrührenden und neu entstandenen Probleme zu bewältigen. Die Frau soll sich «mit nach oben gerichtetem Blick», wie ein Lieblingsausspruch des Bischofs Irenäos lautet, am Leben der Gesellschaft und der Gemeinde schöpferisch beteiligen. Damit dies den Frauen auch bei der Arbeit in der Landwirtschaft möglich wird, hat Erzbischof Irenäos ein Projekt unterstützt, das so nebenbei das Gesicht Kretas nachhaltig verwandeln wird. Die landwirtschaftliche Forschung in Chaniá hat einen buschartigen Olivenstrauch entwickelt, der den gleichen Ertrag bringt wie ein herkömmlicher mächtiger Olivenriese. Das mühselige Auflesen der Oliven vom Boden, traditionell Aufgabe der Frauen, entfällt weitgehend.

Mit dem zunehmenden Tourismus beschäftigt sich die Akademie natürlich auch. Die Westkreter wollen Fehlentwicklungen wie im Nordosten vermeiden und eigenständige Wege gehen. Am Golf von Kissámou entsteht das **Euro-Mediterrane Jugendzentrum**. Junge Leute als ganz Europa bauen auf einem traumhaft schönen Grundstück am Meer «ihr» kretisches Dorf mit Kafeníon, Taverne, Brunnen, Backofen, Wein- und Olivenpresse, das einmal 300 Gäste beherbergen soll. Koinonia (Gemeinschaft) und Kreativität sollen lebendige Begegnungen ermöglichen, die durch sportliche, künstlerische und handwerkliche Workshops unterstützt werden. Die Vereinigung der Deutsch-Griechischen Gesellschaften fördert das Projekt: 1990 und 1991 halfen zwei deutsche Gruppen von fünfzehn Jugendlichen zwischen 17 und 25 Jahren beim Bau des Open-air-Theaters nach antikem Vorbild: Tatkräftige Hände und Spenden sind weiterhin gefragt. Bisher haben Gruppen aus neun europäischen Ländern – auch aus Rußland – am Zentrum mitgebaut.

Das Kloster auf der Klippe

Die Stufen zur Klosterkirche der Muttergottes von der Goldenen Treppe führen scheinbar wahrlich in den Himmel hinein. Wie eine Fata Morgana schwebt das blaue Tonnendach **Moní Chrissoskalítissas** hoch oben entrückt vor dem Äther. Die weiß übertünchten Stein- und Betonmauern der verschachtelten Klostergebäude gründen auf einer brandungsumtosten braunen Felsenklippe. Den Klosterhof überragt eine Palme und macht die Exotik der ehemals weltentrückten Oase perfekt, in deren Schlichtheit sich das eine oder andere architektonische Detail venezianisch-kretischer Raffinesse verirrte.

Das Kloster Chrissoskalítissa ist ein ausgesprochen hübsches Beispiel der vielen, heute «einfach» wirkenden orthodoxen Klöster der Insel wie zum Beispiel das Moní Odigítrias nahe Pitsídia/Mátala, Moní Koudouma am Südfuß der Asteroússia-Berge oder das im Südosten hinter Ierápetra liegende Kloster Kapsá. Die letzten beiden wurden erst am Ende des vorigen Jahrhunderts gegründet. In Chrissoskalítissa machen die mit Kippsteinen eingefaßten Dreschtennen auf dem vorgelagerten Plateau am Brunnen glauben, gleich morgen würde der pferdegezogene Holzschlitten die goldgelbe Ernte zerschlitzen und zerbrechen, damit beim Aufwerfeln sich Spreu und Weizen trennen können, jedes Jahr wie seit Jahrtausenden. Die Schafspferche außerhalb der Klostermauer sind neu, zweckmäßig und betongrau: Hier wird ein handfestes Tagewerk vollbracht.

In der Türkenzeit stand das Kloster Chrissoskalítissa, von dem man nicht genau weiß, wann es gegründet wurde, lange leer und erfuhr im vorigen und in unserem Jahrhundert auch Fremdnutzung. Eine einzige Nonne bewohnt es heute, ihr zur Seite steht ein Mönch. Beide sind so gastfreundlich geblieben wir vor zwanzig Jahren, als es eine zeitraubende, mühselige Strapaze war, bis zum Kloster vorzudringen, und als niemand außer ihnen dem Wanderer Nahrung und ein einfaches Bett anbieten konnte. Wenn es die Zeit zwischen Gebeten und täglicher Arbeit zuläßt, werden dem Ankömmling hausgemachtes Gebäck, Rosinen mit Mandeln und Lorbeer zu einem Glas Wasser oder zum Tsikoudiá gereicht.

Motorradfahrer schätzen den Ausflug zum Kloster ab Plokamianá, wo der Asphalt endet und die zwar ausgebaute, aber sehr holprige Geländestrecke beginnt. Selbst der Bus fährt inzwischen regelmäßig das Kloster an von Kastélli aus. Der Fahrer macht eine Pause, denn es geht – falls nichts Unvorhergesehenes die sechs Kilometer Staubpiste blockiert – weiter zum eigentlichen Ziel der Sonnenhungrigen, dem Traumstrand vor dem Inselchen **Elafoníssi**, zu dem man hinüberwaten kann. Rötlich feiner Sand und das Meer verlieren sich ineinander am Strand, bilden Sandbänke und Lagunen, ein «Südseeparadies» mit hochstämmigen Wacholdern und Tamarisken. Inzwischen läßt sich die Robinsonade hier bequemer fristen als im genügsamen Selbstversorgerdasein mit Schlafsack, Zelt oder Caravan, samt liegengelassenem Müll. Im Sommer gibt's eine Strandtaverne, eine in die Jahre gekommene mobile «Kantine», und etwas zurückgesetzt entstehen erste Unterkünfte, Tavernen und Hotels. In der Saison zerschmilzt tagsüber das stille Paradies wie Eis am Stiel zwischen Bootsausflüglern aus Paleochóra und Motorradfahrern, die über Élos und Kefáli, von Kíssamos oder Chaniá für ein paar Stunden zum Baden kommen.

Die Nonne im Kloster Chrissoskalítissa ist gastfreundlich geblieben, trotz der vielen Durchreisenden nach Elafoníssi

ZU FUSS DURCH BERGE UND GESCHICHTEN
WANDERN IM SÜDWESTEN

Zwischen dem Kloster Chrissokalítissa und Soúgia werden gern die Rucksäcke aufgesetzt: Die Langstreckenwanderung über die Strände von Elafoníssi und Paleochóra an der Küste bis Soúgia gehört zu den Höhepunkten eines Kretaaufenthaltes. Auch Abstecher ins Gebirge des Landkreises Sélino sind an sich Vergnügen genug, führen obendrein in Andartendörfer, durch wenig bekannte Schluchten, zu freskengeschmückten byzantinischen Kirchen und antiken Heiligtümern.

Der Kreis Sélino ist arm, aber reich an wenig erschlossener Gebirgslandschaft, auf deren sparsam befahrenen Straßen es sich streckenweise sogar noch beschaulich wandern oder radeln läßt. Zwischenstopps und Umwege zahlen sich aus auf einer geruhsamen Reise von Chaniá oder Kastélli in die Südküstendörfchen Paleochóra und Soúgia. Der stellenweise kalkarme Boden, in Kreta eher selten, läßt Baumheide, blaue Lupinenfelder und Erbeerbaum wachsen, karge Berge wechseln ab mit üppigen Tälern voller Eßkastanien und großer Baumgruppen, die selbst im Hochsommer den Westen angenehm grün und im Herbst bunt erscheinen lassen. Dichte Teppiche aus großen gelben und kleinen weißen Ranunculacaen, rosa Zistrosen und gelber Stechginster überziehen im Frühling die Hänge, Orchideenliebhaber werden immer wieder fündig. Selbst endemische Wildtulpen wachsen hier und dort. Und immer wieder bieten sich Panoramaausblicke, die den Wanderer für seine Anstrengungen entlohnen. Das Leben in den kleinen, abgelegenen Dörfern geht noch seinen geruhsamen Gang, im Kafeníon scheint die Zeit stillzustehen, und das Täßchen Mokka wird mit dem dazugehörigen Glas Wasser serviert.

Der weltlichen Armut steht ein geistlicher Reichtum gegenüber: Im Kreis Sélino überdauerten

Die Küstenwanderung von Paleochóra nach Soúgia gehört zu den Höhepunkten der Kreta-Touren

zahlreiche steinalte byzantinische Kirchlein die wechselvolle Inselgeschichte. Möglicherweise retteten ihr unscheinbares Äußeres und die abgeschiedene Lage diese Kleinode vor den Kirchenzerstörungen in der Türkenzeit. Eine so große Zahl findet sich sonst nirgendwo auf Kreta. Ihre **Freskenmalerei** stammt überwiegend aus venezianischer Zeit (1204 bis 1669), als nach dem Fall Konstantinopels Künstler und Intellektuelle Asyl auf Kreta suchten. Der ältere kirchliche Bilderschmuck aus der zweiten byzantinischen Epoche der Insel (961–1204) war wie überall im Oströmischen Kaiserreich auch auf Kreta dem Ikonoklasmus (Bilderstreit) in der Orthodoxie zum Opfer gefallen. Nur das einschiffige Kapellchen Ágios Nikólaos im gleichnami-gen Städtchen am Mirabéllo-Golf legt noch Zeugnis ab vom Ikonoklasmus: Alte Heiligendarstellungen wurden hier mit prächtigen Ornamenten übermalt und so verborgen, ehe später fromme Hände erneut figürliche Bilder auf die Wände pinseln durften.

In **Episkopí** bei Kolimbári hat eine der wenigen großen Kirchen, der Rundbau des Erzengels Michael, überdauert. Nikephóros Phokás ließ sie im 10. Jahrhundert als Bischofskirche Michaíl Archángelos über den Fundamenten einer altchristlichen Basilika errichten. Ihre Rotundenform ist auf Kreta einzigartig, und selbst in Griechenland zählt sie zu den architektonischen Raritäten. Fresken sind nicht erhalten geblieben, aber damit entschädigt das kurz vor Episkopí einsam unter Bäumen liegende Kirchlein Ágios Stéfanos.

Der Bus von Chaniá nach Paleochóra biegt rund vier Kilometer vor Kolimbári von der nördlichen Küstenstraße ab. In den Dörfern rund um die im Zweiten Weltkrieg in einer sogenannten Vergeltungsaktion völlig zerstörte Kreisstadt **Kándanos** häufen sich die sakralen byzantinischen Baudenkmäler, so daß der Kunstliebhaber in kurzer Zeit viel zu sehen bekommt. Allerdings gibt es immer reizvolle Verzögerungen im Besichtigungsprogramm, der Schlüssel muß im Dorf oder beim Papás erfragt werden. Das beschert Überraschungen und Begegnungen. Und wenn man nicht ins Innere des einen oder anderen Gemäuers gelangt, entschädigt der hübsche Spaziergang. Besichtigenswert sind in Anissaráki Agía Anna mit steinerner Ikonastase (Bilderwand), am Friedhof die Kirchlein der Panagía (Fresken) und Agía Paraskeví. Die Kapelle des Erzengels Michael in Kavalianá wurde 1327/28 ausgemalt von dem bekannten Freskenmaler Ioánnis Pagoménos (s. auch Alíkambos bei Vrísses, Bezirk Apokóronas).

Beim Start in Kastélli Richtung Süden führt eine bescheidene, aber gute Asphaltstraße ins bergige Hinterland. Ab Kaloudianá folgt sie dem fruchtbaren Flußtal des Tiflos und muß kurz hinter Topólia durch Kretas zweiten Tunnel. In die begehbare **Topólia-Schlucht** läßt sich von der Agía-Sofía-Höhle aus, an der Straße vor Koutsamatados, ein Blick werfen.

Das Dörfchen **Vlátos** beherbergt das einzige **Arboretum** der Insel Kreta. 1977 wurden hier in einem Modellversuch einheimische Bäume und Setzlinge mitteleuropäischer Arten aus bayerischen Baumschulen gepflanzt. Die konzertierte Aktion – Herr Tsourounakis, Leiter des Goethe-Instituts in Chaniá, die Bayerische Forstverwaltung, griechische Regierung und die deutsche Bundeswehr waren beteiligt – trägt nach zwanzig Jahren Abertausende von Blättern. Die gelungene Aufforstungsaktion, als ein Stück Wiedergutmachung auch «Park des Friedens» genannt, gehört für Forstleute ins Kreta-Pflichtbesichtigungsprogramm. Das kretische Dankeschön für die Bäume ist im Bienenmuseum in Erlangen zu bewundern: zwei traditionelle kretische Bienenhäuser, ein Tontopf mit Reisigabdeckung («vraski») und die liegende, konische Tonröhre («solin»), deren Waben kreisrund sind (siehe runde Wabe im Goldschmuck von Mália).

In Míli gabelt sich die Straße: links geht's Richtung Kándanos, rechts zum Nonnenkloster Chrissoskalítissa. Auf den letzten Asphaltkilometern der Klosterroute ist das Dorf **Élos** sehenswert wegen seiner Kastanienbäume (Erntefest am 3. Oktober). Einige Straßenkurven hinter **Kefáli**, wo man auch übernachten kann, lohnt ein Abstecher in die Kirchen von **Váthi**: Ágios Geórgios hat Fresken von 1248, und die Erzengel-Michael-Kirche wurde im 14. und 15. Jahrhundert ausgemalt.

Wer direkt durchbraust bis Paleochóra hat nicht alles verpaßt, was Byzanz an frommen Resten hinterlassen hat. In Tages- oder Halbtagesausflügen, per Fahrrad oder zu Fuß, gibt es genug zu sehen von der verflossenen Pracht: in Anídri, Azogíres und um Sklavopoúla, alles in reizvoller Landschaft, die sich im Frühling üppig und für botanisch Interessierte äußerst ergiebig zeigt. Es wachsen hier stellenweise Orchideen, die sauren Untergrund lieben.

Auf dem Europäischen Fernwanderweg
Paleochóras weit geschwungener, breiter, mit Tamarisken gesäumter, feiner Sandstrand hat einen gravierenden Nachteil: Der starke Westwind, der häufig vorherrscht, vertreibt unnachsichtig auch den trägsten Sonnenanbeter durch sein Sandbombardement. **Paleochóras** exponierte Lage auf einer Halbinsel, die sich sichelförmig ins Meer erstreckt, macht die Lösung leicht: umziehen an den langen Kiesstrand auf der anderen Seite des Dorfes.

Als Küstensiedlung hat Paleochóra zwar immer bestanden, jedoch stammen seine rechtwinklig angelegten Straßen vom Ende des vorigen Jahrhunderts, als rund um die verlassenen venezianisch-türkischen Festungen Kretas erneut gesiedelt wurde. Die «Braut des Libyschen Meeres» wurde bisher noch nicht mit Großhotelanlagen durch die Tourismusindustrie verdoppelt – trotz der seit den siebziger Jahren nach und nach gebauten kleinen Hotels und Appartementhäuser. Die beschnittenen Maulbeerbäume säumen wie ehedem die dörfliche Hauptstraße. Wenn die Plastikgewächshäuser Hochkonjunktur haben, donnen die riesigen Gemüselaster nach Giálos mitten durch den Ort. An der Ostpromenade zieht sich eine Tavernenmeile fast bis zum discobestückten Zeltplatz entlang, und sogar vegetarisch-fernöstlich kann man im Ort essen. Auffallend viele Familien aus Österreich haben gebucht. Konventionelle Läden und alternative Boutiquen vermitteln alles, was das Urlauberherz begehrt. Viele Feriengäste sind den Windeln noch nicht entwachsen, für junge Familien ist der weite, feinsandige Strand, der kinderfreundlich sanft ins Meer fällt, ein ideales Urlaubsziel. In der Hochsaison gibt es Zimmerprobleme, aber durch den Strand zieht Paleochóra sehr viele Camper und Caravans an. In der «Altstadt», dem ehemaligen Fischerviertel, östlich hinterm Kastell der Halbinselspitze, wuchert das kretische Bauchaos «do it yourself» ungehemmt. Hier leben viele ehemalige Bewohner der Trabanteninsel Gávdos. Der Pelikan, einst watschelndes Wahrzeichen des Ortes, macht sich inzwischen rar. Mal ist er angebunden vor einem Verschlag auf dem Kastell und rudert mit den Schwingen, ein widerwärtiger Anblick. An der Anlegestelle, wo er meistens anzutreffen war, wenn er nicht im Garten seines Fischers auf einem Ast saß, steht ein Denkmal besonderer Art, die Metall-skulptur «The Traveller» des australischen Künstlers Robert Bunck, den Bewohnern Paleochóras in Dankbarkeit gewidmet (siehe Seite 106).

Paleochóra ist ein guter Standort, um das herrliche Hinterland zu durchstreifen, zu Fuß oder kombiniert mit Bus, Auto oder Motorrad. Regelmäßiger Bootsverkehr bringt zur Insel Gávdos und in die Südküstenorte Soúgia, Agía Roméli, Loutró und Chóra Sfakíon. Badeboote laufen die Lagunen vor Elafoníssi an. Paleochóra ist auch geeignete Zwischenstation, wenn Kreta geruhsam von einem Ort zum anderen erwandert werden soll. Ganz Eifrige mögen schon ab **Sfinári**, einem verschlafenen Örtchen mit Kiesstrand in der Mitte von Kretas Westküste, über Chrissoskalítissa und Elafonísses nach Paleochóra gezogen sein.

Abwechslungsreich ist die Teiltour des Europäischen Fernwanderweges von Paleochóra nach Soúgia, ausgeschildert seit 1994 mit gelb-schwarzen E-4-Tafeln. Die ersten zwei Stunden geht's an der Küste des Libyschen Meeres entlang, die Gipfelkette der Lefká Óri in stets neuer Perspektive vor Augen. Da vergißt man das Gepäck auf dem Rücken. Ein letztes Bad vor dem ersten größeren Anstieg der fünf- bis sechsstündigen Strecke läßt die Schweißperlen etwas später auf die Stirn treten. Nach der Querung des mit niedrigen Sträuchern bewachsenen Plateaus auf dem Kap Flomes wechselt* die Kulisse. Dichtes Buschwerk wuchert wild auf dunklem Gestein, über das der Abstieg von etwa 300 Meter Höhe führt, hinunter in die Bucht von **Lissós**. Die im 7. bis 8. Jahrhundert v. Chr. entstandene Stadt verdankte ihre Bedeutung einer heilkräftigen Quelle und den dazugehörigen Badeanlagen. Aus ihrem Asklepios-Heiligtum (3. Jahrhundert v. Chr.), zu dem eine breite Treppe heraufführte, sind im Museum von Chaniá Statuen ausgestellt. Heute liegt sein ausgegrabenes Fußbodenmosaik aus römischer Epoche ungeschützt in der Sonne, der Zaun ist zerschnitten, viele Wanderstiefel spazieren im Frühjahr sorglos auf den Mosaiksteinchen herum, um die gutererhaltenen Tierdarstellungen und stilisierten Ornamente besser betrachten zu können. Nur in der Saison bewacht Adonis, der staatlich bezahlte Wärter, den Tempelbezirk. An den westlichen Hängen sind Baureste zu sehen, kleine Tonnengewölbe, in denen man so eben noch aufrecht stehen kann. Gräber, Unterkünfte? Die Gelehrten streiten noch. Bis in byzantinische Zeit bestand die Siedlung, noch 528 n. Chr. wird sie als Bischofssitz erwähnt. Erst die Sarazeneneinfälle beendeten das städtische Leben. Dort, wo einst zwei

Liebling aller Touristen: der Rosapelikan von Paleochóra

Basiliken standen, errichtete man im 14. Jahrhundert die Kapellchen Panagi und Ágios Kirykos. Falls der Wärter der Stätte nicht aufzutreiben ist, läßt auch das Seitenfenster von Ágios Kirykos einen Blick auf die stark beschädigten Fresken im Innern zu. Vor dem Eingang finden sich noch Reste des Mosaikfußbodens der ursprünglichen Basilika. Das frei stehende Kapellchen Panagi wurde mit allerlei antikem Baumaterial errichtet. Überall im Tal finden sich Scherben, wohin man auch tritt.

Am kleinen Kiesstrand unten dümpelt ab und an ein Kaiki, das abends die unter den Obstbäumen oder den umzäunten Weiden angepflockte Ziege auf dem Wasserweg nach Soúgia schafft. Kaum vorstellbar für den heutigen Besucher, daß Lissós im 3. vorchristlichen Jahrhundert einen mächtigen Sechserbund bildete, zusammen mit den im nahen nordöstlichen Umkreis liegenden antiken Städten Elyros bei Rodováni, Yrtakina, Pikilassós (am Ausgang der Tripiti-Schlucht), Soúgia und Tarra, dem heutigen Agía Roméli.

Wieder geht es hinauf und bald darauf im Schatten von Kiefern hinab in eine Schlucht. Das Licht der Nachmittagssonne taucht alles in ein kräftig warmes rötliches Licht: große Gesteinsbrocken und eine riesige, gebogene Hohlkehle in der mächtigen Felswand – wie eine Welle, die im Augenblick des Umschlagens versteinerte. Kurz darauf betritt man die Fahrstraße, die am künstlichen Hafenbecken vor der Felswand des Schluchtausgangs endet. Schnurgeradeaus grüßen Soúgias Tamarisken vorm langen, sandigen Kiesstrand.

Zwiespältige Erinnerungen

Zum Frühstück mit Müsli, Joghurt oder Fruchtsalat erklingt Dvořák. Mittags klimpert Keith Jarrett im Hintergrund auf dem Piano oder bläst sanft das Sopransaxophon. Ein Kind buddelt im bleigrauen Sand, die Eltern genießen auf der Veranda des «Omikron» ein Weizenbier und den Blick aufs Meer. Der Kleine hat die Tageswanderung von Paleochóra nach **Soúgia** gut durchgehalten, und alle drei fühlen sich hier entschieden wohler. Im Frühjahr treffen sich hier Leute, die sich von diversen Kretaurlauben kennen. Sie verbringen den Tag mit Lesen und Schwimmen, Sonnen in der «Schweinebucht», spielen Volleyball am Strand, schwelgen in Erinnerungen, tauschen Tips aus oder «philosophieren» mit dem Mathematiker. Sie schätzen Maria Papaderous Café-Bar als eine kretische Institution, schwatzen bis in die Nacht bei Stavros und Maria im «Rest if you want», malen in der Pension «Zorbas», unternehmen Spaziergänge am Strand und in die Berghänge um Soúgia (im Westen byzantinisches Kapellchen mit wunderbarer Aussicht; im Osten Spuren der antiken Stadt Soúgia).

Eine der schönsten Schluchten der Südküste, die zudem kaum von Reisegruppen angesteuert wird, verlockt zu einem Tagesausflug. Vom Bus Soúgia–Chaniá läßt man sich am Örtchen **Agía Iríni** absetzen und steigt dann bequem in fünf bis sechs Stunden bis an den Strand von Soúgia ab. Kiefern bestocken die Schluchthänge, Platanenveteranen und Oleander machen sich im Bachtal breit, das im Frühjahr Wasser führt, aber problemlos gequert werden kann. In derselben Jahreszeit begeistern die vielen unterschied-

Blick vom byzantinischen Kirchlein Agía Iríni über Soúgia auf den unzugänglichsten Teil der Sfakiá

lichen Aronstäbe, Puppenorchis ist zu sehen, und an den Hängen blühen unzählige weiße kretische Alpenveilchen.

Blütenreichtum auch, wenn die Schluchtwände zurücktreten und die ersten Äcker und Olivenhaine das nun kieselige Bachbett säumen. Zwischen dem Teppich aus großen weißen Anemonen blühen blaue Traubenhyazinthen, braunrote Zungenstendel und rosa Orchis italica. Plötzlich fallen verkohlte und verdorrte Baumskelette ins Auge. 1994 verheerten Brände das gesamte bis dahin bewaldete Tal von Soúgia rauf bis fast ans Dorf Agía Iríni. Recht zügig trommelte der Verein zum Schutz der Weißen Berge, «I Madara» freiwillige Helfer zusammen, die zwischen den Dörfern Moní und Soúgia noch im selben Jahr 300 Fichtenbäumchen und 200 Piniensetzlinge auf der verbrannten Fläche ausbrachten.

Aber auch eine Kurzwanderung kann lehrreich sein, nach Lissós oder ins nächstgelegene Dorf, **Livadás**. Als Einstimmung für Livadás empfiehlt sich das Kapitel «In den Weißen Bergen» aus dem Buch «Wind auf Kreta». Der Autor MacNeil Doreen beschreibt einen deutschen Wiedergutmachungsversuch zu Beginn der sechziger Jahre. Am durch Freiwillige der Aktion Sühnezeichen erbauten Gemeindehaus, das vier umliegende Gemeinden gemeinsam nutzen sollen, scheiden sich die Dorfgeister, aber vor allem deutsche und kretische Mentalität. Bis heute ist in das große Haus von 1963 in Livadás kein rechtes Leben eingezogen.

Maria Papaderou stammt aus Livadás. In ihrem Haus am Strand von Soúgia wurden die aus dem Boot ausgeladenen Waren für die drei Dörfer gelagert, denn eine Straße über die Berge gab es im unwegsamen Sélino-Kreis nicht. Im Krieg vergrub man die Versorgungsgüter unter Marias großen Tamarisken. Sie hat die deutschen Vergeltungsaktionen in den Sélino-Dörfern miterlebt, die 1943 begannen. In **Koustogérako** beendete Jannis, der Meisterschütze, am 25. September 1943 eine begonnene Exekution von Frauen und Kindern. Er streckte mit einem einzigen Schuß aus dem Versteck am gegenüberliegenden Berg den Truppenführer nieder. Jedoch kamen die Deutschen vier Tage später zurück, plünderten und bombardierten die Dörfer Koustogérako, Moní und Livadás, schossen sie in Brand und ermordeten oder verschleppten Frauen und Kinder. Die Männer waren allesamt im Widerstand in den Bergen. Marias Haus wurde Quartier der Deutschen. Auf dem Friedhof in Livadás zeugen die Grabinschriften von den Tragödien und Verbrechen, auf dem Weg ins höher gelegene Koustogérako kündet eine Gedenkstätte von der Ausradierung der Dörfer am 29. September und erinnert an die umgebrachten Zivilisten (siehe Seite 76).

Kommt ein Pelikan geflogen: Soúgia

Nicht ein einzelner, nein, ein ganzer Trupp von Rosapelikanen ist wohl an der Südküste entlanggesegelt. Federleichte Kolosse, den Kopf zurückgelegt, so daß das farbige Schnabelungetüm auf «Schwanenhals» und Brust zu liegen kam. Mit Ruhe und Idylle war es allerdings schnell vorbei. Wie ein Lauffeuer wurde die Information per Walkie-talkie weitergegeben. In Erwartung der heranfliegenden Pelikane waren in Windeseile die Gewehre aus dem

Schrank geholt, und es wurde geschossen: Ein Vogel wurde Zwangs-Soúgianer.

So sei es geschehen an einem Apriltag, erzählt eine junge Frau, Aushilfskraft in einer Pension. Märchen oder Wahrheit? Die Fakten: Ein Pelikan wird im Frühjahr 1995 regelmäßig gefüttert und gibt ein beliebtes Fotomotiv auf Soúgias Strandpromenade ab. Was auch stimmt: Pelikane wechseln zwischen ihren rumänischen oder griechischen Brutgebieten (Donaudelta / Prespa-See) und den Winterquartieren in Zentralafrika jährlich hin und her. Es gibt verschiedene Zugrouten vom und zum Niltal, auch solche, die schräg in Nord-West-Richtung das Mittelmeer queren. Knusprig gebraten und damit auf Nimmerwiedersehen verschwinden Pelikane wohl nicht, meint ein Ornithologe. Bleibt als Resultat der Jagdleidenschaft vielleicht der ausgestopfte, dekorative Staubfänger im Hotelfoyer. So schmückt in Soúgia zum Beispiel ein präparierter Adler eine Rezeption.

Soúgia ist beliebtes Ausflugsziel: Tagesgäste, darunter viele Kreter, baden im Sommer an Soúgias Strand. Die kleine Strandpromenade wird von Privat- und Leihwagen völlig zugeparkt. Dann hat selbst der Pelikan große Schwierigkeiten, ans Meer zu kommen: Ihm wurden die Flügel gestutzt.

Die gesamte Südküste entlangzuwandern, reizt. Die Strecke zwischen Soúgia und Agía Roméli verlangt mindestens zwei Tage. Sie ist anstrengend und nur für ausdauernde und erfahrene Bergwanderer ungefährlich. Einen Bergrettungsdienst gibt es auf Kreta nicht. Das kürzere und leichtere Teilstück bis zum **Pikilassós** mit Profítis-Elías-Kapellchen über der Tripiti-Schlucht wird dagegen von vielen begangen. Die absolute Herausforderung stellt die Strecke von Pikilassós nach Roméli dar. Schauerliche Storys von mumifizierten Leichen machen seit Jahrzehnten die Runde unter den Wanderern. So soll sich Mitte der siebziger Jahre ein junger Franzose derart verirrt haben, daß er keinen Ausweg mehr wußte, als sich selbst – als es weder vor noch zurück ging – zu erhängen.

Morgens ist das Postbötchen nach Agía Roméli voll von Jungen und Alten mit Tourengepäck. Feldstecher kreisen und dazu die dollsten Geschichten. Oben in der Schlucht habe Wladimir aus dem Kaukasus, der einem kretischen Schäfer die Ziegen hütet, einen Tee angeboten. Da in der Wand habe man festgesessen, hier lieber eine Übernachtung eingeschoben. Das mitgenommene Wasser habe so gerade gereicht, und gottlob sei niemand umgeknickt.

VOM KRETISCHEN ZUM LIBYSCHEN MEER
RETHIMNON UND DAS HINTERLAND

An den Sandstränden von Réthimnon hat man seit langem solide Erfahrung mit dem Tourismus. Die intime Altstadt und das Hinterland zwischen Lefká Óri und Ída-Massiv stellen attraktive Ziele dar: das Nationalheiligtum Kloster Arkádi, die große Nekropole von Arméni, die Zeus-Höhle auf der Nída-Hochebene bei Anógia, Kloster Préveli und so verwunschene Flecken wie das Amári-Tal. Die Straßenverbindung zur einst unwegsamen Südküste läßt inzwischen nichts mehr zu wünschen übrig: Damnónis Bucht und die Palmen am Strand von Préveli hat der Tourismus ebenso in Beschlag genommen wie die Fischerdörfchen Agía Galíni und Plakiás.

So imposant das große Hafenbecken, dessen Mole knapp einen halben Kilometer ins Meer hinausführt, auf den ersten Blick auch wirkt, große Schiffe legen hier selten an. Denn unterhalb des Wasserspiegels bleiben die Dimensionen äußerst bescheiden. Der Hafen, so hofften seine Konstrukteure, sollte in Konkurrenz zu den Häfen Iráklion und Chaniá / Soúda die wirtschaftliche Grundlage von **Réthimnon** verbessern. Falsche Berechnungen der neuen Mole aber führten zu seiner Versandung, so daß nur kleinere Frachtschiffe hier anlegen können, die ganz großen Autofähren jedoch nicht. In jedem Frühjahr muß aufwendig gebaggert werden, damit ein bescheidener Fährverkehr nach Piräus aufrechterhalten werden kann. Gingen die Réthimnoten auch wirtschaftlich gesehen mit ihrem Hafen baden, so haben sie dafür den herrlichsten Sandstrand direkt vor ihrer Nase. Und nun gehen sie wieder baden – zum Spaß und gemeinsam mit den Touristen.

Zuerst kamen die Hippies, jetzt werden die einsamen Buchten der Südküste für Strandurlauber erschlossen: Traumstrand Préveli

Eine alte Redensart tröstet vielleicht ein wenig über das ökonomische Dilemma hinweg: «Chaniá gehört den Waffen, Iráklion dem Wein und Réthimnon dem Geist.»

Die längste Universität der Welt
Nach jahrelangem Tauziehen wurden Verwaltung und Philosophische Fakultät der 1977 gegründeten kretischen Universität nach Réthimnon gelegt. Daß die Geisteswissenschaftler hierherkamen, verdankt die Stadt aber keinem ihrer großen Geister, sondern dem Mann, der die bedeutendste gotische Kirche Griechenlands im Stil des 13. Jahrhunderts, San Salvatore in Iráklion, abreißen ließ, um einen Parkplatz zu schaffen, und der im Juni 1967, nachdem er sich zwei Monate zuvor an die Macht geputscht hatte, dem Vorsitzenden der österreichischen Sozialdemokraten, Pittermann, als dieser ihn nach dem Schicksal politischer Gefangener fragte, wörtlich antwortete: «Kommunisten sind Bestien. Wir machen keinen Unterschied zwischen Menschen und Menschen, nur zwischen Menschen und Bestien.» Stylianos Pattakos, Brigadegeneral und Innenminister der Militärdiktatur, sorgte dafür, daß seine Heimatstadt Réthimnon Universitätssitz werden konnte. Gewissermaßen als Abschiedsgeschenk vom Diktator Papadopoulos erhielt der scheidende Obrist – die Junta gab sich 1973 einen zivilen, personalen Anstrich, und alle aus dem Militär rekrutierten «Minister» traten zurück – die Bevorzugung seiner Heimatstadt bei der Standortwahl. Die Entscheidung der Militärregierung ließ einen Streit zwischen Iráklion und Réthimnon ausbrechen, der sich gewaschen hatte. Der Bürgermeister und alle Stadträte Iráklions traten zurück, alle Geschäftsleute streikten. Die Junta konnte die Uni-Gründung nicht mehr durchsetzen. Erst 1977 unter der demokratischen Regierung wurde salomonisch der tiefgehende Streit zwischen West- und Ostkreta beigelegt: Die «längste Universität der Welt» wurde geschaffen, mit der Verwaltung und den geisteswissenschaftlichen Fakultären in Réthimnon, den Naturwissenschaften und der Medizin in Iráklion und der Technischen Hochschule in Chaniá (siehe S. 123–124).

Trotz dieser Vetternwirtschaft gilt Réthimnon den Kretern aber als kulturelles Zentrum. Bewußt wurde der Sitz der kretischen Theatergesellschaft hierherverlegt, ein geglückter Versuch, Eigenständiges gegenüber der zentralistischen Kulturhoheit Athens zu behaupten und zu entwickeln. Entstanden ist das kretische Theater aus einem Diskussionszirkel kretischer Musiker, Maler, Literaten, die sich seit 1969, also noch unter der Militärjunta, regelmäßig in der Orthodoxen Akademie des Bischofs Irenäos zusammenfanden. Zur Zeit politischer Unterdrückung und Bespitzelung, gerade von Künstlern und Intellektuellen, gab allein die Akademie Raum für öffentliche Auseinandersetzung.

Den Initiatoren ging es um ein breites Kulturangebot für ganz Kreta. Zwar wurden in den venezianischen Festungen von Chaniá, Réthimnon und Iráklion Freilichtbühnen mit 600 bis 1000 Plätzen eingerichtet. Dabei ließ man es allerdings nicht bewenden. So führte das kretische Theater beispielsweise in griechischer Sprache Millers «All my sons» auf und entwickelte eine auf kretische Probleme bezogene Fassung für die Dorfplätze. Nach der Aufführung diskutieren und feiern die Schauspieler mit den Zuschauern.

Aus Réthimnon stammen zwei bedeutende kretische Literaten: Geórgios Chortátzis (17. Jahrhundert) und Pandelís Prevelákis (1909–1986), der in seinem lesenswerten Buch «Chronik einer Stadt» seine Kindheit und Jugend in Réthimnon lebendig aufgezeichnet hat. Chortátzis (siehe S. 62) gilt neben Vitzéntzos Kornáros als wichtiger Autor, der Einflüsse der italienischen Renaissance auf Kreta umsetzte. 1493 gründete der Réthimnote Zacharias Kallérgis die erste griechische Druckerei in Venedig. Er gab die Schriften klassisch-griechischer Autoren und ein großes etymologisches Wörterbuch des Altgriechischen heraus. Diese Editionen waren von grundlegender Bedeutung für die europäische Renaissance und die Humanisten. In Erinnerung an die venezianisch-kretische Renaissance findet alljährlich in Réthimnon ein zweiwöchiges Sommerfestival, das sogenannte Renaissance-Festival, statt, mit Theater und Konzerten in 27 Ortschaften.

Blick vom Minarett

Réthimnons Außenbezirke sind ebenso trist und häßlich wie die Vororte Iráklions. Aber bei einem Bummel zwischen Stadtpark, Fortézza und venezianischem Hafen wird der Besucher schnell eines Besseren belehrt. Die neben Chaniá schönste Altstadt hat dicht und intim das Erbe ihrer Geschichte bewahrt. Venezianische und türkische Häuser mit ihren über die Straße ragenden vergitterten Erkern und Holzgeschossen prägen das Bild der engen, schattigen Gassen. Während die Kreter nach Ende des Türkenjochs überall die steinernen Zeugen der Fremdherrschaft sofort zerstörten oder völlig vernachlässigten, stößt man hier neben venezianischen Häusern auf guterhaltene Moscheen, deren schlanke Minarette zu einem Blick über das mittelalterliche Dächergewirr geradezu auffordern. Noch in letzter Zeit renoviert wurden zwei Moscheen, etwas abseits des engeren Altstadtbezirks. Schön in einem Gärtchen gelegen, beherbergt die **Kará-Moussá-Paschá-Moschee** an der Arkadíou-Straße eine Restaurationswerkstatt. Das Minarett der **Moschee Velí Paschá** nahe der Odós Kazantzákis kann man besteigen, in ihren Räumen soll ein naturkundliches Museum untergebracht werden.

Die belebteste Geschäftsstraße der Altstadt ist die **Ethnikís Antistásseos**, die das alte Zentrum am Hafen mit dem neuen Zentrum, dem Platz der Vier Märtyrer (Tesseron Martyron), verbindet. Hier steht unübersehbar der kretische Nationalheld Kostís Giamboudákis (siehe S. 67). In seinem Rücken erhebt sich das Minarett der Validés-Moschee. Einmal in der Woche spielt sich gegenüber auf dem Parkplatz östlich des Stadtparks der Markttrubel ab.

Sobald man die Porta Guóra, das zwischen die Häuser geklemmte, kleine Stadttor am Platz der Vier Märtyrer, in Richtung Norden durchschritten hat, wechseln Stimmung und Szenerie. Lädchen, Werkstätten und mittlerweile auch Souvenirshops reihen sich aneinander. Hölzerne Doppeltüren mit alten Beschlägen, Griffen, Schlössern und Türklopfern schützen nachts und während der Siesta die Auslagen vieler

237

Geschäfte, die sich in den großen Türöffnungen im Erdgeschoß der alten venezianischen Häuser niedergelassen haben. Über dem «magazíno», dem Untergeschoß, lag das Wohngeschoß («anóghi») mit dem großen Empfangsraum, dem «pórtego», dessen angebauter Rauchfang oft von der Gasse zu sehen war. Im zweiten Stockwerk war die «kámera» zum Schlafen. Die Betonung dieser horizontalen Gliederung ist ein Kennzeichen venezianisch-kretischer Architektur, neben der Dachterrasse und der kunstvoll gestalteten «portélla» (Portal). Die Steinfassungen der Fenster, besonders aber der Türen und Portale sind sorgfältig behauen. Diese tragen Familienwappen, Inschriften, vorgesetzte Säulen und verzierte Schlußsteine. Als die Türken sich in der Stadt niederließen, bauten sie oft ihre geschlossenen Holzbalkone zur Gasse einfach vor die alten Stadthäuser. Überall in den Altstadtgassen – in den Straßen Ethnikís Antistásseos, Arkadíou, Thessalonikis, Vernadou, Soulion und Tsouderon – erfreut diese reizvolle architektonische Mischung. Die Stadt ist so überschaubar, daß jeder beim Bummeln von selbst auf alle historischen und gegenwärtigen Sehenswürdigkeiten stoßen wird: wie auf den Kräuterladen von Panajotis Kondojiánnis mit den handgeschriebenen, geradebrechten «Rezepten» in deutsch-griechisch oder den Laden des Ikonenmalers Andréas Thodorákis.

Die San-Francesco-Kirche, an einer Sackgasse der E. Antistásseos gelegen, dient heute als Ausstellungsraum und befindet sich im Besitz der Universität. Nahebei sind am Portal der ehemaligen «türkischen Schule» Halbmond und Markuslöwe vereint.

Inmitten der Stadt ragt das hohe Minarett der großen **Moschee tis Nerantzés** weit über die mittelalterlich niedrigen Dächer der Häuser. Wie einst der Muezzin, kann heute jeder die innere Wendeltreppe emporsteigen, begleitet vielleicht vom Übungsgeklimper kretischer Musikschüler, die immer wieder die nämliche Tonfolge anschlagen. Die Moschee, heute Odeon genannt, wird als Konzert- und Veranstaltungssaal genutzt, tagsüber auch für die musische Erziehung. Von der obersten Galerie erschließt sich die Altstadt mit ihren verwinkelten Gassen im Panoramablick. Die langgestreckte Platía Titou Petichaki, zu Füßen des dreikuppeligen Gotteshauses, ist ein beliebter Treffpunkt.

Nicht weit von seinem nördlichen Ende sprudelt am venezianischen Arimondi-Brunnen zwischen korinthischen Säulen das Wasser aus drei Löwenköpfen. Recht unvermittelt tritt man aus dem mittelalterlichen Gassengewirr in das Rund am intimen Hafenbecken mit seiner leuchtturmbestückten Mauer, auf der spätnachmittags Einheimische und Touristen in der Sonne dösen und das italienisch-orientalische Stadtpanorama mit den dahinter ansteigenden Lefká Óri genießen. Bei klarem blauen Himmel und schneebedeckten Gipfeln im Frühjahr wahrlich unvergeßlich. Mit zarten Pastelltönen fangen Hobbymaler von hier die Idylle am **venezianischen Hafen** ein. Taverne an Taverne reiht sich am Kai. Ihre Tische und Stühle drängen bis ans Wasser.

Gut gestärkt kann man von hier den Bummel am Sandstrand beginnen, der sich rund zwölf Kilometer nach Osten hinzieht. Wer Läden und städtisches Treiben liebt, wählt statt dessen die autobefahrene Odós Arkadíou. Sehenswert an der Ecke Paleologou ist die venezianische Loggia. Der Treffpunkt des venezianischen Adels wurde unter den Türken zur Moschee. Türkische Grabsteine weisen darauf hin im angrenzenden Garten. Das Archäologische Museum ist vor einiger Zeit hier ausgezogen und ins ehemalige Gefängnis vor der Fortézza umquartiert worden.

Dieselbe angenehme Meeresbrise, die oben auf dem Minarett den perlenden Stirnschweiß wegfächelt, weht auch über die **Fortézza** oder Froúrio genannte mächtige venezianische Festung, die im Nordwesten die Altstadt überragt. Die als Fliehburg konzipierte Verteidigungsanlage für alle Stadtbewohner konnte ihren militärischen Zweck nicht erfüllen. Réthimnon wurde anders als Iráklion nach nur dreiundzwanzigtägiger Belagerung bereits 1645 von den Türken erobert. Die einstige Bischofskirche und jetzige Moschee ist neben der begehbaren großen Zisterne der besterhaltene Bau dieser befestigten Stadt in der Stadt. Von Bischofssitz, Häusern und Lagern sind nur spärliche Reste nach Zerstörungen, Zweitem Weltkrieg, Erdbeben und Verfall übriggeblieben.

Schwarze Köhler, weißer Schnee

Rund um Réthimnon haben sich Spuren wohlhabender venezianischer Bewohner in einigen Dörfern erhalten: Villenruinen, Brunnen mit Säulen, Häuser und Wohntürme. Nach Südwesten lassen sich Reste aufspüren in Atsipópoulo, Prinés und Roústika. Die Fahrt weiter bis nach **Argiroúpolis** lohnt. Das alte Dorf ist an markanter Stelle über der antiken Stadt Lappa erbaut. Reste römischer Bauten fanden als Baumaterial in den Dorfhäusern Verwendung. Der Wasserreichtum bringt eine üppige Vegetation hervor, nahebei beeindruckt die Gipari-Schlucht.

Réthimnons «Hausberg» ist der gut 800 Meter hohe Vrissinas. Nur wenige Kilometer von der Stadt entfernt liegen an seinen Hängen und Ausläufern ebenfalls «venezianische» Dörfer: Mikrá Anógia, Rousospíti und Chromonastíri. Das Dorf **Maroulás**, östlich von Réthimnon, zeugt von streitsüchtigen oder bedrohlichen Zeiten. In ihm sind zwei Wohntürme erhalten geblieben, an einen ist die Ölmühle direkt angebaut. Die Türme waren Wohnungen venezianischer Lehnsherren, die von hier ihre Güter kontrollierten oder die Steuern von ihren Pächtern eintrieben. Mittelalterliche Wohntürme sind auf ganz Kreta verbreitet gewesen. Wenn man ein abgeschrägtes, fensterloses Untergeschoß entdeckt, kann man ebenfalls sicher sein, daß hier einst ein wehrhafter Bau der Venezianer stand.

Pausenlos sausen die Autos, Kräder und Busse über die neue Straße zwischen Réthimnon und Iráklion, um die Strecke zwischen den Städten möglichst schnell hinter sich zu bringen. Ein Fehler. Denn die alte Landstraße zwischen beiden Städten, südlich der Kouloukonas-Berge, bietet Beschaulichkeit und grüne kretische Dörfer vor der ständig wechselnden Kulisse des mächtigen Ída-Massivs. Köhler bauen ihre Meiler wie eh und je, die Esel stehen unter den Olivenbäumen, und in den Kafenía verbringen die Männer einen Teil des Tages. Jede Runde beobachtet das Treiben auf der Straße und kommentiert gründlich alles, was zu sehen ist.

Vielleicht benutzen die Alten hier noch die bäuerliche Redensart, mit der man in Kreta einen neugierigen Zeitgenossen auf Distanz hielt: Oh, man unterhalte sich nur über den Wein von Embaros und das Öl von Viánnos und über einen Sack Zwiebeln aus Mylopótamos, bekam der zu hören, der nicht ins Gespräch einbezogen werden sollte.

Mylopótamos ist der größte Kreis im Bezirk Réthimnon. Er umschließt das Gebiet des Psilorítis. In Pérama – nahebei die Melidoní-Höhle (siehe S. 66) – oder weiter östlich in Mourtzána zweigt die Straße zum Hauptort Anógia von der alten Straße ab und schraubt sich an den Ída-Hängen hoch. Schon seit Jahren fahren abends Busse mit Urlaubern aus den Küstenhotels in das sieben Kilometer vor Anógia liegende **Axós** zu Folkloreveranstaltungen. Tagsüber halten viel we-

Blick vom venezianischen Hafen auf Réthimnons pittoreske Altstadt

niger Besucher im hübschen Bergdorf an, das bereits in spätminoischer Zeit bestand und dessen hoch gelegener Platz der antiken Akropolis über einen Pfad zu ersteigen ist.

Egal, ob man von **Anógia** (s. S. 169) direkt zur Inselmetropole fährt oder die alte Straße benutzt, der Ausblick auf die riesige Ebene von Iráklion, das Kretische Meer und im Südosten auf den markanten Joúchtas-Berg ist beeindruckend. Der Geburtsort einer bedeutenden kretischen Frau wird meist achtlos an der Strecke Anógia – Iráklion «links» liegengelassen. In **Kamariótis**, einen Kilometer abseits zwischen Sisarchá und Góniai, wurde 1645 oder 1646 die dreijährige Eumenia, Tochter des Papás, von den Türken verschleppt. Das Mädchen wurde in den Harem des Topkapi-Palastes in Istanbul gebracht. Dort fand später Sultan Mohammed IV. Gefallen an der schönen und klugen Frau, sie stieg als Rabia Gülnus, Frühlingsrose, zu seiner Favoritin auf. Ihre Söhne herrschten als Mustafa II. und Ahmed III. wie der Vater über das Osmanische Reich.

Flamme der Freiheit: Arkádi

Das Bild der Klosterkirche von **Arkádi** hat jeder, der jemals in Griechenland war, unzählige Male vor Augen gehabt. Und es ist immer wieder durch seine Hände gegangen, denn es ziert jeden 100-Drachmen-Schein. Ähnlich wie das Massaker von Chios – nicht zuletzt durch Eugène Delacroix' Gemälde von 1824 – die europäische Öffentlichkeit aufrüttelte, folgten 1866 den Presseberichten über die Verzweiflungstat der Menschen von Arkádi weltweite Anteilnahme, Sympathie und Unterstützung (siehe S. 67).

Die Reise nach Arkádi heute – mit dem Mountainbike, dem Bus, dem Auto oder als Wanderung – erschließt Kreta von seinen lieblichen Seiten. Sobald die Küstenebene verlassen wird, erfreuen Olivenhaine, immer neue Hügel und Kuppen, Serpentinen, Ausblicke. Einsam liegt die riesige, von Wehrmauern eingefaßte Anlage auf einem Plateau. Die frühere Windmühle vor den Mauern birgt die Gebeine von Männern, Frauen und Kindern, die bei der gewaltigen Detonation umkamen. Beim Durchschreiten des Hauptportals (Réthimnon-Tor), bereits vier Jahre nach der Katastrophe wieder aufgebaut, fällt der Blick auf die Klosterkirche Ágii Konstantinos und Eleni und Christos von 1587. Die kunstvolle Fassade gilt als ein Höhepunkt kretisch-venezianischer Architektur, mit Stilelementen aus Renaissance und Barock. Innen hat nur ein Teilstück des Templons (Bilderwand) den Brand nach der Explosion überstanden, es wird in der Kirche aufbewahrt. Den rechteckigen Innenhof umsäumen Wirtschaftsgebäude, Mönchszellen und ein kleines Museum. Arkádi ist eine Mischung aus lebendigem Kloster, Reliquie, Wallfahrtsort, «archäologischer Stätte in situ» und Museum. Nur wenige Zellen sind bewohnt, 1994 lebten lediglich zwei Mönche hier. Im ehemaligen Refektorium beeindrucken die rohen Tische, die Küche mit ihren einfachen Gerätschaften kann ebenfalls besichtigt werden, denn Speisesaal, Wirtschaftsgebäude und Gästezimmer an der Nordseite des Hofes werden nicht mehr genutzt. Ein kleines Osttor war der Eingang für die Lasttiere. Direkt daneben liegt das Pulvermagazin beim ehemaligen Weinkeller. Sein Tonnengewölbe wurde nicht restauriert, ein Mahnmal seit dem 8. November 1866. Eine Inschrift gedenkt der kretischen Opfer: «Die Flamme, die hier in dieser Krypta entzündet wurde und das ruhmreiche Kreta von einem Ende bis zum anderen erleuchtete, war eine Flamme Gottes, in der sich die Kreter für die Freiheit opferten.»

Jeder Gast des Klosters Arkádi wurde am Morgen mit Brot, Oliven, Käse und Wein verabschiedet, einer Ration, die für drei Tage ausreichte. Nach Süden ins üppige **Amári-Tal** mit seinen byzantinischen Kirchen und dem großen Kloster Assomáton werden viele weitergezogen sein. Bereits nach knapp drei Stunden ist die gut 200 Meter über Arkádi gelegene Hochebene von Tsoúnes überstiegen und das Dorf Thrónos am Rand des fruchtbaren Amári-Beckens erreicht. Erst in allerjüngster Zeit ist eine breite Schotterpiste zwischen Arkádi und Thrónos geschoben worden. Kaum ein Nutzer ist zu sehen, dafür jedoch enorme Erosionsschäden.

In **Thrónos** kann man einfaches Quartier beziehen und zu Fuß oder kombiniert mit Bus oder Bike die Ebene erkunden, deren Dörfer an ihrem Rand aufgereiht sind. Wie geschichtsträchtig der Boden unter den riesigen Eichen, Platanen, den Walnuß-, Birnen-, Maulbeer-, Mandel- und Kirschbäumen ist, kann man heute nur erahnen. Bei Monastiráki legte der deutsche Archäologe Ernst Kisten während der Besatzung (1942) eine palastartige Anlage aus mittelminoischer Zeit frei; in Apostóli verhafteten die Römer 249 n. Chr. die zehn Christen, die später in Ágii Déka bei Górtis (Messará) hingerichtet wurden. Westlich von Vizári und mitten in Thrónos sind Fußbodenmosaiken zu sehen. Anstelle der Basilika steht in Thrónos heute die Marienkapelle mit Fresken aus dem 14. Jahrhundert, spärliche Reste dorischer Siedler sind am Hang überm Dorf aufzuspüren. Von der venezianischen Bausubstanz des **Moní Assomátos** haben Erdbeben (1810) und der Befreiungskampf (1821) nicht viel übrig gelassen. Ein Dorf mit islamisierten Kretern soll den Mönchen obendrein jahrelang zugesetzt haben. Das Kloster hatte seine Blütezeit im 17. Jahrhundert. Ab 1935 bis vor einigen Jahren war in den Restgebäuden eine Landwirtschaftsschule untergebracht. Nahebei an einem Feldweg das Agía-Anna-Kirchlein mit sehr alten Wandmalereien. Vom Kloster einen Kilometer nach Westen ein weiteres byzantinisches Denkmal: Die Agía Paraskeví beherbergt unter ihrer Kreuzkuppel das Grab eines Geórgios Chortátzis; Wandmalerei und Inschrift werden so gedeutet, daß sich unter Christi Segen hier ein Hauptmann Chortátzis im 13. Jahrhundert von seiner Lebensgefährtin verabschiedet, bevor er gegen die Venezianer zieht. Und nicht zuletzt stößt man in den Dörfern auf erschütternde Spuren der deutschen Wehrmacht aus dem Zweiten Weltkrieg, Gedenktafeln und Mahnmale. **Gerakáris** Häuser wurden am 22. August 1944 in die Luft gesprengt, die männlichen Bewohner «hingerichtet».

Das wiederaufgebaute heutige Gerakári ist zur Kirschblütenzeit ein traumhaft schönes Wanderziel. Seine restaurierte Kreuzkuppelkirche des Ágio Ioánnis o Theológos (12. Jahrhundert) birgt Fresken aus dem 13. Jahrhundert.

Das 1777 Meter hohe rauhe Kédros-Gebirge, das das verwunschene Amári-Tal nach Südwesten abriegelt, kann von Gerakári aus angegangen werden. Im Nordosten reckt sich der Psilorítis in den Himmel, von Foufourás startet der E-4-Wanderweg zum Gipfel. Im Frühjahr erscheinen Himmel und Schnee auf Kretas höchstem Massiv wie ein Traum aus Weiß und Blau über dem bunten, saftiggrünen Landschaftskessel.

Arkadische Eichen in Arméni

Die dürren Eichenblätter rascheln im Herbst unter den Füßen auf dem großen Nekropolenhügel beim Dorf **Arméni**, rund zehn Kilometer von Réthimnon entfernt, an der Straße nach Plakiás beziehungsweise Agía Galíni gelegen. Arméni führt seinen Namen übrigens auf die Armenier zurück, die Nikephoros Phokás dort ansiedelte. Noch im vorigen Jahrhundert waren die großen Früchte der halb immergrünen Wallonen-

Eiche (auch Arkadischen Eiche oder Quercus aegilops) als Schwarzfärbe- und Gerbmittel ein wichtiger kretischer Exportartikel. Hin und wieder purzelt eine Eichel in einen Schacht, dessen Treppenstufen zu einer unterirdischen Grabkammer führen.

Ein Hirte soll den «Friedhof» entdeckt haben, als er einen Dachs im Eichenwäldchen verfolgte. Seit 1969 wird hier unter Leitung des kretischen Archäologen Jannis Tzédakis gegraben, ein Kuppelgrab und zahlreiche Kammergräber wurden freigelegt: Bis 1990 waren es insgesamt 207, etwa 50 warten noch auf die Erforschung. Die unterschiedlich großen spätminoischen Gräber sind alle nach Nordosten ausgerichtet, eine abwärts geneigte Rampe führt mit einem Gang in eine Kammer. Sie ist rundlich oder viereckig, manchmal läuft eine Steinbank rundum, ein sehr großes Grab ist in der Mitte mit einem Pfeiler abgestützt. Nach kurzer Zeit hat sich das Auge an das Schummerlicht gewöhnt, man kann die Einzelheiten der geräumigen, mannshohen Felsenkammer deutlich erkennen, durch die Türöffnung, die mit einer Steinplatte verschlossen wurde, und den Dromos, den korridorartigen Zugang, fällt Tageslicht hinunter. Das Archäologische Museum in Réthimnon zeigt einige der inzwischen freigegebenen Funde: einen Eberzahnhelm, sehr schön bemalte Sarkophage, ein Strohkörbchen, Waffen und Schmuckstücke aus Bronze. Ob das entdeckte Kupferbergwerk ganz in der Nähe zur selben Zeit in Betrieb war, weiß man noch nicht. Nach der dazugehörigen Stadt – den Funden nach zu urteilen einer sehr bedeutenden –, deren Einwohner auf dem Hügel planmäßig über Generationen hinweg ihre Toten bestatteten, wird noch gesucht.

Jannis Tzédakis spekuliert zudem, ob in Arméni der erste namentlich bekannte Minoer bestattet wurde: Eine Bügelkanne trägt in Linear-B den Namenszug wina-jo. Derselbe Name ist bekannt aus Knossós und von anderen Schrifttäfelchen (siehe S. 157).

«Himmlische Meeresstille»: Agía Galíni

Spílis Attraktion ist weder zu übersehen noch zu überhören. Aus 25 Öffnungen, 19 davon sind Löwenköpfe, sprudelt und plätschert je ein kräftiger Wasserstrahl ins lange venezianische Brunnenbecken. Ein Bauer führt seinen Esel zu dieser Tränke, eine alte Kreterin schöpft Wasser, um die Blumen auf der Gasse zu gießen, und Touristen reihen sich vor den speienden Löwenmäulern zum Erinnerungsschuß auf. Denn die grüne Umgebung der Bischofs- und Kreisstadt lockt zahlreiche Tagestouristen an. Naturfreunde quartieren sich für ein paar ruhige Tage ein. Die Oliven- und Johannesbrotbaumhaine sind stark von Obstbäumen durchsetzt, die Wildblumenflora ist üppig.

Bis Agía Galíni bleibt die Fahrt abwechslungsreich, anfangs noch üppig grün, dann, zwischen Assideroto- und Kédros-Bergen, erscheint die Landschaft karg und fast menschenleer. Die Straße schraubt sich ins ehemalige Fischerdörfchen **Agía Galíni** hinunter. Es ist in zwei Jahrzehnten explosionsartig gewachsen, die an den Hängen hochkletternden maximal dreigeschossigen Häuser, Appartements und Hotels reichen inzwischen bis ins Tal Richtung Mélambes hinein. Auch auf der anderen Seite des Plátis-Flusses sind Neubauten entstanden, ein Ende des touristischen Baubooms ist nicht mehr abzusehen. Der Bezirk rund um den Hafen bietet für jeden Geschmack etwas: Agenturen, Tavernen – stilvoll oder riesig –, Bars, Musik, Boutiquen, Supermärkte. Irgend jemand muß den Einwohnern die Wahnsinnsidee eingeflüstert haben: Als mit EU-Geldern der Hafen ausgebaut wurde, hat man gleich den ganzen Platz zwischen Kai, Restaurants und Kafenía betoniert und ihm damit jeglichen mediterranen Charme genommen. Von den Tischen der Restaurants blicken die Urlauber auf eine zugeparkte häßliche Betonfläche, die sich in der sommerlichen Hitze wie ein Backofen gebärdet. Statt auf Fischerkaíkis starrt der weitgereiste Gast auf Betonkübel, deren Topfpflanzen mediterranes Ambiente suggerieren sollen. Die östlich des Hafens emporragende Fels-Erde-Wand ist durch Erosion ins Rutschen gekommen; und der alte Pfad zum Strand mußte gesperrt werden. Jetzt soll die Abbruchkante aufwendig gesichert und durch Betonstreben gestützt werden.

Weiter hinten in den Gassen noch manch Beschauliches: Von einem fast traditionellen Kafeníon unter Bäumen fällt der Blick durch die Gasse aufs Meer. Die Hanglage mit den übereinandergeschachtelten weißen Hauskuben schafft durchaus Urlaubsatmosphäre.

Beliebt sind die kleinen Badebuchten im Westen: **Ágios Geógios**, einen Spaziergang weit, und **Ágios Pávlos**, das schneller mit dem Boot als über Land erreichbar ist. Mietet man in der ersten oder zweiten Bucht ein Zimmer, kann man die himmlische Ruhe genießen, die der Tourismus aus Agía Galíni selbst wohl für immer vertrieben hat. Agía Galíni heißt übersetzt «Himmlische Meeresstille».

Im Frühjahr sind auch rund um Agía Galíni die Wildblumen eine Augenweide, die Schneefelder des Psilorítis thronen malerisch über seinem Flüßchen Plátis. Die plastikbespannten Felder und Treibhausfarmen, die sich hinter **Kókkinos Pírgos** scheinbar unendlich in die Messará hinein dehnen, kann man vom Badeort aus noch nicht sehen. Eine Hügelkette liegt dazwischen.

Selliá, Mírthios, Plakiás

In einer Sache sind sich alle Bauern aus Selliá einig: Ihre Olivenbäume werden nicht gewässert. «Unser Öl ist besser als das aus Mírthios», behaupten sie selbstbewußt. In Mírthios hingegen schwören die Bauern darauf, ihre Oliven zu wässern und so den Ertrag und die Qualität zu steigern. Die beiden Dörfer Selliá und Mírthios, an der Straße Chóra Sfakíon – Agía Galíni, liegen rund 300 Meter überm Örtchen Plakiás, das sich in wenigen Jahren vom Fischerdörfchen mit Rucksackreisenden zur Touristenmeile mit Pauschalangeboten – und Kläranlage – gemausert hat. Sellía und Mírthios, die sich so nah gegenüberliegen, trennt mehr als nur die Kotsifoú-Schlucht. In **Selliás** friedlichen Gassen halten die Menschen am Hergebrachten fest, der Esel bringt die Feldfrüchte ins Haus, der kleine moderne Molkereibetrieb läuft im Frühjahr auf Hochtouren und produziert die traditionellen Käsesorten. Den Panoramablick aufs Meer, das gebirgige Umland und über die Ebene von Plakiás haben die Menschen bei tausend alltäglichen Handgriffen im und ums Dorf vielleicht so verinnerlicht, daß er keiner weiteren Betonung bedarf.

Lediglich die Taverne «Obelistírion» hat ihre Terrasse auf Aussicht eingerichtet.

Da gibt sich **Mírthios** anders: Der umwerfende Ausblick auf die Bucht von Plakiás ist sein Markenzeichen. Gleich mehrere Tavernen wetteifern mit den besten Plätzen für den Sonnenuntergang, Menü-Angebote inklusive.

Dort, wo die Sonne hinterm Kap Stavros unterzugehen scheint, endet westlich von **Plakiás** die küstennahe Schotterpiste. Vor der Felswand wachsen landeinwärts Palmen, am Meer lädt ein Strand zum Baden. Er ist länger als die sandigen Teilstücke hinter dem Hafen, an denen im Herbst große weiße Dünentrichternarzissen blühen, zwischen Strandliegen und Tamarisken etwas bedrohlich eingezwängt.

Da ursprünglich lediglich eine Handvoll Fischerhäuser die Siedlung von Plakiás ausmachte, läßt sich heute rein gar nichts mehr von einer Ortsstruktur ausmachen. Jedes Haus hat direkt oder indirekt mit Tourismus zu tun, Boutiquen, Bäcker, Schmuckläden, Hotels, Restaurants und Supermärkte an der «paralía» und in den Seitengassen. Wie überall auf Kreta sprießen Stahldrahtbündel aus jeder Dachecke eines frischen oder schon älteren «Neubaus». Manch halbfertiges Projekt scheint eine Bauruine zu sein. Was mitteleuropäische Ordnungsvorstellungen oder das ästhetische Empfinden stört, hat jedoch handfeste ökonomische Hintergründe. Die rasante Inflationsrate drängt den Bauwilligen dazu, Geldmittel sofort in Material umzusetzen. Bekommt er heute noch zwanzig Sack Zement für seine Drachmen, sind's im Jahr drauf höchstens noch fünfzehn. Also wird das Material statt des Geldes auf die hohe Kante gelegt, bis die nächste Kelle in Angriff genommen werden kann. So wurschtelt man von Teilstück zu Teilstück, der Geldentwertung ein Schnippchen schlagend. Und solange die Möglichkeit offengehalten wird – sprich, die Eisenstangen aus dem Flachdach ragen –, darf weitergebaut werden. Langer Strand – Sand mit etwas Kies –, Betonpromenade und Parkplatz, Straße und Tavernen- und Hotelmeile laufen parallel am Meer entlang. Kurz vor der Hafenzunge reichen die Tische und Stühle direkt bis an den Strand. Und in der Kneipe hinter der Mole sitzt man unter Tamarisken, zwischen den Felsklippen schwimmen oder watscheln die Hausenten. Die Ausflüge des nächsten Tages lassen sich mit dem Boot, per Auto und Bike planen: in die Kourtaliótiko-Schlucht mit seiner Ágios-Nikólaos-Kirche, nach Frangokástello, zum Kloster Préveli, zu den Buchten und Stränden rund um Damnóni.

Unter Mönchskaminen – Moní Préveli

Piso Monastiri (hinteres Kloster), so heißt das Hauptkloster Moní Préveli, ist um eine Quelle herum gebaut, und die Inschrift am Brunnen im Klosterhof lautet: «ΝΙΦΟΝ ΑΝΟΜΗΜΑΤΑ ΜΗ ΜΟΝΑΝ ΟΦΙΝ» (Reinige deine Seele und nicht nur dein Äußeres). Dieses magische Epigramm aus byzantinischer Zeit kann man als Krebsvers sowohl vorwärts als auch rückwärts lesen. Der folgende Satz bedeutet: «Ein Brunnen, der reichlich fließt, nimm, bis du genug hast.» Daß das Kloster von geschichtlicher Bedeutung war, lassen seine Größe und die Ausstattung der unter der Türkenherrschaft wiedererrichteten Kirche noch heute ahnen, unter anderem eine prächtige vergoldete Kanzel, ein Bischofsstuhl, Ikonen und das holzgeschnitzte Templon. Zu einem Kreuz, das einen Splitter vom Kreuz Jesu enthalten soll, pilgern noch heute wundergläubige Kreter. Sehr nah ist der Eindruck eines himmlisch entrückten Örtchens, wenn man in der Sonne vom Innenhof auf die Weite des Meeres zu den beiden Inseln Paximádia (Zwieback) hinüberblinzelt. Die Ländereien werden nicht mehr wie in früheren Zeiten bewirtschaftet, in denen das Kloster immer wieder eine Rolle im Widerstand gespielt hat. Zuletzt wurden auch von hier Alliierte und Partisanen nach Ägypten geschleust. Viele Klosterschätze wurden im Befreiungskampf gegen Kanonen und Waffen getauscht. Was übrigblieb, zeigt heute ein kleines Museum neben dem Brunnen. Das Beinhaus der Mönche, eine Nachbildung der Klosterkirche, liegt über dem Meer, im Friedhof vor den Klostermauern.

Das ältere Nebenkloster, **Kato Monastiri** (unteres Kloster), in dem Landarbeiter und Aufsicht führende Mönche lebten, verfällt von Jahr zu Jahr mehr. Dabei ist dieser Flecken paradiesisch und üppig grün durch den Fluß Megalopótamos. Er wird von einer malerischen venezianischen Brücke überspannt und führt seit Menschengedenken ständig Wasser. Die alte, nicht mehr genutzte Straße schlägt einen Haken, um die steinerne Wölbung der Brücke zu erreichen. Beide Klöster tragen als Wahrzeichen spitze, steinerne, schmal durchbrochene Kamin-Hüte.

Der Megalopótamos mündet eineinhalb Wegstunden südlich von Kato Moní Préveli im Libyschen Meer. Er durchläuft ein enges, einzigartiges Tal, das mit Oleander, Keuschlammstrauch und Kretischen Dattelpalmen dicht bewachsen ist. Auch zoologische Raritäten wie der Eisvogel, Libellen und die Kaspische Wasserschildkröte haben bisher hier überlebt. Vor seiner Mündung ins Libysche Meer staut sich das Süßwasser hinter einem Sandhaken zu einem kleinen See.

Die atemraubende Schönheit ist schon lange entdeckt: Die Hippies betrachteten sie samt Kato Préveli als ihr angestammtes Revier, Rucksackleute bewohnten sie als paradiesische Urlaubsspielwiese für ein paar Tage oder Wochen, junge Leute ließen sich vom Flughafen direkt mit dem Taxi zum Exoten-Biotop absetzen. Stieß diese «Nutzung» der Naturoase bereits an die Grenzen des Verkraftbaren, so droht inzwischen die irreparable Zerstörung. Immer mehr Boote legen während der Saison hier an, die Ausflügler für ein paar Stunden am «schönsten Strand Kretas» ausladen. Die Flächen südlich der Straße zum Kloster Piso Préveli verwandeln sich von Mai bis September in einen schattenlosen Riesenparkplatz. Von dort steigen die Urlauber in 20 Minuten zum Strand hinab. Plastikmüll säumt den Weg. Zwar weisen klar verständliche Schilder, aufgestellt vom zuständigen Forstamt in Réthimnon, mit Geboten an, wie Strand und Tal zu schützen seien. Aber so gut wie niemand hält sich daran. Ein durchdachtes, effektvoll durchgesetztes Schutzkonzept ist dringend vonnöten, soll nicht eine weitere Attraktion Kretas von der Landkarte verschwinden.

EIN HAUCH
VON TROPEN
ARVI, IERAPETRA UND DIE SÜDOSTKÜSTE

Traditionelles Wirtschaften auf ererbter Familienparzelle und modernste kretische Landwirtschaft liegen rund um Kretas wärmste Stadt, Ierápetra, eng beieinander. Unverändert idyllisch laden an den Südausläufern von Díkti-Massiv und Sitía-Bergen Wege und Dörfer zum Rasten, zum Wandern und Radfahren ein. In plastiküberspannten Gemüse- und Bananenplantagen entlang der Küste bilden die Badedörfer Mírtos und Makrigialós zwei Ferienoasen.

Die Zeiten, in denen Árvi als Insidertip gehandelt wurde, in denen sich Münchener und Kölner Cliquen bei Matheo in der Kneipe trafen und klassische Musik hörten, es die besten Zimmer direkt über dem Meer bei Aliki, Petrakis und dem Fischer mit seiner Blumenveranda gab – die sind endgültig vorbei. Zwar gibt es immer noch Stammgäste, die auf **Árvi** schwören, aber das, was mal an touristischer Entwicklung möglich schien, ist irgendwie abgebrochen. Nichts erinnert mehr an die Aktivitäten des Müncheners Fridhelm Klein, der 1984 im Dorf Amirás die erste Ausstellung deutscher zeitgenössischer Kunst organisierte. Sie war ein großer Erfolg, ebenso sein Kurs für Kinder und Jugendliche – Malen und Herstellen von Objekten –, mit dem Klein, selbst Dozent an der Kunstakademie in München, seine Präsentation begleitete. Klein hatte seit Jahren immer wieder Urlaub in Árvi gemacht. Aus dem Gefühl, Kreta, seinen Menschen und seiner Landschaft sehr viele künstlerische Anregungen zu verdanken, erwuchs der Wunsch, etwas zurückzugeben. Amirás wurde als Ausstellungsort gewählt, da Klein inzwischen dort Freunde gewonnen hatte und der Ort im September 1943 Schauplatz einer deutschen Vergeltungsmaßnahme war, bei der vom Kind bis zum Greis 400 Menschen erschossen wurden.

Ein vom Klima gesegnetes Fleckchen, das war das abgelegene Árvi. Ein paar Häuser säumten links und rechts die Straße vorm Meer mit dem dunklen Sand. Die tropische Senke Árvis öffnet sich zum Libyschen Meer, nach Norden ist sie abgeriegelt durch einen mächtigen Felsklotz. Das Flüßchen aufwärts drängten sich die Bananenstauden, behangen mit den riesigen dunkelroten Blüten oder kleinen, gelbaromatischen

So weit das Auge reicht: gleißende Treibhausdächer, darunter gedeihen Gurken, Tomaten und Bananen

Früchten. An der alten Wassermühle querte eine Furt das Flußbett, das sich in der Tiefe des Tals zwischen Schilfgebüsch, riesigen Platanen und Oleander verlor. An den terrassierten West- und Osthängen wucherten Orangengärten mit eingestreuten Obstbäumen, zwischen denen die Bewässerungsrinnen plätscherten. Zusehends heißer wurde ein Spaziergang, je näher die Palmen vor der **Schlucht** rückten. Zeus soll den gewaltigen, 300 Meter tiefen Felsspalt mit einem Stockhieb geschlagen haben.
Östlich vom Flüßchen, das sich hindurchgezwängt hat, klebt an der Felswand das Ende des 19. Jahrhunderts gegründete, von einem einzigen Mönch bewirtschaftete Moní Ágios Antónios. Hin und wieder steigt ein Bauer mit seinem Lasttier den gepflasterten Serpentinenpfad über die 300-Meter-Kante hoch. Es lohnt bis heute, es ihm gleichzutun. Eine Wanderung über die «vergessenen» Weiler **Ágios Vasílios** und **Krevvatás** nach **Amirás** erschließt das zauberhafte Hinterland am Osthang des Díkti-Gebirges. Ist der steile, schweißtreibende Anstieg aus der Senke geschafft, fällt der Blick auf die bizarre Rückseite der Schlucht, in der mit etwas Glück Geier zu beobachten sind. Kleine Almwiesen und Terrassen mit Serapias und Schmetterlingsorchideen machen bald Olivenhainen mit blauen Lupinen Platz. Selten verirrt sich ein Tourist in die abgelegenen Bauerndörfchen Ágios Vasílios und Krevvatás, die man durchqueren muß, um zur Hauptstraße zu gelangen. Von dort kann man weiter nach Amirás laufen oder mit dem Bus Richtung Áno Viánnos oder Mírtos fahren.

Lieber Bananen statt Touristen
Daß Árvi auf Bananenproduktion setzt, erkennt man vor allem zur Erntezeit: auf Lastwagen, die sich durch die enge Dorfstraße quetschen und mit den Rücklichtern überm Meer millimetergenau neben dem Kiosk parken oder weit vor der Flußfurt beladen werden. In die ehemaligen Freilandbananenfelder sind kreuz und quer, je nach Eigentumsverhältnissen, zweigeschossige Betonkästen geklotzt. Unten Rohbau mit improvisierter, aber wohl dauerhafter Fertigstellung zum Lager oder Kontor, oben großzügiges Familienheim mit umlaufender Veranda. Verladen werden beachtlich schwergewichtige Fruchtstände mit giftgrünen Bananen. Von den exotischen Bananen-Parzellen, deren Stauden die hochgeschätzten kleinen, aromatischen Früchte hervorbrachten, fehlt fast jede Spur. Bereits Ende der siebziger Jahre begannen die Arvianer damit, die Bananenkulturen in die mit Plastikfolien überspannten Gewächshäuser, «iliokípia» (Sonnenhäuser) genannt, zu verlagern, was ihre Erträge um 400 Prozent steigerte. Statt ein bis eineinhalb Tonnen holen die Bauern heute fünf bis acht Tonnen von einem Viertelmorgen. Bananen waren immer ein lukratives Geschäft, da die kleinen Früchte für deutsche Vorstellungen zu horrenden Preisen auf dem griechischen Markt angeboten wurden, der lange Zeit durch Schutzzölle gegen die mittel- und südamerikanische Konkurrenz abgeschottet wurde. Bananenanbau ist zur Freude der Bauern weniger arbeitsintensiv als andere Gewächshauskulturen. Bei der Tomate muß zum Beispiel jede einzelne Pflanze angebunden, die Fäden zum Ranken geknüpft und bei der Blütenbestäubung von

Hand nachgeholfen werden. Konsequenterweise pflastern die gleißenden graugrünen Plastikdächer das Tal immer weiter zu und haben auch vor den Hängen nicht haltgemacht. Die meisten der kunstvoll bewässerten Gärten sind verschwunden, ihre Reste verwildern. Matheo zum Beispiel bedient nur noch seine Bananenstauden, die urige Kneipe am Meer hat er aufgegeben. Die meisten im Dorf haben sich so entschieden, Tourismus wird nur noch von wenigen gemacht. Die wahren Geschäfte laufen über Bananen und Frühgemüse. Zwar finden sich Restaurants, ein Pub, ein paar Souvenirläden, und hinter der Flußmündung nach Osten stehen die Tavernentische romantisch direkt im Kies unter Tamarisken, und auch das Hotel «Ariadne» harrt am westlichen Dorfrand aus. Es stammt bereits aus der Pionierzeit, als Touristen die tropisch-exotische Oase nur mit dem Schulbus von Amirás, dem Taxi oder zu Fuß auf staubiger, steiler Piste erreichten. Das aus touristischer Sicht häßliche Árvi läßt sich auch kontraproduktiv betrachten: Hier haben sich die Einwohner dem Tourismus nicht untergeordnet, sie geben den Ton an. Árvi ist ein kretisches Bauerndorf, dessen rasante ökonomische Entwicklung außer der Kirche, einer Säule aus dem antiken Arvios und dem Kiosk kaum etwas Traditionelles überleben ließ. Nur die Arvianer sind sie selbst geblieben. Für hartgesottene Kretafans stellt die Bananenbucht durchaus eine reizvolle Adresse dar.

Veränderte Umwelt, gefährdete Natur

Die meisten Feriengäste kommen heute auf einen Tagesbesuch von Áno Viánnos herunter oder bleiben auf der Durchreise nur für ein paar Tage. Dabei hatten Familien im Dorf, beginnend in den siebziger Jahren, kräftig in Selbsthilfe an der Dorfstraße und zum Meer ins aufstrebende Tourismusgeschäft investiert. Gesetzwidrig wurden Gästequartiere bis zu drei Stockwerken aufgestockt, statt die Dreißig-Meter-Schutzzone vor der Winterbrandung einzuhalten, wie es die Bauvorschrift für die Küstendörfer vorsah. Die staatliche Ordnungsstrafe blieb wirkungslos, der Betrag kam durchs Touristengeschäft schnell wieder rein. Denn die Zimmer direkt über dem Libyschen Meer waren sofort belegt, wenn die Saison begann. Jedes Frühjahr mußte renoviert werden, was das winterlich andonnernde Meer bis ins Untergeschoß hinein lädiert hatte.

Es kam vor, daß die subtropischen Bananenstauden den Winter im Freien nicht mehr überstanden. Die Temperatur war nur geringfügig unter den tolerierbaren Grenzwert gesunken. Die kurzsichtigen Eingriffe in die Landschaftsoase Árvis zeigten ihre langfristigen Folgen. Wurde die Wärme der schrägen Wintersonne an den Hängen der Árvi-Bucht, an der man im Winter durchaus baden konnte, bis dahin eingefangen und langsam wieder abgegeben, so funktioniert diese Speicherheizung wegen der Bebauung mit Plastiktreibhäusern nicht mehr. Die ehemals klimamildernde Öffnung zum Meer ist obendrein fast abgeriegelt durch die hochragende Bebauung, die sich inzwischen bis weit ins ehemals offene Flußtal hineinfrißt, und der Wärme absorbierende schwarze Strandstreifen dezimiert.

Wirklich alteingesessene Familien gibt es in Árvi nicht viele. Die meisten sind erst vor wenigen Jahrzehnten von den Dörfern oben bei Viánnos heruntergekommen. Für sie hat sich der Schritt gelohnt. Die staatliche Touristikförderung, die Möglichkeit des Treibhausbaus, gekoppelt mit dem Anschluß an die EU, der Absatzmärkte für das Frühgemüse garantiert, geben die Chance auf einen Arbeitsplatz und einen ansehnlichen Verdienst. Viele Leute gelten inzwischen im Dorf sogar als reich.

Die Aussicht auf das große und schnelle Geld rief auch Bulldozer auf den Plan. Hänge und Kuppen der Árvi-Bucht sind neu terrassiert. Ist die Maschine einmal da, wird offensichtlich schon vorsorglich noch mehr Gewächshausfläche vorbereitet. Die Pflanzendecke der Phrygana ist zerstört, der Boden der Erosion anheimgegeben. Die Herbst- und Wintergüsse lassen eingefressene Ablaufrinnen von einem Meter Tiefe ringsum zurück. Man braucht kein Experte zu sein, um sich auszumalen, daß in spätestens zehn Jahren von der zwei Meter mächtigen Bodenschicht nichts mehr übrig ist und nackte Felswüste sich ausbreiten wird. Mit Gewächshausbebauung würde der Prozeß allerdings wohl nur verzögert und nicht verhindert. Denn eine Sicherung der neuen Terrassenflächen durch Mauern – wie in den Jahrhunderten zuvor – findet so gut wie nicht statt. Manchem modernen Wohnhaus wird das ablaufende Wasser in einigen Jahren das Fundament weggespült beziehungsweise die von oben kommende Erosionslawine das Flachdach zugeschüttet haben. Auf die Verwüstungen angesprochen erfolgt Schulterzucken.

Faflángos, Keratókambos, Tsoútsouros

In **Faflángos** suchen Geländewagenfahrer und Motorradfahrer vergeblich ein Restaurant, nicht einmal ein Kaffee ist zu ergattern. Es sei denn, der alte liebenswürdige Mann vom kleinen Strandkafeníon vorm Flüßchen unten am Strand ist wieder da. Campern der Pionierzeit ließ er vertrauensvoll den Schlüssel zurück, wenn er mal nach Viánnos oder Iráklion zum Einkaufen fahren mußte. Im Örtchen selbst, gut zwei Kilometer von Árvi östlich den Kiesstrand entlang zu erwandern, hat man noch nie mit dem Tourismus kokettiert. Niemand hat sich auf Experimente eingelassen so wie in Árvi. Die Entscheidung war von Anfang an klar: Landwirtschaft und Gewächshäuser, ebenso in Psári Foráda und Tértsa.

Auch westlich von Árvi fressen sich die Plastikgestelle in die kleinen Bachtäler über Keratókambos bis nach Tsoútsouros, hinter dem die Asteroússia-Berge steil ansteigen und ein Fortkommen auf Rädern unmöglich machen. Lediglich **Keratókambos** ist mit einer Asphaltpiste an die Hauptstraße bei Áno Viánnos angebunden. Das Örtchen unterhalb des markanten Horns, des Kérato, wirkt mit seinen verschnörkelten Bänken unter den Tamarisken vorm kieselstrandigen Meer, als sei die Zeit stehengeblieben, wenn auch das eine oder andere Appartement mit Küchenutensilien dazugekommen ist oder sich im Bau befindet. Ruhefanatiker können sich hier einquartieren, vorausgesetzt, sie wissen einfachste Unterkünfte – in Ausstattung, nicht unbedingt im Preis – zu schätzen und können auf ein reichhaltiges Tavernenangebot verzichten. Meer, Himmel, Häuser und die

Anstriche von Möbeln und Türen garantieren einen Augenschmaus in Blau und Weiß. Tagesausflügler verirren sich kurz hierher, die Pisten nach Osten (Árvi) und Westen (Tsoútsouros) sind miserabel. Einige Kilometer vor Árvi wird die vor den Zeiten des Gewächshausbaus idyllische Szenerie ab und an vernebelt durch die Staubwolken der Lastwagen, die die in den Greenhouses produzierten Früchte und Gemüse transportieren. Ähnlich wie Árvi galt **Tsoútsouros** Ende der Siebziger als Geheimtip. Aber auch hier gelang es dem Tourismus bislang nicht, richtig Fuß zu fassen. Gemessen an der Einwohnerzahl wirken die Tavernen in Tsoútsouros zu riesig, die Läden überdimensioniert. Viele der Häuschen stehen die meiste Zeit im Jahr leer in der weit geschwungenen, mit Tamarisken bestandenen Bucht. Des Rätsels Lösung: Der Piraten wegen siedelten die Kreter in früheren Zeiten ungern an der Küste. Sie versteckten ihre Dörfer lieber in den schwer zugänglichen, küstennahen Gebirgen, dort, wo Ackerbau gerade noch möglich war. Heutzutage sind die Bergdörfler von Demáti und Kastelliáná relativ wohlhabend, vor allem durch den Weinbau am Rande des Messará. Aufgrund ihrer ökonomischen Lage und wegen der Strandvergessenheit der Touristen sind sie unabhängig vom Fremdenverkehr geblieben. Ihre eigenen Ferien im Spätsommer nach der Weinernte verbringen zum Teil ganze Dorfgemeinschaften an der Südküste. Die kleinen Häuser sind also «Sommerresidenzen» der Weinbauern aus dem Hinterland. In Maridáki, zu Fuß nach Westen eine Stunde über die Felsen am Meer erwandert, entstanden noch vor kurzer Zeit in einem engen Bachtal kleine Beton-Ferienquader der Dörfler von Achendriás.

Tsoútsouros baut für erhoffte Touristen mächtig dazu. Die Dorfstraße ist frisch asphaltiert, auf den Anschluß zur Messará oder nach Iráklion wird stark spekuliert. Je mehr Urlauber man sich ausmalt, desto mehr Tamarisken werden abgehackt und durch Betonterrassen mit Markisendach ersetzt. Am Wochenende gibt es Ansätze zu Touristenabenden mit kretischer Folkloremusik. Während sich früher nur Rucksackwanderer bis zum abgelegenen Tsoútsouros durchschlugen, finden heute auch schon mal Leihwagen und Touristenjeeps ins Örtchen. Sie müssen stets auf gleichem Weg über Keratókambos zurück oder Richtung Norden mühsam übers Gebirge nach Kastelliáná. Diese Strecke wird aber ausgebaut. Für Wandergruppen ist Tsoútsouros, wo auch eine minoische Siedlung ausgegraben wurde, End- oder Startpunkt für mehrtägige Touren mit Proviant, Wasser und Ausrüstung durchs schroffe, aber reizvolle Asteroússia-Gebirge.

Wo die Göttin von Mírtos gefunden wurde

Das untere Dorfende, die Uferpromenade mit ihren Bars und Restaurants, ist die Attraktion von **Mírtos**. Hier kann man direkt über der Brandung seinen Oúzo genießen, vom Beach Café Restaurant den Blick ungestört schweifen lassen, den Strand entlang – oder, an einem der runden blauen Tischchen im «karavostasi» sitzend, einfach aufs Meer hinaus träumen. Kein Auto stört die Idylle. Buch, Sonnenbrille und Kaffee warten auf dem Tisch, bis man vom Sprung ins Wasser wieder zurück ist. Denn direkt unterhalb der Tavernenzeile beginnt der gut einen Kilometer lange sandige Kiesstrand. Er wirkt etwas öde ohne schattenspendende Tamarisken und gegen den westlichen Hügelsaum, dessen Baumbestand vor Jahren eine Feuersbrunst vernichtete.

Auch für Abwechslung ist gesorgt: Jedes Wochenende strömt am Ostende der Betonpromenade die Jugend von Ierápetra ins Café Akti und amüsiert sich live bei Bouzoúki-Klängen. Míros' noch erkennbar bäuerlicher Dorfkern ist geruhsam geblieben, beschnittene Maulbeerbäume säumen die rechtwinklig angelegten Straßen. Mitten im am Hang emporsteigenden Dorf das Restaurant «Katerina», dessen auf die Gasse gestellten Tische Kerzen zieren. Zimmer und Appartements gibt es in reichlicher Auswahl rundum, große Bettenburgen fehlen. Besonders attraktiv und begehrt sind die Studios «Big Blue» mit ihren Sonnenterrassen und freiem Blick aufs Libysche Meer. In der Regel wird an Individualreisende und kleine Reisegruppen vermietet. Selbst in den achtziger Jahren, als Árvi noch schwärmerisch gehandelt wurde, haben viele Rucksackleute dem östlich gelegenen Míros den Vorzug gegeben. In ihren Augen war Árvi schom immer nur ein abgelegenes «Tomatendorf». Die Straße von Iráklion über Áno Viánnos nach Ierápetra führt oberhalb des nördlichen Dorfrandes an Míros vorbei. Gut angebunden, bleibt Míros – bis auf die Hauptsaison – trotzdem ruhig.

Die günstige Lage erleichtert kleine und größere Unternehmungen: einen Busausflug ins große, imposant gelegene Bergdorf **Áno Viánnos** (siehe Seite 75). In seinen winkligen, steilen Gassen an den Ausläufern des Díkti-Gebirges scheint die Zeit stillzustehen. Die Sightseeing-Busse halten nur kurz. Die Ausflügler bestaunen den Brunnen an der großen Dorfplatane, trinken einen Kaffee oder sind zu Führungen in den freskengeschmückten Kirchlein Agía Pelagía und Ágios Geórgios unterwegs, bevor sie weiterfahren. Dabei lohnt es sich durchaus, durch die Gassen zu streifen und ein wenig von der Atmosphäre aufzuspüren, die dieses kretische und untouristische Dorf ausstrahlt.

Ein abendlicher Spaziergang von Míros aus zu den östlich vom Fluß gelegenen Hügeln Pirgos (15 Minuten vom Dorf) oder **Foúrno Korifí** lohnt, der Rundumblick ist fantastisch: auf das Meer, den Strand von Míros, welchen im Westen Felsen abriegeln, das fruchtbare Tal des Míros-Flusses hinauf bis zum ersten Riesen der beiden Díkti-Zweitausender. Das Panorama verdeutlicht, mit welchem Fingerspitzengefühl die Minoer ihre Siedlungsplätze ausgewählt haben. Mittelpunkt der von 2200 bis 1450 v. Chr. bewohnten Stadt war eine zweistöckige Villa, deren noch erhaltene Treppe zwischen den Etagen unschwer auszumachen ist. Auf dem Foúrnou Korifí gruben die Archäologen eine frühminoische Siedlung mit Heiligtum aus, deren Fundstücke, darunter die «Göttin von Míros», im Museum von Ágios Nikólaos zu bestaunen sind.

Tageswanderungen lassen sich problemlos mit dem Bus kombinieren. Wenn im Frühjahr die Schmelzwasser aus dem Díkti die **Sarakinas-Schlucht** bei Míthi unpassierbar machen, bietet sich die Tour über **Míthi**, **Metachóri** und **Christós** nach **Máles** als spannende Alternative an, die das fruchtbare Tal und seine Dörfer erschließt. Ausgesprochene Bergwanderer starten von Christós aus zur Lassíthi-Hochebene, um im Hochsommer das Hochgebirge nordwestlich von Mírtos zu queren. Auf Unternehmungen im Hinterland hat sich auch ein holländischer Fahrradverleih im Dorf eingestellt. Gruppen von Motorradfahrern trifft man häufig in den kleinen Dörfern der Díkti-Ausläufer westlich und östlich des Mírtos-Flusses. Kein Wunder, die wechselnden Ausblicke zum Meer und auf die ansteigenden Berge entschädigen vollauf für die Anstrengungen. Die Flora ist üppig, Birnen und Mandeln blühen im Frühjahr, Macchia mit dichtem Gebüsch und Kiefern durchzieht die Hänge. Allerdings: Während die Westseite des Mírtos-Flußtals unversehrt grün erscheint, sind sämtliche Hügelflächen auf der Ostseite bis zum Staubecken von Ágios Geórgios durch Feuer verwüstet.

Gemüse wie aus Holland
Wer bemerkt schon die lebensgroße Metallbüste direkt neben der kleinen Straßenbrücke am Rand von **Gra Ligiá** oder macht sich gar die Mühe, die Inschrift auf dem Sockel zu entziffern? «Pavlos Koypers, Ollandos Geoponos, 1939–1971». Wahrscheinlich wird das Denkmal zwischen den vielen Gewächshäusern und den donnernden Gemüselastern, gut zwei Kilometer vor Ierápetra, gar nicht wahrgenommen. Jeder Tourist, der hier durchfährt, handelt nach dem Motto: Augen zu und durch. Der 1971 bei einem Motorradunfall ums Leben gekommene junge holländische Agronom hat den Bauern der Region in den frühen sechziger Jahren gezeigt, was Gewächshäuser auch auf Kreta vermögen. Die dankbaren Bauern haben dem Niederländer ein Denkmal gesetzt.
Sie wissen, was sie Paul Koipers verdanken. Der Gemüseanbau ist zum dynamischsten Sektor der kretischen Landwirtschaft aufgestiegen. Die Frühgemüsetreibhäuser Kretas beanspruchen nach offiziellen kretischen Angaben von 1992 mit 4500 Morgen lediglich ein knappes Prozent der Landwirtschaftsflächen Kretas, erwirtschaften aber mit über 12 Billionen Drachmen gut 19 Prozent des jährlichen Brutto-Landwirtschaftseinkommens der Insel.
So weit das Auge reicht, gleißen die Treibhausbespannungen in der Sonne. Genau wie die Bauern um Timbáki in der Messará ist man hier um Ierápetra durch die Out-of-season-Produktion reich geworden. Doch problemlos ist diese Art der Bewirtschaftung nicht. Zwar wird die Sonnenenergie geschickt genutzt, aber die intensive Gemüsewirtschaft ist nur ertragreich mit massivem Dünger- und Pestizideinsatz. Kretische Umweltgruppen geben an, daß Chemiefirmen nicht zimperlich sind und für die Verwendung von Mitteln sorgen, die auf dem westeuropäischen Markt seit Jahrzehnten nicht mehr eingesetzt werden. Zwar sinken die relativen Verdunstungsverluste der Pflanzen in den Gewächshäusern, aber durch die spezielle Bewässerung der Warmbeetkulturen ist der Wasserverbrauch insgesamt gestiegen. Nicht zufällig liegen die traditionellen Agrumenplantagen im regenreichen Westen. Die Landschaft vor den Lefká Óri konnte sich die aufwendige Bewässerung für seine Zitronen und Orangen schon immer ohne Probleme leisten. Ierápetras Land-

wirtschaftsareal dagegen liegt im östlichen Lee dieser Regengebiete. Seine Brunnen wurden in den letzten Jahren immer zahlreicher und immer tiefer. Dieter Kelletat von der Universität Essen verweist auf die daraus resultierende Grundwassersenkung, verbunden mit einer Versalzung im Küstenbereich. Ierápetra ist bereits an mehreren Stellen davon betroffen, dort wurden Konzentrationen von 2000 mg/Liter Salz im Grundwasser gemessen.

Was das Wasser angeht, das stets ein kostbares Gut auf Kreta war und noch kostbarer geworden ist, kommt es zu Verteilungskonflikten zwischen den beiden expandierenden Zweigen kretischen Wirtschaftslebens. Jeder Tourist verbaucht von dem kostbaren Naß nämlich gut fünfmal soviel wie ein Einheimischer, die Landwirtschaft eingerechnet.

Der einzige natürliche See Kretas bei Kournás nahe Georgioúpolis, Nomós Chaniá, wird bereits bedenklich weit für die Bewässerung der Felder angezapft, verständlich, daß auf Abhilfe durch die Anlage von **Stauseen** gesonnen wird, wie dem oberhalb von Gra Ligiá, wenige Kilometer entfernt vom Denkmal des jungen Holländers.

Der im Bau befindliche Stausee bei Vizári am Eingang zum Amári-Tal (Nomós Réthimnon), einem landschaftlich üppigen Kessel zwischen Kédros-Gebirge und Ída-Massiv, soll seine gespeicherten Wassermassen vor allem für die großen Hotels an der Nordküste bei Réthimnon zur Verfügung stellen. Gegen seine Errichtung im Amári-Tal haben Umweltschutzgruppen Klage eingereicht. Ihr Argument: In den Fluten versinke eine uralte, völlig intakte Natur- und Kulturlandschaft. Jeder, der den E-4-Aufstieg zum Psi-

lorítis vom Amári-Tal aus beginnt, muß zustimmen, daß Reichtum und Schönheit des fruchtbaren und lieblichen Amári-Tals – zwischen den Dörfern Thrónos, Amári, Gerakári und dem lange als Versuchsgut dienenden Kloster Assomáton – in Kreta kein zweites Mal zu finden ist.

Kreter sind die gesündesten Europäer, ihr Olivenölkonsum wappnet gegen Herzleiden, Krebs und Übergewicht

Heiliges Öl vom Baum

In Ierápetra steht ein Bauer mit zwei Koffern am Bankschalter an, um seinen erwirtschafteten Gewinn einzuzahlen. Bei Banknoten mit dem Höchstwert von 10 000 Drachmen weiß er das Geld nicht anders zu transportieren. Hängt der Gewächshaushimmel rund um Ierápetra oder Timbáki auch voller Gurken und Tomaten, so können viele ihrer Kollegen nur sorgenvoll in die Zukunft blicken. Andernorts auf Kreta sind Bauern aus sozialen Gründen zunehmend gezwungen, Ackerboden aufzugeben, der schnell zur Ziegenweide verkommt. Treibhäuser benötigen keine großen Stellflächen, so daß auf den ererbten Parzellen der Familie gewirtschaftet wird. Denn der größte Teil des Kulturlandes, das 37 Prozent der Inselfläche ausmacht, liegt in den alten Terrassenflächen in höheren, hügeligen und steilen Lagen und im Inselinnern. Echte bäuerliche Großbetriebe gibt es nicht, die meisten sind sehr klein, 55 Prozent von ihnen haben lediglich zwischen 3 bis 10 Hektar zur Verfügung. Obendrein liegen die Parzellen weit auseinander. In der Regel wird auch noch Vieh gehalten, traditionelle Selbstversorgung, mit der man sich mehr schlecht als recht durchschlägt.

Ölbäume allerdings besitzt jede Familie, 26 Millionen sollen es allein auf Kreta sein. In ganz Griechenland hingegen befaßt sich nur jeder zweite Bauer mit dem äußerst genügsamen, unverwüstlichen Baum der Athene, dem man nachsagt, er könne über tausend Jahre alt werden. Seit der Türkenherrschaft bestimmen Olivenhaine den Charakter der kretischen Landschaft. Im Winter, die Ernte beginnt jeweils im November, schütteln und schlagen die Eigner die reifen Oliven von den Bäumen, die dann vornehmlich durch die Frauen von den auf dem Boden ausgebreiteten Netzen aufgesammelt werden.

Dreiviertel aller Fruchtbäume sind Oliven. Ihr Öl bedeutet dem Kreter mehr als ein landwirtschaftliches Produkt, das er verkaufen kann – es ist die Garantie fürs Überleben. Die ererbten und selbstgepflanzten Bäume sind ihm fast heilig. Auf der industriell unterentwickelten Insel gab es nie Arbeitsplätze, die ein Auskommen sicherten. «Habe ich Olivenbäume und dazu noch ein Haus, das mich im Winter schützt, dann bin ich gerettet. Meine einzige Sorge braucht nur noch zu sein, und es ist dann eine kleine Sorge, das Brot zum Tunken im Öl zu finden», sagt man auf Kreta. In keinem Land der Welt ist der Pro-Kopf-Verbrauch an Olivenöl so hoch wie in Griechenland: über 15 Kilogramm pro Jahr (zum Vergleich: 8,4 Kilogramm in Italien). Und der wird schon durch einen einzigen Baum gedeckt, dessen Ertrag auf rund 20 Liter Öl geschätzt wird: Allerdings wechselt in der Regel ein gutes Erntejahr mit einem mäßigen ab. Seit 1980 wird in kontrollierte EU-Güteklassen eingestuft. 15 000 Tonnen sind es inzwischen jährlich laut griechischer Statistik. Das kretische Existenzminimum an Olivenöl ist also nicht nur garantiert, sondern es kann sogar noch exportiert werden. Die Rückstände der ausgepreßten Oliven werden zu Seife weiterverarbeitet oder als Brennstoff genutzt.

«Wir bauen Oliven an, wir verkaufen Oliven, und was nicht zu verkaufen ist, kauft uns die EU ab!» Diese optimistische Aussage des Leiters einer kretischen Genossenschaft trifft ziemlich gut die Stimmung unter den Bauern. So ist auch bei Wahlen die Diskussion um einen möglichen EU-Austritt Griechenlands kein Thema mehr, auch nicht bei der PASOK, dessen verstorbener Parteivorsitzender, Andreas Papandreou, einst schärfster Gegner des Beitritts zur Gemeinschaft war. Die den Landwirten gewährten EU-Garantien brachten besonders kräftige Preissteigerungen beim Olivenöl und damit kräftig erhöhte Einnahmen. Und mancher Bauer fing an, Olivenbäume dort zu setzen, wo er bisher noch seinen weniger subventionierten Wein angebaut hatte. Zwar ist die Übergangsschutzfrist seit Eintritt in die EG abgelaufen, preiswerte Konkurrenzprodukte wie Mais- oder Rapsöl drängen genauso wie dänischer Käse ungehindert in die Supermarktregale und Krämerläden. Man braucht kein Prophet zu sein, um sich auszurechnen, daß der Verbrauch des drei- bis fünfmal so teuren Olivenöls rückläufig sein wird.

Saisongeschäfte mit Gemüse und Touristen

Clevere Planer wünschen sich folgende Szene: Soeben hat Kostas seine letzte Gemüsekiste auf den Lastwagen des Händlers gewuchtet, und schon kann er mit seinen gerade frei gewordenen Händen die ersten Saisongäste in seinem «Bauernhaus» begrüßen. Zuschüsse zum Bau seiner vier Ferienappartements bei Agía Fotiá, Einheitsstil Mittelmeer-Ferienarchitektur, bezahlte ihm das staatliche Programm für Agrotourismus, was nicht direkt mit «Ferien auf dem Bauernhof» zu übersetzen ist.

Östlich von Ierápetra ist an den Buchten unterhalb und oberhalb der Straße eine Ferienanlage nach der anderen entstanden. Bis Makrigialós haben Attika, NUR und andere Pauschalanbieter Zimmer, Häuschen und Appartments im Angebot. Jahn Reisen charakterisiert 1996 etwas irreführend: «Die Region um Ierápetra nennt man wegen der zahlreichen Gemüse-Plantagen auch den ‹Garten Kretas›.» Dem Gast bietet sich zwar der ersehnte Ferienblick auf das blaue Libysche Meer und im Norden zu den bis 1400 Meter hohen Triptis-Bergen – aber nur als Scheuklappenblick. Denn rechts und links muß er die Aussicht scheuen auf unübersehbare Zeugnisse bodenständiger Landwirtschaft: Plastikgewächshäuser stehen eben in Reih und Glied oder deren vom Wind zerfetzten Reste. Treibhäuser sind im Sommer leider nicht zu gebrauchen, denn trotz Lüftungsvorrichtungen hält es bei den entstehenden Temperaturen kein Gemüse mehr aus. Was liegt da näher, als das Winter-Frühgemüse-Saisongeschäft mit dem Touristen-Sommer-Saisongeschäft zu kombinieren.

Vor allem das Örtchen **Makrigialós** entwickelt sich rasant vom Fischer- und Gurkendorf zur Tourismus(hoch)burg. Seine langgezogene Bucht mit den Tavernen über dem teilweise feinsandigen Strand lockt immer mehr Gäste an. Der Aspros Pótamos, der «weiße Fluß», mündet wintertags hier ins Meer. Sein Tal bietet einen idealen Ausgangspunkt für Wanderungen und Spaziergänge ins bäuerliche Hinterland und zu abgelegenen Dörfern. Urlauber, die sich hier in den restaurierten Erntehäusern aus Naturstein einquartiert haben, erleben tatsächlich ein noch ursprünglich kretisches Ambiente. Kamen früher die Bauernfamilien aus den Bergdörfern Péfki oder Ágios Stéfanos zur Olivenernte herunter, genießen die Urlauber den bescheidenen Komfort heute als willkommene Abwechslung. Elektrischen Strom gibt es nicht, für Licht müssen Kerzen oder Petroleumlampen sorgen. Gekocht und gekühlt wird mit Propangas. Ähnlich, aber mit Stromversorgung, geht es in den benachbarten, ebenfalls restaurierten «White River Cottages» zu, die sogar pauschal zu buchen sind.

Wandern läßt sich in der Umgebung von den Ferienanlagen aus auch nach Péfki und in die Schmetterlingsschlucht (Butterfly Gorge) bei Koutsourás, in der sich, wie immer in Schluchten, Raritäten aus Flora und Fauna nur so tummeln (besonders von Juni bis September). Der naturverbundene Wirt am Eingang zur Schlucht, Jorgos Georgamlis, ist

Ierápetra: geschäftiges Treiben im Fischerhafen von Europas südlichster Stadt

deshalb besonders entsetzt, daß ein Brand 1993 den Baumbestand niedermachte.

Östlich von Ierápetra

Ierápetra mit seinen 12 000 Bewohnern ist überschaubar. Vom tamarisken- und restaurantbestandenen Hafenkai aus stöbert man in der Altstadt schnell die bröselnden Überbleibsel ehemaliger Größe und Herrschaft auf: das venezianische Kastell und Moscheereste samt türkischem Brunnen. Was an sonstigen geschichtsträchtigen Funden nicht in die Museen weggeschleppt wurde, zeigt das kleine Museum. Am Kastell kann man den Fischern beim Netzeflicken zusehen, als wäre man im Dorf. Aber die winzigen Inseln der Idylle können nicht darüber hinwegtäuschen: Ierápetra ist ein geschäftiges Zentrum, dessen Kontore und Wohnsilos in die Plastikgewächshäuser übergehen. Es ist Kretas wärmste Stadt. In den siebzgier Jahren überwinterten in Ierápetra die jugendlichen «Gastarbeiter», die in der Messará und in Paleochóra oder anderswo im plastiküberspannten «Tropenklima» schufteten.

Ein Besuch in Ierápetra wird gern mit einem Badeausflug zur Insel Chrissí verbunden. Die Reiseveranstalter bieten in den mit Tamarisken und Stechwacholder bestandenen Sandstränden des vor Ierápetra liegenden Eilands auch Bootstouren mit Startpunkt ab Hotel an. Gern besuchtes Ausflugsziel in der Nähe der neu entstehenden Feriendomizile ist das Moní Kapsá. Wer es nicht bis zu den heiligen Mauern schafft, hat nach der Abzweigung von der Asphaltroad Richtung Sitía zwischen Análipsi und Pilalímata von der Taverne über dem ersten Flußbett einen schönen Ausblick zurück nach Makrigialós. Eine weitere Taverne und ein Café warten unterwegs bis zum Klosterstrand hin und wieder auf Gäste. Die Straße tangiert unterwegs die ehemaligen Sommerhäuschen und Einsiedeleien in Kaló Neró. Die großen Opuntien auf den alten Terrassen haben, dank des Wassers (s. Ortsname «gutes Wasser»), kräftig Gesellschaft von Gewächshäusern bekommen. Überraschend und malerisch klebt dann das Kloster Kapsá östlich von einer Schlucht in der Einöde, durch geweißelten Beton gegen Steinschlag von oben abgesichert. Erst am Ende des vorigen Jahrhunderts wiederaufgebaut, halten es hier zwei Mönche und eine haushaltende Nonne aus.

Der äußerste Osten Kretas ist so wasserarm (und abgeholzt), daß die niedrigen Polster der Phrygana stellenweise durch Steinöde ersetzt werden. Das Auge wird nur durch die violetten Kissen des Kopfigen Thymians ein wenig entschädigt. Um seine duftenden Blüten brummen die Bienen.

Die Nebenstrecken im Osten und Nordosten Ierápetras sind streckenweise nur mit Motorrad oder geländegängigem Wagen zu bewältigen, obendrein ist im dünnbesiedelten, kargen Bergland niemand auf Besucher eingestellt. Wer sich entsprechend rüstet und sehr viel Zeit für die Wege einplant, der kann die Aussichten und Dörfer abseits der Nord-Süd-Verbindung Sitía – Ierápetra genießen und eine Rundtour unternehmen: von Néa Pressós (nahebei Eteokreter-Siedlung Pressós) über Chandrás (mittelalterlicher venezianischer Wohnturm, siehe S. 239), Zíros, Xerókambos (Sandstrand, Tavernen) und Zákros. Bei der Durchquerung des ausgedörrten Landstrichs erscheint Áno Zákros als Paradies, weil hier die Quellen nur so rauschen.

MIT RÜCKENWIND DURCH DEN OSTEN
SITIA BIS ZAKROS

In dünnbesiedelter Öde liegen das Wehrkloster Toploú, der Palmenstrand von Váï und der minoische Palast von Káto Zákros wie einsame Oasen, die von den Bus- und Mietwagenkarawanen angesteuert werden. Die Ostküste ist altes minoisches und antikes Siedlungsland, das heute überwiegend Individualreisende anzieht, die sich an den Stränden bei Palékastro und Xerókambos sonnen, ins Hinterland wandern oder mit dem Motorrad die Dörfer der Chandrás-Hochebene erkunden. Das Küstenstädtchen Sitía ist beschaulich geblieben, mit mediterranem Ambiente in den Treppengassen und am Hafenkai, wo sich neben einem «alteingesessenen» Pelikanpärchen die Stammgäste mitten unter den Einheimischen wohl fühlen.

Dreizehn schlanke, in den Himmel strebende Säulen haben das Landschaftsbild Ostkretas nachhaltig geprägt. Bauern und Surfern war es schon immer klar, daß es so kommen mußte. Denn sie wissen, daß man im Osten Kretas mit Windeseile leicht ans Ziel kommt. Davon künden die heute größtenteils verfallenden Öl- und Getreidemühlen und die wiederentdeckten «Windmühlenflügel», die Rotorenblätter der Windparks.

Seit 1996 liefert Kretas jüngstes Windkraftwerk bei Palékastro Strom, und weitere sind in der Planung: bei Iráklion, in der Lassíthi und in Mitáto, südöstlich von Sitía. Zum Teil nehmen private Investoren die Windrotoren-Projekte in die Hand, das staatliche Energieunternehmen DEI setzte durch die EU subventionierte Windkraftwerke auf anderen ägäischen Inseln in den Sand. Die Millioneninvestition auf Kreta könnte sich für die Privatunternehmer rechnen, denn laut EU-Studie bläst nur in Schottland der Wind stetiger als in Griechenland.

Kreta produziert seinen Strom bislang in zwei mit Heizöl betriebenen Werken. Sie können die wachsende Nachfrage nicht mehr befriedigen. Stromausfälle in den Sommermonaten sind an der Tagesordnung. Zornige Attacken des Energieministers treffen regelmäßig die Bevölkerung im Gebiet Atherinolakkos. Sie boykottiert seit acht Jahren den geplanten Bau eines dritten Öl-Kraftwerks. Da die Rotoren-Kilowattstunde billiger ist als die herkömmlich erzeugte, dürfte die wiederentdeckte umweltfreundliche Energiegewinnung ökonomischen Rückenwind bekommen. Vermehrt auf die Sonnenenergie zu setzen, dafür demonstrierte

Erst in den sechziger Jahren entdeckt und zum Erstaunen der Archäologen nicht geplündert – der Palast von Káto Zákros

Greenpeace im Juli 96 auf Kreta. Zwecks Anschauung zapfte die einheizende Jazzband die Power für die Verstärkeranlage aus einem mitgebrachten Sonnenaggregat. Mit Erfolg: Schon 1997 gibt Athen grünes Licht für den Bau eines Solarkraftwerkes bei Iráklion. Mit 50 Megawatt Leistung das bislang größte der Welt.

Ministerpräsident Kostas Simitis will keine weiteren Blackouts auf Kreta riskieren, er hält trotz eingeschlagener alternativer Richtung das dritte konventionelle Kraftwerk für unverzichtbar.

Strandträume in Palékastro

«Highlight ... ist der Trip nach Palékastro ... der Highwindspot im äußersten Osten der Insel ... 4 bis 8 Windstärken zaubern nicht nur Schaumkronen auf die Miniwellen der Glattwasserbucht, sondern auch ein glückliches Lächeln auf die Gesichter der solchermaßen beflügelten Surfer.» So der Originalton von VIVA Sport und Reisen. Vom Stammquartier bei Eloúnda aus startet das Unternehmen mit seinen Kunden regelmäßig zu Surf-Safaris in die Kouremenos-Bucht vor **Palékastro**.

Links der zwei Kilometer lange, mit Tamarisken bestandene Sandstrand von Kouremenos, rechts in der Bucht von Chíona spiegelbildlich die gleiche Strandherrlichkeit; dazwischen dekorativ ein Tafelberg, der rund neunzig Meter hohe Kástri. Auf ihm stand die venezianische Festung, der Palékastro seinen Namen verdankt. Beim Schwimmen und Sonnen in den beiden weiten Buchten vor Palékastro geht es verhältnismäßig geruhsam zu. Das Bauerndorf Palékastro mit seinen modernen Bauten war bisher mehr mit sich selbst als mit den Touristen beschäftigt. Auf der Durchreise zu den Kreta-Hits Vái und Káto Zákros nehmen viele Sonnenurlauber das abgelegene Dörfchen in Kretas Nordosten nur flüchtig wahr. Individualurlauber fühlen sich in dem Flecken jedoch schon seit fünfzehn Jahren wohl. Sie schätzen sein spezielles Flair, geprägt durch das einfache bäuerliche griechische Leben, und nehmen die halbe Stunde Marsch zum Dorfstrand generös in Kauf. Ein Spaziergang durch Olivenhaine zwar, aber mit wenig spektakulären Ausblicken. Caravan-Fans dürften diejenigen gewesen sein, die Strand und Ruhe entdeckt haben, kombiniert mit den Dörfern Palékastro und Agáthia in Sichtweite. Abwechslungsreiche Wanderungen und attraktive Strände warten auch in der Umgebung darauf, entdeckt zu werden: Die Buchten von Vái und Ítanos im Norden locken mit Südsee-Ambiente, bei der Straße nach Zákros führt durch die Schlucht von Chochlakiés ein Weg zum einsamen Strand in der Karoúmes-Bucht.

Die Strände Palékastros sind auch deshalb so wenig überlaufen, weil die Archäologen von Káto Zákros hinauf bis hinter die Palmen von Vái immer wieder fündig geworden sind. Die bisher ans Tageslicht geförderten Stücke aus minoischer und hellenistischer Zeit sind in den Museen von Iráklion, Ágios Nikólaos und Sitía zu bewundern.

Rousolakos, eine minoische Handelsstadt, viel größer als Gourniá am Mirabéllo-Golf, lag einen Kilometer südöstlich von Palékastro beim geruhsamen Dörfchen Agáthia. Die Britische Archäologische Schule, die seit Beginn des Jahrhunderts hier forscht, holte noch in den achtziger Jahren ein

Vái: Badespaß unter kretischen Palmen

Elfenbeinfigürchen ans Tageslicht, das man im Museum Sitía bewundern kann. An Ort und Stelle ist nicht viel zu besichtigen, die freigelegten Mauern sind teilweise zugewuchert oder wurden im Zweiten Weltkrieg beschädigt. Ein bedeutendes Gipfelheiligtum beherbergte der gut 200 Meter hohe **Petsofás**, oberhalb vom Chióna-Strand. Berühmtester Fund: eine Grabstelle mit einer Hymne an den Diktäischen Zeus (Archäologisches Museum, Iráklion). Die Existenz des Tempels bestätigt zudem ein Vertrag zwischen Hieráptyna (heute Ierápetra) und dem antiken **Ítanos** (zwei Kilometer nördlich von Vái). Unerkannt diente die Steinplatte mit diesem Dokument aus dem 2. vorchristlichen Jahrhundert lange Zeit als Altartisch im Kloster Toploú. Die mächtige Stadt Ítanos blühte unter byzantinischer Herrschaft und behauptete sich bis zu den Venezianern. Über die Inselbrücke Kássos, Kárpathos und Rhódos unterhielt die von den Phöniziern gegründete Siedlung Handelsverbindungen nach Ägypten und in den Orient. Heute ist hier die Welt zu Ende, denn den nordöstlichen Zipfel Kretas bis zum Kap Sídero beschlagnahmt das griechische Militär. Teile von Ítanos sind – genauso wie in Káto Zákros – bei der Küstenabsenkung des kretischen Ostens in historischer Zeit im Meer versunken. Auf einer Anhöhe verstreut liegen wenige, aber unterschiedlichste Architekturbruchstücke aus minoischer bis byzantinischer Zeit. Direkt darunter baden und campen vor allem Griechen: Ruhe, Palmen, Felsenklippen und feiner Sand, dazwischen die Abfallspuren modernen Nomadenlebens. Und bis Vái ist es nur ein Katzensprung.

Kretische Palmen

Die Anekdote ist schön, aber nicht wahr. Der imposante, mit Oleander durchwucherte Palmenwald in **Vái** soll so entstanden sein: Der Sarazene Abu Hafs Omar betrat nach erfolgreichem Eroberungszug 824 n. Chr. den schönen Sandstrand Kretas, durch den sich ein Süßwasserbach hin und wieder den Weg ins Meer bahnt. Nach Arabersitte verspeisten er und seine Mannen im aufgeschlagenen Lager Datteln, deren Kerne sie ausspuckten. So entstand angeblich der Palmenwald von Vái.

Die Wissenschaft fand heraus: Phoenix theophrasti, die kretische Dattelpalme, stammt aus dem Tertiär, wächst seit Menschengedenken hier und ist keine arabische, sondern eine europäische Palmenart. Kretas stattlichster Endemit ist an mehreren Stellen der Südküste zu finden, so in der Schlucht Ágio Farago westlich vor Kalí Liménes, an der Mündung des Megálo Pótamos vor dem Kloster Préveli und bei Plakiás.

Der Dattelpalmenhain von Vái ist inzwischen rigoros eingezäunt und zum Naturdenkmal erklärt. Das Palmenparadies bleibt bis auf weiteres für Menschen verschlossen; allerdings bringen Reisebusse unentwegt Tagesausflügler zum schmalen Streifen Reststrand, dessen Betreten nur noch von 7 bis 21 Uhr erlaubt wird. Trotz alledem ist der «ästhetische Wald Vái» für die zahllosen «Zaungäste» nach wie vor attraktiv. Die zwei Nachbarbuchten von Vái sind ohne Beschränkung zugänglich. Wer sich in Palékastro einquartiert hat, kann Vái ohne Rummel genießen. Am Morgen und Abend sowie in der Nebensaison ist die Bucht mit vorgelagerten Felseneilanden stundenweise beinahe menschenleer.

Sitías Stammgäste schätzen mediterranes Flair und die Beschaulichkeit des Hafenstädtchens

Tal der Toten
Die zwei, drei Appartementhäuschen bieten einen tollen Ausblick auf **Káto Zákros** und gleichzeitig Abgeschiedenheit vor den ab zehn Uhr hereinbrechenden Tagestouristen. Das sanft anrollende klare Wasser netzt den langen geschwungenen Strand in der weiten Bucht, an dem eine Handvoll Häuser und Tavernen aufgereiht sind. Im Rücken hinter sanften Hügeln bilden die oben abgeflachten Felsenwände ein imposantes Halbrund mit Höhlen. In ihrer Mitte gähnt ein Spalt, der Eingang in eine begehbare, acht Kilometer lange Schlucht. Von den Kretern wird sie **«Tal der Toten»** genannt, weil in zahlreichen Nischen der roten canyonartigen Felswände minoische Gräber gefunden wurden. Im Sommer mildert blühender Oleander die düstere Atmosphäre im Talgrund. Aus dem Dunkel der Schlucht tritt man unvermittelt in die windgeschützte, subtropische Bucht. Beidseits des Flüßchens, das sich befreit den Weg ins Meer sucht, wuchern Bananen, Rohr und Palmen. Oleander und Keuschlammstrauch drängen noch aus dem Schluchtgrund hinaus. In den feuchten Uferbereichen stakst schon mal ein Braunsichler oder Seidenreiher. Selbst im Ausgrabungsgelände des **Palastes von Zákros** sammelt sich Grundwasser über freigelegten Mauern und violettem Mutterboden. Außerhalb der Senke nur steinig trockenes Gelände, so weit das Auge reicht. Im schönen, großen Dorf Áno Zákros jedoch, zwei Kilometer westlich oberhalb des Schluchteinstiegs gelegen, rauscht das Wasser mächtig in alten Leitungen durch die Gäßchen. Für ein paar entspannte Urlaubstage bietet sich sowohl Áno als auch Káto Zákros an, die, abgesehen vom Tagestourismus, ursprünglich geblieben sind: das kretische Bauerndorf und die fruchtbare Senke am minoischen Palast, verbunden durch das «Tal der Toten».

Freilichtmuseum: Wehrkloster Toploú
Kretas Osten ist touristisch punktuell besser erschlossen als der abgelegene Westen. Während nicht ohne weiteres in jedem Hotel ein Ausflug ins Kloster Chrissoskalítissa gebucht werden kann, ist das für ein Tagesprogramm Toploú/Vái/Zákros überhaupt keine Frage. Die klimatisierten Sightseeing-Busse winden sich auf Serpentinenstraßen durch fast menschenleere Hügellandschaft. Die Hänge sind mit Steinen und niedrigen Dornpolstern übersät. Um so imposanter ragt das festungsartige **Kloster Toploú** einsam auf einem Plateau in die rauhe Gebirgslandschaft. Schon immer wehrhaft wegen der Piratenüberfälle, erhielt es nach dem verheerenden Erdbeben von 1612 seine heutige Gestalt und auch seinen Namen, da es eine Kanone besaß (denn «top» heißt im Türkischen Geschütz). Der winzige Innenhof ist einer der schönsten Klosterhöfe Kretas. Kirche und Museum bewahren wertvolle Ikonen, so auch die detailreichen Werke «Groß bist du, Herr» von Ioánnis Kornáros (1770) und «Christus Pantokrator» aus dem 15. Jahrhundert. Neben dem Kircheneingang hat der antike Vertrag von Ítanos (siehe S. 266) einen neuen Platz gefunden, gleich neben einer Gedenktafel: Im Zweiten Weltkrieg wurden der Abt und Mönche von deutschen Soldaten erschossen, da Klosterinsassen aktiv am Widerstand beteiligt

waren. Die sehr sorgfältig restaurierten Gebäude stehen unter Denkmalschutz, die beiden letzten verbliebenen Mönche bilden gewissermaßen das Inventar.

Sitía:
mediterrane Gemütlichkeit

Der Pelikan von **Sitía** segelt ungerührt über der Asphaltpiste, die vom Hafen am «handtuchschmalen» Sandstrand entlang nach Osten führt, und landet schon mal mitten zwischen den verdutzten Mietwagenfahrern. Sein Kumpan mit dem beschädigten Schnabel hockt derweil auf einem Bündel Taue und begutachtet die 1996 fertiggestellte Verschönerung der Uferpromenade. Wie auf einer großen, sorgfältig gepflasterten Terrasse arrangieren die Tavernen ihre Stühle und Tische bis zur Mole. Fischerboote dümpeln am Kai, ab und an legt eine Fähre von Piräus, den Kykladen oder Rhódos an. Die weißen hinter- und übereinander am Hügel aufgereihten Häuser um die sanft geschwungene Bucht bilden eine hübsche Kulisse. Sitía hat mediterranes Ambiente wie Chaniá und Réthimnon, obwohl es nicht deren Bausubstanz aufzuweisen hat.

Großes hatten einst die Venezianer mit der Stadt Sitía vor, planten rechtwinklige Straßen, setzten einen Präfekten ein, und die Festung sollte die vierte Bezirkshauptstadt Kretas gegen den Ansturm der muslimischen Türken schützen. Die Renaissance blühte auch hier. Der Dichter Vitzentzos Kornáros (siehe S. 62), in Sitía geboren und 1677 dort gestorben, arbeitete zwar nach italienischen Vorbildern, übertraf diese jedoch in «Sprachgestaltung, lyrischer Fülle, mitreißendem Versmaß und durch die Vermittlung lebendigen kretischen Volksgutes», wie der Brockhaus meint. Seine romantische Versdichtung «Erotókritos» zählt zu den bedeutendsten der griechischen Literatur dieser Zeit. 1651 zerstörten die Venezianer die Festung, um sie nicht den Türken zu überlassen, Sitía verfiel seither. Erst Ende des 19. Jahrhunderts wurde am Fuß der Festungsruinen neu gesiedelt. Heute hat Sitía rund 9000 Einwohner. Die Stadt ist das Handelszentrum Ostkretas, vom Hafen aus werden vor allem Sultaninen und Zitrusfrüchte exportiert, aber auch Touristen über Kárpathos nach Rhódos. Die Umgebung wird durch reiches Bauernland, Weinanbau auf Terrassen und in der Ebene geprägt. Einige touristisch attraktive Ziele liegen in der unmittelbaren Umgebung. Nach Osten brausen die Reisebusse weiter nach Toploú, zum Palmenstrand nach Vái und zum minoischen Palast von Káto Zákros. Im Westen liegt die «kretische Riviera»: Von der Panoramastraße aus, die sich serpentinenreich in 300 bis 400 Meter Höhe die gebirgige Küste entlangschlängelt, hat man einen phantastischen Blick über die Mirabéllo-Bucht. Entsprechend der Straßenführung wechselt der Ausblick – mal auf buchtenreiche Küste, mal in schneebedecktes Gebirge.

Die gewichtigste Veränderung Ostkretas (im Nomós Lassíthi) bringt in Zukunft vielleicht die große Ferienanlage in der einsamen Sandbucht von **Ammolakos** (12 km östlich von Sitía), die europaweit vermarktet wird. Ein Container-Wohnwagen an der Straßenkreuzung wirbt mit mehrsprachigen Prospekten Käufer unter den Touristen an. Eigentum oder einen Zweitwohnsitz auf Kreta zu haben liegt offenbar im Trend.

RUND UM AGIOS NIKOLAOS
KRETISCHE RIVIERA
UND LASSITHI-HOCHEBENE

Ágios Nikólaos und Eloúnda am Mirabéllo-Golf macht bis heute kein Ort auf Kreta ihren Rang als Pioniere und Hochburgen des Tourismus, vor allem des exklusiven, streitig. Ihre attraktivsten Tagesausflugsziele, die Lassíthi-Hochebene und das Dorf Kritsá mit seiner berühmten Panagía i Kerá, finden allabendlich noch zu ihrer dörflichen Ruhe zurück. Überraschend schöne Orte in der weiteren Umgebung sind idealer Startpunkt für Wanderungen in den Sitía-Bergen sowie an den Ausläufern des Díkti-Massivs.

Ein blaugrün-metallic schillernder Eisvogel stürzt sich kopfüber von der Kajütenkante des Fischerbootes in den 64 Meter tiefen Voulisméni-See, um kurz darauf mit einem Fischchen quer im Schnabel wieder aufzutauchen. Aus nur fünf Meter Entfernung verfolgt ein Osterurlauber das Schauspiel verblüfft. Er ist auf der Suche nach einer Taverne. Seinen Leihwagen hat er direkt an der Mole des kleinen Süßwassersees unter gelb blühenden Mimosen geparkt. Irgendwo hat ein Café geöffnet, nebenan wird ein Postkartenständer entstaubt. Eine Woche später macht sein Mietauto nur quälendes Schrittempo im 9000 Seelen zählenden Städtchen. Am Süßwassersee gar zu parken – kein Gedanke. Der vormals menschenleere Kai quillt über von Touristen, die in stilvollen Lädchen zum Shopping unter-

Das erste, was Zeus von Kreta sah – Blick von der Geburtshöhle über die Lassíthi

wegs sind. Mit einem Schlag hat die Saison eigesetzt, Griechisch wird zur Fremdsprache.

Erst waren in **Ágios Nikólaos** einige Hotels entstanden, denen in wenigen Jahren immer neue Ferienanlagen an jeder bebaubaren Küstenkante folgten. Das Luxushotel «Elounda Beach», eine der ersten großen Tourismus-Anlagen Kretas, wurde bereits 1972 wenige Kilometer vom Städtchen entfernt in die Landschaft gesetzt. Warum ausgerechnet hier? Weit und breit findet sich nichts, was wie Knossós sich als kultureller Touristenmagnet erweisen könnte. Aber die Landschaft! Sogar die Angestellten in der heutigen Bezirksverwaltung von Lassíthi (1904 von Neápolis nach Ágios Nikólaos verlegt) genießen von ihren Bürofenstern einen grandiosen Blick auf das Meer. «Mirabello» nannten schon die Genuesen und Venezianer die Aussicht genau an dieser Stelle vom Kéfali-Hügel, an der sie ihr Kastell Mirabello errichteten. Es überwachte ihren Handel unten im Hafen. Erst später wurde aus dem Umschlagplatz Mandráki, an dem auch schon Minoer siedelten, San Nicolao. Das namengebende byzantinische Kirchlein Ágios Nikólaos steht auf einer Landzunge nördlich des Ortes (siehe S. 226).

Heute bezeichnet wie selbstverständlich der Name der verschwundenen Festung Mirabéllo, «Schöne Aussicht», die mehr als zehn Kilometer weite Meeresbucht zwischen Ágios Nikólaos und Móchlos. Ágios Nikólaos und Eloúnda liegen somit an der «kretischen Riviera». Diese Landschaft zog immer mehr Urlauber an. Allen voran kam Walt Disney, der schon hier 1962 seinen Film «The Moonspinners» drehte und noch unverbaute Herrlichkeit auf einige Filmmeter bannte. Und auch die Verfilmung des melodramatischen Romans von Michael J. Bird «Who pays the ferry man» als Serie für die BBC trug zum Mythos der Region bei. Seither wirbt eine Taverne mit ihrer Rolle im Film.

Zum Baden und Bräunen eignen sich die Schwimmbecken der Hotels eher als die nicht gerade üppigen Strände, und es lohnt ein Besuch im sehenswerten Archäologischen Museum. Nikólaos' günstiger Standort für Ausflüge war ein wichtiger Grund für die rasche touristische Entwicklung. Nur ein Katzensprung ist es ins «ursprüngliche» Kreta der Dörfer, bis zur Panoramastraße nach Osten oder in die Lassíthi-Hochebene, ins mythologische und minoische Kreta (Díkti-Höhle, Gourniá) sowie zu den Dorern (Lató) und ins byzantinische Kreta (Panagía í Kerá in Kritsá). Ein Bootstrip zur Insel Spinalonga bei Eloúnda verheißt einen Abstecher in ein Stück «mittelalterliche» Medizin- und Sozialgeschichte.

Insel der Aussätzigen: Spinalonga

Eloúnda ist nicht mehr anzusehen, daß es mal ein Dorf war. Wo heute «Präsidenten, Minister, Behördenbeamte und die Reichen und Berühmten» kommen, «nur um die Landschaft anzuschauen, sich auszuruhen und die Atmosphäre Eloúndas zu genießen» – wie eine örtliche Broschüre schreibt – versanken große Teile der antiken Stadt Oloús im Meer. Drei Windmühlenruinen markieren den durchstochenen Landbogen zur früheren Halbinsel Spinalonga. Hinter ihnen lagen einst Salinenfelder, in denen kostbares Salz gewonnen wurde. Die tektonische Hebung Kretas im

Westen bei gleichzeitiger Absenkung im Nordosten und Osten ereignete sich vermutlich im 5. Jahrhundert n. Chr. Bei sehr stiller See lassen sich beim Kirchlein von Análipsis noch Grundmauerreste von Oloús im Flachwasser erahnen. Ein Bodenmosaik aus dem 1. Jahrhundert n. Chr. ist hinter der «Canal Bar» erhalten geblieben.

Die Venezianer erkoren die nördlich der Halbinsel liegende kleine Insel Kalidou zu ihrem Militärhafen Spinalonga und hielten die Feste bis 1715. Die christlichen Soldaten hatten in **Spinalonga** 45 Jahre lang mehr oder weniger ihr eigenes Gefängnis zu bewachen, denn außer den Kastellen Soúda, Gramvoússa und Spinalonga war seit dem Fall Iráklions (1669) jeder Quadratzentimeter Kretas türkischer Boden.

Muslimisches Militär bezog 1715 die Unterkünfte des Bollwerks am Eingang zur Mirabéllo-Bucht, mit den Jahren folgten die Familien nach. 1860 beherbergte Spinalonga etwa 1100 türkische Bewohner. Nach der Befreiung Kretas 1898 sank ihre Zahl. Die letzten verließen fluchtartig die Insel, als 1904 die ersten Leprakranken, die Meslkinies, auf die Insel gebracht wurden. Wie bereits in der Bibel geschildert, verbannte man auch in Kreta die «Aussätzigen» aus den Dorfgemeinschaften, aus Angst, sich anzustecken. Lepra galt als Zeichen der Unreinheit und als eine Geißel Gottes. Unregelmäßig versorgten Boote die unglücklichen Kranken auf Spinalonga mit Spenden, Trinkwasser, Lebensmitteln und Medikamenten, ein Arzt betrat nur alle vier Jahre die Insel. Nach 1913 stieg die Zahl der Ausgesonderten, da nun aus ganz Griechenland Leprainfizierte hierher abgeschoben wurden.

Auf der wasserlosen Insel wurden die Lebensbedingungen immer erbärmlicher, die Menschen waren alleingelassen. Zwar hatte 1869 ein Norweger den Lepraerreger, ein dem Tuberkulosebazillus ähnliches Bakterium, entdeckt. Heilbar wurde die Lepra aber erst mit Entwicklung wirksamer Sulfonamide. Erst in den dreißiger Jahren besserten sich die Verhältnisse. Zum einen zahlte die Regierung eine kärgliche Rente an jeden Kranken, zum anderen nahmen die Ausgestoßenen ihr Schicksal selbst in die Hand. Es entstanden Handwerksläden, Wäscherei, Desinfektionsanstalt für Besucher, Kafenía. Die Regierung beschäftigte Ärzte und Pflegepersonal. Das Dörfchen **Pláka** direkt gegenüber profitierte von dem «Aufschwung» unter den Kranken, es belieferte den Markt auf Spinalonga. Erst nach dem Zweiten Weltkrieg, im Juli 1957, wurde die Leprakolonie aufgelöst, die letzten Einwohner nach Athen gebracht. Einige konnten ins normale Leben zurückkehren.

Erst 1980 begannen die Gemeinde Eloúnda und die griechische Tourismusorganisation damit, einige der Gebäude auf der geräumten Insel Spinalonga zu renovieren und die «Leprainsel» als Touristenattraktion zu vermarkten. Das Dorf Pláka gegenüber der Insel hat nicht wieder an seine Monopolstellung als Fährhafen anknüpfen können, auch von Eloúnda aus bringen Boote Ausflügler hinüber. Ein Kilometer lang ist der Spaziergang um die Insel. Neben den venezianischen Festungsresten sind die verlassenen Gassen zwischen den Wohnquartieren im Westen zu besichtigen, die beiden Kirchen, ebenso der Friedhof mit seinen 44 namenlosen Steinplatten. Wie viele

Menschen hier sterben mußten, darüber gibt es keine verläßlichen Zahlen.
Schmugglern übrigens war es gerade recht, daß alle Welt die Insel scheute wie die Pest. In den zwanziger Jahren machten sie mit ihren Schiffen gute Geschäfte. Und die Lüge, in sein Haus sei heute Nacht ein Verstümmelter aus Spinalonga geflohen, soll noch während der Nazibesetzung manchen Dörfler am Ostufer der Korfos-Bucht aus einer bedrohlichen Situation gerettet haben. Die heutigen Besucher sind nicht zimperlich, sie nehmen als Souvenir so gut wie alles mit, das nicht niet- und nagelfest ist, sogar Skelettknochen aus den Friedhofsgrüften.

Mandeln und der heilige Franz: Kritsá

Als 1956 der Filmregisseur Jules Dassin mit seiner Ehefrau Melina Mercouri in **Kritsá** den Kazantzákis-Roman «Griechische Passion» verfilmte, verweigerten die Kirchenbehörden jede Dreharbeit in der Dorfkirche – wohl aus Feindseligkeit gegen Kazantzákis. Also mußte eine Ersatzkirche als Kulisse aufgebaut werden. Und Melina Mercouri erinnert sich in ihren Memoiren: «Sie wirkte so echt, so eindrucksvoll, daß die Dorfleute sich jedesmal bekreuzigten, wenn sie vorbeigingen. Sie kamen auch auf Jean Servais zu, der den guten Popen spielte, und küßten ihm die Hand. Der Film war für sie so sehr Wirklichkeit, daß sie sogar dem Schauspieler Fernand Ledoux, der den bösen Popen spielte, die Hand küßten, allerdings sichtlich widerwillig.»
Kritischer werden in Kritsás Gassen seit langem die Touristen taxiert, die in Scharen von Ágios Nikólaos heraufkommen. Einst durch Mund-zu-Mund-Propaganda weitergegeben, gilt Kritsá noch heute als Dorf mit bestechender, echt kretischer Atmosphäre. Dabei säumen seit Jahren viele Läden die Hauptstraße, hinter den über- und nebeneinanderhängenden Web- und Häkelarbeiten verschwinden die kleinen weißgekalkten Häuser. Die Cafés sind völlig auf Tagestouristen eingestellt, die einen schnellen Kaffee, ein Eis oder einen Imbiß mit Orangensaft verzehren. Ganz wenige einfache Zimmer werden angeboten. Und es scheint nicht, als würde sich das in Zukunft ändern. So kehrt abends wieder Ruhe ein. Die läßt sich tagsüber sogar in manchen Seitenstraßen finden. Dort hockt schon mal eine der schwarzgekleideten alten Frauen neben der Stufe ihres Hauses und knackt eine Mandel nach der anderen, indem sie die Schale mit einem Stein zerschlägt. Ums sanft am Hang ansteigende Dorf dehnen sich große Gärten mit Mandelbäumen neben knorrigen Oliven- und Johannesbrotbäumen. Kritsá blickt auf eine fruchtbare Ebene. Hinter dem Dorf steigt abrupt und steil eine Wand des Díkti-Massivs an. Zwei Fußpfade verbinden Kritsá noch heute mit der Lassíthi-Hochebene, die Ende März mit blühenden Mandelbäumchen und bis Mai mit blühenden Birnen-, Apfel- und Quittenbäumen übersät ist. Hinauf oder herunter sind stramme sieben Wanderstunden zu veranschlagen.
Kritsás Hauptattraktion, die **Panagía í Kerá**, einen Kilometer vor dem Ortseingang im Olivenhain gelegen, kündigt sich mit hoch aufragenden Zypressenstämmen an. Nachträglich außen angebrachte massive Stützmauern geben der Kirche ihre unverwechsel-

bare Gestalt und lassen das Bauwerk der «Gottesmutter, der Herrin» größer erscheinen, als ihr halbdämmriger Innenraum mit den drei Apsiden und der fensterlosen Kuppel in Wirklichkeit ist. Die drei Kirchenschiffe wurden in der Zeit zwischen dem 13. und dem Beginn des 15. Jahrhunderts nacheinander erbaut. Die Fresken sind von hoher Qualität und besonders im Mittel- und Südschiff gut erhalten geblieben und restauriert, während der Flügel des heiligen Antónios größere Schäden zeigt. Ausgemalt wurde zu verschiedenen Zeiten. Je jünger die Fresken, desto ausdrucksstärker und bewegter werden erzählte Szenen, Gesichter und Gesten der Heiligen. Die Bilder im Mittelschiff folgen streng der orthodoxen Ikonographie, und bei dem Bildnis der heiligen Anna im Südschiff ist der italienische Renaissance-Einfluß unverkennbar. Dieses anschauliche Nebeneinander macht Kritsás Kleinod auch für einen Laien spannend, der häufig mit der fremdartigen alten orthodoxen Kunst wenig anzufangen weiß. Eine ökomenische Überraschung hält ein Pfeiler im nordwestlichen Mittelschiff parat: Unverwechselbar mit Tonsur und braunem Ordensgewand schaut der weströmische katholische heilige Franz von Assisi seit einigen hundert Jahren den oströmischen orthodoxen Gläubigen in die Augen. Eine derart bedeutende Kirche läßt auf ein ausgesprochen bedeutendes Dorf schließen, und tatsächlich war Kritsá mit 1272 Einwohnern bis zum Jahr 1881 die größte dörfliche Siedlung Kretas. Danach wanderten etliche Bewohner nach Ágios Nikólaos ab, ebenso wie viele Sfakioten-Familien in dem östlichen Hafenstädtchen eine neue Bleibe fanden.

Nur eine Fußstunde weit von Kritsá, über eine Schotterpiste zu erreichen, liegt **Lató**, die besterhaltene dorische Stadtanlage (siehe S. 56, 58). Von dem heute abgelegenen, einsamen Berg ist die Sicht wahrhaft königlich.

Venezianische Windräder und der Kreißsaal des Zeus

Ebenso wie in der Sfakiá kam es auch im Osten der Insel zu immer neuen Aufständen gegen die Besatzungsmacht der Venezianer. Die Rebellen operierten vom unzugänglichen Díkti-Gebirge aus und versorgten sich auf der **Lassíthi-Hochebene** mit Nahrungsmitteln. Bereits 1363 vertrieben die Venezianer alle Bauern von dort und drohten rabiat jedem mit der Todesstrafe, der dort wohnen, die Felder bestellen oder Tiere weiden lassen wollte. Erst nach 1497 wurde die fruchtbare Ebene allmählich wieder besiedelt. Venezianischer Ingenieurstechnik verdanken die Lassíthianer ihre ehemals 14 000 mit weißem Segeltuch bespannten Windräder. Auf älteren Postkarten und in nostalgischen Reiseführern erscheint die Ebene noch wie ein überdimensioniertes Margeritenfeld. Heute sind die meisten der fotogenen, aber technisch veralteten Windräder durch effektivere mit Metallrotoren ersetzt, oder das Grundwasser wird im Sommer direkt mit Dieselpumpen aus bis zu zehn Meter Tiefe emporgeholt. Auf der 840 Meter hoch gelegenen Ebene kann man auf Feldwegen durch Obst- und Gemüsegärten vor grandioser Gebirgskulisse wandern. Im Dorf **Ágios Geórgios** hat man aus einem alten Bauernhaus ein kleines Folklore-Museum gemacht. So müssen um 1800 die Menschen in den Orten gelebt haben.

Auffälligste Eigenart: Das Haus hat keine Fenster in den Außenwänden, denn so fühlten sich die Bewohner während der Türkenzeit mit ihren zahlreichen Aufständen sicherer; Licht und Luft kamen durch Dachluken ins Innere (siehe S. 100).

Tagsüber, etwa von 10 bis 16 Uhr, scheinen sich alle Touristenbusse der Insel in der Lassíthi zu versammeln. Aber wenn sie das Bauernland wieder verlassen haben, kehrt eine nahezu unwirklich-ursprüngliche Ruhe ein. Nur vereinzelt begegnet man Wanderern oder trifft Reisende, die in den Dorf-Kafenía die lauen Sommerabende genießen.

Ein Erlebnis ganz besonderer Art bietet der Abstieg in die angebliche Geburtshöhle des Zeus bei **Psichró** am Südwestrand der Lassíthi-Ebene. Die etwa 130 Meter tiefe Tropfsteinhöhle wurde nach ihrer Wiederentdeckung gegen Ende des vorigen Jahrhunderts durch den britischen Archäologen Hogarth erforscht, wozu auch Sprengungen nötig waren. Aus den Aberhunderten von Funden (bronzene Doppeläxte, Votivfiguren, Opferaltäre) schlossen die Wissenschaftler, daß die **Dikti-Höhle** von etwa 2000 bis 800 v. Chr. ein bedeutendes Heiligtum gewesen war. In minoischer Zeit diente die Höhle der Verehrung der Großen Muttergöttin, deren Sohn, der junge Knabengott, in späterer Zeit mit der Gestalt des Zeus verschmolz, indem der Knabengott als Kindheitsphase des späteren Götterbosses umgedeutet wurde. Folgerichtig erscheint in der patriarchalisch gefärbten griechischen Mythologie diese Höhle als Kreißsaal und Geburtsstätte des Zeus.

Der Sage zufolge kann ein beeindruckender Stalaktit in der einst heiligen Tropfsteinhöhle als «Umhang des Zeus» und eine Felsnische als seine «Wiege» bewundert werden. Ab- und Aufstieg sind durch ein Holzgeländer gesichert, am Kartenhäuschen erhält man nur eine Kerze, deshalb bringt man besser gleich eine Taschenlampe mit. Zur Besichtigung braucht man weder Führer noch Maultier; nach 15 Minuten Aufstieg vom Parkplatz beginnt der Abstieg in die Unterwelt.

Bis heute führen nur zwei kurvige Autostraßen zur Hochebene, nordöstlich von Ágios Nikólaos und nordwestlich von Cherssónnissos oder Iráklion. Hier stehen am **Ambelos-Paß**, dem wilden Kamm des Ebenenrandes, noch steinerne Windmühlen. Nach Norden fällt ein Tal so tief ab, daß man auf die Geier, die darüber ihre Kreise ziehen, mitunter von oben herabsehen kann. Die anderen alten Verbindungswege, die die Bauern und Hirten, aber auch die Handelsmacht Venedig anlegten, sind noch nicht gänzlich verschwunden. Die kretischen Bergvereine machen sich für ihre touristische Nutzung stark: Der westliche Aufstieg, von Tíchos (bei Kastélli-P.) nach Káto Metóchi, ist leicht begehbar und als E-4-Wanderweg ausgeschildert.

Club Aldiana und minoische Handwerker

Für motorisierte Ausflügler endet die Straße nach Kritsá als Sackgasse. Selbst wenn das Motorrad noch einige Kilometer gen Westen schafft, irgendwann geht es nur noch mit einer Enduro bis auf die Katháro-Ebene und schließlich nur noch zu Fuß oder mit dem Esel weiter. Zurück gen Osten muß das Krad nicht ganz den Umweg über Ágios Nikólaos nehmen, nach gut vier Kilometern zweigt eine Schotterpiste nach Pírgos-Ístro ab. Spannend wird es auf der Küstenstraße Richtung Sitía hinter Pachía Ámmos, ab da schlängelt sich die Panoramastraße serpentinenreich in 300 bis 400 Meter Höhe die gebirgige Küste entlang. Man hat einen phantastischen Blick über die **Mirabéllo-Bucht** mit ihren einstmals bewohnten Inseln Psíra und Móchlos (Minoer). Entsprechend der Straßenführung wechselt der Ausblick – mal auf buchtenreiche Küste, mal auf das im Frühjahr schneebedeckte Gebirge.

Beim minoischen **Gourniá**, am flachen Küstenstreifen noch vor Pachía Ámmos gelegen, sollte man allerdings einen Besichtigungsstopp einlegen. Europas älteste Proletarierstadt wurde 1901 von einer Frau entdeckt und 1904 ausgegraben: von der amerikanischen Archäologin Harriet Boyd-Hawes. Die an der Nordküste und an der schmalsten Stelle der Insel gelegene Handwerker-, Arbeiter- und Fischerstadt hatte in der Zeit von 1550 bis 1450 v. Chr. rund 20 000 Bewohner. Sie wohnten in beängstigend kleinen zweigeschossigen Häusern. Selbst die Hauptstraßen sind derart eng, daß zwei Fußgänger nur mit Mühe einander passieren konnten. Bedauernswert, daß keines der Häuser, von denen heute nur noch die Grundmauern auszumachen sind, rekonstruiert und mit Imitationen der aufgefundenen Werkzeuge und Geräte ausgestattet wurde (alle Funde sind im Archäologischen Museum in Iráklion, Saal IX 127). Zumindest ein Modell der Siedlung wäre vonnöten, um sich über diesen kargen Rest die alte minoische Stadt vorstellen zu können.

Die Panoramastraße zwischen **Kavoúsi** und Skopí läßt keine Wünsche offen: Die an der Straße aufgereihten Bergdörfer laden zu einer Fahrpause im Kafeníon ein, Fernsicht stets garantiert; von Kavoúsi führt eine Piste zwischen die Gipfel von Orno Oros und Orno Thriptis. Kavoúsi ist insbesondere außerhalb der Hochsaison ein Tip für alle, die von einem kretisch gebliebenen Dorf Wanderungen und Ausflüge in die Umgebung unternehmen wollen. Die Fahrt hinter Plátanos hinunter nach **Móchlos** ist trotz Asphalt heute noch genauso aufregend wie vor fünfzehn Jahren. Im Dörfchen läßt sich immer noch geruhsam ein paar Tage entspannen, in der grünen Umgebung spazierengehen und wandern. Nicht umsonst hat Neckermann seinen Club Aldiana in Sichtweite gesetzt. Auch die Minoer, die auf dem Kap siedelten, wußten, wie einnehmend schön es hier ist. Allerdings ist ihr Domizil inzwischen zu einer Insel geworden, da die Nordostküste Kretas sich um etliche Meter gesenkt hat. Den in den Gräbern gefundenen Goldschmuck stellt das Archäologische Museum in Iráklion aus.

DIESSEITS VON AFRIKA
MIT DEM BOOT ZUR INSEL GAVDOS

Die meisten Touristen trauen sich allenfalls für einen Tagestrip her, denn es gibt nur eine Handvoll einfachster Unterkünfte und keine Garantie für die geplante Rückfahrt. Wer sich entschließt, seinen Fuß auf Europas südlichsten Punkt zu setzen, tut dies entweder, um einmal dort gewesen zu sein, oder um als Aussteiger auf Zeit das Strandleben ohne jeden Komfort zu testen oder um die Naturschönheiten einer vergessenen Insel zu genießen.

Die Gavdioten, zumindest die jüngeren, zieht es seit langem schon weg von ihrer abgelegenen Insel. Immer mehr Touristen indessen fahren hin, aber nur für ein paar Stunden oder Tage. Und jetzt drängen sogar die Türken nach Gávdos und wollen für immer bleiben (siehe S. 175). 1971 lebten noch 142 Menschen ganzjährig auf Gávdos, heute, eine Generation später, sind es nur noch etwa vierzig. Das Leben auf der Insel ist derart armselig, daß inzwischen im «kretischen Exil» in Paleochóra mehr Gavdioten als in einem der vier Inseldörfchen zu Hause sind. Die spärlichen Felder bringen nur kleine Ernten. Die Inselküche ist ebensowenig abwechslungsreich wie das Inselleben. Im Winter, wenn die Libysche See um die nur 37 Quadratkilometer kleine Insel Gávdos tobt, leben die vierzig Insulaner manchmal wochenlang von Konservendosen, denn das Postboot, das sonst zweimal wöchentlich von Paleochóra herübertuckert, liegt im Hafen fest. Wie abhängig die Insel von Kreta ist, zeigt sich spätestens dann, wenn die Schiffsverbindung wegen schlechten Wetters unterbrochen ist und weder Post noch dringend benötigte Ersatzteile oder frische Lebensmittel angelandet werden können.

Knapp drei bis vier Stunden, je nach Wetterlage, braucht das Boot für die 34 Seemeilen (55 Kilometer) von Paleochóra zur Anlegestelle **Karavé**. Wie wild und ungestüm es um Gávdos zugehen kann – selbst im Sommer gibt es Tage, an denen die Windstärke 6 oder 7 erreicht –, zeigt den Ankommenden das Wrack eines gestrandeten Frachtschiffes und die abweisende Nordseite der Insel, in die die See Grotten und Höhlen geschlagen hat. Hier finden noch einige wenige Paare der vom Aussterben bedrohten Mönchsrobben (Monachus monachus) Unterschlupf. Kein Wunder, daß die wind- und meergepeitschte Insel zwei weltberühmte Schiffbrüchige aufwei-

Gávdos-Attraktionen: einsame Strände, bizarre, windzerzauste Kiefern und Wacholderveteranen

sen kann. So rettete sich der griechische Held Odysseus auf seiner Rückseise von Troja auf das Eiland, das damals noch Ogygia hieß, die Nymphe Kalypso, so die Mythologie, hielt ihn an der Nordostspitze in einer heute großzügig als Palast bezeichneten Höhle aus Liebeslust sieben Jahre gefangen. Ganz wasserdicht ist die Story nicht, denn die maltesische Insel Gozo behauptet dasselbe von sich. Ziemlich sicher hingegen ist, daß das Schiff des Apostels Paulus auf seiner Reise von Caesarea nach Rom 59 n. Chr. im Unwetter hierher verschlagen wurde. Wie der Heilige auf der Insel, die im Mittelalter noch 8000 Bewohner zählte (mit 12000 Schafen und Ziegen), empfangen wurde, ist nicht überliefert.

Auf die heutigen Reisenden warten kleine Traktoren mit Anhängern neben der Betonmole. Manólis, der Wirt vom **Sarakinikó-Strand**, kutschiert so seine Gäste zum beliebtesten Strand. Immer mehr Rucksacktouristen kampieren hier, gut 200 im Sommer. Beim Angebot von insgesamt einem halben Dutzend Betten geht es zu wie in besten Hippiezeiten. Die traumhaft schöne Strand- und Dünenlandschaft mit ihren knorrigen Wachholderbäumen wird zu einer Karawanserei mit entsprechendem Rummel. Abends sorgt eine Bar für die musikalische Untermalung, gut zehn provisorische Tavernen gibt es mittlerweile am Strand.

Auch in den Hafentavernen am Anlegekai Karavé werden inzwischen ein paar einfache Zimmer vermietet. Von hier erreicht man den Sarakinikó-Beach zu Fuß in einer halben Stunde. Wem es dort zu voll und zu dreckig ist, die Müllprobleme wurden bisher nicht annähernd gelöst, kann in 40 Minuten den südlich gelegenen **Korfos-Beach** erreichen oder sich mit Géorgios' Boot dort hinbringen lassen. Über der Kiesbucht gibt es eine Taverne, die ebenfalls einfache Zimmer bietet. **Kastrí** ist der Hauptort der Insel, der noch bewohnt ist. Hier praktiziert im Sommer ein Arzt, der einen Teil seines Wehrdienstes absolviert, in einem Raum, der gleichzeitig als Bürgermeisteramt, Post und Telefonzentrale dient. Im ernsten Notfall kann sogar schnelle Hilfe organisiert werden, denn es gibt einen Hubschrauberlandeplatz. Der junge Lehrer unterrichtet vier Schulkinder. Er ist freiwillig hier, um durch die Härtezulage sein Gehalt aufzubessern.

Normalerweise werden Polizist und Pädagoge genauso wie der Mediziner für ein Jahr auf Europas südlichstes Eiland versetzt. Die einfachen Häuser sind aus Natursteinen gebaut, neun Menschen leben hier noch. Stelios vollgestopfter Laden stellt den Mittelpunkt der Insel dar, weil sich alle mehr oder weniger über ihn versorgen müssen, Honig, Milch, Eier und Käse ausgenommen. Darüber hinaus bietet der Hauptort noch ein Kafenío mit Miniladen und die einzige Wasserquelle auf der ganzen Insel.

Der technische Anschluß an Europa erfolgte erst in jüngster Zeit: 1967 wurde auf der Insel der erste Telefonanschluß installiert, jetzt sind es schon zehn. Neuerdings gibt es elektrischen Strom, die staatlichen Elektrizitätswerke DEI haben in Zusammenarbeit mit Siemens ein kleines Solarkraftwerk errichtet, dessen Leistung durch Windgeneratoren ergänzt wird. Trotz der günstigen Bedingungen reichen die Kapazitäten im Sommer, wenn die meisten Touristen auf der Insel sind, nicht aus. Zum Kühlen der Getränke müssen dann die hauseigenen Dieselgeneratoren angeworfen werden.

Das größte Problem der Insel stellt der durch die Touristen stark steigende Wasserverbrauch dar. Durch die Wasserknappheit sind einer wildwüchsigen Entwicklung natürliche Grenzen gesetzt.

Um die Insel zu entwickeln, bedarf es einer weitsichtigen Planung, die die vorhandenen Ressourcen schont und somit das erhält, was Gávdos unvergleichlich macht. Auf dem abgeschnittenen Eiland hat sich über die Jahrtausende eine Natur und bäuerliche Tradition erhalten, wie es sie im gesamten östlichen Mittelmeerraum kein zweites Mal gibt. Ende der achtziger Jahre plante ein ausländisches Touristikunternehmen den Bau einer Club-Anlage für FKK-Anhänger. Mit knapper Mehrheit haben sich die Einheimischen damals dagegen entschieden, obschon «sichere» Arbeitsplätze für mehrere Familien mit dem Projekt verbunden waren. Ein sanfter Tourismus kann den Einwohnern eher eine ökonomische Perspektive eröffnen, die ihnen eine echte Mitgestaltung garantiert: kleine Hotels, Pensionen, Restaurants und Tavernen. Ihre traditionellen Produkte ließen sich dabei gut vermarkten, nämlich Käse, Joghurt, Fleisch, Fisch und der aromatische Thymianhonig. Die Insel hat noch ihre alten, den klimatischen Bedingungen angepaßten Haustierrassen gerettet, genauso wie die kleinwüchsige Gerste hier entstand und nur noch hier angebaut wird.

An Naturschönheiten hat die Insel für erholungssuchende Urlauber eine Menge zu bieten. Sanft ins Meer gleitender Sand, Hügel mit Olivenhainen, Felder, schroffe Kliffs und markant ausgewaschene Felsen, alte Zypressenwälder; Ruhe und immer wieder überraschende Ausblicke auf die umgebende See machen Wanderstreifzüge auf der fast autofreien Insel zu einem unvergleichlichen Erlebnis. Es gibt fünf weitere attraktive Strände, außer den beiden im Augenblick hoch gehandelten. Die einfachen Natursteinhäuser passen sich dem braunen oder rötlichen Untergrund an. Einige ließen sich sicherlich zu attraktiven Ferienhäusern für traditionsbewußte Urlauber herrichten. Aber im Augenblick deutet alles eher darauf hin, daß die Zahl der Bewohner weiter sinkt.

Als letzte Möglichkeit bleiben noch die Maßnahmen, die seit 1995 in Athen diskutiert werden: Steuerfreiheit, Hilfen beim Wohnungsbau und bei der Anlage von Gärten für neue und alte Siedler. Der griechische Staat will gerade auf den Felszipfelchen, Eilanden und Inseln Flagge zeigen, die der Erzfeind in Ankara als türkisches Territorium beansprucht. Darunter auch Gávdos.

Vielleicht können ja alle drei Maßnahmen, Tourismusentwicklung, Ausbau der Infrastruktur und Förderung als Außenposten für Gávdos den entscheidenden Schritt in die inseleigene Zukunft bedeuten. Die Insel – abgesehen von den Kanaren – bliebe Europas südlichster bewohnter Teil. Von Europas Nordende, dem unbesiedelten Nordkap, übrigens auch eine Insel, ist man hier rund 4000 Kilometer entfernt. Das Steilkap am Tripiti-Kiesstrand ist das Ende Europas – südlich beginnt Afrika.

INFOTEIL

KRETA VON A–Z

Abkürzungen	285	Kriminalität	293
Anreise	285	Leihwagen	293
Antikes	287	Lesen	294
Auskünfte	287	Motorrad	295
Autofahren	287	Naturschutzgebiete	296
Behinderte	288	Öffnungszeiten	296
Buchhandlungen	288	Papiere	296
Busse	288	Polizei	296
Diplomatische Vertretungen	289	Post	297
Drogen	289	Preise	297
Ermäßigungen	289	Reisezeit	297
Essen und Trinken	289	Schiffsverkehr	297
Fahrrad	290	Sprache	298
Feiertage	291	Taxi	298
Ferienkurse	291	Telefon	299
FKK / Nacktbaden	292	Trampen	299
Fotografieren / Filmen	292	Trinkgelder	299
Geld	292	Umweltschutzgruppen	299
Gesundheit	292	Unterkunft	299
Internet-Adressen	293	Wandern	301
Kleidung / Gepäck	293	Zeitzone	302

Abkürzungen
ELPA – Griechischer Automobilclub
OTE – Griechische Telefongesellschaft
K.T.E.L. – staatliche Busgesellschaft
EOT – staatl. griechische Tourismusorganisation
EOS – Bergsteigerverein
EOMMEX – Organisation der Kunsthandwerksbetriebe Griechenlands (Qualitätskennzeichnung)

Anreise

Mit dem Auto
geht etwa eine Woche für die Hin- und Rückreise nach Kreta drauf. Der Konflikt auf dem Balkan im ehemaligen Jugoslawien hat den «Autoput» nach Thessaloníki–Athen lange unpassierbar gemacht und gleichzeitig dafür gesorgt, daß die Fährverbindungen von Italien nach Griechenland schneller geworden sind (Ancona – Pátras neuerdings 20 oder 19 Stunden). Außerdem ist das Fährangebot beträchtlich gewachsen. Genaue Recherchen lohnen: Etwa elf Reedereien bedienen die Strecke Italien–Griechenland, aber nicht jedes Reisebüro arbeitet mit allen in Frage kommenden Schiffsagenturen zusammen. Die wichtigsten Agenturen:

Ikon Reiseagentur GmbH, Schwanthalerstraße 31/1, 80336 München, Tel. 089/5501041, Fax 598425 (ANEK/Ventouris Ferries)

Seetours International, Seilerstraße 23, 60313 Frankfurt, Tel. 069/1333262, Fax 1333218 MINOAN LINES/Strintzis Lines)

Viamare, Apostelnstraße 9, 50667 Köln, Tel. 0221/2573781, Fax 2573682

Fargo Weite Reisen GmbH, Kaiserstraße 11, 60311 Frankfurt, Tel. 069/2980913, Fax 2980923

Euronautic Tours GmbH, Fürther Straße 46, 90429 Nürnberg, Tel. 0911/9266915–16, Fax 268983

Der ADAC gibt in jedem Frühjahr ein Faltblatt über Autofähren von Italien nach Griechenland heraus, inklusive aktuellen Preisen und Fahrplänen nach Igoumenítsa, Pátras, Piräus.
Mit den Touristenautos schieben sich auf italienischem wie griechischem Ufer unzählige Lastwagen in die Schiffsbäuche. Alles, was sonst via Balkan abgewickelt wurde, rollt nun übers Nadelöhr Adria. Bekommt man als «Fußgänger» oder Bahnbenutzer durchaus auch ohne weitsichtige Vorausbuchung eine Deckspassage in den Agenturen vor Ort, kann man als Autobesitzer nur in der Vorsaison mit solchem Glück rechnen. Eine Kabine muß man vorausschauend von zu Hause aus reservieren. Auf manchen Fähren dürfen Caravanfahrer die Seereise in ihrem rollenden Privathotel zubringen.
Wichtigster italienischer Hafen ist Ancona. Ob statt dessen Bari, Brindisi oder Otranto gewählt wird, sollte genau durchgerechnet werden (Zeit, Kilometer, Benzinkosten). Ebenso ist zu überdenken: via Schweiz oder über Österreich nach Ancona, Brindisi, Bari, Otranto – oder nach Venedig und Triest, die ebenfalls Fährhäfen nach Igoumenítsa oder Pátras sind. Von Ende Juni bis September läuft sogar ein Kreuzfahrtschiff von Ancona aus direkt Iráklion an.

Eisenbahn
Im Moment besteht durch den Jugoslawienkonflikt nur die Möglichkeit, per Bahn über Budapest nach Thessaloníki oder Athen zu gelangen. Kosten und Dauer machen diese Anreise jedoch unattraktiv. Empfehlenswert ist dagegen die Bahnfahrt nach Ancona oder Brindisi (13 bzw. 20 Stunden ab München), die Schiffsfahrt bringt zusätzliche Abwechslung nach der reizvollen Fahrt durch die Alpen. Von Pátras aus kann man mit der Bahn direkt (gut 3 Std.) nach Athen/Piräus weiterfahren oder per Bustransfer über die Autobahn.
Wer die Bahn zur Reise wählt, sollte sich unbedingt durchrechnen lassen, welche Ermäßigung am billigsten kommt. Interrail lohnt wegen des spärlichen Eisenbahnnetzes in Griechenland kaum, und auf Kreta gibt es keine Bahn. Elegant, aber nicht ganz billig ist der Autoreisezug – eine Alternative, die übrigens auch Motorradfahrer schätzen: romantische Überquerung der Alpen, genüßliche Schiffstage und dann gleich rein ins Griechenlandvergnügen. Informationen gibt es bei allen DER-Reisebüros und bei der Deutschen Bahn.

285

Bus

Inzwischen fahren auch Busse der Deutschen Touring GmbH neben der Balkanroute vermehrt über Brindisi nach Athen. Fahrtdauer, Komfort und Preis machen die Busreise allerdings zu keiner echten Alternative. Wer mit dem Bus reist, muß sich unbedingt bereits vor der Abreise die aktuellen Adressen geben lassen, bei denen in Griechenland die Rückreisereservierung getätigt werden muß. Zu buchen in allen größeren Reisebüros, die eine DER-Vertretung haben. Genaue Auskünfte erteilt: **Deutsche Touring GmbH**, Am Römerhof 17, 60486 Frankfurt, Tel. 069/79030.

Mitfahrzentralen

Für Fahrer und Mitfahrer kostengünstig. Mittlerweile gibt es Mitfahrzentralen in jeder größeren Stadt. Die Adressen stehen im Telefonbuch. Die Büros verlangen eine Vermittlungsgebühr, die eine Unfallversicherung beinhaltet. Es ist ratsam, alle Abmachungen schriftlich vor Abfahrt bei der Vermittlungsstelle zu fixieren.

Mit dem Flugzeug

Nur 3 bis 4 Stunden dauert die Reise von einem deutschen Flughafen nach Iráklion oder Chaniá. Charterflüge sind nur erlaubt in Verbindung mit einer Hotel- oder Campingunterkunft; dieses Arrangement (Voucher) stellen die Reisebüros routinemäßig aus.

Der Markt ist hart umkämpft, deshalb lohnen sich Preisvergleiche. Wer auf die Ferienzeit angewiesen ist, muß sich sehr früh um eine Reservierung kümmern. Preiswerter kann man unter Umständen auch von Brüssel, Amsterdam, Luxemburg, Straßburg, Zürich oder Basel fliegen. Inzwischen lohnt es sogar, die Pauschalreise-Kataloge durchzublättern. Selbst wenn man auf die Hotelunterkunft verzichtet oder sie nur für Anreise- und Abflugtag nutzt, kann das unter Umständen erheblich billiger sein als ein Flug mit selbstorganisiertem Transfer an die Südküste.

Linienmaschinen der Lufthansa fliegen im Sommer regelmäßig Kreta an. Wer über 6 Wochen (bis 3 Monate) in Kreta bleiben will, für den lohnt sich eventuell der Fly & Save-Tarif der Lufthansa, denn alle Chartertickets gelten maximal bis 6 Wochen.

Vom griechischen Festland nach Kreta

Mit der Fähre:

In **Athen/Piräus** legen jeden Abend zwischen 18 und 19 Uhr mehrere große Autofähren der kretischen Reedereien ANEK und Minoan Lines nach **Iráklion** ab (Fahrzeit rund 12 Stunden) oder nach **Chaniá/Soúda** (Fahrzeit rund 11 Stunden). Preise für die einfache Fahrt nach Iráklion pro Person zwischen 44 und 152 DM, zusätzlich für ein Auto 136 bis 180 DM. In Richtung **Réthimnon** fährt in der Saison abends zusätzlich eine Fähre der Réthimnon Lines. Etwas eher verläßt ein Schiff der Miras Ferries den Hafen, Zielort: **Kastélli-Kíssamos** (nur an einigen Tagen in der Woche). Tickets sind in Piräus in den Büros der jeweiligen Agenturen erhältlich. Auskünfte und Buchungen (für Reisende mit Pkw empfohlen) über die deutschen Büros der Schiffsagenturen möglich, deren genaue Anschriften im Prospekt «Informationen für Autotouristen» der griechischen Fremdenverkehrszentrale stehen. Mehrmals wöchentlich verkehren auch Fähren direkt von **Thessaloníki** nach Kreta. Wer mit der längsten Schiffsverbindung Griechenlands von Kaválla (Nordgriechenland, östlich von Thessaloníki) von Insel zu Insel durch die Ägäis nach Kreta fahren will, kann das einmal wöchentlich machen (Ankunft in **Sitía** oder **Ágios Nikólaos**). Wen es auf die **Peloponnes** verschlagen hat, braucht nicht zu verzagen: Im Sommer gibt es eine Fähre von Gýthion nach **Kastélli** im äußersten Westen Kretas (nimmt nur wenige Autos mit). Von Juni bis September gibt es sogar eine Verbindung Ancona (Italien) – Iráklion.

Mit dem Flugzeug:

Wer über Athen anfliegt, kann entweder mit der Fähre von Piräus aus nach Kreta übersetzen oder mit einem preiswerten Inlandsflug der Olympic Airways fliegen. Der Airport Athen hat einen East Terminal, an dem alle internationalen Flüge abgefertigt werden, der West Terminal ist exklusiv den Maschinen der Olympic Airways vorbehalten. Beide Terminals liegen so weit auseinander, daß die Strecke nur mit dem «Yellow Bus» oder mit dem Taxi zu bewältigen ist. Das bedeutet für alle, die nach ihrer Ankunft

in Athen per Inlandsflug weiterreisen, mindestens zwei Stunden zum Umsteigen einplanen. Beide Terminals sind durch Linienbusse mit der Athener City und mit Piräus verbunden. Ein Tip: Die Tickets der Olympic Airways sind in Griechenland entschieden billiger als in Deutschland, allerdings herrscht eine große Nachfrage.
Vor dem Flughafen von **Iráklion** befindet sich eine Bushaltestelle. Es lohnt sich, mit mehreren ein Taxi zu teilen. Vom Flughafen **Chaniá** gibt es keine Linienbusverbindungen in die Stadt. Aber der Transitbus der Olympic Airways bringt die Fluggäste eine Stunde vor Abflug der Inlandsmaschinen zum Airport von Chaniá: Abfahrt vom Büro der Olympic Airways, Tzanakaki-Straße 88, gegenüber dem Stadtpark.

Antikes

Jede noch so unscheinbare Scherbe gilt als kulturelles Erbe. Wer seine Souvenirs auf geschichtsträchtigen Böden selber ausbuddelt, muß, wenn er ertappt wird, mit drakonischen Geld- und Freiheitsstrafen rechnen. Da kennen die griechischen Richter kein Pardon! Die Haltung der britischen Museen, die nicht bereit waren, aus Griechenland stammende Kunstgegenstände zurückzugeben, hat die damalige Kultusministerin Melina Mercouri 1985 veranlaßt, eine Gesetzesinitiative zum Schutz der antiken Schätze und des kulturellen Erbes zu starten. Danach können herbe Strafen gegen Personen verhängt werden, die Kunstgegenstände des Altertums aus dem Lande schmuggeln. Als Antiquität gilt, was vor 1830 hergestellt wurde. Also Obacht: Antike Scherben bringen Unglück!

Auskünfte

Die Büros der griechischen Fremdenverkehrszentrale (**EOT**) verschicken kostenlos Material, auf Anfrage auch spezielle Informationen (Ferienwohnungen, Camping, Yachtvermietung, Autoreise, Fährverbindungen). Wer sich Reisewege nach und in Griechenland/Kreta selbst zusammenstellen will, ist mit dem Handbuch «Greek Travel Pages» bestens beraten (enthält Schiffs-, Flug-, Bahn- und Busverbindungen; Adressen von Hotels); die Broschüre erscheint monatlich in Piräus und liegt in EOT-Büros aus.

Griechische Zentrale für Fremdenverkehr
Deutschland
Neue Mainzer Straße 22, D-60311 Frankfurt, Tel. 069/236561, Fax 236576

Abteistraße 33, D-20149 Hamburg, Tel. 040/454498

Pacellistraße 5, D-80333 München, Tel. 089/222035, Fax 297058

Wittenbergplatz 3a, D-10789 Berlin, Tel. 030/2176262, Fax 2177965

Österreich
Opernring 8, A-10105 Wien, Tel. 01/5125317, Fax 5139189

Schweiz
Löwenstraße 25, CH-8001 Zürich, Tel. 01/2210105, Fax 2120516

Kreta
Odós Xanthoulidou 1, Iráklion, Tel. 081/228225 u. 228203, Fax 226020

Odós Kriari, Chaniá, Tel. 0821/92943, Fax 92624

Odós Sofokli Venizélou, Paralia, Réthimnon, Tel. 0831/29148

Autofahren

Das Straßennetz auf Kreta ist in den letzten Jahren sehr ausgebaut worden. Trotzdem muß man jederzeit mit Schlaglöchern, Felsbrocken, Straßenabbrüchen oder nichtasphaltierten Straßenabschnitten rechnen. Eine Autobahn existiert im Norden, ansonsten muß man sich auf kurvenreiche Gebirgsstrecken einstellen. Sehr langsame bäuerliche Dreiräder oder Schafherden tauchen unvermittelt hinter der nächsten Kurve auf. Vorsichtiges Fahren ist deshalb geboten. Auch verhalten sich kretische Autofahrer anders. Es ist üblich, daß der kretische Vordermann plötzlich, scheinbar unmotiviert bremst, um einen Bekannten zu begrüßen oder den Stand seiner Felder zu begutachten. Verbotswidriges Überholen ist übrigens die häufigste Todesursache auf griechischen Straßen.
Folgende Sicherheits- und Temporegeln gelten: Gurt- und Helmpflicht, Kinder auf den Rücksitz, 0,5-Promillegrenze; Geschwindigkeitsbegrenzung

287

50 km/h in Ortschaften, 90 km/h auf Landstraßen, 120 km/h auf der Autobahn (Ampeln im Bereich Iráklion!), Motorräder dürfen auch hier nur 90 km/h fahren.

Es gibt ausreichend Tankstellen, die zunehmend auch bleifrei anbieten, auf abgelegenen Strecken fehlt allerdings die Zapfsäule im Dorf. Abgesehen von den Städten und ländlichen Zentren finden sich nur selten Reparaturwerkstätten. Ersatzteile sind nur via Iráklion oder Chaniá zu beschaffen. Kretisches Improvisationstalent meistert auf der anderen Seite schier aussichtslose Situationen. Der **Automobilclub ELPA** leistet Pannenhilfe auf der New Road sowie in der Umgebung der größeren Städte (Notruf in den Städten generell: 104; zusätzlich Iráklion: 081/289440; Chaniá: 0821/26059; Réthimnon: 0831/29950). Die Kliniken und ländlichen Gesundheitszentren verfügen über Notarzt und Ambulanzwagen.

Bei einem Unfall kümmert sich die Polizei ungern um Bagatellschäden. Ist ein Grieche der Verursacher, sorgen die niedrigen Mindestdeckungssummen der griechischen Haftpflicht (unter dem europäischen Durchschnitt) für unliebsame Überraschungen. Bei der Reparaturkostenerstattung ist von einem Abschlag gegenüber einer bundesdeutschen Werkstattrechnung auszugehen.

Behinderte

Ferienangebote auf Kreta sind spärlich, aber vorhanden. Über behindertengerechte Hotels informiert:
Club der Behinderten und ihrer Freunde
Eupener Straße 5, 55131 Mainz, Tel. 06131/225514, Fax 238834

Buchhandlungen

In den kretischen Städten und Touristikzentren gibt es Buchhandlungen, die auch deutschsprachige Literatur führen. Das Durchstöbern dieser Läden lohnt sich, weil es zunehmend ins Deutsche übersetzte Bücher aus Athener Verlagen gibt, die man zu Hause nur schwer oder gar nicht bekommt.

Busse

Mit dem Bus (leoforío) kommt man gut durch Kreta, fast jeder Ort und jede Sehenswürdigkeit sind erreichbar. Die Busse sind zuverlässig und pünktlich, die Preise human. Inzwischen sind fast alle museumsreifen Oldtimermodelle durch moderne, komfortable ersetzt worden. Auf Gepäckstücke, auch umfangreiche, ist der Schaffner vorbereitet. Sie werden von außen in den Busbauch verladen, selten noch auf dem Dach verstaut.

Den Fahrschein für Langstrecken löst man vorab im Busbahnhof. Das Ticket reserviert gleichzeitig einen numerierten Sitzplatz. Wer unterwegs zusteigt, zahlt im Bus. Die Tickets müssen gut verwahrt werden, denn während der Fahrt wird mehrmals kontrolliert.

Wird man unterwegs aufgefordert umzusteigen, so hat das scheinbar undurchsichtige Manöver folgenden Hintergrund: Das öffentliche Busnetz (K.T.E.L.) ist in zwei Distrikte unterteilt.

Die K.T.E.L. Chaniá–Réthimnon bedient den Inselwesten, die K.T.E.L. Iráklion–Lassíthi den Osten und den zentralen Süden. Beide Gesellschaften treffen im Norden in Iráklion und im Süden in Agía Galíni aufeinander. Das ist für den Reisenden deshalb wichtig, weil beide Unternehmen unterschiedliche Fahrpläne herausgeben und in Iráklion getrennte Busbahnhöfe betreiben. Es gibt Winter- und Sommerfahrpläne, letzterer gilt von Mai bis Oktober. Im Winter und an Sonn- und Feiertagen verkehren wesentlich weniger Busse. In der Ostersaison werden zusätzlich Busse eingesetzt, die Pläne häufig von heute auf morgen geändert. Deshalb unbedingt an den Bahnhöfen die aktuellen Abfahrtzeiten erfragen.

Es gibt drei verschiedene Busfahrpläne, die man sich unbedingt besorgen sollte. Einen für Zentral- und Ostkreta (Iráklion bis Sitía und Ierápetra), einen für Westkreta-Réthimnon (Chóra Sfakíon, Agía Galíni etc.) und einen weiteren für Chaniá (Kastélli-Kíssamos, Falássarna, Omalós-Samariá, Paleochóra).

Diese Fahrpläne erhält man kostenlos in den Bahnhöfen der Städte und in den Büros der Tourismusbehörde (EOT). Die Pläne enthalten Abfahrtzeit und Preis, oft auch Entfernung und Dauer der Fahrt.

Das Fahren mit dem Bus läßt sich überaus flexibel handhaben: Man kann sich auch außerhalb der Ortschaften praktisch an jeder Stelle absetzen lassen; ebenso kann man die

Fernbusse per Handzeichen (deutlich winken!) überall anhalten und einsteigen.
Neben den Fernbuslinien verkehren in den Städten Iráklion, Chaniá und Réthimnon dunkelblaue Linienbusse.
In ganz abgelegenen Ecken verkehren manchmal Schulbusse, die Minidörfer mit dem Schulzentrum der Region verbinden. Mit ihnen können auch Nichtschulkinder fahren, aber Achtung: Sie verkehren nicht an den schulfreien Tagen und während der Ferien.
Übrigens: Wenn der Busschaffner für 200 Drachmen nur ein Ticket über 150 Drachmen aushändigt, so ist das nicht der Versuch einer privaten Lohnerhöhung, sondern schlicht die Folge der galoppierenden Inflation. Das Personal ist von der Geschäftsleitung angewiesen, zunächst alle alten Bestände aufzubrauchen.

Diplomatische Vertretungen/ Konsulate

Kreta
Deutsches Honorarkonsulat, Zografou 7, 71110 Iráklion, Tel. 081/226288, Fax 280608
Deutsches Honorarkonsulat, Daskalogiani 64, 73100 Chaniá, Tel. 0821/57944
Österreichisches und Schweizer Honorarkonsulat, Dedalou-Straße 34, 71202 Iráklion, Tel. 081/222339

Athen
Deutsche Botschaft, Vassilíssis Sofías 3, 15124 Amaroússion/Athen, Tel. 01/369411
Österreichische Botschaft, Leofóros Alexándrou 26, Tel. 01/8211036, 8827520
Schweizer Botschaft, Iasíou 2, 11521 Athen, Tel. 017230364-4

Griechische Botschaften
Deutschland: Koblenzer Straße 103, 53177 Bonn, Tel. 0228/83010
Österreich: Argentinierstraße 14, 1040 Wien, Tel. 0222/655791
Schweiz: Jungfrauenstraße 3, 3005 Bern, Tel. 031/441637

Drogen
Drogenkonsum wird in Griechenland hart bestraft.
Die kretische Polizei hat vor allem Kiffer im Visier: Bis zu drei Jahren Knast drohen für das Rauchen von Cannabis, fürs Handeln bis zu zwanzig Jahre. Die Gerichte neigen durchweg zu Höchststrafen.

Ermäßigungen
Sonntags ist der Eintritt in allen Museen und archäologischen Stätten frei. Der internationale Schüler- oder Studentenausweis bringt Preisnachlässe, der nationale nicht immer. Unbedingt das Papier vorzeigen, denn der Hinweis an den Kassenhäuschen fehlt.

Essen und Trinken
Die griechische Küche ist besser als ihr Ruf! Vorausgesetzt, man serviert Originalgerichte und nicht ein Touristenmenü mit fünf, sechs Standards, vom Hähnchen übers Moussákas bis zum Bauernsalat. Die griechische Hausfrau wählt je nach Jahreszeit frische Gemüsesorten und Kräuter aus, denn allen touristischen Fleischspießphantasien zum Trotz ist die hellenische Küche wesentlich eine Gemüseküche. Ein Blick in die Töpfe und Pfannen der Garküchen mit breitem Angebot für das überwiegend wählerische einheimische Publikum läßt das Wasser im Munde zusammenlaufen: Artischocken mit Lamm in Ei-Zitronen-Sauce; in Wein gekochter Tintenfisch; kaltes oder warmes Wildgemüse (*Chórta*); gedünstete Fische, die in einer milchigen Tunke voller Kräuter schwimmen. Selbst der einfache Bauernsalat (*Choriátiko*) wird zur Köstlichkeit, wenn die sonnenreifen Früchte umspielt werden vom Sud aus frisch gepreßten Zitronen, aromatischen Kräutern und einem gelbgrünen Olivenöl, das, mit kräftigem Brot aufgetunkt, selbst Feinschmeckergaumen erfreuen kann. Mit der Qualität des Olivenöls steht oder fällt der Geschmack der Gerichte.
Die Nase in die Töpfe zu stecken, das ist für griechische Gäste eine Selbstverständlichkeit. Man ist kritisch, würdigt die Speisekarte keines Blickes und überzeugt sich vorm Bestellen per Augenschein. Für den Fremden ist die meist zweisprachige Speisekarte als Ergänzung hilfreich, sie macht Preisvergleiche möglich. Übrigens, was man in einem Atemzug bestellt, kommt auch gleichzeitig auf den Tisch.
Frischen Fisch vom Allerfeinsten gibt es in einigen Hafentavernen in den Städten Chaniá, Réthimnon und Iráklion, da wo die Einheimischen hin-

gehen. Auch direkt in den kleinen Fischerhäfen wie Georgioúpolis oder Bali. Und das ist für die durch Raubbau und Dynamitfischerei leer gefischte Ägäis beileibe keine Selbstverständlichkeit mehr. In die touristischen Zentren wird sogar in der Saison Tiefkühlfisch eingeflogen. Wissen sollte man, daß Fisch zu den teuersten Gerichten zählt und nach Sorte und Gewicht berechnet wird, frisch vom Netz auf den Teller aber seinen Preis wert ist.

Eine Entdeckung für den Urlaub können die Ouzerien werden, die auf Kreta manchmal noch Rakádiko heißen. Denn das traditionelle Inselgetränk ist nicht der *Oúzo*, sondern der *Rakí*. Auf den ersten Blick hält man sie vielleicht gar nicht für Speiselokale. Denn auf den kleinen Tellern befinden sich «mezédes», kleine Häppchen. Nicht die Menge, sondern die schier unglaubliche Vielfalt bestimmt die Speisefolge, die sich jeder individuell zusammenstellen kann:

Psilá Psariá (gebratene, kleine Fische), marinierte *Oktapódia*-Stückchen, *Skordaliá* (Knoblauch-Kartoffelpüree), *Taramosaláta* (Fischrogensalat), gebratene *Melitsánes* (Auberginen), *Chórta* (Wildgemüse) oder *Spanáki* (Spinat), mit Öl und Zitrone angerichtet. Die unterschiedlichsten *Kochliádes* (Schnecken), *Mídia* (Muscheln) und frisch gebackenen *Kalamáres*. Und *Garídes* (*Garnelen*) und Krebse, denn es muß nicht immer *Astakós* (Hummer) sein. Dazu werden gereicht Brot, Oliven und pikante Zwiebelchen.

Fische

Da Mitteleuropäer die Fischsorten in der Ägäis kaum kennen und vor allen Dingen ihren Marktwert nicht einschätzen können, seien die Fischsorten nach Qualität und Preis aufzulisten. Bei den Fischen werden drei Hauptgruppen unterschieden:

Próta (ca. 29 DM / Kilo für den Fischer):
Barboúni – Meerbarbe, gebraten, gegrillt
Sinagrída – Zahnfisch (Seebrassenart), gekocht, Grillsteak
Fangrí – Zahnbrasse, gekocht, gegrillt
Déftera (ca. 22 DM / Kilo):
Sargós – kleine Meerbrassenart, gegrillt, gebraten
Skathári – Brasse, gegrillt, gebraten
ca. 20 DM / Kilo
Skorpína – Skorpionsfisch, gekocht

Rofos – ca. 13 DM / Kilo
Kéfali – Meeräsche, gekocht, gebraten
ca. 6 – 9 DM / Kilo
Melanoúri – größere Meerbrassenart, gebraten, gegrillt
ca. 5 DM / Kilo
Gópes – Barsch, gebraten, gegrillt
Koliós – Makrelenart, gegrillt, gebraten, getrocknet und gesalzen
Tríta (ca. 2 DM / Kilo):
Spáros – Meerbrassenart, gegrillt, gekocht, gebraten
Skorpiós – Skorpionsfischart, die wesentlich kleiner ist als die umgangssprachlich gleiche oben angeführte Sorte, gekocht, gebraten

Weine

Qualitätsweine in Flaschen produzieren zwei Privatbetriebe mit Sitz in Iráklion («Minos»- und «Lato»-Weine) und die Genossenschaften in Peza («Logado», «Regalo», «Mantiko») sowie in Archánes («Archanes», «Cava Armani»). Aus Iráklions Genossenschaft stammt roter «Malvicino», aus der von Chaniá «Clos des Crete». Zum Wein wird Wasser serviert, man sollte danach fragen. Damit die Bestellung unmißverständlich ist, fügt man am besten die gewünschte Menge hinzu: *éna potíri* (ein Glas), *mía karáfa* (eine Karaffe) beziehungsweise *éna* oder *missó kiló* (etwa ein bzw. ein halber Liter). Wer die hausgemachten Weine probieren will, muß den selbstgekelterten, den Chima, verlangen.

Kaffee

Man fährt gut dabei, den «greek coffee» *métrio* (mittelstark und mittelsüß) zu bestellen. Will man keinen Zucker, kann man radebrechen: *Ochí sáchari*, besser ist das griechische Wort *skéto*.

Fahrrad

Inzwischen gehören Radtouren zum touristischen Alltag. Mountainbikes und normale Räder werden überall in den Touristenorten angeboten. Insbesondere der Verleih von Mountainbikes boomt. Kein Wunder, scheint doch das gebirgige Kreta wie geschaffen für Entdeckungstouren über holprige Straßen und Schotterpisten zu sein. Auch die Griechenlandspezialisten unter den Pauschalreiseanbietern bieten zunehmend «Mountainbiking für sportliche Naturliebhaber» an. Herbert Lindenberg hat einen sehr guten Radwanderführer für Kreta herausgebracht, mit exakten Etappenbeschreibungen und Höhenprofilen.

Feiertage
1. Januar: Fest des Heiligen Vassílios, er bringt die Weihnachtsgeschenke.

6. Januar: *Theophánia* – Erscheinung des Herrn. In Erinnerung an die Taufe Christi im Jordan finden Wassersegnungen statt.
Kathará Deftérá: Der «reine Montag» entspricht unserem Aschermittwoch, denn in der orthodoxen Kirche beginnt an ihm die Fastenzeit; Höhepunkt des Karnevals am Sonntag davor. Die Griechen veranstalten Picknicks und lassen Drachen steigen.

25. März: *Nationalfeiertag/Mariä Verkündigung:* 1821 begann an diesem Tag der Freiheitskampf gegen die Türkenherrschaft. Vielerorts finden Paraden statt, auf denen vom General bis zur Schulklasse alles vertreten ist. Gleichzeitig ist es der Tag Mariä Verkündigung.

Osterfest: Das große Ereignis, selbst aus dem Ausland kommen die Familien zusammen. Karfreitag findet in den Kirchen eine symbolische Grablegung statt, abends wird der blumengeschmückte Epitaphios in einer Kerzenprozession durch die Straßen getragen. Karsamstag nacht beginnt die Auferstehungsmesse, die um Mitternacht mit dem Ruf «Christós anésti!» (Christus ist auferstanden), mit Osterfeuern und Feuerwerk endet. Ostersonntag werden überall im Freien die Lämmer oder Zicklein am Spieß gebraten. Auch am Ostermontag wird in den Familien weitergefeiert.
Der Ostersonntag wird nach dem Julianischen Kalender berechnet (1. Sonntag nach dem Frühlingsvollmond, aber das jüdische Pessachfest muß bereits vorüber sein); deshalb fällt er nur manchmal mit unserem Osterfest zusammen und kann bis zu sieben Wochen später liegen.

1. Mai: *Tag der Arbeit* – Neben Demonstrationen Picknick im Grünen. Blumenkränze schmücken auf den Dörfern die Haustüren bis zur Sonnenwendfeier am 24. Juni.

Pfingstfest: Fünfzig Tage nach dem Osterfest. Wie bei uns ist auch der Pfingstmontag Feiertag.

15. August: *Mariä Entschlafung* – Fest der hochverehrten Muttergottes, in Klöster und Kirchen strömen die Menschen von nah und fern.

14. September: *Fest der Kreuzerhöhung* – zahlreiche Kirchenfeste

28. Oktober: *Ochi-Tag* – Griechenlands zweiter Nationalfeiertag zur Erinnerung an das Nein zum Ultimatum Mussolinis 1940, Truppenparaden.

25./26. Dezember: *Weihnachten* – hat nicht die Bedeutung wie bei uns. Die Tage um die Jahreswende gehören vor allem dem verbotenen Glücksspiel.

Ferienkurse
Vom Kräuter- und Fastenkurs, über Malen und Töpfern bis zu Sprach- und Yogaferien

Chaniá
Efi Anthopoulou, Iroon Polytechniou 38, GR-73132 Chaniá, Tel./Fax 0821/44310; Feriensprachkurse (Neugriechisch für Anfänger und Fortgeschrittene) in Chaniás Altstadt, auf Wunsch Vermittlung von Unterkünften dort; Frau Anthopoulou ist zweisprachig aufgewachsen und hat in Deutschland studiert. Kontakt auch über **Reisebüro Andrea Wagner**, CH-8706 Feldmeilen/Zürich.

Zwischen Mália und Ágios Nikólaos
Labyrinthos, Georg Ivanovas, Arzt (Naturheilverfahren), GR-72400 Milatos, Tel. 081/342078, Fax 211955; Entspannungs-, Kräuter- und Fastenwochen, Wanderungen, Schäferwoche am Psilorítis; teilweise Zusammenarbeit mit **Korifi Tours**; Kontakt in Deutschland: **Labyrinthos**, Espenweg 30, 88410 Bad Wurzach, Tel./Fax 07564/2843

Messará-Ebene
Anna Boskamp, GR-70200 Pitsídia, Kreta; Yoga-Kurse (früher Lehrtätigkeit an der Universität Düsseldorf); Kontakt über Deutschland: **Tobias Boskamp**, Rathenower Str. 49, 10559 Berlin, Tel. 030/3946779

Ceramic Studio im Töpferhof, Nasim und Wolfgang Ziegler, GR-70012 Mitropolis, Tel./Fax 08 92/3 10 12, Ferien mit oder ohne Töpfern auf einem wiederaufgebauten kretischen Gehöft bei Górtis.

FKK/Nacktbaden

Seit 1983 ist das Errichten von FKK-Anlagen auf Antrag gesetzlich erlaubt, allerdings ist bisher nur selten eine Genehmigung eingeholt worden. Bisher zwei Hotels (bei Plakiás, bei Chóra Sfakíon) die Lizenz erteilt. Nacktbaden ist nach wie vor überall auf Kreta verboten, auch wenn es an einsamen, abgelegenen Buchten vielfach praktiziert wird. Oben ohne wird mittlerweile an sehr vielen Stränden akzeptiert, jedoch sinkt die Toleranz in Dorfnähe und sobald griechische Familien das Strandbild bestimmen. Je untouristischer der Strand, desto mehr Rücksichtnahme ist geboten.

Fotografieren/Filmen

Da sich Griechenland ständig durch die Türkei bedroht fühlt, ist es überall verboten, militärische Anlagen zu fotografieren. Sich zu Hause mit Film- und Fotomaterial einzudecken spart viel Geld. In archäologischen Stätten ist das Fotografieren nach Herzenslust erlaubt, im Museum nur nach Lösen einer zusätzlichen Eintrittskarte. Für Stativaufnahmen ist eine schriftliche Genehmigung erforderlich. Gefilmt werden darf auf archäologischem Gelände nur gegen eine recht hohe Gebühr (um 100 DM für Amateure).

Geld

Je nach Anreiseweg oder Ankunftszeit ist es nützlich, einige Drachmen in der Tasche zu haben. Ansonsten sollte man in Griechenland tauschen, der Wechselkurs ist günstiger als in Deutschland. Auf Athens internationalem Airport (East Terminal) hat ein Bankschalter rund um die Uhr geöffnet, dasselbe gilt für Iráklion. Kreditkarten werden nicht überall auf Kreta akzeptiert. Der Gegenwert für einen Eurocheque liegt unter 400 DM (1996: 45 000 Drachmen), so daß man zwei, drei Schecks mehr einplanen muß. Es ist in Griechenland nicht möglich, von Postsparbüchern abzuheben.

Gesundheit

Die gesetzliche deutsche Krankenversicherung gilt auch in Griechenland. Allerdings muß man sich bei der Krankenkasse die internationale Anspruchsberechtigung besorgen. Was im Krankheitsfall vor Ort zu tun ist, erläutert das Merkblatt «Griechenland», das ins Reisegepäck gehört. Denn der Berechtigungsschein muß auf Kreta vor dem Arztbesuch «umgetauscht» werden. Wurde in einem Notfall bar bezahlt, erstatten die Kassen in der Regel den Rechnungsbetrag (Angaben auf der Rechnung, siehe unter «privat»).

Privatversicherte sollten ihrem Vertragspartner die Reiseabsichten mitteilen. Für die Rückerstattung der entstandenen Kosten sind dieselben detaillierten Angaben auf der Rechnung erforderlich wie zu Hause (Datum, Diagnose, Leistung, Betrag) – möglichst in deutscher oder englischer Sprache ausgestellt, das erspart bei höheren Beträgen die Übersetzergebühren. Auf Kreta ist das Arzneiangebot reichhaltig, aber man bekommt nicht mit Sicherheit das Mittel eines bestimmten Herstellers.

Auf dem Lande sind in den letzten Jahren staatliche Gesundheitszentren aufgebaut worden, die eine Grundversorgung garantieren. Eine Liste deutschsprechender Ärzte geben die deutschen Automobilclubs heraus. Das Universitätsklinikum in Iráklion ist modern ausgerüstet. Trotzdem sollte man bei schweren Erkrankungen eine vorzeitige Heimreise in Erwägung ziehen. Die Krankenkassen geben Auskunft, ob sie die Kosten tragen oder ob eine Zusatzversicherung abgeschlossen werden muß.

Es gibt ausreichend Ärzte, Ambulatorien und Krankenhäuser auf Kreta. Die Praxen sind in der Regel von 8.00–11.00 und von 17.00–20.00 Uhr geöffnet. Das nächste Krankenhaus oder ländliche Gesundheitszentrum mit Notarzt und Ambulanzwagen ist maximal 30 Kilometer entfernt. Im Notfall kann man sich darauf verlassen, daß jeder Kreter einem weiterhilft. Unter Umständen ist es sinnvoll, sich in dringenden Fällen an einen Taxifahrer zu wenden.

Krankenhausnotrufe findet man im Telefonbuch jeweils an erster Stelle des jeweiligen Ortsverzeichnisses unter ΠΡΩΤΕΣ ΒΟΗΘΕΙΕΣ. Hier die Nummern der zentralen Städte: **Iráklion**: Universitätskrankenhaus (081/269111), Ambulanz (081/224602), Venizélos-Krankenhaus (081/237502); **Chaniá**: Krankenhaus (821/43811 u. 44421); **Réthimnon**: (0831/27491 u. 27814); **Ágios Nikólaos**: Krankenhaus (0841/25227), Ambulanz (0841/22228).

Apotheken sind an dem Schild ΦAPMAKEION (farmakíon) zu erkennen sowie durch ein rotes Malteserkreuz.

Internet-Adressen

Kreta ist Teil des globalen Dorfes. Zwar bieten die deutschen Kreta-Webseiten noch wenig, aber allein die Suchmaschine Altavista verzeichnet bei Eingabe von «crete» weit über 30 000 Treffer.

Umfassend über das Reiseziel Kreta informiert die kretische Homepage http://www.interkriti.org/ (Geschichte, Mythologie, Business, aktuelle Veranstaltungen und Events sowie Museen bis hin zu kleinen Dörfern wie Pitsídia, deren eigene Seiten teilweise von der Gemeinde gesponsert werden – mit Tips von Ausflügen und Sehenswürdigkeiten bis zu Zimmeranbietern).

Auch die staatliche griechische Tourismusorganisation (EOT) hat eine Internet-Adresse: http://www.vacation.forthnet.gr/gnto.html; hier erhält man aktuelle Auskünfte zu Griechenland, z.B. Taxipreise, Öffnungszeiten und Eintritt der Museen.

Das griechische Kultusministerium bietet eine «Cultural Map of Hellas», mit allen Museen, archäologischen Stätten sowie aktuellen kulturellen Ereignissen inkl. Zeiten und Eintrittspreisen unter http://www.culture.gr/welcome.html

Hilfreich sind auch die Seiten mit dem aktuellen Olympic Airways Timetable: http://www.ellada.com/olympicr.html

Eine bemerkenswerte «inoffizielle Homepage» der Insel Gavdos des Schweizers Georg Hollderied ist abzurufen unter:

http://stan.chemie.unibas.ch/georg/gavdos.html

Kleidung/Gepäck

Auch für den Hochsommer müssen warme Sachen und eine Wind- oder Regenjacke eingesteckt werden, sonst erlebt man bei Ausflügen in Höhenlagen böse Überraschungen. Wer das Land intensiv erleben will, braucht trittsichere Schuhe für das Gelände außerhalb der Dorfstraße. Beim Wandern sind Wasserflasche und Wanderschuhe mit Profilsohle, die den Knöchel stützen, unerläßlich. Gestrüpp und Dornen lauern auf vielen Wegen. Griechen schätzen korrekt gekleidete Menschen. Männer mit kurzen Hosen oder Frauen mit allzu offenherzigen Oberteilen werden außerhalb der Strandbars nicht sonderlich respektiert oder nach kretischen/eindeutigen Denkschubladen bewertet.

In Kirchen gilt folgende Kleiderordnung: bedeckte Schultern, mittellanger Rock oder lange Hose.

Was auf gar keinen Fall im Gepäck vergessen werden darf: Taschenlampe (unbeleuchtete Gassen, Baustellen; Stromausfälle), persönliche Apotheke, Sonnenschutzcreme, Kopfbedeckung, Taschenmesser, kleiner Rucksack für kurze Touren, eine ausreichende Anzahl von Filmen (sind auf Kreta teuer).

Kriminalität

Die im Dorfkafeníon vergessene Brieftasche erhält man auch heute noch zurück. Daß ein Kreter etwas einsteckt, was ihm nicht gehört, ist undenkbar. Griechenland hat eine der niedrigsten Kriminalitätsraten in Europa, da insbesondere auf dem Lande die soziale Kontrolle durch die Großfamilien noch funktioniert. Mit dem Tourismus sind allerdings Eigentumsdelikte nach Kreta gekommen. Der eine oder andere, der mit in der Sonne liegt, hat es eventuell auf Geld oder Wertsachen abgesehen. Und bei den Drogen verstehen die kretischen Behörden absolut keinen Spaß.

Leihwagen

Es gibt eine schier unübersehbare Anzahl von Verleihfirmen, Preis- und Qualitätsvergleiche lohnen deshalb immer. Achtung: Vom Endpreis ausgehen, da oft Steuern und Gebühren wie Mehrwertsteuer aufgeschlagen werden. Die offerierten Wagen sind zum größten Teil neu und in akzeptablem Zustand. Dennoch sollte man in jedem Fall eine Probefahrt machen und alle wichtigen Funktionen durchchecken.

Eine Vollkaskoversicherung ist sehr zu empfehlen, da man im Schadensfall für alle Reparaturkosten zahlen muß. Die meisten Verträge enthalten eine Klausel, nach der man für Schäden an Achsen, Rädern und Unterseite des Mietwagens selbst aufkommen muß. Vor einer Haftpflichtversicherung nach griechischem Recht (Third Party-Insurance) kann man nur warnen, denn im Falle eines Unfalls kommen bei den geringen Deckungssummen hohe Summen auf den Fahrer zu. Auch bei den Vollkasko-Angeboten soll man unbedingt auf die jeweilige Selbstbeteiligung für Schäden am Leihwagen achten, 10000 DM kommen da schnell zusammen.

Prinzipiell gilt, daß die einheimischen Autovermieter sich nicht generell, was den Leistungsumfang betrifft, von den international renommierten, meist teureren Firmen unterscheiden. Es ist schwer, einen Durchschnittspreis anzugeben, aber ein optimal versicherter Kleinwagen kostet für einen Tag gut 90 DM (Grundgebühr plus Kilometer, plus 18 Prozent Mehrwertsteuer, plus Zusatzversicherung, um den Selbstkostenanteil zu senken), zuzüglich Benzin. Etwas preiswerter pro Tag wird es bei einer Mietdauer von drei oder mehr Tagen.

Außerhalb der Hochsaison läßt sich über den Mietpreis verhandeln. Die Touristikunternehmen bieten auch Arrangements mit Mietwagen an. Unter der Formel «Fly & Drive» wartet am Flughafen der bestellte Wagen, der auch dort wieder abgegeben werden kann. Vorteil, man ist den ganzen Urlaub hindurch mobil. Preiswerter gelingt das gleiche auf eigene Faust: Im Flughafen von Iráklion haben gut ein Dutzend Autoverleiher, internationale wie kretische, ihre Buchungsbüros direkt nebeneinander.

Lesen

Literarisches
Nikos Kazantzákis: *Alexis Sorbas*. Das Kultbuch aller Kretafans.
Freiheit oder Tod. Kapitän Michalis – die überdimensionale Verkörperung des kretischen Freiheitskämpfers zur Türkenzeit.
Nikos Kazantzákis: *Griechische Passion*. Wurde in Kritsá auf Kreta verfilmt – schildert die Konflikte zwischen reichen Dorfbewohnern und von Türken vertriebenen Flüchtlingen.
Erhart Kästner: *Kreta*. Beschwört ein zeitloses Bilderbuchkreta, obwohl der Autor als deutscher Kriegsberichterstatter im Zweiten Weltkrieg auf der Insel war.
Henry Miller: *Der Koloß von Maroussi*. Der Amerikaner verbringt 1939 ein paar Tage auf Kreta und beschreibt spontan und enthusiastisch seine Eindrücke.

Sachbücher
Johannes Gaitanides: *Griechenland ohne Säulen*. List Verlag. Knapper, materialreicher Abriß der griechischen Geschichte aus konservativem Blickwinkel.
Peter Höffken: *Eine kretische Ikonenmalerin der Gegenwart: Woula Manousaki. Person und Bilder*. Peter Lang, Frankfurt am Main. Dem Autor gelingt es auf unorthodoxe Weise, in diese orthodoxe Kunst einzuführen.
Rudolf Knoll: *Griechischer Wein*. Neustadt. Die erste zusammenfassende Darstellung griechischer Weinbaukünste.

Auf Kreta erhältlich
David MacNeil Doreen: *Wind auf Kreta*. Efstathiadis Group, Athen. Ein amerikanisch-schwedisches Aussteigerpaar auf Zeit berichtet lebendig über sein Leben Ende der sechziger Jahre auf Kreta.
Arn Strohmeyer: *Reise nach Matala* und *Ich hatte einen Traum...* Selbstverlag Arn Strohmeyer, Hastedter Osterdeich 200, 28207 Bremen. Persönliche Reflexionen und Erinnerungen an die Hippiezeit.
Michael J. Bird: *Wer bezahlt den Fährmann*. Herzzerreißende Tragödie um einen britischen Agenten, der nach dem Zweiten Weltkrieg nach Kreta zurückkehrt und dort mit seiner Ver-

gangenheit konfrontiert wird. Wurde von der BBC als Soap-opera verfilmt und lockte viele neue Touristen zu den Drehorten, z.B. nach Eloúnda.

Museen und Klöster Kretas bieten Interessierten kleinere und größere **Broschüren mit lokalem Hintergrundwissen**. Buchläden, manchmal auch Supermärkte verkaufen eine beachtliche Auswahl an **volkstümlicher Literatur** und auch Bücher zur älteren und neueren Geschichte Kretas in englischer und deutscher Sprache, z. B.: **Theocharis E. Detorakis:** *History of Crete.* Iráklion. Der Verfasser lehrt byzantinische Philologie an der Uni Kreta.
Marlen von Xylander: *Die deutsche Besatzungsherrschaft auf Kreta 1941–45.* Verlag Rombach, Freiburg. Herausgeber ist das Militärgeschichtliche Forschungsamt. Die erste umfassende und wissenschaftlich fundierte Darstellung aus deutscher Sicht über Besatzung und Widerstand auf Kreta.
Vassillios Vuidaskis: *Tradition und sozialer Wandel auf Kreta.* Auseinandersetzung des aus Anógia stammenden Wissenschaftlers mit dem modernen Kreta bis Anfang der siebziger Jahre.

Karten
Inzwischen gibt es eine Fülle von brauchbaren Kretakarten, keine wird jedoch allen Anforderungen gerecht. Die nach wie vor aktuellste und zuverlässigste ist: *Freytag & Berndt, Kreta* (1:200000); sie bietet zusätzlich Pläne der größeren Städte und zahlreicher archäologischer Stätten. Passable Karten gibt es auch in Souvenirläden und Kiosken auf der Insel, mitunter recht preiswert.
Fünf Blätter im Maßstab 1:80000 umfaßt das Kartenwerk aus dem *harms de verlag.* Das insgesamt recht teure Kartenwerk mit dem größten Maßstab aller Kretakarten eignet sich nicht als Wanderkarte, obwohl Höhenlinien und Maßstab dies suggerieren, weil die existierenden Pfade nicht vollständig erfaßt und die eingezeichneten nur ungefähre Verläufe skizzieren. Zur Zeit gibt es keine ausgesprochene Wanderkarte für Kreta.

Wanderführer
Zuverlässig und obendrein handlich, da sie unterwegs in jede Hemdtasche passen, die beiden Bändchen der Kretakenner **Gerd Hirner/Jacob Murböck:** *Kreta West* (inkl. Gávdos); ***Kreta Ost****.* Bergverlag Rudolf Rother, München. Sie enthalten je 50 ausgewählte Tageswanderungen an den Küsten und in den Bergen West- und Ostkretas. Jede Tour ist durch ein Wanderkärtchen im Maßstab 1:50000 bzw. 1:75000 illustriert und exakt beschrieben.

Bike-Führer
Herbert Lindenberg: *Kreta per Rad.* Verlag Wolfgang Kettler, Neuenhagen; detaillierte Streckenbeschreibungen, Angaben zu Übernachtungen abseits der Touristenorte, übersichtlich, handlich.

Bestimmungsbücher
I. und P. Schönfelder: *Das blüht am Mittelmeer.* Kosmos-Verlag, Stuttgart. Von denselben Autoren, aber umfangreicher: *Die Kosmos Mittelmeerflora.* Auf Kreta ist eine Fülle verschiedenster Natur-, Pflanzen- und Tierbücher im Handel, sie sind oftmals eine brauchbare Ergänzung.

Motorrad
Motorradfahrer sollten unbedingt kleinere Ersatzteile und spezielles Werkzeug mit sich führen, denn die Werkstätten sind eher auf Autoreparaturen vorbereitet. Der **Automobilclub ELPA** leistet von 7–22 Uhr Pannenhilfe. Allerdings nur auf der New Road (Küstenstraße von Chaniá im Westen bis Ágios Nikólaos im Osten) und in der weiteren Umgebung von Iráklion und Chaniá. Notruf in Städten 104. ELPA-Niederlassungen in Iráklion (Tel. 081/289440 und 104), in Chaniá (Tel. 0821/26059 und 104) sowie in Réthimnon (Tel. 0831/29950). Der ADAC-Notruf Athen hat die Nummer (01) 9601266.
Beim Leihen von Motorrädern auf die Versicherungsbedingungen achten. Für Schäden am Fahrzeug haftet man im allgemeinen selber. Vor Abschluß unbedingt eine Probefahrt machen. Die Preise liegen für Mofas um 20 DM, für Roller um 30 DM und Motorräder ca. ab 45 DM pro Tag. Handeln ist üblich. Zweiradfans sollten mit Sonnenöl nicht sparen, da der kühle Fahrtwind leicht über die große Sonnenbrandgefahr hinwegtäuscht. Auf jeden Fall bieten Mofa oder Motorrad eine gute Möglichkeit, Kreta zu entdecken, kommt man mit ihnen

auch da noch weiter, wo es für Autos zu eng wird.

Naturschutzgebiete/Reservate

Nationalpark Samariá: Bereits 1962 unter Schutz gestelltes Gebiet von 4500 Hektar (Samariá-Schlucht mit umliegenden Bergen), von der EU als bedeutend für die Vogelwelt eingestuft, von der UNESCO zum Biosphärenreservat erklärt. In der Schlucht haben sich über 50 Pflanzen behauptet, die nur auf der Insel Kreta vorkommen. Eindrucksvoll für den Besucher sind neben der Brutia-Kiefer vor allem die Orchideen, die Adler und riesigen Geier. Das bekannteste geschützte Tier, die kretische Wildziege (Capra aegagrus cretica), bekommt er in der Regel nicht zu Gesicht. Sie hat auf drei unbewohnten **Reservatsinseln** an der Nordküste ein zusätzliches Refugium gefunden: auf Ágii Theodori (Chaniá), Día (Iráklion) und Ágii Pandes (Ágios Nikólaos).

Ohne Kontrollen nützen Schilder in sensiblen Bereichen nichts, solange die gesetzliche Grundlage (Erklärung zum Naturschutzgebiet) fehlt. Das für Touristen sichtbarste Beispiel ist die Préveli-Bucht mit den **endemischen kretischen Dattelpalmen** (Phoenix theophrastii). Beim «**ästhetischen Wald von Vái**» dagegen greift man seit den achtziger Jahren energisch durch. Palmen und Feuchtgebiet sind eingezäunt, niemand kampiert mehr wild: Die Touristenattraktion ist erhalten geblieben. Die engagierte kretische Umweltorganisation **NAWA Crete** sucht, nicht nur zur Erhaltung des Touristenparadieses Préveli-Strand, Spender, Paten, Förderer (siehe S. 299).

An den Stränden von Réthimnon, Kommos und zwischen Kolimbári/ Agía Marina hat sich seit 1990 die griechische Organisation für **Meeresschildkrötenschutz** für die **Caretta Caretta** stark gemacht. Im Sommer werden Helfer mit Zeit und guten Englischgrundkenntnissen gesucht: **Sea Turtle Protection Society of Greece** 35 Solomou St., GR-10682 Athen, Tel./Fax (von Deutschland): 00 30-1-3 84 41 46.

Öffnungszeiten

Banken: Montag bis Donnerstag 8.00–14.00 und Freitag von 8.00–13.00 Uhr;

Geschäfte: Montag/Mittwoch/Samstag von 8.00–13.00 Uhr; Dienstag/ Donnerstag/Freitag von 8.00–13.00 und von 17.30–20.30 Uhr. In den Touristikzentren und auf den Dörfern kann man mit flexibleren Öffnungszeiten rechnen, die Mittagszeit allerdings ist in der Regel auch hier heilig.

Post: Montag bis Samstag 8.00–15.00 Uhr.

Papiere

Wer per Auto anreist, frage unbedingt bei den Automobilclubs nach, welche Bedingungen aktuell in den Duchreiseländern und in Griechenland gelten (Benzingutscheine, Haftungsrecht). Besorgen sollte man sich unbedingt einen Auslandsschutzbrief und die grüne Versicherungskarte. Empfohlen: Kurzkasko und Rechtsschutz, denn die griechischen Haftungsgrenzen sind geringer als in Deutschland.

Für den Umweg über Ungarn/Serbien sind Reisepaß und Visa nötig. In Österreich, der Schweiz, Italien und Griechenland genügt der Personalausweis (muß noch 3 Monate gültig sein). Kinder, die noch keinen Kinderausweis haben, müssen im Paß der Eltern eingetragen sein. Beide, den Personalausweis und den Paß, sollte man auf Kreta bei sich haben, da ein Ausweispapier häufig vom Hotel einbehalten wird. So kann man sich beim Automieten oder Geldwechseln trotzdem ausweisen. Ist ein Stempel der «Türkischen Republik von Nordzypern» im Paß, verweigern die griechischen Behörden die Einreise.

Wer sich nicht von seinem Lieblingshund trennen kann, muß ein in englischer Sprache ausgestelltes amtstierärztliches Gesundheitszeugnis (nicht älter als 14/30 Tage) nebst einer Bescheinigung über eine Tollwutimpfung (nicht älter als ein Jahr) vorlegen. Drei Monate kann man in Griechenland bleiben. Bei längerem Kretabesuch muß eine Aufenthaltsgenehmigung beantragt werden. Zuständig ist die nächste Polizeidienststelle.

Polizei/Justiz

Neben der Touristenpolizei (Touristikí Astinomía) gibt es noch die Straßenpolizei (Trochéa) und die Gendarmerie (Chorofiláki). Hauptkonfliktpunkte für Ausländer sind: Verkehrsdelikte, Drogen, Nacktbaden. Bei ernsthaften

Verwicklungen (zum Beispiel einem Verkehrsunfall) sollte man auf jeden Fall sein Konsulat verständigen, da man bis zur Klärung der Angelegenheit leicht im Gefängnis landen kann. Vor der Justiz gibt es keine Sonderrechte für Ausländer.

Post

Die Post (Tachidromíon) verkauft Briefmarken und tauscht Geld (8.00 bis 14.00 Uhr). Briefmarken, gegen Aufpreis, hat auch der Kiosk vorrätig. Fürs Telefonieren ist sie nicht zuständig, dafür gibt es eine eigene Gesellschaft, die OTE.

Preise

Griechenland hat eine hohe Inflationsrate (bis zu 20 Prozent). Durch die Abwertung der Drachme wird ein Teil der Preissteigerungen zwar aufgefangen, dennoch sollte man von Jahr zu Jahr steigende Kosten einkalkulieren.

Tips, um bei Preisen nicht übervorteilt zu werden: Bei Souvenir-Einkäufen ist Handeln drin. Taxipreise für lange Strecken vorher aushandeln und Vergleiche einholen. Wegen einiger schwarzer Schafe werden in Touristikorten die Kosten für Standardstrecken an der Taxizentrale ausgehängt. EOT-Büros geben gerne Auskunft, so sind in der EOT-Broschüre «Wegweiser für Autotouristen» auch die aktuellen Tarife der Taxis angegeben. Beschwerden kann man bei der Touristenpolizei loswerden. In kleinen Ortschaften übernimmt die örtliche Polizeistation deren Aufgabe.

Im Restaurant ist der Blick in die Töpfe beliebter als der in die Speisekarte. Der Preisvergleiche wegen sind die Karten jedoch nützlich. Da Fisch sehr teuer ist und nach Gewicht berechnet wird, sollte man auf jeden Fall klipp und klar über den Endpreis sprechen, bevor das ausgesuchte Tier in die Pfanne wandert.

Reisezeit

Saison ist auf Kreta von Ende März/ Anfang April bis Ende Oktober. Bei dreihundert Sonnentagen im Jahr zieht es neuerdings eine noch kleine, aber stetig steigende Schar von Urlaubern auch im milden Südwinter auf die Insel. Sie kommen, um die Vorteile eines Aufenthalts «out of season» zu genießen: ohne Gedränge die archäologischen Stätten, die Museen und Kirchen zu besichtigen, zu wandern und an sonnigen Tagen an menschenleeren Stränden zu entspannen. Wer unbedingt im Winter unter den Kretern leben will, muß sich beim Veranstalter/Anbieter vergewissern, daß die angemieteten Zimmer mit Heizung oder Kamin ausgestattet sind. Heizbare Touristenunterkünfte sind noch selten.

Von November bis März herrscht auf Kreta Regenzeit. Zwar herrscht meist mildes Wetter, aber es kann auch richtig feuchtkalt und klamm werden. Zwischendurch klart es jedoch immer wieder auf, und die Temperatur erreicht warme, sommerliche Werte.

Im März und April ist ganz Kreta ein Blütenmeer, die Luft ist klar, für Wanderungen die schönste Zeit, und an der Südküste kann man bereits den Sprung ins Wasser wagen. Allerdings kann es in dieser Jahreszeit noch zu heftigen, kurzen Regengüssen kommen. Im Osten und Süden Kretas fällt übrigens im Durchschnitt nur ein Drittel der Niederschlagsmenge, die im Westen niedergeht. Die gemäßigsten Monate sind Mai, September und Oktober. Vorteil der Herbstmonate: Wasser und Luft sind noch warm, Nachteil: die Vegetation ist verdorrt. Im Juni wird es manchmal schon so heiß wie in der Hauptsaison Juli und August. Alle Ferienstrände sind in den zwei Monaten rappelvoll, denn auch in Griechenland sind Sommerferien. Der Sand ist so heiß, daß man sich ohne Strandschuhe die Fußsohlen verbrennt. Für Hochgebirgstouren allerdings ist die Zeit optimal, da die Temperaturen in den Höhen tagsüber noch erträglich sind, in der Nacht sogar fallen.

Schiffsverkehr

Linienboote verbinden in der Saison (Mai bis Oktober) mehrmals täglich, im Frühjahr unregelmäßiger, die Südküstenorte Paleochóra, Soúgia, Agía Roméli (hier steigen die Samariá-Schlucht-Wanderer ein), Loutró und Chóra Sfakíon – eine herrliche Fahrt entlang Kretas wildester Küste. Abfahrtzeiten erfragen! Sie sind stark saison- und wetterabhängig. Ganzjährig fährt das Versorgungsboot von Paleochóra zur südlichsten Insel Europas, Gávdos. In der Saison zusätzliche Verbindungen auch von Chóra Sfakíon. In den meisten Badeorten verkehren kleinere Boote zu den jeweils benachbarten attraktiven Stränden oder zu vorgelagerten Inseln und Inselchen. So zum Beispiel von Kastélli-Kíssamos zur Pirateninsel Gramvoússa, von Iráklion auf die Insel Diá, von Ierápetra zur Insel Chrissí, von Agía Galíni oder Plakiás zum Palmenstrand nach Préveli (siehe auch «Regionale Tips»).

Sprache

Viele Griechen haben es nicht nur im übertragenen Sinne schwer, die Kreter zu verstehen, denn vielerorts wird noch Dialekt gesprochen. Allerdings ist die neugriechische Umgangssprache Dimotikí auch die Sprache der Insel. Viele junge Kreter sprechen Englisch. Selbst auf abgelegenen Dörfern kann man diese Erfahrung machen. Mit englischen Sprachkenntnissen kommt man auch bei Agenturen und natürlich in den Touristikzentren gut durch.

Obschon in zunehmendem Maße auf Ortsschildern der Name auch in lateinischen Buchstaben erscheint, muß man das griechische Alphabet beherrschen, wenn man Straßennamen entziffern will und vieles andere mehr.

Die Betonung eines Wortes ist im Griechischen übrigens von außerordentlich großer Bedeutung. Sie kann demselben Wort einen anderen Sinn geben.

Das griechische Alphabet

Buchstabe		Name	Lautzeichen	Beispiel zur Aussprache
Α	α	álfa	a	Anton
Β	β	víta	v	Wolfgang
Γ	γ	gáma	g/j	Mittellaut zw. g und j
Δ	δ	délta	d(h)	engl. these (weiches th)
Ε	ε	épsilon	e	Fest
Ζ	ζ	síta	s	Base (stimmhaftes s)
Η	η	íta	i	Mist
Θ	Θ	thílta	th	engl.: this
Ι	ι	ióta	i, j	ja
Κ	κ	kápa	k	Kasten
Λ	λ	lámda	l	Leonard
Μ	μ	mí	m	Martin
Ν	ν	ní	n	Nadel
Ξ	ξ	ksí	x	Hexe
Ο	ο	ómikron	o	Post (kurzes, offenes o)
Π	π	pí	p	Paket
Ρ	ρ	ró	r	Preis («Zungen-r»)
Σ	σ	sígma	s	tasten (stimmloses s)
Τ	τ	táf	t	Tat
Υ	υ	ípsilon	i	Kiste
Φ	φ	fí	f	Faß
Χ	χ	chí	ch	Sicht (nicht: Nacht)
Ψ	ψ	psí	ps	Psalm
Ω	ω	oméga	o	Rost (kurzes, offenes o)

Die wichtigsten Lautverbindungen

Lautverbindung	buchstabengetreue Übersetzung	Aussprache	deutsch
αι	nai	ne	ja
αυ	Nauplion	Náfplion	
ει	einai	íne	sein
οι	oikonomia	ikonomía	Ökonomie
ου	Papantreou	Papandréu	
γι	giasu	jásu	Hallo
γκ	gkarson	garsón	Kellner
μφ	mpala	bála	Ball
ντ	ntama	dáma	Dame (Schach)

Literaturtip

Efi Anthopoulou: *Griechisch in letzter Minute*. Rowohlt Taschenbuch Verlag, Reinbek 1997. Die wichtigsten Redewendungen und Informationen zum Alltagsleben. Auch mit Sprachkassette erhältlich.

Taxi

Ein bequemes und (fast) immer greifbares Fortbewegungsmittel ist das Taxi. Die Preise sind erheblich günstiger als in Deutschland. In der Stadt heißen sie *Taxí*, die auf dem Dorf *Agoréon*. Dort trifft man noch Wagen, die keinen Taxameter haben, aber eine Tabelle mit behördlich festgelegten Pauschalsätzen. Die meisten Wagen sind mit einem Taxameter (Grundgebühr knapp 2 DM) ausgerüstet, hinzu kommen pro Kilometer rund 50 Pfennig bei Hin- und Rückfahrt, nicht ganz das Doppelte bei einer Einzelfahrt. Kleinere Aufschläge werden für das Gepäck erhoben, ebenso für Fahrten von und zum Flughafen oder Hafen. Für Nachtfahrten von 1–5 Uhr gilt ein erhöhter Tarif. Hier bietet ein stets aktueller Anschlag im Flughafen von Iráklion in der Nähe des Meeting Point eine Preisorientierung.

Die kretischen Taxifahrer nehmen unterwegs weitere Passagiere auf, wenn der Wagen noch nicht voll besetzt ist. Das verringert nicht den Preis, jede Gruppe zahlt gesondert die jeweils zurückgelegte Strecke. Steigt man später zu, so muß man sich den augenblicklichen Taxameterstand merken oder aber nach dem Preis fragen. Bei längeren Strecken bleibt die Anzeige ausgeschaltet, dann ist der Preis Verhandlungssache. Grundsätzlich vor dem Einsteigen den Fahrpreis aushandeln. Übrigens kann eine kürzere Wegstrecke unter Umständen teurer werden als ein Umweg. Der ortskundige Taxifahrer kalkuliert bei einer sehr schlechten Straße sein Risiko ein (Reifenpanne, Steinschlag, Zeitverlust).

Telefon

Die Kreter telefonieren niemals in der Mittagszeit, ansonsten häufig und ausgiebig. Zuständig ist das Telegrafenamt **OTE**, das mit der Post (Tachidromíon) absolut nichts zu tun hat. In den Städten und Touristenzentren mehren sich die Kartentelefone. Eine Telefonkarte ist daher nützlich. **Vorwahlnummern** von Kreta aus: Deutschland 0049, Schweiz 0041, Österreich 0043; von Deutschland/Schweiz/Österreich nach Griechenland 0030; nach der internationalen Vorwahl fällt die 0 der nationalen Ortskennzahlen jeweils weg.

Trampen

Die meisten Kreter legen mit ihren Autos nur kurze Strecken zurück. Unternehmen sie eine längere Tour, zum Beispiel nach Iráklion, haben sie den Wagen meist schon voll. Auf kurzen Strecken kommt man jedoch leicht mit, wenn das Ziel eindeutig ist. Führt beispielsweise die Nebenstraße zu einem bestimmten Dorf, kann man sicher sein, daß der Bauer, der von seinem Feld heimfährt, einen mitnimmt.

Trinkgelder

Die kennt Kreta erst, seit sich Touristen auf der Insel tummeln. Wer zehn Prozent drauflegt, kann nichts falsch machen, selbst im abgelegenen Dorfkafeníon.

Umweltschutzgruppen

Auf der Insel gibt es kein Umweltbewußtsein; Wirtschaft und Staat bieten keinerlei Strukturen, Organisation oder Konzepte, negativen Entwicklungen vorzubeugen. So werden zum Beispiel Straßen dort angelegt, wo sie jeder Vernunft widersprechen, und jeder darf sie dann uneingeschränkt nutzen. Den moralischen Zeigefinger zu heben steht einem Touristen schlecht an. Wohl aber sollte er sich darüber klar sein, daß er in erheblichem Maße mit an der Belastungsschraube dreht. Selbst große Touristikunternehmen legen ihren Besuchern inzwischen ans Herz: Wasser ist auf Kreta knapp, kostbar und nicht unerschöpflich; Müll wird so gut wie nicht «entsorgt», also Plastik und Einwegutensilien meiden, die durchgelatschten Schuhe, das zerlumpte T-Shirt oder leere Batterien wieder in den Koffer packen.

Es gibt nur kleine ökologische Gruppen in den Städten Chaniá, Sitía, Iráklion und im Dorf Agía Galíni. Kürzlich haben sie sich zusammengeschlossen und sind über folgendes Büro zu erreichen. Förderer werden regelmäßig über alle Aktivitäten informiert: **NAWA CRETE** (Nature Watch Crete) reg.charity, General Secretary, GR-74056 Agía Galíni, Kreta, Tel./Fax 0832/91338

Unterkunft

Alle Hotels, Pensionen, Privatzimmer Griechenlands sind vom EOT erfaßt und nach Qualitätsstufen klassifiziert: L (Luxus), A, B, C, D und E. Jährlich setzen Vermieter, Hoteliers und Behörden die Preise neu fest. Diese müssen, amtlich beglaubigt, im Zimmer aushängen. Sie sind in Griechisch und Englisch abgefaßt und enthalten Angaben zu Extrakosten (Dusche, Aufschlag für eine Nacht). Während der Vor- und Nachsaison und wenn man länger bleiben will, können Nachlässe ausgehandelt werden. Singles haben es auf Kreta schwer, denn es gibt kaum Einzelzimmer. Entweder sie zahlen den wenig ermäßigten Doppelzimmerpreis, oder sie suchen sich einen

«Untermieter». Trotz der Einteilung in Qualitätsklassen sollte man sich die Zimmer vorher angucken. Hinter der Kategorie D kann sich durchaus ein gutes Quartier verbergen, während der Buchstabe C nicht für Qualität bürgen muß. Es kommt nämlich darauf an, wie die Häuser geführt werden. Meistens findet man auch unter den «besseren» Hotels reine Familienbetriebe mit gastfreundlicher Atmosphäre. Für den Preis ist die ruhige Lage kein Kriterium, die Griechen mögen's mitten im Trubel. Auch andere Kriterien, die der Güteeinstufung durchs EOT zugrunde liegen, sind nicht immer nachvollziehbar: Das Stück Seife kann durchaus den Preis anheben.

Die Bautätigkeit hat in den letzten Jahren so zugenommen, daß es mindestens außerhalb der Saison keine Probleme macht, ein Zimmer zu finden, mit dem man zufrieden ist.

Hotels

Eine Liste für die Luxus-, A-, B- und C-Hotels kann man beim EOT in Deutschland bestellen. Häuser der Klassen D und E erfragt man vor Ort bei der lokalen Touristenpolizei oder dem EOT.

Pensionen

Sie gibt es in allen Städten, aber auch in kleineren, touristisch interessanten Orten. Sie sind aufgeschlüsselt in die Kategorien A, B und C und werden oft als Familienbetriebe mit ganz speziellem Ambiente geführt. Vielfach eine attrraktive Alternative zu den Hotels der C- und D-Kategorie (Doppelzimmer zwischen 35 und 70 DM).

Privatzimmer

Es gibt die akustisch notdürftig getrennten, lieblos möblierten Kammern genauso wie das geräumige Zimmer mit Familienanschluß oder die tadellose Kleinstwohnung. Die meisten Griechinnen versuchen, es ihren Gästen so nett wie möglich zu machen. Bei der Auswahl helfen die örtlichen Zimmervermittlungen, das Fragen in Kafenía und Restaurants. Am besten können die Touristen, die schon länger da sind, über die Angebotspalette informieren. Manchmal wird man auch direkt angesprochen, und an den Häusern finden sich Schilder: «Rooms to rent». Die behördlich festgesetzten Mindestpreise bewegen sich für ein Doppelzimmer mit Dusche und Klo in der Hauptsaison zwischen 3000 und 6000 Drachmen.

Jugendherbergen

Auf Kreta gibt es acht Jugendherbergen; an der Nordküste (von West nach Ost): Chaniá, Réthimnon, Iráklion, Limín Cherssoníssou, Mália und Sitía. An der Südküste: Mírthios (am Hang über Plakiás) und Plakiás (siehe regionaler Infoteil). Ausstattung mit Mehretagenbetten, durchgängig oder bis 24 Uhr geöffnet, Jugendherbergsausweis wird nicht verlangt, Kosten ca. 10 DM.

Camping

Wildes Kampieren, ob mit Zelt oder Schlafsack, ist in Griechenland, wie andernorts auch, aus hygienischen und Landschaftsschutzgründen verboten. Aufforderungen der Polizei, die Zelte abzubrechen, sollte man Folge leisten, denn die zweite Abmahnung könnte teuer werden. Erlaubt ist es, wenn ein Tavernenbesitzer oder Bauer maximal für vier Zelte seinen Grund und Boden gegen Entgelt zur Verfügung stellt. Einmalige Übernachtung im Wohnmobil dagegen ist – wenn nicht durch Schilder ausdrücklich verboten – an Rastplätzen und Straßenrändern erlaubt.

Achtzehn offizielle Campingplätze am Strand oder in Strandnähe existieren auf Kreta. Nordküste von West nach Ost: Kíssamos-Kastélli, Drápanias 2 Plätze), Agía Marína, Chaniá, Missiria (östlich von Réthimnon), Kálo Gouves (östlich Iráklion), Limín Cherssoníssou (2 Plätze), Síssi, und Gourniá (14 Kilometer östlich von Ágios Nikólaos). Südküste von West nach Ost: Paleochóra, Plakiás, Agía Galíni, Pitsídia, Mátala, und Ierápetra. Die Büros der griechischen Fremdenverkehrszentrale verschicken auf Anfrage Informationsmaterial (siehe S. 287).

Ferienhäuser

Der Trend zum Ferienhaus oder Appartement auf Kreta ist noch jung. In der Regel sind sie in einfacher Betonbauweise hochgezogen, die Ausstattung ist einfach. Restaurierte, traditionelle Steinhäuser gibt es nur in geringer Zahl, z. B. im Umkreis Réthimnon, im Kreis Kíssamos/Selinoú, bei Plakiás, im Kreis Apokoronoú, am Rande der

Messará-Ebene und östlich von Ierápetra. Sie liegen nicht am Strand, sondern im Landesinnern, einige in den Altstädten von Réthimnon und Chaniá. Nachfolgend einige Anbieter- und Vermietadressen:
Reisebüro Andrea Wagner, Ländischstraße 72, CH-8706 Feldmeilen/Zürich, Tel. 01/9230347, Fax 0192363 30

minotours hellas kreta, Rosalie Großheim, Hüttenbrink 1, 37520 Osterode-Lerbach, Tel./Fax 05522/3934 (Reiseanbieter auf Kreta «Smart Holiday»)

Takis Ferienhäuser (Griechenland), Müllerstraße 47, 80469 München, Tel. 089/260 9410, Fax 26 93 63

Jassu-Reisen, Cäsariusstraße 79a, 53639 Königswinter, Tel. 02223/25205

Reisebüro R. Harkort, Schifferstraße 26, 60594 Frankfurt, Tel. 069/612124, Fax 610423

Domizile Reisen, Planegger Str. 9A, 81241 München, Tel. 089/833084-5 u. 886901, Fax 8341760
Weitere Wohnungen und Appartements im regionalen Infoteil.

Wandern

Wer sich Kreta kreuz und quer erwandern will, sollte das kretische Sprichwort beherzigen: «Wege sind klüger als Menschen.» Wer meint, duch Abkürzungen sein Ziel schneller erreichen zu können, steht garantiert plötzlich vor einer nicht passierbaren Schlucht oder verfranzt sich in einer undurchdringbaren Macchia und muß wohl oder übel doch umkehren. Kreta gilt als *die* Wanderinsel im Mittelmeer. Zwischen vielen Dörfern existieren noch einigermaßen intakte Maultierpfade. Sie sind häufig kürzer als die Asphaltverbindungen und führen mitten durch die Kulturlandschaft. Wer nie über diese Pfade, die in jahrhundertelanger Dorfgemeinschaftsarbeit geschaffen wurden, gewandert ist, kennt Kreta einfach nicht. Man muß den heißen, gelben *lívas* – so wird hier der Schirokko genannt – erfahren, wie er einen von der Straße fegt, auf den Pässen den schneidenden Wind erleben und den Orangenblüten riechen, während die Sonne auf die Haut sticht. Der Bauer, der einem mit seinem Maultier begegnet, läuft den Weg wohlmöglich zwei- bis viermal pro Tag zwischen seinen weit auseinanderliegenden Feldern.
Kluge Köpfe kalkulieren die Tagestour so, daß sie abends sicher ein Dorf finden. Quellen und Wasserstellen sind als Gabe des Himmels sparsam über die Insel verteilt.
Wer die Insel durchstiefeln will, muß auch im Hochsommer vernünftige Wanderschuhe, die den Knöchel stützen und Profilsohle besitzen, tragen. Allein, ohne Partner oder Gruppe zu wandern ist sträflicher Leichtsinn. Viele Strecken sind inzwischen so gut beschrieben, daß Touren selbst organisiert und gelaufen werden können (siehe Literatur, S. 295).
Eine gute Adresse sind die **Griechischen Bergsteigervereine (EOS)**, die vier Schutzhütten auf Kreta unterhalten. Die kretischen Sektionen führen im Sommer für ihre Mitglieder Wanderungen durch, Gäste sind willkommen. Programm sowie Auskunft über die Vólika-Hütte und die Kalérghi-Hütte in den Weißen Bergen erteilt:
EOS Chaniá, Michelidaki Str. 3, Tel. 0821/24647
Am Psilorítis liegen die Prínos-Hütten (zuständig: EOS Iráklion) und auf 1500 Meter eine zweite am Stoumbotos Prinos (zuständig: EOS Réthimnon).
EOS Iraklio, Dikeosinis Str. 53, Tel. 081/227609
EOS Réthimno, Arkadiou Str. 143, Tel. 0831/224112
Die Alpinschule Innsbruck benutzt häufig die Kalérghi-Hütte bei ihren geführten Touren. Ihr Programm ist anzufordern:
Alpinschule Innsbruck (ASI), Postfach 33, A-6010 Innsbruck; Auskünfte auch über die großen Charter-Reiseveranstalter und in Reisebüros.

Weitere bewährte Wandertouren, in Deutschland zu buchen über:
Baumeler Wanderreisen, Tal 48, 80331 München, Tel. 089/2900500, Fax 29005030

Hermann Richter-Wanderreisen, Kemeler Weg 15, 56370 Reckenroth, Tel./Fax 06120/8651

Martin Frank, An der Rheinfähre 1, Postfach 8, 77966 Kappel, Tel. 0 78 22 / 89 68 03 u. 6 17 12, Fax 89 68 00

Terra Travel, Carl A. Berndt, Postfach 30 14 44, 53194 Bonn, Tel./Fax 0 22 46 / 54 45

NATUR-Studienreisen (Exkursionen zu Orchideenstandorten vom Westen bis zum Osten Kretas stehen im Vordergrund, ebenso Kulturprogramm) **DNV-Tours**, Postfach 13 67, 70797 Kornwestheim

In Kreta zu buchen (aber auch von zu Hause aus):
Korifi Tours, Gunnar und Luisa Schuschnigg, Kapetaniana 28, GR-70016 Asimi, Kreta, Tel. 08 93 / 4 14 40, Fax nach telef. Anmeldung (Asteroússia-Berge, Süd-Zentral-Kreta); in Zusammenarbeit mit dem Österreichischen Alpenverein Wander-, Berg- und Klettertouren von ein paar Tagen bis zu zwei Wochen; gemütliche Pension und Unterkunft in Kapetaniuná. Kontaktadresse in Österreich: Christian Eberhard, A-9400 Wolfsberg, Paul-Hackhofer-Str. 4, Tel. 00 43 52 / 3 63 54

Metapodia, Hansgeorg Hermann u. Catharine Catsaros, Douliana, GR-7300 Vámos, Kreta (zwischen Chaniá und Georgioúpolis, Drapanon-Halbinsel). Kontakt auch über **Reisebüro Andrea Wagner**, CH-8706 Feldmeilen / Zürich (siehe S. 301).

Zeitzone
Der Zeitunterschied zu Deutschland beträgt minus eine Stunde. Auf Sommer- und Winterzeit wird wie in Deutschland umgestellt. Bei der Einreise nach Griechenland muß die Uhr also um eine Stunde vorgestellt werden, von mitteleuropäischer (MEZ) auf osteuropäische Zeit (OEZ).

REGIONALE TIPS

Westkreta / Nomós Chaniá
Chaniá — 304
Georgioúpolis — 307

Westkreta / Kíssamos
Kastélli-Kissámou — 308
Kolimbári — 309
Falássarna — 310
Sfinári — 310

Südwesten
Byzantinische Kirchen — 310
Chrissoskalítissa — 311
Elafoníssi — 311
Insel Gávdos — 311
Paleochóra — 311
Soúgia — 312

Sfakiá
Agía Roméli — 313
Anópolis — 314
Chóra Sfakíon — 314
Frangokástello — 315
Loutró — 315
Omalós-Hochebene — 316
Samariá-Schlucht — 316

Westkreta / Nomós Réthimnon
Agía Galíni — 317
Amárital — 318
Anógia — 318
Arkádi (Kloster) — 318
Arméni — 319
Balí — 319
Plakiás — 319
Préveli (Kloster) — 320
Réthimnon — 320
Spíli — 323

Zentralkreta / Nomós Iráklion
Agía Triáda — 323
Archánes — 323
Asteroússia-Gebirge — 324
Cherssónissos — 324
Festós — 325
Fódele — 326
Górtis — 326
Iráklion — 326
Kalí Liménes — 328
Kamáres — 328
Kamilári — 328
Knossós — 329
Léndas — 329
Mália — 329
Mátala — 330
Messará-Ebene — 331
Míres — 331
Pitsídia — 331
Thrapsanó — 332
Vóri — 332
Zarós — 332

Ostkreta / Nomós Lassíthi
Ágios Nikólaos — 333
Áno Viánnós — 334
Árvi — 334
Eloúnda — 335
Gournia — 335
Ierápetra — 335
Kapsá (Kloster) — 336
Kavoúsi — 336
Kritsá — 336
Lassíthi-Hochebene — 337
Makrigialós — 337
Mírtos — 338
Móchlos — 338
Palékastro — 339
Sitía — 339
Spinalónga — 341
Toploú (Kloster) — 341
Tsoútsouros — 341
Váï — 341
Xerókambos — 341
Zákros — 341

Westkreta/Nomós Chaniá

Chaniá
Zweitgrößte Stadt Kretas und Hauptort des Landkreises Kidonía, wurde 1971 durch Iráklion als «Hauptstadt» Kretas abgelöst; die große Altstadt, vielen gilt sie als die schönste Kretas, besitzt mit ihren zwei Hafenbecken italienisches Flair.

Vorwahl
0821

Information
EOT-Büro, Odós Kriari 40 (zwischen Busbahnhof und Markthalle), Tel. 92943, Tel./Fax 92624; **Touristenpolizei**, Karaiskaki-Str. 23, Tel. 24477; **Olympic Airways**, Stratigou-Tzanakaki-Str. 88 (gegenüber dem Stadtpark, von hier startet der Zubringerbus zum Flughafen eineinhalb Stunden vor Abflug), Tel. 57701; **Post**, Stratigou-Tzanakaki-Str. 3, in der Saison ein Postcontainer vor der Kathedrale, Chalidon-Str. (auch sonntags geöffnet); **OTE**, Stratigou-Tzanakaki-Str. 5 (neben dem Postamt); **Ferienkurse Neugriechisch** in Chaniá: Efi Anthopoulou, Iroon Polytechniou 38, Tel./Fax 44310 (siehe S. 291, «Ferienkurse»). **Wander-/Radtouren**: Agentur Trekking Plan, Karaoli Dimitriou 15, Tel./Fax 44946, Wandern und Mountainbiking; **Bergsteigerverein**: EOS Chaniá, Michelidaki-Str. 3, Tel. 24647 (siehe S. 301, «Wandern»).

Verkehrsmittel
KTEL-Überlandbusse starten vom Zentralbusbahnhof an der Kidonias-Str. (südwestlich der Platía 1866). Alle Dörfer des Verwaltungsbezirkes und der Eingang der Samariá-Schlucht werden von hier aus angesteuert, regelmäßig verkehren Busse nach Kastélli, Réthimnon und Iráklion. Abfahrtzeiten sind angeschlagen, den kostenlosen Busfahrplan händigen die Ticketschalter im Busbahnhof aus. Gepäckaufbewahrung ist tagsüber möglich. Unbedingt ratsam ist es, das Ticket mit der Platzreservierung zeitig zu besorgen. **Stadtbusse** fahren Ecke Platía 1866/Kidonias-Str. nach den westlichen Vororten und Stränden; gegenüber der Markthalle halten die Busse zum Fährhafen Soúda und in Richtung Halbinsel Akrotíri (Flughafen Stérnes; Vorort Chalépa).

Übernachten
Chaniás Altstadt bietet liebevoll restaurierte Quartiere in den autofreien Gassen des venezianischen Viertels am Handelshafen. Jährlich kommen neue hinzu, und überall findet man die Schilder der Rent rooms, Hotels und Appartements, in jeder Preislage ist etwas dabei. Eine Suche vor Ort beginnt am besten beim Nautischen Museum im Topanás-Bezirk. Nur direkt über den Bars und Restaurants kann es lauter werden, dafür entschädigt häufig der malerische Ausblick. Einfache Zimmer werden um den Fischereihafen herum angeboten.

Höhere Preisklasse
Casa Delfino, Theophanous-Str. 9 (Topanás-Bezirk), Tel. 93098, 87400, Fax 96500; 1 Suite, 4 Studios und 7 Appartements in einem phantastisch renovierten Altstadtpalazzo mit stimmungsvollem Innenhof, für stilvoll luxuriöse Tage genau das richtige, auch pauschal zu buchen (Januar bis Dezember). **Pandorra**, Lithinon-Str. 29 (Kastélli-Hügel), Tel. 43588; der Blick vom kühl-noblen, neoklassizistischen Haus hinunter auf den Hafen und die Altstadt ist umwerfend.

Mittlere Preisklasse
Porto Veneziano, Akti Enessios Limenos, Tel. 29311; Hotelneubau am Ende des Fischereihafens, dessen Ausblick mehr besticht als sein modernes griechisches Ambiente (ganzjährig, Klimaanlage). **Contessa**, Theophanus-Str. 15 (Topanás-Bezirk), Tel. 98565-6, ein Hauch aus dem Kreta des letzten Türkenjahrhunderts durchweht das alte Haus und die originell eingerichteten Räume, Komfort und Heizung. **Doma**, Eleftheríou-Venizélos-Str. 124, Tel. 51772, 28 Zimmer (Vorort Chalépa); Lage und Stil verraten, daß das Haus als Botschaftsgebäude errichtet wurde, persönliche Atmosphäre, ausgezeichnete Küche.

Preiswert
Kastelli, Kanevarou-Str. 39, Tel. 57057 (Kastélli-Bezirk), schön und empfehlenswert. **Pension Theresa**, Agelou-Str. 8, Tel. 92798, beheizbar, eine Straße vor dem Nautischen Museum. **Evgenia**, originell und mit Verstand renoviertes venezianisches Haus, ruhig, Dachterrasse mit Blick über Hafen und Stadt bis zu den Lefká Óri, Theo-

tokopoulou-Str. 20 (Topanás-Bezirk, Seitengasse), Tel. 9 43 57. **Vranas Suites**, gegenüber der Kathedrale, Tel. 5 86 18; 12 Studios mit Kühlschrank und Spüle. **Kipos**, Tzanakaki-Str. 23 (am Stadtpark), Tel. 5 86 18; Rooms **Eleni Ikonomaki**, Kandanoleon-Str. 47, Tel. 5 32 43, hinterm Fischereihafen, ruhige Zimmer bei einem Paar, Etagendusche.
Jugendherberge, Drakonianou-Str. 33 (rund 1,5 km von der City), mit dem Bus von der Markthalle aus zu erreichen, Tel. 5 35 65.

Camping
Hania, ca. 3 km westlich der Stadt, 150 m vom Strand, 33 schöne Stellplätze auf Gras- und Sandboden unter Olivenbäumen, Tel. 3 11 38 – 3 31 25, Fax 3 22 69; **Agía Marína**, ca. 8 km westlich der Stadt, 80 Stellplätze auf Gras- und Dünenboden, Bepflanzung mit Palmen, Tel. 6 85 55 – 6 85 65.

Essen und Trinken / Nachtleben

Die Altstadt Chaniás bietet für Augen, Gaumen, Nase und Ohren alles, was das Herz begehrt: Fast food und stimmungsvolle Restaurants, Kneipen, Cafés und Bars mit und ohne Hintergrundmusik, Garküchen und Establisements, in denen abends Lyra und Laoúto erklingen. Je nach Ambiente, Preis, Stimmung, touristischem oder einheimischem Publikum kommt jeder mühelos auf seine Kosten. Von heimischen Bratkartoffeln über orientalische oder französische bis zur gelungenen griechischen Küche und zum frischen Fisch reicht die Palette. Wohltuende Ruhe, Jazz, Klassik, Pop, Rock oder Folklore – das Ohr hat die Qual der Wahl.
Tamam, Zambeliou-Str. 49 (Evraiki-Bezirk), im ehemaligen türkischen Bad wird gute griechische Küche zu annehmbaren Preisen serviert; die Ouzeri **To Mesostrato**, ebenfalls Zambeliou-Str., offeriert – nur abends – Rakí, Wein und Mezédes in altem venezianischem Gemäuer; Fisch und Beilagen gut zubereitet im **Apostoli**, am östlichen Ende des Fischereihafens; das Restaurant **Elisabeth** direkt in der Nähe hat vorzügliche Fischsuppen, und die Preise stimmen, Tel. 4 52 36; überhaupt lohnt es, die Nase in die kleinen Fischtavernen zu stecken, vor denen die Fischer anlanden; französisch geht's zu im **Les Vagabondes**, was den Preisen anzumerken ist, Portoú-Straße (Schiavo-Bastion). Originell und preiswert ißt man zwischen den (Fleisch-)Ständen in der Markthalle.
Nachtleben und Musik gibt's am Nautischen Museum u. a. im **Meltémi** und im **Fagotto**, am Akti Tombazi z. B. im **Pallas**, beim Archäologischen Museum (Chàlidon-Str.) im **Ideon Andron**; traditionelle Musik ist inzwischen in die zweite Reihe hintern Fischereihafen verdrängt, im **Kríti**, Kallergon-Str., erklingen jeden Abend Lyra und Laoúto, die Gäste essen und/oder trinken Wein.

Kultur

Wechselnde Ausstellungen und Aktionen in den Arsenalen; im Sommer Konzert- und Theateraufführungen in der Fírkas-Bastion und anderen Plätzen der Stadt (Festspiele im August).

Sehenswertes

Besuch der kreuzförmigen **Markthalle** von 1913 an der Sofoukli-Venizelou-Str.; die beiden **venezianischen Häfen** mit Palazzi bzw. **Arsenalen** und ihrem lebhaften Treiben auf den Promenaden, tags und abends (Vólta); die fünf **Altstadtviertel** südlich der Häfen; die venezianische **Stadtbefestigung** mit Bastionen; **Janitscharen-Moschee** am Hafen (z. Z. Restaurationsarbeiten bzw. Grabungen); **minoische Ausgrabungen** im kriegs- und erdbebengeschädigten venezianischen Kernbezirk Chaniás (Kastélli), Kanevaron-Str.; der **Stadtpark** als kleine grüne Oase mit hübschem Café (Süßigkeiten!) und «Minizoo», einige Tiere in kleinen Käfigen (von der Markthalle über die Tzanakaki-Str.).

Kirchen

San Francesco (Archäologisches Museum); **Ágios Nikólaos** (San Nicolao) mit Campanile und Minarett, Platía 1821; **San Rocco** von 1630, Ecke Daskalojannis-Str. (beide im Splantzia-Bezirk, nicht zu besichtigen, aber Umfeld der Kirchen ist lohnenswert); die **Kirche des Metropoliten**, zwischen Skridlof- und Chàlidon-Str. gelegen, ist neueren Datums und eher wegen des orthodoxen Lebens und Treibens sehenswert.

Museen

Die Öffnungszeiten können sich ändern, beim EOT nachfragen.

Archäologisches Museum, in der San-Francesco-Kirche, Chálidon-Str., täglich außer Mo 8.30–15 Uhr, Eintritt, So frei; im stilvollen Rahmen der venezianischen Kirchenschiffe, denen im Seitenhof ein türkischer Brunnen angefügt ist, beeindrucken vor allem die bemalten spätminoischen Sarkophage, zudem Ausstellungsstücke aus griechischer und römischer Zeit. **Nautisches Museum**, am westlichen Ende der Hafenpromenade in der Fírka-Bastion, tägl. 10–16 Uhr, Oktober bis einschl. April nur bis 14 Uhr, Eintritt; spannende Darstellung von Seefahrt, Handel und Politik anhand von Schiffsmodellen, der Arsenale und einiger Seeschlachten (von Griechen, Persern und Römern über die Byzantiner und Venezianer bis zur Gegenwart), im Obergeschoß umfangreiche Austellungsstücke und Dokumente zum Zweiten Weltkrieg und zu der Invasion der deutschen Wehrmacht. **Historisches Museum**, Sfakianáki-Str. 20, Mo–Fr 9–13 Uhr, Eintritt frei; Sammlung von Waffen, Fahnen und Dokumenten zu den Freiheitskämpfen, Erinnerungsstücke an den großen Chanioten Venizélos.

Einkaufen

Markthalle, Platía S. Venizélou, Mo–Sa 8–13.30 Uhr, außer Mo, Mi und Sa auch 17–20 Uhr. Hervorragende Auswahl an Obst, Gemüse, Fleisch, Fisch, Broten, Käse, Kräutern, Gewürzen, dazwischen Kleintavernen und das eine oder andere Mitbringsel, ein Zeitungskiosk (auf die vielen Touristen eingestellt); «**Lederstraße**», Skridlof-Str. (Nähe Markthalle), Taschen, Gürtel, Stiefel jeder Qualitätsstufe; **Messerschmiede** in der Sifaka-Str. 13/14, Handwerk und Qualität wie vor Anno dazumal (Splantzia-Bezirk); anspruchsvolles **Kunsthandwerk** bieten zahlreiche kleine Werkstätten im Topanás-Bezirk sowie an der Kanevaro-Str. (Kastélli-B.), und die **Chania District Association of Traditional Handicrafts** (regionale Kooperative) betreibt einen Laden direkt bei der Janitscharen-Moschee, Mo–Sa ohne Mittagspause bis in den Abend geöffnet; **Bücher**, gutes Angebot bei «Xenos typos» am Venizélou-Platz am Hafen.

Ausflüge

Baden
Unweit der westlichen Hafenbastion beginnt ein langer stadtnaher Sandstrand; empfehlenswerter sind die Strände nach Westen von **Galatás** bis **Agía Marína** und über **Platanías** hinaus, hier säumen Pensionen, Hotels und Ferienanlagen zwischen schilfumstandenen Feldern die Straße nach Kastélli. Am Stadtrand von Chaniá passiert man auf der Fahrt dorthin ein deutsches Kriegerdenkmal aus der Besatzungszeit. Östlich von Chaniá kleine Badebuchten ab **Kalámi/Kalíves**.

Soúda-Bucht
Kloster Chrissopigi (am Stadtrand Richtung Soúgia ist die Zufahrt ausgeschildert), tägl. 8.30–12 und 15.30–18 Uhr, wiederbelebtes altes Kloster, in dem Nonnen für Kirchen und Klöster malen, ihre Ikonen-Werkstatt kann jedoch nur auf Anmeldung besichtigt werden. **Festung Izzedine** und **Aptera** (Bergkuppe mit antiken Ruinen, bestechende Aussicht) an der Einfahrt zur Soúda-Bucht bei Kalámi (östlich davon die Badebucht von Kalíves); südlich von Soúgia zwischen Katochóri und Stílos für Geübte Wanderung durch die **Díktamos-Schlucht**; am Westende der Soúda-Bucht **britischer Soldatenfriedhof** aus dem Zweiten Weltkrieg (auf dem Weg zur Akrotíri-Halbinsel).

Akrotíri-Halbinsel
Grabstätte von **Eleftherios Venizélos** auf dem Profítis-Elías-Hügel im Vorort Chalépa (phantastischer Blick auf Küste und Stadt); **Badestrand am Dorf Stavrós** im Nordwesten **und** in **Kalatás** (Westakrotíri); **Kloster Agía Triáda** (auch Moní Tzangarolou genannt), täglich 7.30–14, 17–19 Uhr, kleines Museum; **Kloster Gouvernéto**, über eine Schotterpiste von Agía Triáda (rd. 4 km) zu Fuß oder mit dem Auto zu erreichen, täglich 8–12, 15–19 Uhr, Klosterfest am 7. Oktober, kleines Museum. Weiter in die Schlucht zum verlassenen **Kloster Kathóliko** führt eine Wanderung (40 Minuten, auf halbem Wege liegt die **Bärenhöhle**), bis zur Felsküste weitere 20 Min.

Lefká Óri
Fahrt oder Wanderung im Gebiet der Dörfer **Thérisso** (Anfahrt durch die gleichnamige Schlucht) und **Mesklá**; Fahrten nach **Skinés** und **Fournés** (Orangenanbaugebiet); **Omalós-Hochebene**, um in Tagestouren zum **Gíngilos** oder zur Kallérghi-Hütte hochzusteigen, im winzigen Ort Omaló kann man zu erschwinglichen Preisen gut übernachten; am Südrand der Ebene (Xylóskalo) beginnt die Samariá-Schlucht. Omalós und Xylóskalo sind mit dem Linienbus gut erreichbar; **Wanderung durch die Samariá-Schlucht** samt An- und Rückfahrt kann an einem Tag privat mit dem Linienbus oder mit Hilfe einer Reisegesellschaft organisiert werden.

Georgioúpolis

Aus dem Fischerdorf Georgioúpolis (Landkreis Apokóronas), 33 km östlich von Chaniá, ist ein Ferien- und Ausflugsziel geworden. Am östlichen, 9 km langen Sandstrand entstanden zahlreiche Hotel- und Bungalowanlagen, die den Pauschalgast rundum versorgen können. Der Ort selbst liegt günstig, etwas abseits der Küstenschnellstraße zwischen Réthimnon und Chaniá vorm Kap Drapanon. Reizvoll sind nach wie vor sein Fischereihafen, der lange Strand (einzelne ruhige Abschnitte) und die grüne Umgebung mit lebendigen Dörfern. Außerhalb der Hauptsaison kann der Ort noch Ruhe und Beschaulichkeit bieten.

Vorwahl
0825

Informationen
Agenturen im Dorf und in den Rezeptionen der Hotels und Ferienanlagen; **Hellas Bike Travel** beim Hotel Pilot Beach (15 Min. vom Dorf am Strand), Tel. 61002, Fax 6397, **Geld wechseln** Hotels und Ferienanlagen, gelegentlich steht der mobile Bankschalter im Dorf; **Health-Centre** in Vámos, Tel. 22580; der **Lokalanzeiger/Local Explorer** von Loeff & Stecher aus Kalamitsi-Amigdali enthält für den Kreis Apokoronoú lokale Tips, Hintergrund und Anzeigen; **Wanderungen** im Kreis Apokoronoú: Metapodia, Hansgeorg Hermann und Catharine Catsaros, Douliana; Kontakt über Reisebüro Andrea Wagner, CH-8706 Feldmeilen/Zürich (siehe S. 301, «Wandern»).

Übernachten
Große Auswahl an Hotels, Appartements und privaten Unterkünften. Nur im August können Engpässe auftreten. Pauschalanbieter führen auch Familienbetriebe, kleine Hotels und Pensionen im Dorf und am Strand in ihren Katalogen. Am östlichen Strandabschnitt (Parkplätze an der New Road für Badeausflügler) ruhige Anlagen und auch Privatanbieter.

Im und beim Dorf, die Zimmer haben Dusche und WC: **Anna**, westlich vom Fluß, mit Terrassen, Balkonen und freier Rundumsicht, winzige Kochgelegenheit (Kaffee), dorfnah, aber ruhig, nachfragen im Anna-Market oder Tel. 61279/61376 (Jorgos Xenakis); **Nicolas**, am Ortseingang, gemütlich, Terrasse, Tel. 61375; **Villa Kapasa**, 2 Kilometer landeinwärts im Dorf Mathes, schöne Lage mit Blick auf die Almirou-Bucht, der alte Hausteil der Eltern ist stilgerecht renoviert, 10 Zimmer, Taverne mit Terrasse im Haus, Tel. 61332.

Auf den Dörfern der Drapanon-Halbinsel und am Kournás-See: **Gavalachóri**, der Kulturverein vermietet Zimmer, Studios für 2–4 Leute und Häuser für 5–8 Leute im Dorf und in der Umgebung (z. T. in traditionellem Stil), Tel. 22038; **Vámos**, in einem zum 8-Zimmer-Hotel renovierten alten Haus mit Taverne, Übernachtungen im Sommer und Winter möglich; **Kournás-See**, einfache Zimmer gibt's in Taverna Limni, Georg Souchlakis, Tel. 96368; oder in der 2. Taverne am See, M. Frangiadakis, Tel. 96221.

Verkehrsmittel
Täglich sehr häufige KTEL-Busverbindung nach Chaniá und Réthimnon über die New Road, Haltestelle New Road; wenige Verbindungen über die Old Road nach Chaniá (und Réthimnon), landschaftlich reizvoller, aber zeitaufwendiger, Haltestelle im Dorf. In Vrísses (ca. 7 km von G., Richtung Chaniá) Umstieg nach Chóra Sfakíon. Benzingetriebenes Touristenbähnchen, Talos Express, macht Ausflüge in die Dörfer, Tel. 61334 (Hotel Corissia).

Essen und Trinken
Georgios Taverne direkt an der New Road, gut und gemütlich; **Paradise**, Seitengasse vom Hauptplatz; wenn es die Aussicht aufs Meer sein soll, hinter der Dorfbrücke über den Fluß zum To

Arkadi (nicht immer preiswert) oder in die kleine Fischtaverne **Oi Filoi** am westlichen Strandteil; im **Dorf Kournás** ist die Taverne **Kalí Kardiá** einen Ausflug wert. Am Dorfplatz kommt auf seine Kosten, wer Musik und (Nacht-) Bars sucht, in den abzweigenden Straßen Restaurants, Cafés und Bars für jeden Geschmack; jede Menge Tavernen am endlosen Strand. Zwei **Discos** heizen in der Saison ein: **Blue Sky** hinter der Busstation New Road und **Time** an der Straße Richtung Exópolis.

Einkaufen
Kiosk unter den Eukalyptusbäumen am Dorfplatz; nahebei die unscheinbare **Backstube** von Jannis, das Brot ist köstlich; Apotheke, Supermärkte und Zeitungen am Platz und in der Stichstraße zum Hafen.

Ausflüge
Stadtbummel und Ausgehen in den Altstädten von **Chaniá** oder **Réthimnon**; **Kournás-See** (das gleichnamige Dorf liegt einige Kilometer südlich vom See), ca. 4 km von Georgioúpolis, einziger natürlicher See Kretas, seine Besonderheit erschließt sich am besten auf einer Wanderung über **Alíkambos** (Tagestour, Weg teilweise schwierig, abends kein Bus zurück), in der außerhalb des Dorfes liegenden byzantinischen Kirche überdauerten **Fresken von Ioánnis Pagoménos** (den Papás ansprechen); Spaziergänge und kombinierte Bus-/Auto-/Bike-/Fußwanderungen in die nahen **Dörfer** Exópolis, Kalamítsi, Vrísses und zu denen auf **der Drapanon-Halbinsel** und im Landkreis; Tagestouren über Vrísses auf der atemberaubenden Serpentinenstraße durch die Sfakiá nach **Chóra Sfakíon** (evtl. Wanderung **Askífou-Hochebene** oder **Imbros-Schlucht**); über Chaniá zu den **Akrotíri-Klöstern**, zur **Omalós-Hochebene** (Wanderung zur Kallérghihütte, Besteigung des Gíngilos) und in die **Samariá-Schlucht**.

Westkreta/Kíssamos

Kastélli – Kissámou
42 Kilometer westlich von Chaniá gelegener Hauptort des abgelegenen, von der Landwirtschaft lebenden Bezirks Kissámos-Sélino, in dem das kretische Leben seinen geruhsamen Rhythmus hat. Im Städtchen geht man dem Handwerk nach, der Kellner bringt noch den Kaffee quer über die Straße. Wer Sinn dafür hat, dem hat Kastélli etwas zu bieten, denn attraktive Strände, Promenaden und große Sehenswürdigkeiten fehlen, die paar geschichtsträchtigen Reste (venezianische Befestigung und Brunnen) gehen unter. Lediglich der Fischereihafen, ein wenig abseits, verströmt etwas Idylle. Fähren legen ab zur Peloponnes und nach Piräus, gefüllt mit landwirtschaftlichen Erzeugnissen und wenigen Touristen. Der Bischof und Reformer Irenäos Galanakis hat am Ort seinen Diözesen-Sitz.

Vorwahl
0822

Informationen
An der Durchgangsstraße und am Hauptplatz Agenturen für die Fähre, Rent a bike/Rent a car, Post, OTE-Zentrale; Gesundheitszentrum Tel. 22222.

Übernachten

Mittlere Preisklasse
Dimitris-Chryssani, 3 km außerhalb an der Bucht von Kastélli, Tel. 23390; familiär geführte Hotelanlage mit 20 geschmackvollen, großzügig ausgestatteten Appartements, auch pauschal zu buchen. **Elena Beach**, 1 km westlich an einer Sandbucht, Tel. 23300, Hotel mit 40 Zimmern (auch pauschal zu buchen).

Preiswert
Galini Beach, am Strand, etwas außerhalb, Tel. 23288, freundlich geführte Pension. Weitere Unterkünfte direkt im Ort.

Außerhalb
In Kaliviani (Ort am Fuß der Rodopoú-Halbinsel) die empfehlenswerte Pension **Kaliviani** der Familie Diktaki mit 5 schönen Zimmern, Tel. 23204.
In **Míli** bei Vlátos (ca. 16 km Luftlinie südlich von Kastélli) restaurierte Steinhäuser in einem Ensemble zu mieten, das Dorfatmosphäre aus dem vorigen Jahrhundert vermittelt; Auskunft/Buchung in Kreta über die Reisebüros Kalamaki Travel, Rethymno Tours oder Smart Holidays, in Deutschland über minotours hellas kreta (siehe S. 301, «Ferienhäuser»).

Camping
Kissamos, direkt in der Stadt, Tel. 2 34 43 – 44, Fax 2 34 64; schöner gelegen die zwei Plätze rd. 5 – 7 km östlich von Kastélli: **Mithymna**, am Strand unterhalb des Ortes Drapaniás, 54 Stellplätze mit Baumschatten, Tel. 31 44 – 5, Fax 3 10 00; **Nopigia**, beim Örtchen Nopígia in angenehmer Atmosphäre, für den kieseligen Strand entschädigt der Swimmingpool, 60 schattige Stellplätze (Bäume), Tel. 3 11 11 – 3 13 31.

Verkehrsmittel

Schiffe
Mehrere Fähren pro Woche zur Peloponnes (verschiedene Zielhäfen, unterwegs wird mal die Insel Kithira, mal Antikithira angelaufen), mindestens einmal nach Piräus.

Boote
In der Hauptsaison werden täglich Ausflüge zur Pirateninsel Gramvoússa und zum Traumstrand Bálos angeboten.

Bus
Busstation an der Durchgangsstraße, Platia Venizélou; KTEL-Busse nach Chaniá häufig, nach Paleochóra mehrmals, an die Westküste (Falássarna – Sfinári) zweimal täglich; in der Hauptsaison täglich einmal Kloster Chrissoskalítissa, mit Weiterfahrt zum Strand von Elafoníssi und einmal täglich zur Samariá-Schlucht.

Essen und Trinken
Dolfin, einfach, aber lecker, schöne Lage am Ortsstrand; **O Stimadoris**, sehr gutes Fischrestaurant, dem man's von außen nicht ansieht; am Strand Restaurants, am Fischereihafen gute, preiswerte Fischkneipen.

Ausflüge
Polyrinia, Rundblick vom dorischen Stadthügel oberhalb des gleichnamigen Dorfes (täglich per Bus zu erreichen), 6 km südlich von Kastélli; schöne Wanderung von Sirikári (ca. 20 km südl. K.) nach Polyrinia; Bootstour zur Piratenbucht **Tigáni Bálos**, **Halbinsel Gramvoússa** oder Wanderung ab **Kaliviáni**; Fahrt zum **Falássarna-Strand**; Wanderung durch die **Topólia-Schlucht** (Topólia 12 km südlich von K., Tunnel). Zum Kloster Goniás und zu Unternehmungen auf der **Rodopoú-Halbinsel** s. bei **Kolimbári**.

Kolimbári
Ruhiges Dorf mit Atmosphäre an der Nordküstenstraße nach Kastélli (von Chaniá 23 km), 7 km hinter **Máleme** (**deutscher Soldatenfriedhof**), wo die deutsche Fallschirminvasion stattfand. Landschaftlich beeindruckend ist die Bucht am Fuß der Rodopoú-Halbinsel, in der auch das in der Geschichte Kretas bedeutende Kloster Goniás und die Orthodoxe Akademie liegen. Kolimbáris Kiesstrand ließ den Tourismus nur langsam Fuß fassen, häufig steigen in den Hotels und Privatquartieren Gäste ab, die vorrangig am Kloster und an der Akademie interessiert sind oder denen die Dörfer / Ferienanlagen westlich von Chaniá (Agía Marína, Plataniás) zu gesichtslos geworden sind.

Ausflüge
Kloster Goniás (auch Moní Odigitrías), aus einem Vorgängerkloster an der Rodopoú-Spitze hervorgegangen, im 17. Jahrhundert gebaut, mehrfach zerstört und wiederaufgebaut, in seiner seezugewandten Mauer steckt noch eine Kanonenkugel der Türken. Im schlichten Innenhof wachsen Zitrusbäumchen. Die Klosterkirche beherbergt wertvolle Ikonen aus dem 17. und 18. Jahrhundert (in der Ikonastasenwand, das «Jüngste Gericht» an der Nordwand und weitere in der Nordkapelle), u. a. von Konstantinos Paleokapas, das kleine Klostermuseum verwahrt ebenso sehenswerte Ikonen. Der Metropolit von Kissámos und Sélino, Irenäos, ist an hohen Feiertagen hier anzutreffen; das der Gottesmutter geweihte Kloster hat seinen größten Festtag am 15. August. So – Fr 7 – 12.30 und 16 – 19, Sa 16 – 19 Uhr. **Orthodoxe Akademie**, liegt hinter dem Kloster, das Informationsbüro ist geöffnet Mo – Fr 9.30 – 13 und 17 – 18 Uhr, viele Mitarbeiter sprechen Deutsch, man ist offen für Kontakte und freut sich über ernsthaftes Interesse, besonders am entstehenden Euromediterranen Jugendzentrum. **Rodopoú-Halbinsel**: Rundwanderung vom Dorf Rodopós zum Wallfahrtskirchlein **Ágios Ioánnis Giónis**; Bootsausflug von Kolimbári zum Baden am **Diktyna-Heiligtum**. Über die Straße, die von Kolimbári nach Süden führt, erreicht man **Spilia** (3 km) mit der kretobyzan-

tinisch ausgemalten Panagía-Kirche; 20 Min. Fußweg oberhalb des Ortes die Grotte des Eremiten Johannes von Gouvernéto (s. Kloster Katholikó / Gouvernéto); die außerhalb **Drakoná** (nächster Ort) gelegene byzantinische Ágios-Stéphanos-Kirche besitzt sehenswerte Fresken, und in **Episkopí** (9 km von Kol.) steht die **Erzengel-Michael-Kirche** (Archangelos Michail oder Rotonta Kisamou), eine Griechenland-Rarität aus dem 10. Jahrhundert.

Falássarna

16 km westlich von Kastélli-Kissámou: Ohne einen erkennbaren Ort liegen verstreut Tavernen, kleine Hotels, Appartements in der weiten Küstenebene Westkretas, feinster Sand, türkisblaues Wasser. Caravans hie und da, auch wird gezeltet oder kampiert. Mit Gespür und kritischem Blick lassen sich die passende Bleibe und Taverne finden. **Sun set**, die gleichnamige Taverne, vermietet Zimmer und Appartements in absolut herrlicher Sonnenuntergangslage, Tel. 4 12 04 u. 4 14 40.

Sfinári

Kleines Dorf mit Kiesstrand an Kretas Westküste, das über eine landschaftlich sehr schöne und wenig befahrene Strecke (auch per Bus) von Kastélli zu erreichen ist. Man bekommt Quartier und zu essen, so richtig aufs Tourismusgeschäft ist man jedoch nicht eingestellt. In der Taverne mit Meerblick läßt es sich gut aushalten. Auch der weitere Straßenverlauf nach Süden beschert wunderschöne Ausblicke; in **Kámbos** (Café mit Zimmer) endet die Asphaltpiste, und so geht es fast bis Kefáli. Da kaum Autos verkehren, macht eine Streckenwanderung auf dem Fahrweg Sinn. Von **Kefáli** aus – mit den Kirchen «metamórphosis tu sotíros» (Freskenausmalung 1320) und Ágios Athanásios (Fresken von 1343) – führt die Straße hinunter nach Moní Chrissoskalítissa und von dort weiter in die Lagunen von Elafoníssi, von wo eine mit gelb-schwarzen E4-Schildern gekennzeichnete schöne Wanderstrecke nach Paleochóra führt.
Auf Rädern muß man weit zurück bis **Élos** (Bleibe im Ort, Maronen-«Wälder» in der Umgebung) bzw. **Míli** bei Vlátos (restaurierte Steinhäuser zu mieten, siehe S. 308 «Kastélli-Kissámou»). **Vlátos**' Umgebung ist besonders grün (Arboretum: «Park des Friedens»).

Südwesten

Der Südwesten von Kreta (Sélino und Sfakiá) ist ein grüner Landstrich, der sich in den Frühjahrs- und Herbstmonaten außerordentlich gut für Wanderungen eignet. An der Küste liegen überschaubare Ferienorte, die noch überwiegend von Individualurlaubern besucht werden. In den kleinen, einfachen Dörfern an den rasant vom Meer aufsteigenden Bergen findet sich immer ein hübscher Rastplatz und manchmal ein einfaches Quartier. Eine Langstreckentour: z. B. Sfinári bis Soúgia, Boot bis Agía Roméli, Agía Roméli bis Loutró / Chóra Sfakíon, ab dort verschiedene Routen in die Weißen Berge; oder Abstecher von unterwegs eingeschobenen Standquartieren aus wie Paleochóra, Soúgia, Loutró / Anópolis oder Chóra Sfakíon.

Byzantinische Kirchen im Landkreis Sélino

Über **Kándanos** (Hauptort von Sélino, an der Durchgangsstraße das **Mahnmal**, das an die «Sühnemaßnahme» der Wehrmacht erinnert) führt die gut ausgebaute Straße von der Nordküste nach Paleochóra. Der Abzweig liegt zwischen Máleme und Kolimbári. Neben abwechslungsreichen Szenerien und Ausblicken, sowohl auf Nord- wie Südküste, haben längs des Weges uralte freskengeschmückte byzantinische Kirchen und Kapellen die Jahrhunderte überdauert. In **Épano und Káto Flória** Kirche der 99 Heiligen Väter (Ágii Pateres, 1462) und Ágios-Geórgios-Kirche (1497).
Kirchen rund **um Kándanos**: in **Anissaráki**, Agía Anna mit steinerner Ikonastase (Bilderwand), am Friedhof die Kirchlein der Panagía (Fresken) und Agía Paraskeví, außerhalb die des Ágios Geórgios; in **Trachianákos** Fresken in der Kapelle Profítis Elías, ferner Ágios Ioánnis und Ágios Fótis; die Kapelle des Erzengels Michael (Archangelos Michail) in **Kavalianá** wurde 1327 / 28 ausgemalt von dem bekannten Freskenmaler Ioánnis Pagoménos (s. auch Alíkambos bei Vrísses, Landkreis Apokóronas).
Route Chrissoskalítissa: Kefáli, Kirchen «metamórphosis tu sotíros» (Freskenausmalung 1320) und Ágios Athanásios (Fresken von 1343).

Chrissoskalítissa
Kloster (eine Nonne, ein Papás) mit blauem Dach auf einem Felshang über dem Meer, 11 km von Kefáli, über Asphalt bis Staub zu erreichen; Besichtigung 9–12, 15–17 Uhr; Hauptfest: 15. August. Um das einst einsame Kloster kann man sommertags in wenigen, einfachen Tavernen und Zimmern unterkommen, u. U. auch in den noch einfacheren Klosterzellen.

Elafoníssi
Seit Jeeps und Enduros auf Kreta brausen und Ausflugsbötchen tuckern, sind «gottverlassene Gegend» und holprige Piste kein Hindernis mehr, Kretas einsame Traumlagunen (rd. 5 km südlich von Chrissoskalítissa) per Tagesausflug anzusteuern. Selbst der Bus kommt inzwischen sommertags einmal täglich. Der Saison-Imbißbude folgten Sonnenschirme, etwas zurückgesetzt entstehen Herbergen und Tavernen. Ähnlich wie bei Prévelis Palmenschlucht und -strand droht die Zerstörung dieses Naturkleinods durch den (bisher) ungesteuerten Tourismuskonsum.

Insel Gávdos

Vorwahl
08 23

Information
Telefon mit Zähler im Hauptort Kastrí (Kafeníon-Dorfladen); ein Arzt praktiziert dort im Bürgermeisteramt.

Übernachten
Etwa zwei Dutzend Privatzimmer auf der Insel, die Ausstattung ist sehr einfach: lediglich ein Bett oder ohne Wasser am Sarakinikó-Strand, mit Einzel- oder Gemeinschaftsdusche am Korfos Beach und in Karáve; eine Vorausbuchung in Paleochóra sollte in Erwägung gezogen werden. Die meisten Gäste kampieren im Freien, was toleriert wird.

Verkehrsmittel
Ganzjährig verkehrt das Versorgungs- und Postschiff von Paleochóra aus (Anzahl der Passagiere ist begrenzt); mit Ende des Winters nimmt bis zur Hochsaison die Anzahl der Verbindungen zu; für Touristen sind Paleochóra (meist mit Zwischenhalt in Soúgia/Agía Roméli) und Chóra Sfakíon die Haupthäfen; zwei- bis viermal wöchentlich, die Abfahrtzeiten müssen erfragt werden, sie variieren; die Überfahrtszeit hängt vom eingesetzten Schiff ab: 3–4 Std. von Paleochóra, ab Chóra Sfakíon ist der Weg kürzer; Ausflugsschiffe/-boote fahren am Nachmittag zurück; grundsätzlich muß der Gávdos-Besucher ein Zeitpolster mitbringen, denn auch im Sommer kann die See so stürmisch sein, daß die Rückfahrt sich verschiebt: um ein, zwei Tage oder mehr. Auf der Insel geht man zu Fuß, der eine oder andere Gavdiote setzt seinen Traktor, sein Bötchen oder sein Maultier zum Transport von Gepäck und Gästen ein.

Essen und Trinken
Ein Kafeníon findet sich in jedem der vier Orte (in Vatsiana sitzt man im südlichsten Europas); Tavernen im Hafen Karáve und an den Stränden Sarakinikó und Korfos; die Gerichte sind einfach, das Angebot entspricht jeweils der Versorgungslage der Insulaner. Trinkwasser ist knapp: Nur Kastrí hat eine Quelle, Duschwasser wird Zisternen entnommen.

Sehenswürdigkeiten / Ausflüge
Wanderungen im Nordteil erschließen eine außergewöhnliche Insellandschaft.

Paleochóra

Vorwahl
08 23

Informationen
Im **Rathaus** an der Hauptstraße und im **Reiseladen** (Agenturbetreiber sind Österreicher) erhält man lokale Tips, Öffnungszeiten wechseln; **OTE-Zentrale** nicht weit vom Rathaus, steht man am Wochenende oder nach 15 Uhr vor verschlossenen Türen, hilft das Kartentelefon davor weiter; **Banken** an der Hauptstraße; die meisten **Verleihfirmen** (Auto bis Fahrrad) ebenfalls dort, aber auch am Ende des westlichen Sandstrandes (Richtung Gialos); am Strand auch die **Post**; Health Centre Tel. 4 12 11.

Übernachten

Höhere Preisklasse
Pal Beach, Tel. 4 15 12, 4 15 56, Fax 4 15 78, direkt am Sandstrand, die (58)

Zimmer haben Meerblick, DZ preiswerter als Suiten.

Mittlere Preisklasse
Aris, Tel. 415 02, von Grün umgebene Pension am alten Dorfkern, ruhig, nett geführt, trotzdem nah am Strand.

Preiswert
Rea, Tel. 413 07, im Ort, mit Garten, freundlich, das Meer ist schnell zu erreichen. Von der Hauptstraße Richtung Sandstrand gibt es weitere Angebote von Zimmern, kleinen Hotels und Appartements. Wer Nachtruhe liebt, sollte weg von Bars und Gartencafés anmieten. Einige Unterkünfte werden von Pauschalanbietern in ihren Katalogen geführt.

Camping
Paleochóra, Tel. 412 25, 411 20, Fax 417 44, Stellplätze und Bungalows gut 1 km vom Zentrum am nordöstlichen Kiesstrand, einfaches Gelände mit Oliven- und Johannisbrotbäumen, die platzeigene Freiluft-Disco ist beliebt.

Verkehrsmittel
KTEL-Busse nach Kastélli und Chaniá (über Kándanos oder Azogirés/Rodováni) mehrmals am Tag; wöchentlich bis täglich (saisonabhängig) zum Einstieg in die Samariá-Schlucht; **Schiffe** für Pendelausflüge in die östlichen **Südküstenorte** Soúgia, Agía Roméli, es geht entweder direkt weiter nach Loutró und Chóra Sfakíon oder man steigt um (Schiffe der Samariá-Wanderer), Fahrplandichte saisonabhängig; zur Insel **Gávdos** legt in der Regel ein- bis zweimal in der Woche ein Schiff ab, Fahrplan richtet sich u. a. nach dem Seewetterbericht; **Boote** in der Saison zum Baden nach **Elafoníssi**; alle **Tickets** in der Hafengasse, meistens auch auf dem Schiff/Boot erhältlich.

Essen und Trinken / Nachtleben
El Greco, Hauptstraße, leckere Pasta und Pizzen, guter offener Wein; **The Third Eye**, etwas versteckt in einer Gasse hinter dem nördlichen Strand, hat völlig unerwartete Gaumenfreuden parat: Küche mit vegetarischem und asiatischem Einschlag in angenehmer Atmosphäre; **Dionisos**, an der Hauptstraße, reell und lecker; **I Anesi**, in der Gasse parallel (westlich) zur Hauptstraße, ruhiger und kleiner als das Dionisos, aber ebensogut. **Abends** ist in und vor den Cafés an der Hauptkreuzung immer etwas los, am Strand hinter der Schule spult das «Cinema» (Freilichtkino), an der Promenade Musik und Cocktails, und sicher gibt's noch was in der Open-air-Disco Paleochora-Club (Campingplatz), der schönsten Kretas, wie es heißt.

Sehenswürdigkeit
Von den Ruinen des Kastells Sélino (Weg über die Kirche) an der Spitze der Landzunge den Ausblick über die Zweiküstenstadt und auf die ostwärts liegenden Lefká Óri genießen.

Ausflüge
Nordöstlich, ca. 7 km entfernt, das hübsche Dorf **Azogirés**, man kann gut einkehren und sogar einfach übernachten; im Ort nachfragen, um in das kleine regionale Museum zu gelangen; Höhlenkirchlein unterhalb des Ortes. In **Anídri** zwei aneinandergebaute byzantinische Kapellen, dem heiligen Geórgios geweiht. Im abgelegenen **nordwestlichen Bergland** – gut für einen Motorradausflug – sehenswert: **Ágios Theódoros** (Kirche Ágios Fótios) und **Sklavopoúla** (freskengeschmückt: Ágios Geórgios, (1290), Panagía (1518), Verklärung Christi (*sotíros christoú*, 1422) und «archángelos michaíl»; oder die Umgebung von **Kándanos** (s. Byzant. Kirchen/ Kreis Sélino). Paleochóra ist Startpunkt für die **Wanderungen oder Bootsausflüge** nach **Elafoníssi/Chrissoskalítissa** und **Agía Roméli**. Übersetzen nach **Gávdos**.

Soúgia

Vorwahl
08 23

Information
Soúgia Travel, Tel. 514 80, Reiseladen von Birgit oben am Dorfeingang; alles ist überschaubar; Geldwechsel im Supermarkt und im Pikilassos; Kiosk Ecke Strandpromenade, Taxistand.

Übernachten
Santa Irene (Mittelklasse-Hotel), 14 ansprechende Appartements in bester Lage mit Blick auf den Strand, Jan.–Dez., Tel. 513 42, Fax 900 047; preiswerter sind: **Pikilassos**, mitten im Ort gelegene Pension, die schon lange

zu Soúgia gehört, Flair entsprechend griechisch-nüchtern, schöne Terrasse, gute Küche, Tel. 512 42; **Zorbas**, ein Haus zum Wohlfühlen, mit Vorgarten, Kochgelegenheit, ruhig am westlichen Dorfende gegenüber den Strandtamarisken gelegen, Tel. 513 53; **Ririka**, direkt neben Marias Café-Bar einfache, neue Zimmer mit Blick aufs Meer und Marias Prachttamarisken, Tel. 51167; ruhig gelegen sind auch neu entstandene Zimmerangebote in den Gärten westlich der Zufahrtsstraße, ausgesprochen schön die **Pension Lissós**, östlich vom Flußbett, Tel. 512 44.

Verkehrsmittel
KTEL-Bus: Täglich zwei Verbindungen nach Chaniá; in der Saison ein Bus zum Eingang der Samariá-Schlucht.
Schiff/Boot: Morgens legen ein oder zwei Boote von Paleochóra nach Agía Roméli ab (umgekehrte Richtung am Nachmittag); die Schiffe von Paleochóra nach Gávdos nehmen in Soúgia Passagiere auf; Tickets am Taxistand (Zufahrtsstraße) oder vor der Abfahrt am Kai des Hafens am Westende der Soúgia-Bucht; genaue Abfahrtszeiten erfragen!

Essen und Trinken
Rest if you want, Maria und Stavros betreiben seit Soúgias Urzeiten das Restaurant nebst grünem Höfchen mit einfacher, aber leckerer griechischer Küche, inzwischen nicht mehr in der ersten Reihe am Strand gelegen; **Anchorange**, hier gibt's schon mal Teigtaschen mit Wildgemüse, an der Straße zum Strand; **Omikron**, «Logenplatz am Meer» garantiert, vom Müslifrühstück bis zum vegetarischen Auflauf am Abend alles, was den Gaumen mit außergriechischen Genüssen reizen kann; die **Cafe-Bar Maria** und ihre Besitzerin sind unverändert kretisch geblieben an der Strandstraße: Aus der Stube mit dem Brunnen heraus wird den Gästen unter den Tamarisken serviert. Moderne Café-Bars im mittleren Dorfteil, **Disco Alabama** auf der östlichen Flußseite, **Disco Fortuna** an der Zufahrtsstraße (möglichen Lärm beim Einmieten im Sommer bedenken).

Sehenswürdigkeiten
Von der westlich oberhalb des Dorfes gelegenen kleinen byzantinischen **Agía-Iríni-Kirche** schöner Blick über den Strand, das Dorf, den Pikilassós und die ins Meer stürzenden Felswände der Lefká Óri.

Ausflüge
Wanderungen zu den östlichen Nachbardörfern **Livádas, Kostogérako**; hin und zurück zum östlich aufragenden Berg **Pikilassós**; Begehung der **Agía-Iríni-Schlucht** (Anfahrt zum Start unterhalb des gleichnamigen Dorfes mit dem Bus/Taxi); nach Westen in die Bucht von **Lissós** (Ausgrabungen); der Aussicht wegen Spaziergänge um die antike Stätte **Elyros beim Dorf Rodováni**, Anfahrt mit dem Chaniá-Bus möglich; **Samariá-Schlucht**, evtl. kleine Tour von **Agía Roméli** aus, das mit dem **Boot** erreicht wird.

Sfakiá

Agía Roméli

Vorwahl
0821

Übernachten
Von Romélis Familien erhofft, doch von den meisten Touristen gemieden: Man kann sich Zeit zur Lokalinspektion des Angebots an Pensionen und Privatzimmern nehmen. **Livikon** im hinteren Ortsteil; **Agía Roméli** direkt am Wasser, Tel. 912 93; beide sind erschwinglich, die Pension am Strand ist etwas teurer.

Verkehrsmittel
Autofähren bewältigen den Rücktransport der Samariá-Wanderer nach Chóra Sfakíon (nur die letzte Fuhre verzichtet auf Zwischenstopp in Loutró), wo die Reisebusse der Agenturen und auch die KTEL-Busse (pünktlich!) zur Rückfahrt starten. Fahrplan von Schiffen und Bussen ist saisonabhängig.

Essen und Trinken
Reichliches Angebot in Hafennähe, dort stimmen auch die Preise.

Sehenswürdigkeiten/Ausflüge
Von der **türkischen Festung** (ca. 30 Min. Aufstieg) ein Hang hat man die Schlucht bis zu den Eisernen Pforten und ein beträchtliches Stück sfakiotischer Küste im Blick; herumliegende Säulenreste an der Kirche bringen das antike Tarra in Erinne-

rung; hinterm Hubschrauberlandeplatz hat die – inzwischen durch Steinwälle und Draht «gebändigte» – Mündung des Schluchtgewässers ins Libysche Meer immer noch etwas Faszinierendes. Viele Kretaurlauber laufen die **kleine Samariá-Schlucht-Tour** vom Libyschen Meer zu den Eisernen Pforten und zurück nach Agía Roméli (auch im Frühjahr möglich, wenn die Schlucht ab Xylóskalo noch nicht geöffnet ist; ca. 1 Std. hin, 1 Std. zurück).

Anópolis

Übernachten / Essen und Trinken
Gleich am Ortseingang (von Chóra Sfakíon kommend) eine Taverne, und in zwei Häusern werden gute, preiswerte Zimmer vermietet; nach einem Kilometer erreicht man den Dorfplatz, wo die Loutró-Aufsteiger im Schatten der Kafenía rasten.

Verkehrsmittel
Der Bus befährt zweimal am Tag die 12 km lange Serpentinenstrecke zwischen Chora Sfakíon und Anópolis.

Sehenswürdigkeiten
Denkmal des Freiheitshelden Daskalojánnis auf dem Dorfplatz.

Ausflüge
Besuch des verlassenen Dorfes **Arádena** mit seiner alten **Erzengel-Michael-Kirche** auf der Westseite der Schlucht, und zwar über den intakten **Maultierpfad**, der die Schlucht quert; über die Brücke der Arádena-Schlucht und zum **Dorf Ágios Ioánnis**, zu Fuß Abstieg an die Küste und über die byzantinische Kapelle **Ágios Pávlos** nach **Agía Roméli** (mindestens 6 Stunden Gehzeit ab Anópolis); direkter Abstieg oder über Livanianá nach Loutró; oder über den unteren Teil der Arádena-Schlucht nach Loutró (eine Kletterstelle mit Kette und Seil ist zu überwinden; deshalb evtl. ihr, oberhalb von Livanianá, in die Schlucht absteigen).

Chóra Sfakíon

Vorwahl
08 25

Informationen
Hafenkiosk für Bus-/Schiffsverbindungen, Geldwechsel in der Post in der Parallelgasse zum Hafenkai, dort stößt man auch auf die deutsch geführte Agentur Notos Mare; Literatur und Zeitungen an der Promenade; Arztpraxis Tel. 9 12 14; Auto- und Zweiradverleih.

Übernachten
Xenia, schön gelegene Pension am Fischereihafen, trotz Um- und Anbau ist die alte sfakiotische Substanz zu erkennen, Neu- und Altbau mit unterschiedlicher Zimmerqualität (Preis), gute Atmosphäre durch die griechisch-deutschen Betreiber, Tel. 9 12 02, Fax 9 12 91; **Sofia**, einfache Zimmer im Ortskern, Tel. 9 12 59; im ruhigen Dorfteil hinter dem Hafenkai entstanden neue Zimmerangebote, sie anzuschauen lohnt unbedingt; **Vritomartis**, FKK-Hotel- und Bungalowanlage in der felsigen Landschaft, 2 km östlich, nahe der Straße zur Nordküste, Swimmingpool entschädigt für die 1 km entfernte Badebucht (Transfer incl.), Tel. 9 11 12, Fax 9 12 22, gehobene Preisklasse.

Verkehrsmittel
Abfahrt der **KTEL-Busse** nach Chaniá: 7, 11, 15.30, 18 und 19 Uhr (kann erfahrungsgemäß wechseln, Auskunft im EOT Chaniá); in der Regel täglich eine Nachmittagsverbindung nach Plakiás / Agía Galíni, in der Hochsaison evtl. zwei; Busparkplatz östlich der Promenade; der Kiosk dort verkauft Tickets für Bus und Schiff; auf die Bedürfnisse der Einheimischen abgestimmt ist der Busverkehr nach Anópolis. Die **Fähren** laufen auch in der Nebensaison meistens Loutró und sicher Agía Roméli an; neben den großen Schiffen (Anleger östlich der Promenade) verkehren kleinere. Es existieret eine Fährverbindung von Ch. Sfakíon nach Gávdos. **Bootsausflüge** zu Badestränden in der Hochsaison.

Essen und Trinken
Alles spielt sich an der Hafenpromenade ab, die Tische reichen bis übers Wasser, man sitzt sehr schön; am Westende geht es etwas ruhiger zu, die etwas nervende Aufdringlichkeit vieler Ober sollte nicht davon abhalten, das Angebot der Tavernen zwecks Auswahl gründlich in Augenschein zu nehmen.

Sehenswürdigkeiten
Denkmal, das an Widerstand und Invasion der Alliierten erinnert; in dem am östlich liegenden Hang liegenden Ortsteil stehen, mehr oder weniger gut erhalten, einige traditionelle Sfakiá-Gehöfte.

Ausflüge
Zum **Baden** nach Westen in die benachbarte Kiesbucht oder 20 Min. Fußweg zum Ilíngas Beach (Felsschatten) unterhalb der Straße nach Anópolis); am langen Glikanerá Beach durchziehen kalte Süßwasserströme das Meerwasser, im Sommer eine kleine Taverne, Kiesstrand ohne Schatten, 1 Stunde zu Fuß auf dem Küstenpfad Richtung Loutró oder mit dem Boot; **Wanderungen**: An der Küste nach Loutró, nach **Anópolis** führt ein alter, teilweise noch gepflasterter Verbindungsweg (durch die Inlingías-Schlucht); alle Wanderungen in der **Sfakiá** lassen sich von Chóra Sfakíon aus machen, auch nach Osten (Imbros-Schlucht, Askífou-Ebene), Anfahrt mit Bus/Auto/Motorrad oder Schiff.

Frangokástello
Die weite, trockene Küstenebene, aus der nur die Mauern des Kastells vor den weit zurückliegenden Lefká Óri aufragen, hat feinen Sand am flach abfallenden Strand. Östlich ist eine weitere Bucht mit Steilabbrüchen und Dünen. Sommerhäuschen wurden deshalb gebaut, und rund ums Kastell sind Unterkünfte und Appartements zu mieten. In der Hochsaision fahren Boote Badeausflügler an. Sonst sind Weite, Stille und Baden angesagt. Die KTEL-Busse auf der Strecke Chóra Sfakíon–Agía Galíni fahren die Dörfer oberhalb und neuerdings auch den Strand an. Frangokástello ist auch pauschal zu buchen.

Loutró

Vorwahl
0825

Informationen
Zwei Minimarkets, einer in der «zweiten Reihe», hinter der Kirche, der am Meer wechselt Geld; telefonieren kann man im Blue House.

Übernachten

Mittlere Preisklasse
Hotel Porto Loutro, Haus I direkt am Kiesstrand in der Buchtmitte, Haus II später unter dem Finix-Rücken an den Hang gebaut; sehr ansprechend eingerichtet, geführt von Stavros und seiner englischen Frau Alison; Haus I Tel. 91433/91444, Fax 91091; Haus II Tel. 91455; im Winter: 0821-43941; Porto Loutro kann auch pauschal gebucht werden.

Preiswert
To Kri Kri, über der gleichnamigen Taverne; «in der zweiten Reihe» hinter der Kirche am Buchtende entstehen gute, schöne Zimmerangebote.

Verkehrsmittel
Loutró erreicht man **zu Fuß** oder mit dem **Boot** (Agía Roméli, Chóra Sfakíon); im Sommer läuft das Schiff nach Gávdos Loutró an. Eine Schotterstraße ist über Anópolis bis ins Dorf Livanianá herangeschoben.

Essen und Trinken / Nachtleben
Das Uferrund der Bucht ist fast eine einzige gemütliche Café-Taverne, das Angebot variationsreich, die Auslagen der Tavernen sind verführerisch. Abendvergnügen ist das Glas Wein oder der Rakí unterm Sternenhimmel am Meer oder in Nachbarschaft einer sfakiotischen Männerrunde, sonst spielt sich wenig ab.

Sehenswürdigkeiten
Auf dem westlichen Bergrücken über Loutró sind aus jahrhundertelanger Bebauung erhalten: ein verfallendes Kastell und eine große Zisterne.

Ausflüge
Baden: Zwar auch in der Loutró-Bucht möglich, beliebt sind jedoch der Glinkanerá Beach (Küstenpfad nach Chóra Sfakíon) oder die Buchten im Westen: Finix-Bucht (eine halbe Stunde über den Bergrücken); Lykos-Bucht unterhalb von Livanianá; in beiden gibt es Tavernen und Zimmer; Marmara Beach am Ausgang der Arádena-Schlucht, bis auf einen improvisierenden Imbiß einsam (FKK), zu Fuß mehr als eine Stunde, das Badebötchen ist schneller. **Wandern**: Den alten Pfad entlang nach **Anópolis** hochsteigen,

über Finix nach Livanianá und zurück oder von dort den **unteren Teil** der **Arádena-Schlucht** (Einstieg oberhalb von Livanianá) bis zum Marmara Beach laufen (die Schlucht hat oberhalb eine nur mit Seil zu überwindende Felsbarriere, diese ist nicht professionell gesichert).

Omalós-Hochebene

Vorwahl
08 21

**Übernachten /
Essen und Trinken**
Im winzigen Ort Omalós kann man zu erschwinglichen Preisen gut übernachten und auch essen: **Neos Omalos**, Tel. 6 72 69, 9 67 35, Fax 6 71 90, 4 Einzel-, 22 Doppelzimmer, Heizung; **To Exari**, Bungalowhotel; Privatquartiere; für Verpflegung sorgen Hotel und Tavernen. Am **Xylóskalo** (Einstieg in die Schlucht) liegt es sich u. U. gut mit Matte und Schlafsack auf dem Dach des Pavillons, will man als einer der ersten starten, vorher aber einen heißen Kaffee kaufen und einen Imbiß nehmen. Seitlich überm Xylóskalo im ehemaligen Xenia-Hotel ein Restaurant (Öffnungszeiten über EOT Chaniá).

Verkehrsmittel
Omalós und Xylóskalo (Einstieg in die Schlucht) sind auch mit dem Linienbus über Chaniá gut erreichbar; in der Hochsaison fahren KTEL-Busse von vielen Ferienzentren bis zum morgendliche Extratour zum Xylóskalo. Jede Agentur hat «Samariá-Gorge» im Programm. Wer sich mehr Zeit lassen will, sollte einen Tag vorher anreisen und sehr früh vor allen anderen und der Mittagshitze in die Schlucht laufen. Der eine oder andere wird Omalós auch als kurzes Standquartier schätzen.

Sehenswürdigkeiten
Die Hochebene an sich; im Ort Omalós Grab und Haus des Freiheitskämpfers Chatzimichális Jiannáris, später Präsident der kretischen Nationalversammlung.

Ausflüge
Vom Xylóskalo Aufstieg zur **Kallérghi-Hütte**, zeitaufwendiger ist die Besteigung des **Gíngilos** überm Schluchteinstieg; die Kallérghi-Hütte ist Ausgangspunkt für Hochgebirgstouren in den Weißen Bergen (siehe S. 301, «Wandern»); **Samariá-Schlucht**.

Samariá-Schlucht

Offizielle Öffnung von Mai bis Oktober, abhängig vom Wasserstand (Auskunft EOT Chaniá); zwischen Sonnenuntergang und Sonnenaufgang ist es nicht erlaubt, sich in der Schlucht aufzuhalten; seit 1996 wird eine Gebühr erhoben (Ende 1996: 1200 Drs), Begründung: Unfälle / Zusammenbrüche waghalsiger und falsch oder schlecht ausgerüsteter Wanderer verursachen Kosten für Notversorgung und Rettung.

Verkehrsmittel
Die Wanderung durch die Schlucht von Xylóskalo bis Agía Roméli kann samt An- und Rückfahrt an einem Tag privat mit dem Linienbus (unabdingbar ist die Abklärung aller Schiffs- und Busanschlüsse) oder mit Hilfe einer Reisegesellschaft organisiert werden (Kosten und Aufwand vergleichen). Faustregel: Privat so planen, daß Agía Roméli spätestens um 16 Uhr erreicht wird, dort sofort Ticket nach Chóra Sfakíon besorgen (1½ Std. Fahrzeit), lieber auf den Imbiß verzichten, denn um 19.00 Uhr fährt der letzte Bus von Chóra Sfakíon nach Chaniá. Sonstige (Verkehrs-)Mittel: knöchelstützende, eingelaufene Schuhe mit Profilsohlen, Wandersocken, Hut (!), Sonnencreme mit hohem Schutzfaktor, Schultern bedeckt (auch wenn das Reisebüro nichts davon gesagt hat).

Sehenswürdigkeiten
Flora und Fauna mit Endemiten (Fernglas), Wald, Baumriesen, stehend oder vom Wasser gefällt, und grandiose Feldformationen; Ágios-Nikólaos-Kapelle, Dorf Samariá, altes Dorf Agía Roméli.

Essen und Trinken
Ausgeschilderte Quellen und Rastplätze, aber keine «Verpflegungsstationen», erst Agía Roméli verheißt Souvláki.

Westkreta/Nomós Réthimnon

Über die Dächer von Réthimnons venezianisch-türkischer Altstadt wandert im Frühjahr der Blick auf die schneebedeckten Gipfel der Lefká Óri und des Psilorítis mit dem höchsten Berg Kretas, dem Timios Stavros (2456 m). Das große Bergdorf Anógia, das an der Nordflanke des Bergmassivs klebt, hat ganze Generationen von Widerstandskämpfern hervorgebracht. Vom Freiheitswillen des Nomós künden ebenso das Kloster Préveli und Kretas «Nationalheiligtum», das Kloster Arkádi. Fast verwunschen liegen die Dörfer des Amári-Tals im Becken zwischen Psilorítis und Kédros-Massiv.

Die Touristen haben zuerst Réthimnons Sandstrand entdeckt, der schier endlos (mehr als 12 km) nach Osten reicht, später dann das schöne Hinterland, und die Individualurlauber die Südküste von Plakiás bis Agía Galíni. Die Fischer in Plakiás haben ihr einst verschlafenes Dörfchen in eine Touristenherberge mit Betonpromenade umgemodelt, und im östlich davon gelegenen Agía Galíni herrscht inzwischen nur im Winter «heilige Meeresstille». Und die wilden kretischen Dattelpalmen des Nomós, deren Wedel der Wind vom Libyschen Meer streift, suchen verzweifelt eine Lobby.

Agía Galíni

Vorwahl
08 32

Informationen / Adressen
Agenturen am Bushalteplatz und in den Gassen des überschaubaren Ortskerns; Post und Bank in / um westliche Hafengasse; OTE direkt an der westlichen Hafenmole. Büro von NAWA Crete (Nature Watch Crete), Tel. 913 38, s. A–Z/Naturschutz.

Übernachten
In Agía Galíni gibt es viele Hotels und Pensionen. Sie verteilen sich auf Seitentäler und Hügel um den Ortskern, das ehemalige Fischerdorf. Vielfältiges Angebot der Pauschalanbieter.

Mittlere Preisklasse
Irini Mare, Tel. 914 88; ansprechendes Hotel mit schönem Blick und guter Atmosphäre, 100 m von Kiesstrand, gut 1 km westlich vom Ort; **Hotel Iro**, Tel. 911 60, und **Appartements Ariadne**, Tel. 913 80; beide bieten von oben am Berg einen Panoramablick.

Preiswert
Rooms Stelios, Tel. 913 83, an der Straße, wenn man in den Ort hineinfährt; die Zimmer (u. U. schmal, aber ansprechend, mit Du/WC) nach vorn haben eine phantastische Lage überm Meer (etwas teurer). **Kriti**, Tel. 913 24, Familienbetrieb im ruhigen Nordteil des Ortes, Zimmer mit Bad/WC.

Camping
Agía Galíni, Tel. 913 86, 911 41, ca. 2 km vorm Ort, geöffnet 1.1. – 31.12.; 45 Stellplätze unter Bäumen hinterm Kiesstrand (über den Fluß zu erreichen).

Verkehrsmittel
KTEL-Busse: Verbindungen nach Réthimnon, Iráklion, Festós häufiger; nach Plakiás und Mátala (evtl. in Festós umsteigen) weniger, einmal täglich nach Chóra Sfakíon; genaue Auskunft gibt nur der Anschlag am Busstopp (hinterer westlicher Ortsteil); großer Parkplatz fürs mitgebrachte Auto am Hafen (Gebühr); **Ausflugsboote** verkehren nur in der Saison.

Essen und Trinken / Nachtleben
In zwei Gassen zum und direkt am betonierten Hafen konzentriert sich alles Kulinarische, die Speisen können beim Schlendern in der Gasse begutachtet werden. Dachterrassen vergrößern die Stellflächen einiger Restaurants. Das Speiseangebot ist reichhaltig. Etwas zurück liegt das kleine rustikale **Horiatis** mit netter Atmosphäre; im **Faros** kommt selbstgefangener Fisch auf den Teller.
Kafeníon Synantesis, ruhender Pol im Touristentrubel des Dorfes, in dem auch die einheimischen Männer sitzen und (fast) alle drei Gassen hinuntergucken können; **Stelios**, Café mit Müsli, Kuchen, Fruchtsalat am Platz an der westlichen Hafengasse; zwei **Discotheken** an der Restaurantgasse. **Tavernen** am kleinen, mit Sand verbesserten **Strand** (Flußmündung) bieten für zwischendurch und am Abend Speisen, Getränke und Musik an.

Einkaufen
Im kleinen Laden Synergon Hellas verkaufen Petra und Thomas Pascoe Olivenöl und andere Produkte aus ihrem kontrolliert biologischen Anbau, Tel. 913 38.

Ausflüge
Mit Booten vom Hafen zum **Baden** nach Ágios Geórgios, Ágios Pávlos, Préveli, nach Mátala und zu dem Inselchen Paximádia. Busfahrt in die Messará zum minoischen **Festós** und **Agía Triáda** (evtl. **Mátala**); nach Norden ins **Amári-Tal** oder in das Kreisstädtchen **Spíli** oder nach **Réthimnon**; nach Westen über Plakiás nach **Préveli**.

Wanderungen: Zur Badebucht nach **Ágios Geórgios** im Westen; an der Küste nach Osten bis **Kókkinos Pírgos** (vielleicht Einkehr zum Fischessen in einer der großen Tavernen am Hafen).

Amári-Tal

Übernachten
Einfache Zimmer in Thrónos über einem Ausflugslokal.

Verkehrsmittel
Spärliche Busverbindungen, z. B. über Kamáres, einmal täglich Réthimnon–Thrónos; am besten Anreise mit Auto oder Bike; Zeit einplanen für die Anreisestrecke und die kleine Straße, die am Rand des Beckens entlangführt.

Sehenswürdigkeiten
Üppige Landschaft zwischen Bergriesen, byzantinische Kirchen, Reste eines venezianischen Klosters und Spuren aus der Antike; Gedenksteine deutscher «Vergeltungsmaßnahmen».

Anógia

Vorwahl
08 34

Informationen
Bank, Post, OTE-Zentrale am weiten Rathausplatz im Oberdorf.

Übernachten
Einfache, preiswerte Unterkünfte im oberen Ortsteil; **Hotel Psiloritis**, E-kat., an der Hauptstraße, Tel. 3 12 31; **Aristea**, Privatzimmer mit Du/WC/Balkon, freundliche Atmosphäre, in Seitengasse, Tel. 3 14 59; ähnlich wie das Aristea: **Mitato**; einfache Zimmer quasi in ihren Häusern vermieten **Agapi** (Seitengasse) und **Arkadi**, an der Straße beim Platz: Beide Vermieterinnen weben und verkaufen.

Verkehrsmittel
KTEL-Busse: ein halbes Dutzend täglich von Iráklion (35 km), sonntags weniger; von Réthimnon (um die 50 km) zweimal täglich über das Nachbardorf Axós.

Essen und Trinken
Am schattigen Kafeníaplatz oberhalb des Rathausplatzes, im Schnitt einfache Küche.

Sehenswürdigkeiten
Gedenktafel mit dem Wortlaut des Wehrmachtsbefehls vom August 1944 am Rathaus; unten am Rathausplatz die zweischiffige Ágios-Ioánnis-Kirche (ausgespart bei der «Vergeltungsmaßnahme» 1944) mit gut erhaltenen Fresken aus dem 14./15. Jahrhundert; im Unterdorf das **Museum** des **Alkibiades Skoulas**, der inzwischen greise Hirte hat erst im hohen Alter begonnen, seine entscheidenden Lebenserfahrungen – Kretas und Anógias Geschichte – in einfachen, ausdrucksstarken Bildern festzuhalten, die Holzskulpturen sind meistens früher, in seiner Hirtenzeit, entstanden. **Musik-Festival** in der ersten Augusthälfte.

Ausflüge
Ins Nachbardorf **Axós**; in Axós und Anógia können Urlauber organisierte «**kretische Nächte**» erleben, der Transfer erfolgt von der Küste aus mit Reisebussen. Zur **Nída-Hochebene** (1370 m) mit der **Ída-Höhle** führt eine rd. 22 km lange ausgebaute Fahrstraße (Paß in 1500 m), Anógia und die Nída sind teilweise durch einen gekennzeichneten Fußpfad verbunden; von der Nída starten **Hochgebirgstouren** am Psilorítis: auf den Gipfel Timios Stavros – hin und zurück oder mit Abstieg zum Amári-Becken; zur Kamáres-höhle hin und zurück oder mit Abstieg von der Kamáres zur Messará. Die Touren setzen Ortskenntnis, Erfahrung und Ausrüstung voraus.

Einkaufen
Nerviges Geschäftsgebaren sollte nicht davon abhalten, evtl. eine der **traditionellen Webarbeiten** der Frauen zu erstehen – Webarbeiten übrigens auch in Axós.

Arkádi
Kretas berühmtestes **Kloster**, 23 Kilometer von Réthimnon in 500 Meter

Höhe gelegen, Anfahrt durch abwechslungsreiche Landschaft; frei zugänglich von Sonnenaufgang bis Sonnenuntergang, gleiche Öffnungszeiten für das kleine Museum (Eintritt).

Ausflüge
Rückfahrt nach Réthimnon über die antike Stätte **Eléftherna** und das (Töpfer-)Dorf **Margarítes**.

Arméni
Großer spätminoischer **Nekropolenhügel**, 9 Kilometer von Réthimnon, benannt nach dem Dorf Arméni (Strecke Réthimnon – Spíli – Agía Galíni); die eindrucksvollen, zahlreichen Felsgräber können begangen werden; Eintritt frei, Di – Sa ca. 8 – 18, So nur bis 15 Uhr.

Balí
Zwischen Réthimnon (33 km) und Iráklion (45 km) stoppt der Bus auf der New Road in einsamer Felslandschaft oberhalb des einst idyllischen Fischerörtchens. Wer mit eigenem Untersatz unterwegs ist, für den lohnt eine kurze Zwischenpause, denn am Hafen läßt es sich immer noch gut sitzen. Bewegung verschafft ein Spaziergang (400 m) zum Kloster des heiligen Johannes, das trickreich in die Felsenkulisse gebaut wurde. Wer Gefallen an Balí findet, kann sich in den zahlreich entstandenen Unterkünften einquartieren (auch pauschal zu buchen).

Plakiás

Vorwahl
08 32

Informationen
Trotz der vielen Neubauten und des Straßendorfcharakters bleibt der Ort überschaubar: Agenturen, Auto- und Bike-Verleih (auf Qualität achten), Supermarkt mit Zeitungen/Büchern (Nähe Ortseingang), Kartentelefone und Postkiosk sind nicht zu übersehen.

Übernachten
Das Angebot ist groß, im und um den Ort herum ist viel gebaut worden.

Mittlere Preisklasse
Alianthos Beach, Tel. 312 80, auch pauschal zu buchen; neues, großes Hotel mit Zimmern und Appartements am Ortseingang, über die Straße liegt der Strand.

Preiswert
Hotel Sofia, Tel. 740 60, Fax 312 52; kleiner Innenhof, 25 Zimmer; ruhig, obwohl nah am Dorfkern; daß das Hotel nicht mehr das jüngste ist, machen Annemarie Joks und ihr griechischer Partner durch ihre Herzlichkeit wieder wett, beide sind sensibel in puncto Umwelt; auch pauschal zu buchen; **Thetis**, Tel. 314 30, etwas zurückgelegen im östlichen Teil, unterschiedliche Studios und Zimmer, Garten; in der Nähe: **Ippokampos**, Tel. 315 25, hübsche Appartements mit Balkon. Außerhalb des Dorfes, im Umkreis von einem bis zu mehreren Kilometern sind attraktive Pensionen und kleine Anlagen entstanden; FKK-Ferienanlage **Kalypso** auf einem Felsplateau am Meer östlich von Plakiás, zu buchen über OBÖNA-Reisen, Postfach 1449, 61214 Bad Nauheim, Tel. 060 32/89 84, Fax 835 64. Im **Bergdorf Mírthios** werden Zimmer und Appartements angeboten.

Camping
Apollonia, am Ortseingang, relativ neuer Platz mit 65 Stellplätzen, Schatten durch Bäume oder Schilfdächer; Tel. 313 18, Fax 316 07.

Jugendherbergen
In **Plakiás** neu entstanden eine kleine Herberge, kurze Wegstrecke hinter der Brücke; die Jugendherberge in **Mírthios** besteht seit Urzeiten, ist entsprechend einfach, aber wegen ihrer Lage (mit Aussicht aufs Plakiás-Tal) und der Tradition sehr beliebt.

Verkehrsmittel
KTEL-Busse verbinden mit Réthimnon ein halbes dutzendmal täglich, mit Agía Galíni zwei- bis viermal (evtl. unterwegs umsteigen), nach Frangokástello/Chóra Sfakíon mindestens einmal, dreimal Kloster Préveli; Auskunft ohne Gewähr, denn Genaues verrät der Aushang an der Haltestelle Ortsausgang. **Badeboote** und ab und an die Möglichkeit, per Schiff nach Agía Galíni weiterzureisen (in Agenturen fragen).

Essen und Trinken / Nachtleben
Unschlagbar schön sitzt man bei **Christos** unter den Tamarisken direkt am

Meer am kleinen Hafen, die Küche ist nicht extravagant, aber gut; nahebei **Sofia**, inzwischen riesengroß geworden, trotzdem so beliebt wie zu Rucksackreisezeiten; **Julia's Taverne**, englisch geführt, erfreut abends mit ausgefallenen, vor allem vegetarischen Angeboten; daneben im **Sunset**, ebenfalls westlich vom Hafen, geht's griechisch-lecker zu. **Lysseos**, an der Brücke im Tiefparterre, erinnert an den verfeinerten Griechen von zu Hause. Oberhalb des Souda Beach kann man einkehren (gut 3 km nach Westen vor der Felswand), der relativ kurze Fußweg hinauf zum **Dorf Mírthios** lohnt immer, um im Panorama auf dem Balkon oder im Dionysos auf der Terrasse gut zu Abend zu essen oder preiswert in der **Taverne Platia** unterhalb der Jugendherberge. In Plakiás sind Musik, Bars und Disco nicht zu überhören und zu übersehen, da an der Straße aufgereiht, z. B. recht zentral **die Swing-Dancing Bar**.

Einkaufen
Acrovatis artwork, etwas zurückliegend im Ortskern, bietet ausgefallene Dinge; ansonsten gibt's Schmuck (Gold/Silber), Apfelkuchen, Croissants, Souvenirs und alles, was zu einem Touristenflecken gehört, an der langen, betonierten Uferstraße.

Sport
Im Sommer gibt's eine **Tauchschule**: Isabella Papadakis, Tel. 3 12 06; in der Bucht wird gesurft.

Ausflüge
Zum **Kloster Préveli**; am Kloster **Káto Préveli** die venezianische Brücke überqueren und evtl. bis zur Mündung des **Megalopotamos** wandern; oder in einer großen Tages-Rundwanderung von Asómatos zu beiden Klöstern und zum Palmental des Megalopotamos; Streifzüge im Tal hinter Plakiás, z. B. zu den alten Wassermühlen (Ruinen), zu den nahen **Bergdörfern Mírthios und Selía**; Fahrt nach Réthimnon, nach **Spíli**; mit dem **Boot** zum **Baden** (3 km westlich in die Souda-Bucht; gen Osten nach Damnóni bzw. besser in die östlichen Seitenbuchten; zur Megalopotamos-Mündung bei Préveli; nach Frangokástello).

Préveli
Beide, das verfallende Nebenkloster Káto Préveli landeinwärts am Fluß (venezianische Brücke) und das bewohnte Piso Préveli am Meer, lohnen einen Besuch. Káto Préveli (auch Moní Mega Potamu) ist frei zugänglich, das Hauptkloster Piso Préveli nimmt eine kleine Gebühr sowohl für die Besichtigung der Klosteranlage wie für das Klostermuseum. Zwischen 9 und 18 Uhr kann man einen Besuch abstatten, in der Saison auch schon eine Stunde früher und länger. Über der traumhaften Aussicht vom Klosterhof aufs Meer sollte man den Besuch der Klosterkirche nicht versäumen (Ikonostase, Kanzel, Bischofssitz); im Klosterhof Brunnen und Gedenktafeln (Zweiter Weltkrieg); außerhalb der Friedhof.

Réthimnon
Die kleinste der drei großen Nordküstenstädte, in deren engen Altstadtgassen Venezianer- und Türkenzeit steinerne und hölzerne Zeugen hinterlassen haben; Bezirkshauptstadt des gleichnamigen Nomós. Der Sandstrand «vor der Haustür» setzt sich kilometerweit nach Osten fort. Er ist fest in der Hand von Hotelanlagen und Privatpensionen, die über Pauschalanbieter an die Badefans gebracht werden.

Vorwahl
08 31

Informationen / Adressen
EOT, Sofoukli-Venizelou-Straße (Strandstraße), Tel. 2 91 48, 8–14.30 Uhr, Sa/So geschlossen; **Touristenpolizei**, Tel. 2 81 56; **Post**, Moatsou-Str. 19 (südlich der Platía 4 Martiron), Postkiosk an der Strandstraße; **OTE-Zentrale**, Koundouriotou-Str. 28 (östlich der Platía 4 Martiron); **Arztpraxis** Dr. A. Papadakis, Gerakari-Str. 170 (Nähe Platía Iroon), praktischer Arzt und Internist, spricht Deutsch.

Agenturen
Rethimnon Lines, Arkadiou-Str. 250 (hinter der Strandstraße), Tel. 2 68 76, Schiffstickets Réthimnon–Piräus; **Kedros-Reisen**, Sofoukli-Venizelou-Str. 6, die deutsch geführte, erfahrene Agentur ist ein guter Anlaufpunkt für Tips und Ausflüge jeder Art, Tel. 5 45 88, Fax 5 00 65 (Prospekte können angefordert werden); **Happy Walker**, Topasi-Str. 56 (Altstadt, zwischen Kathedrale

und Valides-Moschee), ein Niederländer bietet deutsch geführte Wander-Tagestouren an, Tel. / Fax 5 29 20.

Sport

Wassersport
Paradise Dive Centre, Giamboudaki-Str. 51, Tauchkurse, Ausflüge, Ausrüstung, Tel. 5 32 58; **Atlantis Diving Centre**: Tauchangebot im Hotel Rithymna Beach (7 km östlich von R.), deutschsprachige Leitung, Tel. 7 10 02, Fax 7 116 68; Wassersport jeder Art mit dem deutschen Unternehmen **Overschmidt International** in den Strandhotels Creta Palace (Tel. 2 75 15), Rithymna Beach (Tel. 7 10 02), El Greco (Tel. 7 11 02), in Deutschland unter 02 51 / 5 32 1 05.

Wandern / Mountainbiking
Trekking Plan, M. Portaliou 31, Tel. / Fax 2 13 55; **Hellas Bike Travel**, beim Grecotel Rithymna Beach, Tel. 7 10 02 (siehe S. 323, «Wandern»).

Übernachten (Altstadt)

Obere Preisklasse
Mythos Suites Hotel, Karaoli-Dimitriou-Str. 12 (nahe der Kathedrale), Tel. 5 39 17 u. 5 37 64, Fax 5 10 36, renoviertes Herrenhaus aus dem 16. Jahrhundert, bietet in 2 Appartements, 2 Studios und 6 Maisonettes ruhige Unterkunft, Schwimmbad von Jan. – Dez., auch pauschal zu buchen.

Mittlere Preisklasse
Castello, Tel. 5 02 80, Pension mit Garten neben dem Mythos Hotel, Platía Karaoli Dimitriou 10; **Palazzo Rimonti**, Xanthoudidou-Str. 21, Tel. 5 12 89, Fax 2 67 57, schöner Gebäudekomplex mit Appartements, Schwimmbad.

Preiswert
Anna, Kathaki-Str., Tel. 2 55 86, türkisches Haus am Zugang zur Fortezza, nette Atmosphäre. Westlich vom venezianischen Hafen liegen ruhigere Unterkünfte (als am Stadtstrand) mit gutem Ausblick: **Seeblick**, Nikolaou Plastira 17, Tel. 2 24 78; deutsch-griechischer Familienbetrieb, Zimmer unterschiedlich in Ausstattung und Preis; **Dokimaki**, Platía Nikolaou Plastira, Tel. 2 45 81, venezianisches Haus, um einen Innenhof Zimmer, die über Bad und Kochgelegenheit verfügen.

Übernachten (Beach)
4 km östlich drei große Hotel- / Bungalowanlagen der **Grecotel-Gruppe** (El Greco, Rithymna Beach, Creta Palace) in Luxus- oder gehobener Preisklasse, alle auch pauschal zu buchen; bemerkenswert sind die großzügigen gepflegten Anlagen und das Engagement des kretischen Unternehmens im Natur- und Umweltschutz, es praktiziert u. a. Recycling (incl. Wasser) und kontrolliert biologischen Anbau; **Creta Palace**, Luxuskategorie, Tel. 5 51 81, 2 75 14, Fax 5 40 85; das neueste Projekt der Grecotel-Gruppe mit der geringsten Bettenkapazität: unter 400 Betten in Zimmern, Bungalows und Suiten; umfangreiche Einrichtungen für Kinder (Juni bis September sogar Übernachtbetreuung), zu dieser Zeit werden auch die Teenie-Sprößlinge von der Hotelleitung nicht vergessen; siehe «Sport».

Jugendherberge
In der Altstadt, Tel. 2 28 48, beliebt, weil angenehme Atmosphäre.

Camping
Elisabeth und Arkadia in Missiria direkt am Sandstrand, mit vielen Bäumen, ca. 3 km östlich von Réthimnon.

Verkehrsmittel
Überlandbusse fahren ab vom neuen Busbahnhof am südwestlichen Rand der Altstadt: *Südküste* Agía Galíni und Plakiás mehrmals täglich, einer davon weiter nach Chóra Sfakíon; *Nordküste* Iráklion und Chaniá tagsüber fast stündlich (New Road), die zeitaufwendigste, aber schönere Strecke über die Old Road wird weniger bedient. Busse nach **Pérama, Axós, Anógia, Amári** von der Platía Iroon (Ostende der Altstadt); **Stadtbusse** laufen die Campingplätze und großen Strandhotels östlich von Réthimnon an, können gut für Badeausflüge genutzt werden. **Fähren**: tägliche Verbindung mit Piräus vom neuen Hafen aus (hinter dem venezianischen); in der Saison Fahrten nach Santoríni. **Boote** für Ausflüge nach Pánormo oder Georgioúpolis starten im venezianischen Hafen.

Essen und Trinken
Das intime venezianische Hafenbecken wäre die ideale Kulisse für ein köstliches Essen, statt dessen wird an den dichtgedrängten Tischen durch-

weg abgefüttert, ähnlich am Stadtstrand; Qualität findet sich eher in den westlichen Altstadtgassen. Der originellen Ausstattung wegen lohnt ein Blick in die Taverne **Vassilis**, in der Regel ist der Fisch gut in **Seven Brothers** vis-à-vis; bei **Kyria Maria** (Seitengasse am Rimondi-Brunnen) begleitet Vogelgezwitscher gute, einfache Küche; schönes Ambiente und gepflegte Küche bestimmen die Preise im **Avli** und **Larentzo** dicht am Rimondi-Brunnen; Ortou-Str. 6 (westlich vom Rimondi-Brunnen) liegt **To Sokaki** mit abwechslungsreichem und nicht alltäglichem Angebot; in der Ouzerie **T'Araxovoli** (Platía Iroon Politechniou) wird man im Garten beim Probieren vieler «mezédes» satt (ab 18 Uhr); abends Live-Musik gibt's im **O Gounaki**, Panou-Koroneou-Str. 8; sonst wird man in Cafés und Bars um Rimondi-Brunnen und Vernardou-Str. fündig, im **Galero** bzw. im **Figaro** oder in der Freiluftbar **Walz** (Salaminos-Str.); die Disco **Cinema Dancing Bar** liegt an der Melissinou-Str. mitten in der Altstadt.

Sehenswürdigkeiten

Altstadt (mehr türkische Elemente als in Chaniá, hölzerne Türkenbalkone an den venezianischen Häusern), überragt von der **Fortezza** (venez. Festung) an der Spitze der Stadthalbinsel, **venezianischer Hafen**; man betritt die schönen Altstadtgassen hinter dem **Platz der 4 Märtyrer** (Kirche Tesseron Martiron und **Denkmal** des Helden von Arkádi, Kostas Giamboudákis) durch die Porta Guora, das ehemalige Stadttor; direkt dahinter die **Valides-Moschee**, sie ist innen nicht zugänglich, genauso wie die im Osten der Altstadt liegende **Moschee Kará Moussá Paschá**; am Petichaki-Platz – in der Nähe liegt der venez. **Rimondi-Brunnen** – kann man zur Plattform des Minaretts der **Moschee tis Nerantzés** hochsteigen (Aussicht!); eine Besteigung ist auch bei der **Moschee Velí Paschá** möglich (außerhalb der Altstadt gelegen); nur von außen zu besichtigen: ein **türkisches Bad** westlich vom Rimondi-Brunnen, die renovierungsbedürftige venezianische **Loggia** (früher Archäol. Museum).

Museen

Archäologisches Museum: am Eingang zur Fortezza, Di–So 8.30–15 Uhr, Eintritt, So frei; Funde aus der Umgebung von Réthimnon vom Neolithikum bis zu den Römern (aus der berühmten Nekropole von Armeni, aus Axós, Amári und den Höhlen von Geráni und Ída, aus einem Schiffswrack von Agía Galíni); wertvolle Münzsammlung (Griechen bis Byzantiner); **Historisches Volkskundemuseum**: kleine Sammlung mit Exponaten und Fotos vom bäuerlichen Leben, von Handwerkern, der Seidenraupenzucht, Mo–So 9–13 und 18–20 Uhr, Eintritt.

Kultur / Feste

Ausstellungen: Wechselnde Ausstellungen und Veranstaltungen in der venez. **Basilika San Francesco** (Universitätsgebäude), Seitengasse westlich der E.-Kntistaseos-Str.; Galerie Lefteris Kanakákis, Arbeiten des rethimnotischen Malers (1934–85); griechische Malerei aus dem vorigen Jahrhundert, Di–So 10–14 und 17–20 Uhr, Eintritt. **Festival**: Juli bis August Sommerfestival mit Theater u. a. Veranstaltungen in 27 Städten und Dörfern. **Feste**: Karneval mit Umzug, rund 14 Tage vor Rosenmontag; Ende Juli Weinfest im Stadtpark (Dionysos-Feiern).

Einkaufen

Haupteinkaufsstraßen: die Ethnikis Antistaseos, die Souliou-Str. mit ihren Seitengassen (bescheren gleichzeitig einen herrlichen Altstadtbummel) und die Arkadiou-Str., überall sind Réthimnioten und Touristen bunt gemischt; in der Odós Souliou 58 der berühmte Kräuterladen von Panajótis Kondojánnis; **Kunsthandwerk**: besonders um die Souliou-Str.; eine Onyxschleiferei in der Katechaki-Str. 3 (am Aufgang zur Fortezza); EOMMEX, Kall. Kritouloudiou (1. Stock) oder nachfragen im EOT am Stadtstrand; **Markt**: jeden Mittwochmorgen neben dem Stadtpark (Parkplatz).

Ausflüge

Wer trotz des schönen Sandes nicht direkt vor der Stadt ins Wasser gehen will, sucht sich ein Plätzchen zum **Baden** am schier endlosen Sandstrand gen Osten zwischen den Urlaubern von Missiria (3 km) bis Skaléta (ca. 16 km von Réthimnon); weiter auf der New Road zweigt auch dahinter der eine und andere Pfad ab, runter an die felsiger werdende Küste; in der Kiesbucht an der Gerapótamos-Mündung und im Örtchen Pánormo (25 km), das auf Anschluß im Tourismus hofft, ebenfalls bescheidene Strände. **Boot/Schiff:** nach Santoríni, Georgioúpolis, Pánormo (siehe «Verkehrsmittel»); «Piraten und Popeye»-Ausflugsfahrten nach Marathi an der Südostseite von Akrotíro, über Ida Travel, Tel. 2 44 66.

Hinterland
Dorf **Argiroúpolis** (an der Bezirksgrenze, ca. 6–7 km südlich von Episkopí); von dort evtl. Wanderung zu den Kirchen Ágios Philosía und / oder Ágios Elías (Blick vom Steilhang), ca. 3 Std. Gehzeit; der **Nekropolenhügel** bei **Arméni**; Dörfer im Radius von wenigen Kilometern (von West nach Ost): **Atsipópoulo**, weitere am Fuß des Vrissinas und **Maroulás** (denkmalgeschützt); die Ruinen von **Eléftherna** und das Töpferdorf **Mágarites** können gut mit der Besichtigungsfahrt zum **Kloster Arkádi** verbunden werden; ins **Ída-Gebirge** über die Old Road (Köhler und ihre Meiler) und später über einen Abzweig hinauf, um die Bergdörfer **Axós** und **Anógia**, evtl. die **Nída-Hochebene** zu erreichen; Besuch des **Amári-Beckens** mit seinen landschaftlichen Schönheiten und christlichen Zeugnissen, zwischen Ída-Gebirge und Kédros-Massiv; Ausflüge über Arméni–Spíli an die **Südküste** (z. B. Kloster Préveli).

Wanderungen
Siehe **Agiroúpolis**; Auf- und Abstieg zum **Festungsberg Bonripári** (Aussicht), ca. 2 Std., beim Dörfchen Monopári, über Prinés-Gonía südlich von R.; von **Arkáki** und **Thrónos** (Rand des Amári-Beckens), bei Hin- und Rückweg gut 5 Std. Gehzeit.

Spíli
Hauptort des Landkreises Ágios Vasílios, 31 km südlich von Réthimnon an der Straße nach Agía Galíni gelegen; Bischofssitz.

Vorwahl
08 32

Übernachten
Im wasserreichen Ort werden einfache Zimmer vermietet, z. B. im Hotel Green, Tel. 2 22 25, oder der Pension Iraklis, Tel. 2 24 11, dazu kommen einige Privatanbieter.

Zentralkreta/Nomós Iráklion

Agía Triáda
Minoische Ausgrabung 3 km westlich von Festós, kein öffentlicher Busverkehr; täglich 8.30–15 Uhr (So 14.30 Uhr), Eintritt, sonntags frei.

Archánes
15 km südlich von Iráklion, große Winzergenossenschaft am Eingang des Dorfes.

Vorwahl
081

Übernachten
Der einzige Vermieter macht durch angepinnte Zettel auf sich aufmerksam: Orestis, Tel. 75 16 19, einfache Zimmer etwas oberhalb im Dorf; grünes Innenhöfchen, an dessen Ausgang auch andere Dörfler wohnen; Frühstück um die Ecke beim Vermieter.

Verkehrsmittel
Vom Morgen bis zum Abend (werktags ca. 20 Uhr) gute Busverbindungen mit Iráklion (12mal), sonntags nur halb so viele, der Bus parkt am südlichen Dorfplatz; in Iráklion Start ab Busbahnhof A, Fahrzeit: $\frac{1}{2}$ Std.

Essen und Trinken
Kafeníon bei der Panagía-Kirche und an der Ecke der Marktgasse; rund um den Platz im südlichen Ortsbereich kleine Bars und Tavernen, fast ausschließlich von Einheimischen bevölkert.

Sehenswürdigkeiten
Didaktisch aktuell aufbereitetes **Museum** zu den örtlichen minoischen Funden; täglich 8–14.30 Uhr, kleiner Eintritt. Die **Panagía-Kirche** (rechts nach der Ortseinfahrt am tiefer liegenden Platz mit dem Kampanile) hat eine außergewöhnliche **Ikonensammlung** (am schönsten nach einem Gottesdienst zu besichtigen); ansonsten muß man nach dem Schlüssel fragen. Die **Ausgrabungen** eines minoischen **Palast** (südöstlicher Dorfteil, am Hang mitten in der Bebauung) sind noch nicht abgeschlossen. Ausgeschildert sind die Wege zur **Nekropole Fourní** (etwas außerhalb überm Bachtal) und zum Menschenopferaltar **Anemóspilia** (beeindruckende Lage am Hang des Berges **Joúchtas**, 3 km Schotterweg, unterwegs die Müllkippe). Beide Ge-

lände sind eingezäunt, den Schlüssel kann man im Kafeníon bei der Panagía-Kirche erbitten.

Einkaufen
Orestis empfiehlt seinen Gästen die eine oder andere Flasche roten oder weißen Archánes.

Ausflüge
Wanderung (ca. 1 Std. Aufstieg vom Fuß bis zum Gipfel, interessante Flora) oder Fahrt auf den markanten **Berg Joúchtas** (811 m, Aussicht rundum). Nach der frühen Überlieferung liegt der kretische Zeus in einer Höhle im Innern begraben. Auf dem zugänglichen Gipfel die Kirche Christi Verklärung (Fest am 6. August), der zweite Gipfel beherbergt eine Militärstation. Vier Kilometer hinter Archánes in wundeschöner Lage das **minoische Weingut Wathípetro**; die Landschaft ist einsam und idyllisch, die Straße holperig; soll nicht ein Blick von vielen Stellen über den Zaun genügen, sollte man vor 15 Uhr eintreffen; besser ist, sich im Museum von Archánes wegen der Öffnungszeiten zu vergewissern. Vor Archánes ist der Abzweig (gut 10 km Fahrt, u. a. durch das Weinbaugebiet um Peza) zum **Kazantzákis Museum in** Mirtiá ausgeschildert: 9 – 13 Uhr, Mo, Mi, Sa und So auch 16 – 20 Uhr, Do geschlossen, von Nov. bis Ende Februar nur So von 9 – 14 Uhr; Eintritt. Von hier über kleinere Straßen (über 10 km) nach Südosten erreicht man das **Töpferdorf Thrapsanó**.

Asteroússia-Gebirge
Es riegelt die Messará-Ebene nach Süden hin ab. Obwohl nur halb so hoch (Kófinas 1231 m) wie die Weißen Berge oder der Ída, ist es rauh, karg, einsam und stellenweise alpin mit Klippen zum Libyschen Meer. Am Libyschen Meer die kleinen Badeorte Kalí Liménes, Léndas und Tsoútsouros (Tsoútsouros s. unter Ostkreta). **Wander-, Berg- und Klettertouren** von ein paar Tagen bis zu zwei Wochen bieten Gunnar und Luisa Schuschnigg an (siehe S. 302, «Wandern»).

Cherssónissos
Wen es per Sonderangebot pauschal nach **Limín Cherssoníssou**, dem Badeort unterhalb des Dorfes **Cherssónissos** (26 km östlich von Iráklion), verschlagen hat, der kann lautes Strandleben, zwei Vergnügungsbäder mit Riesenrutschen und Bungee-Springen genießen. Abends ist der Bär los. Nach Osten (über **Stalís bis Mália** und inzwischen **Sísi**) gibt es keine Möglichkeit, den Menschenmassen, Hotels und dem Straßenverkehr zu entgehen. Von Iráklion kommend, stimmt die Touristenszenerie ab Amnissós, Kókkino Cháni und Goúrnes entlang der Küstenschnellstraße darauf ein. Einzige Lösung: Das Hotelareal ist exzellent, liegt etwas ruhiger, daß es sich mit Blick auf Pool, hoteleigenem schattigen Sandstrand oder Meer aushalten läßt.

Vorwahl
08 97

Übernachten
Von Luxuskategorie (Creta Maris hat ganzjährig geöffnet) bis Pension «E» ist alles vertreten und im Katalog auszusuchen. Das Sport- und Animationsprogramm der großen Hotels läßt keine Wünsche offen. Wer auf eigene Faust Unterkunft sucht, findet diese leichter, ruhiger und mit etwas mehr Atmosphäre in den nahen Orten Cherssónissos (Dorf), Piskopianó und Koutouloufári. Von den Hügeln herunterblickend, wirkt das Lichtermeer der Küste abends durchaus «romantisch».

Camping
Hersonissos, bei Kilometer 22 von Iráklion kommend, 500 m abseits der Straße an kleinem Sandstrand, 58 Stellplätze, Tel. 2 29 02; **Caravan**, auf halber Strecke nach Stalís, 36 Stellplätze am Wasser, Tel. 2 20 25. (8 Kilometer westlich vor L. Cherssoníssou Campingplatz **Gouves**, 90 Stellplätze, Tel. 4 14 00; östlich der Platz **Sissi**, ca. 1 km vom Hafen des gleichnamigen Ortes, 115 Stellplätze.)

Jugendherberge
Nach dem Ortsende, an der Straße nach Mália, Tel. 2 32 82.

Verkehrsmittel
Die Nordküstenstraße von Iráklion nach Ágios Nikólaos führt als Odós Eleftheríou Venizélou lang und mitten durch Limín Cherssoníssou; die im Halbstundentakt verkehrenden Busse brauchen von Iráklion (Busbahnhof A) bis Mália eine Stunde. Sie setzen Aus-

flügler an den Badebuchten und Hotels ab.

Essen und Trinken / Nachtleben
Einige Lokale hängen Farbfotos ihrer Menüs vors Lokal. An der für den Verkehr gesperrten Strandpromenade, in ihren Seitengassen und am Hafen läßt sich auch mal was Nettes entdecken, wo man gemütlich sitzen kann. Imbißbuden regeln die schnelle Triebbefriedigung. Die Abende sind voll Neonlicht und fetziger Disco-Musik.

Sehenswürdigkeiten
Ágios-Nikólaos-Kapelle auf kleinem Felsplateau am Ostende der Badebucht (Gelände des Hotels Nora); eingezäunt auf dem Felsen über dem Hafen im Westen Spuren (u. a. Mosaikreste) einer Basilika aus dem 5. Jahrhundert; an der Straße, die zum Hafen führt, befindet sich ein römischer Brunnen, Mosaiken mit Meeresmotiven sind erhalten. Der Ort war Hafen der dorischen Stadt Lythós (beim heutigen Kastélli-Pediásas, Platz sehenswert) und bedeutsam bis in römische und byzantinische Zeit, durch Senkung der Insel versank der Hafen im Meer. Vom Tempel der Göttin Britómartis gibt es keine, vom großen Amphitheater kaum Spuren.

Museen
Im Museum **Lychnostasis** gibt es Kretas handwerklich-bäuerliche Vergangenheit zum Anfassen, wechselnde Aktionen und fremdsprachige Führungen. Die spannende Einrichtung geht auf Sammlung eines einheimischen Arztes zurück; östlich von Limín Cherssoníssou, Di–So 9.30–14 Uhr; Eintritt, die Karte berechtigt zu mehrmaligem Besuch. In **Piskopianó** ermöglicht das **Agrotiko Museio** in einer ehemaligen Ölmühle ebenfalls einen Trip in die Vergangenheit mit vielen Aha-Erlebnissen: Weberei, Rakíbrennen, Tischlern und Olivenverarbeitung, Di–So 10–13 und 16–20.30 Uhr, Eintritt.

Ausflüge
Das **Dorf Cherssónissos** hat sich darauf eingestellt, daß gewisse Hotelurlauber aus Limín Cherssoníssou die Abende lieber in den Tavernen und Restaurants um seinen Dorfplatz verbringen. Der minoische **Palast** von **Mália** liegt nebenan. Über Kastélli-P. läßt sich in einem etwas umfangreicheren Ausflug das **Töpferdorf Thrapsanó** ansteuern.

Auf die **Lassíthi-Hochebene** führt von Nordwesten keine andere (Serpentinen-)Straße als die über den windmühlenbestandenen **Paß Selí Ambélou** (900 m). An der Straße zur Lassíthi lohnen einige Dörfer nicht nur wegen ihrer landschaftlichen Schönheit einen Extrabesuch: Hinter dem Abzweig nach Kastélli-P. in Richtung Lassíthi Reste eines **römischen Aquädukts** (von Lythós nach Limín Cherssónisson); kurz vorm **Ort Potamiés** am Hang **Moní Gouverniotissa**, wahrscheinlich im 10. Jahrhundert erbaut, lange als Klostergut genutzt, heute verlassen; die Wandmalereien des Katholikons sind sehenswert; gelingt es nicht, den Schlüssel in Potamiés zu bekommen: Kopien einiger der Fresken aus dem 14./15. Jahrhundert sind in der Ágios-Márkos-Kirche in Iráklion, die Ikonen aus dem 16./17. Jahrhundert im Historischen Museum Iráklion ausgestellt; im **Dorf Krássi** (1 km abseits der Durchgangsstraße) unterhalb von **Kerá** liegt das Kloster **Panagía Kerá** oder Moní Kardiotíssis, inzwischen Nonnenkloster, mit bedeutenden Fresken (14. Jahrhundert). Im Templon die immer wieder gestohlene, berühmte wundertätige Ikone der Gottesmutter, die der heilige Lazarus gemalt haben soll und um die sich unzählige Geschichten ranken; Weihefest des Klosters am 8. September.

Wanderungen zur/von der Lassíthi (hier ist garantiert weniger Betrieb als während der touristischen Stoßzeiten auf der Serpentinenstraße): **von Kastamonítsa** bei Kastélli-Pediásas über E-4-Wanderweg – teilweise venezianische Straße – **nach Káto Metóchi** (Nordwestrand der Lassíthi, nordöstlich des Dorfes wird das Kloster Vidianis wiederbelebt, es soll ein Museum für Naturgeschichte beherbergen); **von Tzermiádo** (Lassíthi) **zur Platane** im Dorf **Krássi**.

Festós
Bedeutendes minoisches Zentrum in der Messará-Ebene, landschaftlich schön gelegen; täglich 8–18 Uhr, entsprechend der Größe etwas höherer Eintritt, So frei, großer Pavillon (Informationsmaterial, Dias und gute Literatur) und Cafeteria.

Verkehrsmittel

Die regelmäßig einlaufenden KTEL-Busse halten hier aus Richtung Iráklion (Busbahnhof B, 1 ½ Std.), Mátala und Agía Galíni; Umsteigepunkt für Querverbindungen (Mátala, Agía Galíni), die An- und Abfahrtszeiten sind auf dem Parkplatz angeschlagen.

Ausflüge

Minoischer Palast von **Agía Triáda**, 3 km entfernt über eine Piste mit dem Auto oder zu Fuß zu erreichen. Südlich beim Friedhof des Dorfes Ágios Ioánnis die byzantinische **Ágios-Pávlos-Kirche**. Weitere Sehenswürdigkeiten s. unter **Górtis**.

Fódele

Gilt als der Geburtsort des Malers Domenikos Theotokópoulos (**El Greco**). Eine Abordnung der spanischen Universität Valladolid hat im Jahre 1934 einen Gedenkstein aufgestellt. Im einfachen Dorf (28 km westlich von Iráklion, Abzweig von der New Road) wird auf sein Geburtshaus verwiesen, eine nördlich abseits liegende Ruine im Bereich des byzantinischen Siedlungsplatzes, nahebei eine eindrucksvolle byzantinische Kreuzkuppelkirche der Panagía. Die Dorffrauen verkaufen Häkel- und Klöppelarbeiten an die Touristen. Sitzen und essen kann man schattig am Platz oder preiswerter in den Seitengassen. Man kann sogar übernachten. Mit dem KTEL-Bus ist Fódele von Iráklion aus (Busbahnhof B, 1 Std. Fahrt) frühmorgens und nachmittags zu erreichen, Sa/So keine Verbindung.

Górtis

Großes archäologisches Areal inmitten der Olivenveteranen der Messará-Ebene. Die Busse von Iráklion (46 km) halten in Ágii Déka und bei der **Titus-Basilika** (6. Jahrhundert); im römischen **Odeon** die in dorischem Dialekt abgefaßten **Gesetzestafeln**, die mythische Platane (Zeus und Europa) etwas unterhalb der Akropolis; das nördlich der Straße liegende eingezäunte Gelände ist zu besichtigen: 8.30–15 Uhr, werktags manchmal länger, Eintritt. Frei zugänglich – bis auf die Areale, in denen die Italiener graben – ist das Gelände südlich der Landstraße; ein Spaziergang durch die Olivenhaine bis Ágii Déka (zahllose Ausgrabungen und **Ruinen**, Säulen mitten im Acker) macht die riesigen Ausmaße der römischen Provinzhauptstadt deutlich.

Ausflüge

Unzählige antike Baufragmente sind in den Häusern von **Ágii Déka** verbaut, in der restaurierten Dorfkirche zu besichtigen die Marmorplatte der 10 Märtyrer, östlich vom Ortsausgang sind ihre vermeintlichen Knochen begraben (Kirchlein). Entlang der Straße und in der einen oder anderen Seitengasse warten Tavernen auf hungrige und durstige Trümmertouristen. **Richtung Léndas:** Auf den ersten Kilometern (Abzweig bei Górtis) ein Hinweis auf das Ceramic Studio in **Mitrópolis**, auf einem wiederaufgebauten kretischen Gehöft kann man töpfern oder die Ferien verbringen (siehe S. 292, «Ferienkurse»). Bei **Vassilika Anógia** (Rand der Asteroússia) die moderne Stifterkapelle Ágios Stefanos, die Ikonostase hat die in Iráklion lebende Ikonenmalerin Woula Manousaki gestaltet.

Wanderung

Ein Schotterweg führt von Ágii Déka hinauf ins ca. 500 m hoch gelegene **Gérgeri**, im Tal aufwärts Reste der römischen Wasserleitung. Von Gérgeri kann man auf einem (jetzt recht ebenen) Fuß-/Schotterpfad, den man allerdings hartnäckig erfragen muß, zum westlicher gelegenen **Záros** gelangen.

Iráklion

Vorwahl
081

Information/Adressen

Im Flughafen

EOT-Informationsschalter; **Taxipreise** für einen Transfer vom Flughafen zum Ferienort (Tafel); **Bankschalter** durchgehend geöffnet; **Gepäckaufbewahrung** (24 Std.); **Agenturen**, Autoverleih (diese auch außerhalb der Halle).

In der Stadt

EOT: Xanthoudidou-Str. 1, Tel. 228225, 226081, Fax 226020 (gegenüber dem Archäologischen Museum); **Touristenpolizei:** in der Dikeosinis-Str. (Hauptverkehrsstr., parallel zur Odós Dedalou), Tel. 283190; in der

Nähe die **Post**, Daskaloiannis-Platz 10, Mo–Fr 7.30–20 Uhr; die meisten **Agenturen** in der Straße 25 Avgoustou (Hafen Richtung Morosíni-Brunnen); hier auch ANEK, Tel. 22 24 81, und Minoan Lines, Tel. 22 96 46; **Olympic Airways**, am Eleftherias-Platz, Tel. 22 91 91; **OTE**, am El-Greco-Park, 6–24 Uhr; **Waschsalon mit Schließfach-Gepäckaufbewahrung** (auch Fahrrad), Chandakos-Str. 18 / Kydonias-Platz, Tel. 28 08 58, Fax 28 44 42.

Übernachten
In der Regel heißt Iráklion: eine Nacht vor dem Abflug überbrücken oder Schlafplatz nach der späten Ankunft, um am nächsten Morgen ans eigentliche Ziel zu reisen. Mit dem Kurzaufenthalt läßt sich ein Besuch in Knossós und im Archäologischen Museum verbinden.

Obere Preisklasse
Astoria, Jan.–Dez., Eleftherias-Platz 6, Tel. 22 90 02, Fax 22 90 78.

Mittlere Preisklasse
Atrion, Jan.–Dez., Paleologou-Str. 9, Tel. 22 92 25, Fax 22 32 92, äußerlich gesichtsloser Neubau, in der Nähe des Historischen Museums, Hotel-Kateg. B, aber ruhig mit guten Service.

Preiswert
Vergina, schönes Altstadthaus aus dem vorigen Jahrhundert, mit Innenhof und Bananenstaude, Etagendusche, etwas verwohnt, Chortatson-Str. 32, Tel. 24 27 39; **Rea**, Kalimerakis-Str. 1, Abzweig der Chandakos-Str., Tel. 22 36 38; unterschiedliche Ausstattung der Zimmer, Frühstück. Seitenstraße der Avgoustou: **Lena**, Lachana-Str. 10, Tel. 22 32 80, Fax 24 28 26, ältlich, ruhig.

Jugendherbergen
Youth Hostel, Chandakos-Str. 24, Tel. 28 08 58, größere und kleinere Mehrbettzimmer bei einem Privatanbieter, Dachgarten; **IYHF-Jugendherberge**, Vironos-Str. 5 (Seitenstr. v. d. Avgoustou), Tel. 28 62 81.

Verkehrsmittel

Schiffe
Nach Piräus jeden Abend zwei Fähren zwischen 18 und 19 Uhr, es bestehen außerdem regelmäßige Verbindungen zu den Kykladen (davon mehrmals wöchentlich nach Santoríni), zum Dodekanes (auch Karpathos); die Abfahrtszeiten werden jährlich neu festgelegt und können sich ändern; der **Kai** für die großen Fähren: knapp ein Kilometer östlich vom venezianischen Hafen.

Überlandbusse
Busbahnhof A und C gegenüber dem Fährkai. Ab Terminal A: nach Osten bis Ágios Nikólaos, Ierápetra und Lassíthi; Thessaloníki. Vom Terminal C starten die Busse nach Réthimnon und Chaniá. Vom **Busbahnhof B vorm Chaniá-Tor** (vom Morosíni-Brunnen aus bis zum Ende der Kalokerinou-Str., vor der Stadtmauer) nach: Fódele, Anógia, zur Südküste und in die Messará (Míres, Festós, Mátala, Agía Galíni). **Fahrpläne:** für A und C beim Schalter A; für B am Schalter vorm Chaniá-Tor. Platzreservierung im Bus mit Lösen der Karte (begrenzte Platzzahl). **Gepäckaufbewahrung** im Busbahnhof A von 7–23 Uhr.

Stadtbusse
An ihrer blauen Farbe zu erkennen; Linie 1 zum Flugplatz (ab Eleftheria-Platz); Linie 2 nach Knossós (ab Terminal A, Zustieg an der Loggia); Linie 7 zum Strand von Amnissós (ab Arch. Museum / Eleftheria-Platz).

Taxi
Informationstafel über Preise im Flughafen.

Essen und Trinken / Nachtleben
Ta Leontária und **Kírkos**, zwei traditionelle Tavernen am Morosíni-Brunnen, in denen man «bougátsa» und «tirópitta» zum Frühstück bestellen kann; **Iona**, Evans-Str. 5, klassische Taverne / Garküche mit großem abwechslungsreichem und gutem Angebot; **Fischtavernen** am Ende der Avgoustou (wegen der guten Aussicht auf den alten Hafen); gegenüber dem Kastell sitzt man mit Blick auf Boote ebenfalls gut; Taverne an Taverne in der **Seitengasse vom Markt** (Richtung Evans-Str.); in der Fußgängerzone der Dedalou-Str. ebenfalls gutes Angebot; in der **Adam-Korai-Str.** wird die Atmosphäre lauschiger, man sitzt und speist ausgewählt (parallel zur Dedalou). Zentren des **Nachtlebens**: rund um die

Platía Korai, Morosíni-Brunnen, Chandakos-Str., Discos oberhalb des Busbahnhofs.

Sehenswürdigkeiten

Morosíni-Brunnen, restaurierte venezianische Loggia; **Titus-Basilika** (Reliquie), **Ágios-Márkos-Kirche** (Kopien bedeutender kretischer Fresken / Ikonen), die riesige Bischofskathedrale **Ágios Minás**; **Arsenale** und **Kastell Koúles** am Hafen, **Stadtbefestigungsanlagen** (besonders die **Martinéngo-Bastion** mit dem **Grab Nikos Kazantzákis'**); **Marktgasse** (am Ende türkisches Brunnenhaus und Bembo-Brunnen).

Museen

Archäologisches Museum, Eleftherias-Platz; Di–So 8–19, Mo erst ab 12.30 Uhr, außerhalb der Saison schließt das Museum 2 Std. früher; höherer Eintritt; **Historisches Museum**, Kalokerinou-Str., Mo 8.30–14.30 und 17–20 Uhr, So geschlossen, Di–Sa 8.30–14.30 Uhr, Eintritt; **Ikonenmuseum** (in der alten Klosterkirche), Ekaterinis-Platz, Mo–Sa 10–13, Di/Do/Fr zusätzlich 16–18 Uhr, geringer Eintritt; sehenswert: Ausstellungen in der **Ágios-Márkos-Kirche**.

Feste

Sommerfestival von Juli bis August mit Konzerten, Theater und Folklore; Fest des heiligen Minás am 11. November.

Einkaufen

Woula Manousaki, Chandakos-Str. 22, Tel./Fax 24 40 96, Ikonen (siehe S. 166); sehr guter **Buchladen** in der für Autos gesperrten Dedalou-Str. 6, breites Angebot über Kreta aus allen Bereichen, in allen Sprachen; **Boutiquen** in der Dedalou-Str., rund um die Korai- und Chandakos-Str.; **Repliken** im Shop des Archäologischen Museums; **kretisches Kunsthandwerk**, vor allem traditionelle Webarbeiten, in Eva und Helmut Grimms alteingesessener «Volkskunstgalerie», zwischen El-Greco-Park und Morosíni-Brunnen; täglich **Markt** in der Odós 1866.

Ausflüge

Knossós, **Achánes**; Kazantzákis-Museum in Mirtiá; Fódele; außerhalb der Stadt nach Osten zum Baden.

Kalí Liménes

Mit dem Motorrad ist die Strecke von Léndas entlang der Küste bis Kalí Liménes reizvoll, für das Auto gibt es zu viele riskante Abschnitte, z. T. Schneckentempo. Winzige Tomatenfelder, durch Rohr geschützt, etwas Plastik; an Minibuchten, unten zwischen den Felsen, bauen sich Kreter Ferienhäuschen. Kalí Liménes selbst empfiehlt sich nicht als Urlaubsort, ein Hotel ist vorhanden. Rückkehr nach Léndas oder Fortsetzung der eindrucksvollen Bike-Tour, um über **Moní Odigítria**, **Lístaros** (endlich wieder Asphalt) und **Sívas** auf die Straße **Festós-Mátala** zu stoßen.

Kamáres

Dorf an der Südflanke des Psilorítis, Startpunkt für Aufstiege zur Kamáreshöhle und/oder zu Kretas höchstem Gipfel, dem Timio Stavros (2456 m); beide **Bergtouren** sind keine Spaziergänge, sondern setzen Kondition und Erfahrung voraus; Wasser (nicht immer sind die Wasserstellen sehr ergiebig), Proviant und Grundausrüstung müssen mitgenommen werden. Im Dorf stehen Bergwanderern ein paar einfache Unterkünfte und Tavernen zur Verfügung.

Kamilári

Kalamáki, der ursprünglich wunderschöne Strand des Dorfes Kamilári inklusive der dahinterliegenden, ehemals einmaligen Dünenlandschaft, ist chaotisch verbaut worden. Dem ungefähr drei Kilometer landeinwärts, rund 100 m hoch gelegenen **Dorf Kamilári** hat das keinen Abbruch getan. Trotz der Individualurlauber, auf die sich die Dorfbewohner eingestellt haben, hat das Dorf zwischen Messará und Mátala kretischen Charme bewahrt.

Vorwahl
0892

Information / Einkaufen

Zur ersten Orientierung kann man den Kamilári Bazar in einer Seitengasse anlaufen, Kostas und Gaby Dubekos können oft weiterhelfen; ansonsten spricht sich alles schnell rum. All das Lebensnotwendige bieten zwei Gemischtwarenläden.

Übernachten
Viele Privatzimmer, die schon seit Jahren vermietet werden und die allerdings z. B. um Ostern meist an Stammgäste vergeben sind. Gut durchdachte und obendrein attraktiv gelegene Appartements und kleine Häuser am Dorfrand sind in der letzten Zeit entstanden (mittlere Preislage). **Haus Aloni**, Tel. 4 26 60, Vermietung der 4 Studios durch Kamilári Bazar; **Scala Appartements**, Tel. 0 94/34 26 67, wahlweise mit Sonne oder Schatten; in der Verwandtschaft wird ein Haus mit 4 Appartements in verschiedenen Ebenen, am Hang gegenüber den Scala Appartements, vermittelt.

Verkehrsmittel
Die Busse nach Mátala halten auf der Strecke am Abzweig nach Kamilári rechts/Sívas links; kommt man von Agía Galíni: hinter Timbáki/vor Festós rechts in Richtung Kamilári/Kalamáki abbiegen (kein Bus).

Essen und Trinken / Nachtleben
Milonas, Taverne mit gutem griechischen Essen und freundlicher Atmosphäre, oben am Beginn des Fahrwegs nach Festós; in einer Seitengasse rustikale Taverne; am Platz gegenüber der Kirche gibt's auch Müsli und Tee, mal Vegetarisches und Kerzen, abends sehr beliebt als Treff zum Wein. Am langen Strand von Kalamáki gibt's Tavernen und Bars.

Ausflüge
Schöner, längerer Spaziergang nach **Festós**, ebenso in die Dörfer Sívas, Pitsídia und zum Kommos-Strand; weiteres siehe Pisídia, S. 331.

Knossós
Öffnungszeiten: Mo-Fr 8-19 Uhr, Sa/So 8.30-15 Uhr (Änderungen möglich), Eintritt, So frei. Die berühmten Ausgrabungen des «Minos-Palastes» liegen ca. 5 km von Iráklion entfernt; großer Parkplatz am Haupteingang; falls er belegt ist: kostenpflichtige «Privatparkplätze»; Buslinie 2, Abfahrt alle 15-20 Minuten vom Busbahnhof A in Iráklion, nächster Zustieg: venezianische Loggia. Längs der Straße in Knossós Tavernen, die auf Durchgangskundschaft eingestellt sind, im Ort oberhalb werden einfache Zimmer vermietet, bei denen das Preis-Leistungs-Verhältnis nicht stimmt.

Léndas
28 serpentinenreiche Kilometer über die Asteroússia-Berge von Górtis entfernt.

Übernachten
Es gibt Zimmer neueren Datums oder solche aus der Pionierzeit des Tourismus, insgesamt ist das Preisniveau niedrig. In der Nachbarbucht und am oberen Ortsrand entstehen kleine modernere Anlagen. **Bungalowhotels Lentas**, Tel. 9 52 21, 13 Zimmer mit Balkon oder Veranda (für bis zu drei Personen) hat das einfache Mittelklassehotel anzubieten; auch pauschal zu buchen.

Verkehrsmittel
Ein Bus verläßt morgens Léndas, einer trifft nach 16 Uhr aus Iráklion (Busbahnhof B) in Léndas ein (Fahrzeit 3 Std.); Sa/So keine Verbindung.

Sehenswürdigkeiten
Am Ortseingang eingezäuntes Gelände des Asklepios-Heiligtums zu besichtigen: alte Heilquelle, heute wird das Wasser auf Plastikflaschen gezogen.

Ausflüge
Baden in der westlichen Nachbarbucht (15 Minuten, über den Berg; Bike-Trip siehe S. 328, «Kalí Liménes»).

Mália
In Mália (35 km östlich von Iráklion) lief früher die Welle des Tourismus am Kólpos Malíon langsam aus, die sich von Limín Cherssonissou ausbreitete. Heute ist die Idylle des Dorfkerns (südlich der Küstenstraße) passé, und obwohl hinter dem minoischen Palast von Mália der Sandstrand Felseinsprengsel bekommt, wird seit geraumer Zeit bis ins touristisch expandierende **Síssi** (bereits Nomós Lassíthi) kräftig gen Osten investiert. Zum Ambiente von Mália siehe unter dem Stichwort «Cherssónissos».

Vorwahl
08 97

Übernachten
Im wesentlichen wie in Limín Cherssonissou, weg von Strand und Küsten-

straße besteht die Chance, etwas ruhiger zu wohnen.

Verkehrsmittel
S. Limín Cherssoníssou

Essen und Trinken / Nachtleben
Ambiente und Angebot ähnlich wie in Limín Cherssoníssou, im ehemaligen Ortskern nicht so grell, nicht so laut, manchmal gemütlich.

Sehenswürdigkeiten
Minoischer **Palast von Mália**, rd. 2 km östlich von Mália am Meer gelegen, Di-So von 8.30-15 Uhr, Eintritt, So frei; Bus auf der New Road hält an der Stichstraße (Wegweiser). Der Palast ist kleiner als der von Knossós oder Festós, unspektakuläre Lage, in der Nähe schöne Badegelegenheiten. Fünfhundert Meter nördlich befand sich bereits in frühminoischer Zeit eine Nekropole (Friedhof), die von den Einheimischen Chrissólakos (Goldgrube) genannt wurde. Hier fand man den berühmten goldenen Anhänger mit den beiden Bienen, der heute von jedem Juwelier auf Kreta nachgemacht wird; das Original liegt in einer Vitrine im Archäologischen Museum Iráklions im Saal VII. Die Ausgrabungen wurden 1915 von Chatzidákis ebenso wissenschaftlich wie in Festós begonnen und seit 1921 von der französischen archäologischen Schule in Athen weitergeführt.

Ausflüge
Dieselben Möglichkeiten wie in Limín Cherssoníssou.

Mátala

Vorwahl
08 92

Informationen
Agenturen nicht zu übersehen am ersten Platz und hinter der Marktgasse.

Übernachten
Das ehemalige Fischerdörfchen ist expandiert, die kleinen und mittleren Hotels und Bungalowanlagen sind weit bis in das Tal parallel zur Zufahrtsstraße Richtung Messará vorgedrungen, die vier teuersten bewegen sich in der B-Kategorie. Von hier bis zum Ort läuft man eine ganz schöne Strecke. Günstiger ist es, sich in der «Hotelgasse» (Abzweig links hinter dem Zafiria) einzuquartieren: Die Pensionen sind begrünt, je weiter man an den Hügel herankommt, desto ruhiger wird es. Vergleiche lohnen. Ein sehr einfacher Campingplatz befindet sich direkt hinter den Strandtamarisken.

Verkehrsmittel
KTEL-Busse ca. 7mal täglich von Iráklion (Busbahnhof B, 2 Std.) nach Mátala, sonntags seltener; zusätzliche Möglichkeiten durch Umstieg in Festós (Verbindung Agía Galíni-Mátala 3mal tägl.); die Zahl der Busverbindungen nach Agía Galíni (Fahrzeit 45 Min.) erhöht sich ebenfalls durch Umsteig in Festós.
Badeboote: Zum **Read Beach** oder nach **Kommos**, manchmal fahren Boote zu den Paximadia-Inseln.

Essen und Trinken / Nachtleben
In der **Südecke der Bucht** sitzt man gut, hier landen auch manchmal noch Fischer den Fang an. Das Angebot an **Nachtleben** ist attraktiv und bei jungen Leuten - Kretern wie Touristen - beliebt; die Bars bestimmen (und beschallen) bis in die Nacht den vorderen Ortsbereich.

Sehenswürdigkeiten
Höhlen am Nordrand der schönen Bucht, wo noch Tamarisken stehen; unspektakuläre archäolog. Reste (an der Kirche, Ausgrabung vor dem Südhang).

Einkaufen
Überdachte Marktgasse hat Atmosphäre, Angebot jedoch nicht außergewöhnlich; guter Buchladen rechts von der Zufahrtstraße am Eingang zum Ortskern.

Ausflüge
Baden: **Mátala-Bucht** in der mittleren Tageszeit oft von Tagesausflüglern belagert, Ausweichmöglichkeit: **Kokkino Beach**, mit dem Bötchen oder zu Fuß (in 30 Min. über einen Felshügel zum braun-rötlichen Sandstrand mit Felskulisse, Start: Ende der Hotelstraße hinterm Zafiria); und **Kommos-Strand** mit seiner Fortsetzung vor Kalamáki. **Messará und Wanderungen:** siehe S. 331, «Pitsídia».

Messará-Ebene

Größte Ebene Kretas, die sich nach Westen zum Meer hin öffnet. Im Norden wird sie überragt vom Südabhang des Ída-Gebirges mit Kretas höchstem Berg (2456 m), an der Südflanke vom Asteroússia-Gebirge (bis 1231 m) abgeriegelt. Die sanft von Ost (Rand des Díkti-Massivs) nach West abfallende und sich weitende Fläche ist übersät mit silbrigen Olivenbäumen, dazwischen andere Kulturen. Zu ihrem Ende hin konzentrieren sich heute die **Plastikgewächshäuser** für Frühgemüse so stark, daß vom geschäftigen Landwirtschaftszentrum **Timbáki** bis **Kókkinos Pírgos** das Auge von einer endlosen gleißenden Fläche geradezu geblendet wird. In der fruchtbaren Ebene hatten die Minoer ihr bedeutendes Zentrum **Festós** (ausgerichtet auf die Kulthöhle von Kamáres), die Römer ihre riesige Provinzhauptstadt **Górtis**. Dem ersten Bischof Kretas, Titus, dem Gefährten des Apostels Paulus, ist die z. T. erhaltende Basilika bei Górtis geweiht.

Verkehrsmittel
Häufige Busverbindungen von Iráklion (Busbahnhof B) in/durch die Messará: nach Míres (1 ¼ Std.), Festós (1 ½ Std.), Mátala (2 Std.) und Agía Galíni (2 Std. 15 Min.).

Míres
52 Kilometer von Iráklion entfernt, an der Straße zwischen Górtis und Festós (Messará-Ebene) gelegen, Hauptort des Landkreises Kenoúrgio mit entsprechender Infrastruktur, z. B. **Gesundheitszentrum**, Tel. 2 33 12. **Lokale Buslinien** starten hier nach Záros. Jeden Samstagmorgen wird großer **Markt** abgehalten.

Pitsídia

Vorwahl
08 92

Information
Auskunft/Vermittlung: Geführte Wanderungen, Aquarellkurse, Sammeltaxi etc. im Laden Chandrama. Yoga, s. Ferienkurse S. 291. Vermittlung geführter Touren im Dorf Sívas, s. «Wandern». Judith Rischer-Baumgürtel.

Übernachten
Nur am Ostern sind viele Quartiere mit Stammkundschaft belegt; in der Regel sind die Unterkünfte preiswert, in der Ausstattung (z. B. mit Du/WC) verschieden. **Nikos Fasolakis**, ruhige Zimmer im rückwärtigen Ortsteil mit Veranda im ersten Stock; **Leonidas**, noch weiter zurück (Richtung alter Weg nach Mátala), in Grünen mit unverbautem Blick und Gemeinschaftsküche; **Petros**, am Dorfplatz.

Camping
Kommos, Tel. 4 25 96, 4 23 32; 300 Stellplätze; Abzweig rechts 1 km hinter Pitsídia, oben über dem Kommos Beach (ca. 1 km Weg), Einrichtungen in Natursandstein, Schwimmbad, Mattendächer, gelegentlich etwas windig.

Verkehrsmittel
Die Busse von/nach Mátala halten am östlichen Ortseingang (Durchgangsstraße); Taxi im Dorf.

Essen und Trinken
Akropol, Familienbetrieb, vielen Touristen ist die Küche zu «griechisch», sie gehen lieber zu **Nikos'** Taverne oder ins **Sun set** zu Stelios. **Ariadne**, Neubau bei der Bushaltestelle: Hier gibt's griechische Küche, professionell im Frühjahr Lamm mit Artischocken in Zitronensauce, Menüs für mehrere Leute können abgesprochen werden (wie Kaninchenstifado oder Garnelen überbacken in Spinat); **Fabrika**, ausgefallen ist Achilles Rakadiko, man stellt sich Mezédes, Kleinigkeiten, auch Suppen zu einer köstlichen Mahlzeit zusammen, im Gemäuer der ehemaligen Ölmühle, in einer Seitengasse vom Platz. **Magic View**, Essen mit Blick über den Kommos Beach, außerhalb Richtung Mátala, Abzweig rechts. Nachtleben im nahen Mátala in großer Auswahl.

Sehenswürdigkeiten
Ausgrabungsstätte Kommos (einst wie Mátala Hafen von Festós, kanadische Archäologen graben jedes Jahr im Sommer), eine ausgeschilderte Piste führt von der Straße Pitsídia–Mátala hinunter auf einen einfachen Parkplatz. Unterhalb liegt der kilometerlange Sandstrand **Kommos Beach**, hier läuft ein Projekt der griechischen Gesellschaft zur Rettung der **Meeresschildkröte** Caretta caretta (siehe S. 22–24).

Einkaufen
In der Dorfstraße und einer Stichstraße Gemischtwarenläden, Bäcker, Souvenirlädchen mit Handarbeiten; **Chandrama** bietet Schmuckstücke, Seidenmalerei und Kleider, die die Ladeninhaberinnen Jaqueline und Gerlinde selbst herstellen; wechselnde Austellungen von Bildern von Werner Schmidt.

Ausflüge
Baden: Am ca. 3 km entfernten Kommos-Sandstrand (geht in den Kalamáki-Strand über) oder in Mátala.
In die Messará: Festós, Agía Triáda, Górtis, Vóri (siehe jeweils dort).
Größere Spaziergänge: in die umliegenden Dörfer Sívas, Kamilári, Kalamáki; stundenlang am Kommos-Kalamáki-Beach. **Wanderungen:** über die Klippen oder den alten Weg nach Mátala; nach Festós über Kamilári; **Kloster Odígitria** und evtl. **Ágio-Farago-Schlucht.** Mit Anfahrt auch Kamáreshöhle und Asteroússia; Rouwás-Schlucht mit abendlichem Forellenessen in Zarós.

Thrapsanó
Neben Margarítes das zweite Töpferdorf Kretas, ruhig, etwas abseits nördlich von Arkalochóri (Strecke Iráklion–Áno Viánnos) und südwestlich von Kastélli-Pediádas gelegen. Beeindruckend ist vor allem die Größe der Gefäße, die Werkstätten liegen außerhalb des verwinkelten Dorfes.

Vóri
Einen Kilometer abseits der Hauptstraße zwischen Festós und Timbáki gelegenes Dorf mit alter Bausubstanz: In einem ehemaligen Gutshaus ist das **Museum of Cretan Ethnology** (Volkskundliches Museum) untergebracht, sehr anschaulich und wissenschaftlich fundiert, das beste seiner Art auf ganz Kreta; täglich 10–18 Uhr, Eintritt. Man kann im Ort übernachten, in dem es fünf deutsch-kretische Paare gibt: **Pension Margit**, Tel. 91204, Familientradition: Wärter in Festós; die Familie bewahrt den Briefwechsel zwischen Henry Miller und dem Großvater auf (siehe «Lesen», *Der Koloß von Maroussi*); das traditionelle **Haus Patriko** für 8–10 Personen über Takis-Ferienhäuser (siehe S. 301, «Ferienhäuser»). Am Dorfplatz kann man einkehren und an der Straße Richtung Timbáki im **Oi Belgoi.**

Zarós

Vorwahl
0894

Übernachten
Wenige einfache Privatzimmer unten im Dorf; ansonsten das **Idi Hotel** bei der Mühle und den Forellenteichen, mittlere Preisklasse, Baujahr 1980, erweitert mit kleinen Bungalows im Garten über dem Schwimmbecken, insgesamt 59 Zimmer (Heizung/Klimaanlage) in schöner Lage; die Zimmer im Haupthaus werden durchweg von Reisegruppen belegt, die in der Frühe wieder abreisen. Die Atmosphäre des Hotels ist unpersönlich, das stets gleiche Frühstück kommt z. T. «aus der Dose»; Tel. 31302.

Verkehrsmittel
Busverbindung einmal täglich von Míres und von Iráklion (über Agía Varvára nach Kamáres). Ohne fahrbaren Untersatz ist folgende Kombination oft am einfachsten, wenn auch nicht am billigsten: bis Míres mit dem Bus, ab da mit dem Taxi.

Essen und Trinken
Für die Kreter sind die Forellen aus den Zuchtteichen oberhalb des Dorfes eine Attraktion; im mittleren der großen Ausflugslokale sitzt man sehr schön. Mitten im Dorf eine einfache Taverne, weitere Ausflugstavernen am kleinen See (Einstieg zur Roúwas-Schlucht).

Einkaufen
Saiteninstrumente und Flöten beim Instrumentenbauer Antonios Stefanákis.

Ausflüge
Wanderung durch die **Roúwas-Schlucht**, am Fuß das Nonnenkloster **Ágios Nikólaos** (Siestazeit beachten); evtl. über Gérgeri Abstieg bis Agíi Déka. Fahrten Richtung **Kamáres/Amári-Tal:** Im schön gelegenen **Kloster Vrondíssi** trifft man häufig Hirten am venezianischen Brunnen unter den riesigen Platanen, während der Mittagspause ist die Klosterkirche verschlossen; vom unbewohnten **Moní Valsamónero** bei Vorίza ist nur die **Ágios-Fanoúrios-Kirche** erhalten geblieben, die Fresken im Innern ge-

hören zu den bedeutendsten kretobyzantinischen Malereien – Schlüssel in Voríza; zum Dorf **Kamáres** und weiter zum **Amári**-Tal. Am Nordwestrand der Messará: Besuch des Museums in **Vóri**; evtl. ein Abstecher nach **Grigoría** (Friedenskapelle), südlich von Kamáres.

Ostkreta/Nomós Lassíthi

Ágios Nikólaos
Verwaltungshauptstadt des Nomós Lassíthi, Keimzelle und Zentrum des Tourismus auf Kreta. Mindestens 7 Anlagen der Luxuskategorie drängen sich auf wenigen Kilometern um den Mirabéllo-Golf, von Eloúnda bis zum «einsam gelegenen» Hotel Istron Bay bei Kaló Chorí/Ístro.

Vorwahl
0841

Informationen
Städtisches Informationsbüro, an der Brücke zwischen Hafen und Voulisméni-See, Tel. 28286 u. 22357, Fax 25493; **Touristenpolizei**, Tel. 26900; **Post**, 28 Oktobriou-Str. 9, Mo-Fr 8-15 Uhr; **OTE**, Sfakianaki-Str. 10, in der Saison täglich 6-24 Uhr; **Krankenhaus**, Tel. 25222; **Agenturen** am Hafen und an der Roussou Koundourou (Allee Richtung Venizelou-Platz), **Banken** ebenfalls an der Allee; **Olympic Airways**, Tel. 22033, Nikos-Plastira-Str. 20 (am See).

Übernachten
Das Angebot ist riesig, stadtfernes Quartier bedeutet je nach Urlaubsvorlieben tägliche Wegstrecken. Überraschend Übernachtungsmöglichkeiten im Ort: In Wohnstraßen versteckt liegen Pensionen und Zimmer.

Obere Preiskategorie
Minos Palace, Tel. 23801-8, Fax 23816, 1,8 km nördlich, 142 Räume und 9 Bungalows; **Minos Beach**, Tel. 22345-9, Fax 22548, ebenfalls stadtnah (1 km nördlich), grün – die Bäume wachsen seit 1962 – auf einer Landzunge zwischen 132 Bungalows. Sport, Pool, Strand in dieser Klasse selbstverständlich.

Mittlere Preiskategorie
Panorama, Tel. 28890, am Hafen, 29 Zimmer mit Bad, Balkon, Frühstück, mindestens optisch ist die Teilnahme am Hafengeschehen gesichert.

Preiswert
Milos, Tel. 23783, Sarolidou-Str. 21, schöner Ausblick, ruhig; **Argiro**, Tel. 28707, Solonos-Str. 1 (bei der Präfektur auf dem Kastellhügel), einfach, ruhig, Garten.

Verkehrsmittel
Busse: Nach Iráklion von 6.30-18 Uhr in der Hochsaison alle halbe Stunde, weitere bis 21 Uhr; nach Eloúnda 22mal, 5mal bis Pláka; nach Kritsá 13mal; zur Lassíthi morgens und mittags; nach Sitía 6mal; nach Ierápetra (über Gourniá) 10mal; nach Ístro 15mal. Sonntags gilt u. U. ein anderer Fahrplan für Lassíthi, Kritsá, Eloúnda. **Busbahnhof**, am Meer, am Ende der Venizelou-Str.; für Langstrecken Sitzplatzreservierung erforderlich. **Schiffe:** Über Sitía Fähren nach Rhódos (Kárpathos) einmal in der Woche, Verbindung mit Piräus mehrmals; aktuelle Fahrpläne in den Reisebüros und Agenturen.

Essen, Trinken, Nachtleben
Das Speisenangebot am und überm Voulisméni-See ist weniger kretisch, aber die Konkurrenz sorgt für Abwechslung und durchweg gute Qualität: griechisch, international, vegetarisch, hie und da Kochkünste mit französischem, asiatischem oder italienischem Einfluß. **Pelagos**, Strategou-Koraka-Str. 10, stilvoll in klassizistischer Villa mit Garten, spezialisiert auf Fischgerichte; **Itanos**, klassische griechische Taverne am Venizelou-Platz, man kann auch draußen sitzen; **De Molen**, Solomou-Str., überm See, holländisch-indonesisch; **I Stasi**, Lassithiou-Str. 23 (Nähe Busstation), Ouzerie und Taverne mit guter Auswahl. **Bars und Discos** in den Straßen hinter Hafen und See (Osten), reger Trubel am Abend, am Binnenwasser sind alle Tische besetzt.

Sehenswürdigkeiten
Die Szenerie um den Süßwassersee Voulisméni kann man streckenweise als idyllisch bezeichnen, aber bedeutende Bausubstanz fehlt.
Ágios Nikólaos, einschiffige byzantinische Kapelle nördlich auf einer Landzunge, Schlüssel im Hotel Minos Palace (Paß muß hinterlegt werden).

Innen freigelegte ornamentale Malerei; nach dem Bilderstreit im oströmischen Reich (8./9. Jahrhundert) waren die alten figürlichen Fresken überpinselt worden.
Archäologisches Museum, Paleologou-Str. 68 (vom See Richtung Mália/Iráklion), Di-So 8.30-15 Uhr, Eintritt; sieben sehenswerte Säle mit schönen Ausstellungsstücken, z. B. der «Göttin von Mírtos», Goldschmuck aus Móchlos und einem Totenschädel (Goldkranz-geschmückt) aus römischem Grab in Ágios Nikólaos, dem eine Goldmünze für den Fährmann Charon zwischen den Zähnen steckt. **Volkskundemuseum:** Koundourou-Str. (an der Brücke), So-Fr 10-13.30 und 18-21.30 Uhr, geringer Eintritt; Webarbeiten, Ikonen, Trachten.

Einkaufen
Markt, Mittwoch vormittags in der Ethniki-Antistaseos-Str.; ansonsten alles, was das Touristenherz begehrt, an Schmuck, Folklorearbeiten, Souvenirs, auch Kleidung, Schuhe etc.; das Niveau wird auch der gehobenen Kundschaft gerecht (Schwerpunkt hinter Hafen und See im östlichen Teil des Städtchens).

Sport
Wassersportangebote an allen stadtnahen und stadtfernen Stränden; Yachthafen.

Ausflüge
Lassíthi-Hochebene oder **Kritsá/Lató** oder **Eloúnda/Spinalónga** (auch per Boot direkt vom Hafen) oder **Gourniá**; **Badeausflug** nach **Ístro**; **Wanderung:** vom 6 km außerhalb gelegenen Hamiló nach **Lató** (Dorersiedlung, Aussicht) und evtl. weiter bis Kritsá.

Áno Viánnos
Großes Bergdorf, 35 km nordwestlich von Ierápetra, malerisch am Südhang des Díkti-Gebirges gelegen. (Viánnos gehört noch zum Verwaltungsbezirk Iráklion.)

Übernachten
Es gibt ein paar äußerst einfache Zimmer überm Kafeníon.

Verkehrsmittel
Der Linienbus von Iráklion fährt nur zweimal täglich über Áno Viánnos/Amirá nach Ierápetra.

Sehenswürdigkeiten
Das Dorf mit seinen steilen, verwinkelten Gassen; die Kirchen **Agía-Pelagía-Kapelle** mit Fresken von 1630 (einige als Kopie in der Ágios-Márkos-Kirche Iráklion), **Ágios-Geórgios-Kapelle** (1401, Maler: Ioánnis Moussoúros).

Ausflüge
Bei **Amirá** (7 km östlich von Viánnos) das beeindruckende, moderne **Mahnmal** zum Gedenken an die im September 1943 von deutschen Soldaten erschossenen Dorfbewohner. Áno Viánnos ist Endpunkt einer **Bergtour von Embáros** (an der Busstrecke Iráklion-Viánnos, Südwesthang des Díkti-Gebirges) durch die Díkti-Ausläufer oberhalb von Viánnos.

Árvi
Zwölf Kilometer unterhalb von Amirá (östlich bei Áno Viánnos) gelegen. Früher wuchsen hier im Südosten Kretas Bananen im Freien, heute werden sie großflächig in Gewächshäusern kultiviert; ein langer Kiesstrand zieht sich nach Osten.

Übernachten
Die Unterkünfte sind preiswert: **Ariadne**, Tel. 71300, älteres Hotel der Kateg. C, am Ortseingang; **Akti Arvi**, schöne Räume direkt am Strand. Bei den weiteren Privatquartieren sollte man kritisch vergleichen, Zimmer mit Meerblick oder in der Stichstraße zum Tal mieten.

Verkehrsmittel
Die Busse Iráklion-Ierápetra (nur zweimal täglich über Áno Viánnos) halten in Amirá; die 12 km hinunter nach Árvi fährt mittags der Schulbus (Ferien bedenken).

Essen und Trinken
Pub und Bars mit feinem Frühstücksangebot; Tavernen, die meisten haben Meerblick, östlich am Fluß stehen Tavernenstühle romantisch unter Tamarisken im Kies am Strand, es gibt frischen Fisch.

Ausflüge
Strand-**Spaziergänge** nach Osten bis **Faflángos**; durchs Tal zum **Kloster Ágios Antónios** an der 300 m tief eingeschnittenen **Felsklamm**, ein Mönch lebt hier. **Wanderung** nach **Amirás:** vom Kloster hinauf über die Dörfer

Ágios Vasilios und Krevvatás. **Fahrten nach Westen zum Küstenort Keratókambos.**

Eloúnda

Das reizvolle an Eloúnda sind die exklusiven Feriendomizile, die den unterschiedlichsten Bedürfnissen der betuchten oder prominenten Kundschaft gerecht werden, z. B. auch dem Wunsch nach abgeschirmter Privatsphäre, frei von jeder Animation. Vom ehemaligen Dorf Eloúnda ist an der Küste nichts mehr zu spüren.

Übernachten

Elounda Mare (Member of: Relais et Chateaux) und **Elounda Beach** (Member of «The Leading Hotels of the World»), beide Luxuskategorie, sind auch pauschal zu buchen.

Verkehrsmittel

Siehe Ágios Nikólaos.

Essen und Trinken

Tavernen beim Fischereihafen; **Ferryman**: Einkehr in Erinnerung an die BBC-Serie, und **Canal Bar**: des nahen antiken Platzes wegen.

Sehenswürdigkeiten

Platz der verschwundenen antiken Stadt Oloús (möglicherweise Ruinen im Wasser), Rast in der Canal Bar, in der Nähe liegen die Mosaikreste einer frühchristlichen Basilika; über den durchstochenen Verbindungsdamm zur großen Halbinsel Spinalonga (das an ihrer Spitze im Norden vorgelagerte Inselchen Kalidou, die «Leprainsel», wird oft – genau wie die Halbinsel – Spinalonga genannt); die Windmühlen bei den ehemaligen Salinenfeldern am Damm.

Ausflüge

Zum Örtchen Pláka im Norden, gegenüber der Festung **Spinalonga**, s. auch Ágios Nikólaos. **Wanderungen:** Von Eloúnda zum oberhalb gelegenen Dorf Pinés (Windmühlen); von Eloúnda über Pinés und Havgás nach Pláka.

Gourniá

An der Nordküste, 19 km südöstlich von Ágios Nikólaos ausgegrabene kleine minoische Stadt (an der schmalsten Stelle Kretas); unbefestigt; an erhöhter Stelle Agorá und vermuteter Sitz eines Regenten. Di–So 8.30–15 Uhr, geringer Eintritt, So frei.

Camping

Gournia Moon, Tel. 93243, 3 km westlich von Pachía Ámmos an der New Road, geöffnet 1.5.–31.10.; 60 Stellplätze, nicht immer schattig. Im Strandbereich Gourniá–Pachía Ámmos landet hie und da an, was in Ágios Nikólaos nicht mehr gebraucht wird, sagt man.

Ausflug

Aufstieg zu Fuß (gut zwei Stunden Gehzeit) oder auf Rädern zum 600 m hoch gelegenen **Kloster Faneroménis** (Höhlenkirche), in dem noch ein Mönch lebt; gute, schmale Asphalt- oder Schotterstraße, Aussicht: pausenlos. Fest am 15. August.

Ierápetra

Ierápetra ist Umschlagplatz landwirtschaftlicher Erzeugnisse aus den Plastikgewächshäusern. Tourismus spielt sich an der Uferpromenade ab.

Vorwahl

0842

Informationen

In den Parallelstraßen zur Uferpromenade nördlich von Mole und Altstadt finden sich Agenturen, Banken, Post und OTE-Zentrale; Krankenhaus, Tel. 22488.

Übernachten

Obere Preisklasse
Petra Mare, Tel. 23341, 219 Zimmer im Hotel am östlichen Ortsrand, Pool, Animation, Sportangebote (auch pauschal zu buchen).

Preiswert
Four Seasons, Kazantzakis-Str. 25, Tel. 24390; **Cretan Villa**, Oplarchegou-Lakerda-Str. 16, Tel. 28522; beide Häuser haben historische Bausubstanz und nette Vermieter, liegen im Umkreis des Busbahnhofes. In der Altstadt: **Gorgona**, Ioannodou-Str., Tel. 23935, Markenzeichen: blaue Türen und Fenster.

Camping
Koutsounari, Tel. 61213; 6,5 Kilometer östlich von Ierápetra, geöffnet 1.5.–31.10.; 70 Stellplätze an einer Bucht mit Sand-Kies-Strand, Matten-

dächer und Olivenbäume spenden Schatten.

Verkehrsmittel
KTEL-Busse: nach Iráklion ca. 10mal am Tag (2 über Áno Viánnos, 8 über Ágios Nikólaos), über Viánnos – Iráklion manchmal nur Fr und Mo; nach Sitía ca. ein Dutzend – je zur Hälfte über Pachía Ámmos nach Mirabéllo-Golf und über Makrigialós (Südostküste) und Lithínes; nach Mírtos sechsmal täglich; zweimal täglich in die Dörfer am Südosthang des Díkti-Gebirges.

Essen und Trinken
Um die rummelige Strandpromenade reihen sich die Tavernen, Cafés aneinander: Ob deutscher Kuchen, gute kretische Küche, alles ist vorhanden; am Kastell Fischtavernen und auch Ouzerien; etwas zurückliegend (Nähe Moschee) einige einfache Tavernen. Cafés und Bars bieten ein eher bescheidenes Nachtleben.

Sehenswürdigkeiten
Venezianisches Kastell am Hafen mit Fischeridylle, dahinter im Bereich der ehemaligen Altstadt eine Moschee mit türkischem Brunnen.
Archäologisches Museum: Kostoula-Adrianou-Str. 2 (Ausfallstr. nach Mírtos), Ecke Platía Emmanuel Kothri; Di – So 8.30 – 15 Uhr; im kleinen Museum Funde von den Minoern bis zur Klassik (u. a. eine fast lebensgroße Demeterstatue).

Einkaufen
Markthalle in einer Seitengasse der Kostoula Adrianou, kurz vor dem E.-Kothri-Platz (von Mírtos kommend rechts), schließt gegen Mittag.

Ausflüge
Zu den **Badebuchten** nach Osten, wo eine Ferienpension nach der anderen entsteht; mit dem Boot zur **Insel Chríssi** (1 Std. Fahrzeit, morgens in der Saison von der Uferpromenade).
Wanderungen mit längeren Anfahrten: Von Vasilikí über Asarí nach **Episkopí** (beide Orte liegen an der Straße Ágios Nikólaos – Ierápetra); von **Meseléri** (Dorf 12 km nördlich von Ierápetra, Nebenstrecke) Wanderung zur alten Kirche Agía Panagía und zurück; siehe auch bei Mírtos und Makrigialós sowie bei Kavoúsi und Gourniá. Weite Wege auch bei Ausflugsfahrten (z. B. Kloster Kapsá, Nordküste und Nordostküste, Lassíthi).

Kapsá
Einsam gelegenes Kloster, 40 km östlich von Ierápetra, 8 – 12.30 und 15.30 – 19 Uhr. Das 10 km lange Wegstück Pilalímata-Moní Kapsá ist bis Kaló Neró gut ausgebaut, ab dort bis zum Kloster Schotterstrecke; zwei Ausflugslokale und ein Café an dieser einsamen Strecke.

Kavoúsi
Kretisches Dorf (27 km östlich von Ágios Nikólaos) am Beginn des Herzstücks der Panoramastraße, die sich oberhalb des Mirabéllo-Golfs gen Osten schlängelt. Guter Standort für Wanderungen rund um die Orno-Berge (höchste Erhebung: Aféndis Stavroménis, 1476 m).

Übernachten
Zweimal Zimmerangebote, gekoppelt mit der jeweils dazugehörigen Taverne; Perwolaris, Tel. 9 45 55 (der Wirt spricht deutsch), am östlichen Ortsrand, Zimmer mit Dusche und WC, persönliche Atmosphäre.

Verkehrsmittel
Regelmäßiger Busverkehr zwischen Ágios Nikólaos und Sitía.

Sehenswürdigkeiten
Das verwinkelte Dorf hat mehrere byzantinische Kirchen.

Einkaufen
Proviant für Wandertouren (Bäckerei, Gemischtwarenladen).

Ausflüge
Alle folgenden **Dörfer** nach Osten bis Skopí sind reizvoll, zahllose, wirklich traumhafte Ausblicke über die Bergkanten aufs tief unten liegende Meer («kretische Riviera»); **Wanderungen**: Hinterm Dorf beginnt der Aufstieg zur **Alp Thriptí** über einen Paß in 800 m Höhe; ebenfalls direkt von Kavoúsi aus erreicht man in einer leichteren Unternehmung das **Bergdorf Melísses** über einen noch intakten Maultierpfad. Leichtere Teilstrecken können mit anspruchsvollen Bergtouren kombiniert werden; in der näheren Umgebung weitere Wanderungen, mit Anfahrt.

Kritsá
Frühmorgens, abends und nachts sowie abseits der Hauptgasse ist in Kritsá «die Welt noch in Ordnung». Tagsüber suchen Ausflügler vom nahen Mirabéllo-Golf das wunderschön gelegene Dorf heim. Und die Kritsaner verkaufen ihnen gerne einen schnellen Imbiß und viele Handarbeiten. Die Straße von Ágios Nikólaos nach Kritsá endete früher hier unter den mächtigen Ostausläufern des Díkti-Massivs. Nur Pisten verbinden die Häuschen rund um die höher gelegene Katharo-Ebene.

Übernachten
Argiro, neuere Pension, Ortseingang, Zimmer teilweise mit Dusche, teilweise Etagendusche, preiswert; ganz einfache, wenige Zimmer im Ort.

Verkehrsmittel
Busse: Siehe Ágios Nikólaos.

Sehenswürdigkeiten
Panagía Kerá, kurz vorm Ort liegt die malerisch mit Zypressen umstandene dreischiffige Kirche aus dem 13. Jahrhundert. Sie ist vollständig mit Fresken ausgemalt. Mo–Sa 9–15 Uhr, So nur bis 14 Uhr; Eintritt; der Shop verkauft einen informativen Bildband, der die Fresken erläutert.

Ausflüge
Zu den Resten des dorischen Lató (einsamer Platz mit wunderbarer Aussicht, angenehm auf zwei Rädern zu erreichen), siehe auch Ágios Nikólaos, «Ausflüge».
Wanderung: zur Lassíthi-Ebene (ca. 8 Std. reine Gehzeit mit großen Höhenunterschieden, Wandererfahrung nötig).

Lassíthi-Hochebene
Zwei Zugänge führen auf die Lassíthi-Hochebene, einer von Nordwesten (s. Cherssónissos, «Ausflüge») und einer von Nordosten über den großen Ort Neápolis (57 km östlich von Iráklion, von Ágios Nikólaos aus schnell über die New Road zu erreichen). Von Ágios Nikólaos kommend, lohnt der Stopp mit Einkehr im Dorf Éxo Potamí wegen der landschaftlichen Schönheit. Alle Dörfer der Lassíthi liegen an ihrem Rand im Kreis aufgereiht.

Übernachten
Wenige recht hübsche Zimmer und Pensionen im Dorf Ágios Geórgios; in Ágios Konstantinos sind «Rent Rooms» entstanden; einfache Unterkünfte in Tzermiádo, die z. T. schon Jahre bestehen; Psichró hat ein einfaches Hotel mit dem Namen Zeus.

Verkehrsmittel
Busse: Siehe Ágios Nikólaos; von Cherssónissos/Mália 1mal täglich, 2mal von Iráklion; auf der Rückfahrt werden in der Ebene oft andere Dörfer als auf der Hinfahrt angefahren. Endstation der Busse ist jeweils Psichró.

Essen und Trinken
Kronio und Kri Kri in Tzermiádo; zwei Tavernen/Restaurants in Ágios Geórgios, Rea und Dias; in Ágios Konstantinos kann man einkehren; in Psichró gibt's wegen der Höhle ein breiteres Angebot. In Tzermiádo und Psichró sitzt man – besonders wenn der Trubel vorbei ist – in einigen Tavernen sehr schön.

Sehenswürdigkeiten
Díkti-Höhle bei Psichró, gilt als Geburtshöhle des Zeus; täglich 10.30–17 Uhr; Eintritt, die Höhle kann selbst begangen werden. Notwendig sind trittfeste Schuhe und eine Taschenlampe.

Museum
In Ágios Geórgios ein kleines, aber sehr eindrucksvolles Folkloremuseum in einem Bauernhaus aus der Türkenzeit; täglich 10–16 Uhr, geringer Eintritt; ein Faltblatt gibt Erklärungen.

Einkaufen
Handarbeiten, Wollkleidung, Webarbeiten in den meisten Dörfern.

Ausflüge
Wanderung: Von Tzermiádo nach Krássi (siehe Cherssónissos, «Ausflüge»); von der Lassíthi-Ebene nach Kritsá (lange Strecke, die Kondition erfordert); beide fordern Wandererfahrung.

Makrigialós
In der neu erschlossenen Ferienregion östlich von Ierápetra ist Makrigialós (26 km bis Ierápetra) fast eine Ausnahme. Es hat einen erkennbaren Ortskern. Ein schöner Sandstrand

zieht sich bis nach Análipsi, mit dem es inzwischen zusammengewachsen ist. Die gesamte Region wird pauschal vermarktet.

Übernachten
Aspros Potamos, Tel. 51694, Ensemble restaurierter Erntehäuser aus Naturstein am trockenen Bett des Weißen Flusses (1 km außerhalb), die Studios und Appartements im «old cretan village» sind direkt von der Besitzerin zu mieten (Aleca Halkia, GR-72055 Aspros Potamos-Makrigialós, Crete; Tel. s. o.); **White River Cottages**, 16 Appartements Kat. A, unter Tel./Fax 51120 (oder auch pauschal).

Verkehrsmittel
Busse nach Ierápetra und Sitía; siehe Ierápetra.

Essen und Trinken
Am hübschen Hafen viele einladende Tavernen.

Sehenswürdigkeiten
Vor dem Ort ein Wegweiser zu den Spuren einer minoischen Villa (Aussicht), über dem Strand Reste von den Römern (Bad, Mosaik).

Ausflüge
Fahrten zum Kloster **Kapsá**. Wanderung im Tal des Aspros Potamos bis zum Dorf **Péfki**; Tour durch die **Schmetterlingsschlucht** westlich von Koutsourás.

Mírtos
Guter Standort für Fuß- und Randwanderungen im Frühjahr und Herbst; beschaulicher, gut angebundener Ort zwischen Áno Viánnos und Ierápetra, Individualtourismus und kleine Reisegruppen.

Vorwahl
0842

Informationen
Auto- und Fahradverleih im Ort.

Übernachten
Big Blue, Tel. 23743, Studios mit Sonnenterrasse und freiem Meerblick im westlichen Ortsteil; **Villa Elena**, Tel. 51396, oben im Dorf am Hügel. Gutes Angebot an unterschiedlichsten Appartements und neuen und alten Privatzimmern mit und ohne Kochgelegenheit; 2 Hotels der Kategorie C. Alle Unterkünfte in erschwinglicher Preislage.

Verkehrsmittel
Oberhalb des Ortes an der Fernstraße: Busse nach Ierápetra mehrmals am Tag; zweimal täglich fährt der Bus über Áno Viánnos nach Iráklion, manchmal nur Fr und Mo.

Essen und Trinken
An der Betonpromenade überm Meer mit wunderbarem Blick: **Beach Café Restaurant** am Westende der Bucht und direkt daneben **Karavostasi**; am Ostende der Promenade das **Café Akti**, Live-Musik am Wochenende. Im Dorf ist das Restaurant **Katerina** zu empfehlen.

Ausflüge
Die **Hügel Pirgos und Foúrno Korifí** östlich vom Dorf: Ausblick und Siedlungsspuren aus Jahrtausenden (archäologische Funde); Fahrt ins Bergdorf **Áno Viánnos**. Wanderungen: durch die östlichen **Díkti-Ausläufer** bis in die **Dörfer Christó und Máles**. Die Berge und Dörfer nord- und südöstlich des Mírtos-Flusses sind geeignet für **Bike-Touren**.

Móchlos
Die Club-Hotelanlage Aldiana (NUR) ist geschickt an einen der schönsten Plätze Kretas gesetzt worden: in das fruchtbare, sanfte Hügelland beim Dorf Móchlos, unterhalb der ansteigenden Küstenberge, die den Panoramablick auf den Mirabéllo-Golf und die Móchlos-Bucht noch eindrucksvoller zeigen als aus der Perspektive der ehemals hier anlandenden Fischer. Móchlos hat viel von seinem Reiz bewahrt.

Vorwahl
0842

Übernachten

Obere bis mittlere Preisklasse
Club Aldiana, knapp 2 km östlich vom Fischereihafen Móchlos, pauschal über NUR.

Preiswert
Etwas abseits der paar Häuser von Móchlos sind kleine Appartements und Pensionen entstanden, die ruhig

liegen. **Mochlos**, einfache Zimmer mit Frühstück, Tel. 9 42 05; **Artusa**, Pension mit Taverne, Tel. 9 44 28; im Ort selbst vermietet die Taverne Sofia.

Verkehrsmittel
Kein Busverkehr.

Essen und Trinken
To Kochíli, direkt am Hafen, hat Tradition; **Sta Limenaria**, gute Küche, schöner Blick. Selbstverpflegung: Supermarkt.

Sehenswürdigkeiten
Die vorgelagerte **Insel Móchlos** war ehemals Halbinsel (Küstensenkung) und in allen minoischen Epochen besiedelt; in Felsengrabkammern entdeckte man Kleinplastiken, frühminoische Alabastergefäße und bedeutenden Goldschmuck (Blüten, Diademe, Bänder), der im Archäologischen Museum in Iráklion zu sehen ist (Saal I), Teile auch in Ágios Nikólaos.

Ausflüge
Auf Wunsch kann man mit einem Fischerboot zur Insel Móchlos übersetzen (knapp 200 m); neben dem Baden an kleinen Sand-Kies-Stränden und Spaziergängen lohnt der lange Weg von der Küste hinauf ins Dorf Sfaká. Vom Dorf Lástros, ein paar Kilometer westlich von Sfaká, besteht Wandermöglichkeit nach Melísses, von dort auch nach Kavoúsi (siehe S. 336).

Palékastro
Bauerndorf 17 km östlich von Sitía in einer flachen Senke gelegen (Pauschalanbieter geben die Transferzeit vom Flughafen Iráklion mit 3 Stunden an). Rund 2 Kilometer vom Dorf entfernt die attraktiven Strände Chióna und Kouremenos. Seit den achtziger Jahren kommen Individualurlauber hierher.

Vorwahl
08 43

Informationen
Kleines Büro in einer Stichstraße am Hauptplatz, Tel. 613 05; Auto-, Motorrad-, Radverleih im Dorf.

Übernachten
Marina Village, Tel. 612 84, Fax 612 85; ca. 1 km vom Dorf, 500 m vorm Chióna-Strand, grüne Bungalow-Appartementanlage mit 62 Betten, Pool, Tennis (auch pauschal); **Castri Village**, Baujahr 92, 2,5 km außerhalb an der Straße nach Vái gelegene Appartementanlage mit Pool und schönem Terrassenblick (ebenfalls pauschal). Alle mittlere Preislage.
Im Dorf: Preiswerte, durchweg freundliche Pensionen und nette Zimmer im flachen Dorf, meist guter Service, mehrere Vermieter sprechen deutsch. In Agáthia (kleines Dorf am Hang, Richtung Rousolakos): **Schöner Blick**, Tel. 612 93, Pension mit Garten, schöne Zimmer mit Frühstück, die Vermieter sprechen ebenfalls deutsch.

Verkehrsmittel
Busverbindung täglich 5mal nach Sitía und Vái, sonntags weniger; zweimal nach Kátó Zákros (sonntags einmal). Die Durchgangsstraße führt am Dorf vorbei.

Essen und Trinken
Rund um den Hauptplatz gute Auswahl an Tavernen; Fisch gibt's am Chióna-Strand; es lohnt ein kulinarischer Abstecher nach Agáthia.

Sehenswürdigkeiten
Kaum Spuren von der antiken Stätte Rousolakos (bei Agáthia) und dem bedeutenden Gipfelheiligtum auf dem Petsofás (oberhalb vom Chióna-Strand; Stücke in Toploú, in den archäologischen Museen von Iráklion und Sitía), keine Spur vom Kastell des Kastro-Hügels, dafür unverbaubare Landschaft (archäol. Zone).

Ausflüge
Spaziergänge zu und an den Stränden von Chiónas und Kouremenos; Fahrten zum **Palmenstrand von Vái** (am besten frühmorgens oder nach 17 Uhr) und Ítanos; Tal der Toten und **Káto Zákros**; Kloster **Toploú**.
Wanderungen: Durch die Schlucht von Chochlakiés (Richtung Zákros) zum Strand in der Karoúmes-Bucht.

Sport
Surf Club am Kouremenos-Strand.

Sitía

Vorwahl
08 43

Informationen
In der Hochsaison spartanischer Informationskiosk am zentralen Iroon-Poli-

techniou-Platz; **Touristenpolizei**, Tel. 2 42 00; **Post**, am Ethniki-Antistasis-Platz (Anfang der Ausfallstr. nach Ágios Nikólaos) Mo–Fr 7.30–14 Uhr; Postkiosk beim Stadtpark, großzügigere Öffnungszeiten; **OTE**, Kapetan-Sifi-Str. 22, Mo–Sa 7.30–22 Uhr; **Olympic Airways** (Tel. 2 22 70) und Agentur für **Fähren/Flugtickets** an der Eleftheriou-Venizelou-Str. und weiter zum Hafen.

Übernachten
Am schmalen Sand-Kies-Strand (ca. 1,5 km lang) über der Straße nach Toploú/Vái sind Appartementanlagen und Hotels entstanden. Die großen Anlagen jedoch fehlen.

Obere Preiskategorie
Sitia Beach, Tel. 2 88 21/7; 162 Zimmer, Pool, Animation und Sportangebote, Club-Charakter (vorwiegend von französischen Urlaubern besucht).

Mittlere Preislage
Bay View, Tel. 2 49 45, 18 großzügige Appartements (2/3/4 Personen) in 5 Häusern am Hang, 1 km vom Zentrum, auch pauschal zu buchen. Im Ort selbst kleine Hotels, Pensionen und Privatzimmer, in den Gassen den Berg hinauf.

Preiswert
El Greco, Tel. 2 31 33, G.-Arkadiou-Str. 1 im oberen Teil des Städtchens, Innenterrasse; **Archontiko**, Tel. 2 81 72, Ioánnis-Kondilakis-Str. 16 (Richtung Kastell), einfache Zimmer mit Etagendusche und WC in einem stimmungsvollen Haus aus der Jahrhundertwende, sehr persönliche Atmosphäre. **Jugendherberge**, Tel. 2 26 93, Therissou-Str. 4 (Ausfallstraße nach Ágios Nikólaos), DZ bis 8-Bett-Zimmer.

Verkehrsmittel

Bus
Nach Ágios Nikólaos/Iráklion sechsmal, Richtung Palékastro/Vái fünfmal täglich (sonntags viermal), werktags zweimal nach Káto Zákros (So nur einmal). Busbahnhof an der Promenade Richtung Toploú/Vái.

Schiff
Fähren nach Rhódos über Kárpathos meist einmal wöchentlich; zu den Kykladen (z. B. Santoríni) und mehrmals in der Woche nach Piräus.

Flugzeug
Inlandsflüge nach Athen und Kárpathos. Flugplatz oberhalb der Stadt.

Essen und Trinken
An der Uferpromenade sitzt man schön mit Blick aufs Wasser und ist auf Touristen eingestellt. Viele schöne Lokale auch in den Gassen, dort ist das Publikum aus Gästen und Einheimischen gemischt. **Zorbas**, schön am zentralen Platz mit Blick aufs Wasser, immer voll wegen des guten Essens; **I Kali Kardia**, Fountalidou-Str. 22, oben im Ort, einfaches gutes Essen in netter Atmosphäre.

Sehenswürdigkeiten
Keine Sehenswürdigkeiten im herkömmlichen Sinne. Das Kastell ist nicht allgemein zugänglich (es fehlen die Mittel), schöner Blick hinunter auf das mit Treppengassen an den Hang gebaute Städtchen, gleicher hinter ihm beginnt das freie Feld. Der Iroon-Techniou-Platz mit Kiosk und angrenzendem Stadtpark ist hübsch.

Museen
Archäologisches Museum: An der Straße nach Ierápetra, moderner Bau, in dem die Ausstellungsstücke (Ostkreta: Káto Zákros, Palékastro) präsentiert sind; Di–Sa 8.45–15 Uhr, So etwas kürzere Öffnungszeiten; Eintritt. **Volkskundliches Museum:** Therissou-Str. 13 (Richtung Ágios Nikólaos), Sammlung von Geräten, Werkzeugen aus Haus und Landwirtschaft, Häkel- und Webarbeiten; Mo–Sa 9.30–14.30 Uhr; Eintritt.

Ausflüge
Fahrten nach **Toploú** (18 km), **Vái**, **Kató Zákros** (45 km); Ausflugslokale bei Agía Fotia (6 km) und im Bergdorf Roussa Ekklisia (10 km, über Serpentinen); im September/Oktober wird in den Weindörfern um Sitía der Rakí (Traubentrester) gebrannt. **Wanderungen:** Vom Dorf Skopí (10 km westlich an der Straße nach Ágios Nikólaos) **zum Kloster Faneroménis**, über Teer- und Schotterstraße; von Maroniá (12 km südlich an der Straßen nach Ierápetra gelegen) zu den Resten des **antiken Pressós** aus dem 12. Jahrhundert v. Chr. (Eteokreter).

Motorradwanderung durch das **Bergland im äußersten Osten**, über Néa Pressós nach Xerókambos (s. dort).

Spinalónga
Bei Eloúnda liegt eine gewaltige venezianische Festung auf dem Inselchen Kalidou. Hier wurden am Anfang unseres Jahrhunderts Leprakranke aus ganz Griechenland isoliert.

Verkehrsmittel
Ausflugsboote von Ágios Nikólaos und Eloúnda oder vom Örtchen Pláka, das der Festung gegenüberliegt; gewöhnlich eine Stunde Aufenthalt, bis die Boote wieder ablegen.

Ausflüge
Wanderung: Von **Pláka** zum **Kap Ágios Ioánnis** am äußersten nordwestlichen Zipfel des Mirabéllo-Golfs.

Toploú (Kloster)
Bedeutendes großes **Wehrkloster**, das sorgfältig restauriert wurde (in rauher Landschaft, gut 20 Kilometer östlich von Sitía). Neben seiner beeindruckenden Baugestalt sind sehenswert: eine Steinplatte mit **antikem Vertragstext** (siehe S. 266, Petsofás) und wertvolle **Ikonen** in der Klosterkirche; außerdem Museum, Klosterladen, Kafeníon und außerhalb eine Windmühle; täglich 9–13 und 14–18 Uhr, Eintritt.

Tsoútsouros
Der Ort an der Südostküste liegt abgelegen an einer langgezogenen Sand-Kies-Bucht, die unwegsame Piste von Árvi und Keratókambos endet hier vor den schroff ins Meer fallenden Hängen des Asteroússia-Gebirges. Die verstreuten Sommerhäuser und die Tavernen am Wasser sind in den kretischen Sommerferien voll. Als End- oder Startpunkt für **Wandertouren in den Asteroússia-Bergen** ist der Ort touristisch für eine Nacht interessant, z. B. Kapetaniemiá–Tsoútsouros; Tsoútsouros–Maridáki–Kloster Ágios Nikitás und zurück (siehe S. 302, «Wandern, Korifi Tours»). Es gibt Zimmer, ein Hotel: **Giorgios**, Tel. 0891/92265.

Vái
Die Dattelpalmen Phoenix theophrasti mit den ungenießbaren Früchten wachsen nur auf Kreta. Deshalb ist der bis weit ins Tal reichende Palmenhain streng geschützt. Auf einem ausgewiesenen Pfad genießt man den berauschenden Anblick auf Oleanderblüten, Binsen und Palmwedel bei einem kleinen Spaziergang. Baden vor dem Zaun (einige Palmen, rundum traumhafte Bucht) ist erwünscht: Toilette, Sonnenschirme, Liegen, Wassersport, Surfen, eine größere Taverne bietet Speis und Trank. Das Bleiben über Nacht ist aus Naturschutzgründen untersagt.

Verkehrsmittel
Busverbindung von Sitía über Palékastro (letzte Rückfahrt von Vái gegen 17.30 Uhr, sonntags ca. 2 Stunden früher).

Ausflüge
Spaziergang nach Norden zur Nachbarbucht (Strand, Palmen) und gut 2 Kilometer weiter zum Strand unterhalb der Ruinenreste der verschwundenen Stadt **Ítanos**.

Xerókambos
Abgelegen am äußersten Südosten Kretas (gut 10 km südlich von Áno Zákros, Holperstrecke); einsamer, ausgedehnter Sandstrand, dahinter Oliven und einige Gewächshäuser, verstreut darin Appartements, in denen oft auch die Vermieter wohnen (Landwirtschaft). Lohnender Abstecher als zwischengeschobener **Badetag** mit Übernachtung für **Biker** auf einer **Rundtour** durch das karge, fast menschenleere Bergland im Osten Kretas (z. B. ab Ierápetra oder Sitía: nach Néa Pressós–Chandrás-Ziros–Xerókambos–Zákros und zurück). Nur Selbstverpflegung und Do-it-yourself-Pannenhilfe im Bergland (siehe S. 261, «Östlich von Ierápetra»).

Übernachten
Appartements Ambelos, am Strand; drei Häuser mit Appartements und Studios, jeweils einige hundert Meter vom Sandstrand, über: Takis Ferienhäuser (siehe S. 301, «Unterkunft»).

Essen und Trinken
Einfache Tavernen, Minimarkt.

Zákros
Unterhalb des großen, wasserreichen Dorfes **Áno Zákros** (38 kurvige Kilometer von Sitía) steigen Wanderer hinunter in die Schlucht, auch **Tal der Toten** genannt, an deren Ende sie die Bucht

von **Káto Zákros** erreichen (8 Straßenkilometer östlich von Áno Zákros).

Vorwahl
08 43

Übernachten
Áno Zákros: Zakros, C-Klasse-Hotel, Tel. 9 33 79; 16 preiswerte Zimmer mit Dusche und WC, Gäste werden auf Wunsch aus Sitía oder Káto Zákros abgeholt; ein paar Unterkünfte außerhalb zwischen Áno und Káto Zákros.
Káto Zákros: George Villas, Tel. 9 33 16 u. 9 32 07, Besitzer Nikos Perakis (Taverna Blue Chairs), ansprechende Appartements, etwas oberhalb, absolut ruhig, mit prächtigem Blick über Bucht und Strand; ganz einfache Zimmer bei der Tavernenreihe am Wasser.

Verkehrsmittel
Zwei Busse täglich (gegen 11 und 14 Uhr) von Sitía über Palékastro nach Káto Zákros (Fahrzeit 1 Std., Aufenthalt und Rückfahrt), sonntags nur ein Bus.

Essen und Trinken
Áno Zákros: Um den Dorfplatz kann man nett sitzen und gut essen; ein Wirt, Maestro, fällt angenehm auf, sowohl durch seine Gesprächigkeit als auch durch seine Küche.
Káto Zákros: Unter Tamarisken vorm klaren Wasser überm Kies der schönen Bucht bieten sechs Tavernen in enger Nachbarschaft einfache kretische Gerichte und Fisch.

Sehenswürdigkeiten
Schlucht **Tal der Toten**, die von Áno Zákros auf gekennzeichnetem Weg in ca 2 Std. durchwandert werden kann. Wer sich die Wanderung ersparen will, sollte vom Kiesstrand Káto Zákros bis zu ihrem Ausgang zwischen den Felswänden der weiten Bucht hochlaufen.
Minoischer Palast Káto Zákros: Di – So 8.30 – 15 Uhr, Eintritt.

Ausflüge
Für Biker z. B. Weiterfahrt an den Sandstrand von Xerókambos (gut 10 km Holperstrecke).
Wanderungen von Áno Zákros: durch das Tal der Toten; Rundtour zum kleinen Dorf Zíros (südwestlich von Zákros), Wandererfahrung notwendig.

DIE AUTOREN

Rainer Karbe unterrichtet an der Kollegschule in Witten. Er engagierte sich nach dem Studium der Philosophie und Germanistik in der Bürgerinitiativbewegung und arbeitete im Verlag und der Redaktion des Kölner Volksblatts. Artikel und Rundfunkbeiträge u. a. über Griechenland und Mecklenburg-Vorpommern für die Frankfurter Rundschau und den WDR.

Ute Latermann studierte Deutsch und Biologie und unterrichtet u. a. am Schulbiologischen Zentrum der Stadt Dortmund. Veröffentlichungen in der Reihe Anders reisen.

Beide Autoren bereisen seit 1979 Kreta und Griechenland. Zusammen schrieben sie die Bände *Anders reisen: Kreta* und *Anders reisen: Nördliche Ägäis* sowie das Kapitel «Naturschutz zwischen Ökonomie und Ökologie» in *Anders reisen: Mecklenburg-Vorpommern.*

BILDNACHWEIS

Gerald Hau, Euronatur 22/23

Rainer Karbe 6, 21, 41, 47, 53, 91, 107, 152, 157, 181, 185, 193, 207, 225, 231, 235, 240/241, 249, 260, 263, 265, 267

Ute Latermann 17, 176, 196/197, 201

Achim Scheerer 279

Rolf Schulten 2/3, 4/5, 8/9, 11, 13, 27, 30/31, 34/35, 37, 57, 71, 82/83, 85, 95, 102/103, 113, 117, 120/121, 125, 129, 134/135, 137, 141, 146/147, 150/151, 163, 171, 172/173, 189, 215, 220/221, 223, 229, 256/257, 271, 282/283

REGISTER

Kursive Seitenzahlen verweisen auf den Infoteil

A

Agía Iríni 195, 230–232
Agía Galíni 244–246, *317*
Agía Marína *306*
Agía Roméli 202–204, *313–314*
Agía Triáda (minoisch) 164, 165–166, *323*
Agía Triáda (Akrotíri) 183, *306*
Ágii Déka *326*
Ágios Geórgios (Lassíthi) 100, 275
Ágios Ioánnis (Sfakiá) 212
Ágios Nikólaos 270–273, *333–334*
Agrími (Kretische Wildziege) 198–199
Akrotíri-Halbinsel 170, 178–183, *306*
Alíkambos (Apokóronas) *308*
Amári-Tal 242–243, *318*
Ambelos-Paß 276
Amirás 75
Andartiko 73–78
Anemóspilia 162–163
Anógia 76, 93, *169*, *318*
Anópolis 210, *314*
Áno Viánnos 75, *334*
Apokóronas (Landkreis) 190–191
Áptera 176
Arádena 211–212
Archánes 160–164, *323–324*
Archäologisches Museum Iráklion 152–154, *328*
Argiroúpolis 239, *323*
Arkádi (Kloster) 67, 242, *318*
Arméni 243, *319*
Árvi 248–252, *334*
Assómatos (Kloster) 243
Asteroússia-Berge 167, *324*
Axós 240–241

B

Blutrache (s. Vendetta)
Byzantinische Kirchen 226–227, 243, 275, *310*, *312*, *334*

C

Chamamousi (Höhle) 73
Chalépa 145, 178
Chaniá 145–151, *304–307*
Cherssónissos *324–325*
Cherssoníssou (Limín), s. Cherssónissos
Chóra Sfakíon 67, 204–206, *314–315*
Chortátzis, Geórgios 62
Chrissokalítissa (Kloster) 222, *311*
Chrissopigi (Kloster) *306*

D

Daidalos 39–40
Daskalojiánnis 65
Dichtung 62, 237
Díkti-Höhle *337*
Dimotikí (s. Sprache)

E

El Greco 62
Elafoníssi (Insel) 223, *311*
Eléftherna *323*
Élos 227
Eloúnda 272–273, *335*
Elýtis, Odysséas 93
Energieversorgung 262, 264
Essen und Trinken 94–105, *289–290*
Eteokreter 56
Europa (Phönizierin) 36–39
Evans, Sir Arthur 156–160
Exópolis 190

F

Faflángos 252
Falássarna 32, 216, *310*
Familie 112–119
Feste/Feiertage 84–89, *291*
Festós 50–55, 164–165, *325–326*
Fischerei 97–98
Flora/Fauna 16–24, 184–186, 198–202, 224, 247, 266, *326*
Fódele *326*
Fourní 161
Frangokástello 213, *315*

G

Gastfreundschaft 87–88
Gávdos 278–281, *293*, *311*
Gavalochóri 191, *307*
Gebirge 10–12
Georg (Prinz) 68
Georgioúpolis 184–188, *307–308*
Geschichte:
  Minoer 46–55
  Mykener 54–55
  Dorer 56, 58, 214
  Römer u. Christianisierung 58–59
  Piraten 58, 59, 216
  Byzanz 59–60
  Venezianer 60–63
  Türken 63–69
  Unabhängigkeit, Enosis, Bevölkerungsaustausch und Erster Weltkrieg 68–69
  Zweiter Weltkrieg 70–79
  Bürgerkrieg 79–80
  Junta 220
Giamboudákis, Kostís 67
Goniás (Kloster) 219, *309*
Górtis 38, 58–59, *326*
Gourniá 277, *335*
Gouvernéto (Kloster) 179–182, *306*
Gramvoússa-Halbinsel 216–217
Grigoría 169

H

Heráklion (siehe Iráklion)

I

Ída-Höhle 38, 168
Ierápetra 109, 261, *335*
Ikonen (s. Malerei)
Ímbros-Schlucht 213
Iráklion 136–145, *326–328*
Irenäos Galanákis (Bischof) 218–219
Ítanos 266
Izzedine (Festung) 176

J

Joúchtas (Berg) 162
Judendeportationen 77

K

Kalamítsi 191
Kalamáki *328*
Kalí Liménes 167, *328*
Kalíves 191
Kallérghi-Hütte 195–198
Kallergis (Familie) 63, 237
Kamáres-Höhle 167, *328*
Kamilári *328–329*
Kándanos 73, 226
Kapsá (Kloster) 261, *336*
Karten 1, 138, 148, 346/347
Kastélli (Kíssamos) 214, *308–309*
Katholiko (Kloster) 179, *306*
Kavoúsi 277, *336*
Kazantzákis, Nikos 143, *324*
Keratókambos 252
Kirche (Orthodoxe) 124–127, 179–183, 218–222
Kíssamos (Landkreis) 214–222
Klientel- und Patronatswesen 64, 127, 128–131
Klima 14–15
Klöster 180–182, *325*
Knossós 155–160, *329*
Kókkino Chorió 191
Kolimbári *309*
Kommos 22–24, 165
Kornáros, Vitzéntzos 62, 269
Kournás *307/308*
Koustogérako 76, 232

Kritsá 274–275, *336/337*

L
Landwirtschaft 250, 255–258
Lassíthi-Hochebene 275, *325, 337*
Lassíthi (Nomós) 254–277
Lató 275
Lefká Óri (Weiße Berge) 198, *307*
Léndas 166–167, *329*
Lissós 228–230
Literatur 62, 237
Livadás 76, 232
Livanianá 210
Loutró 206–209, *315–316*

M
Makrigialós 259, *337–338*
Máleme 72–73
Malerei 62, 140, 142, 166, 226
Mália *329–330*
Maroulás 239
Mátala 38, 108–109, *330*
Matriarchat 42–45
Melidóni-Höhle 66
Menschenopfer 39, 42, 162–164
Messará-Ebene 164–166, *331*
Mílatos-Höhle 66
Minotauros 39, 42
Mirabéllo-Golf 272–273, 277
Míres *331*
Mírthios 247, *338*
Mirtiá 161
Mírtos 253–255, *338*
Móchlos 277, *338/339*
Museen – archäologische: *306, 322, 334, 336, 340* (Iráklion s. Archäologisches Museum I.)
  Folklore: 100; *325, 332, 334, 337, 340*
  Fresken: 142/143 (Ágios Markos, Iráklion)
  Ikonen: 140/142; *328*
  Historische: 144; *306*
  Nautisches: 149
Musik 92–93, 144
Mythologie 36–42, 280

N
NATO 170, 174–175
Naturschutzgebiet 198–200
Nída-Hochebene 168, 169

O
Odysseus 280
Oliven 258
Omalós-Hochebene 194–198, *316*
Orthodoxe Akademie 219–222, 236, *310*
Osterfest 84–87

P
Palékastro 264, *339*
Paleochóra 106–108, 227, *311–312*
Parteien 131–133
Paulus (Apostel) 167, 280
Phokás, Nikephoros 60
Pikilassós 233
Pitsídia *331–332*
Pláka 273
Plakiás 246, *319–320*
Polyrrhínia 214, *309*
Prevelákis, Pandelís 237
Préveli (Kloster) 33, 108, 246–247, *320*
Psarandonis (s. Xylouris)
Psichró-Höhle 38, 276
Psilorítis (s. Gebirge)

R
Reisezeit 14–15, *297*
Réthimnon 234–239, *320–323*
Réthimnon (Nomós) 234–247, *216, 317*
Rodopoú-Halbinsel 217–218, *309*
Rodováni 13
Roméli (s. Agia Roméli)
Rousféti (s. Klientel- und Patronatswesen)
Roúwas-Schlucht 18, *332*

S
Sakellarákis (s. Archánes, Anemóspilia, Ída-Höhle)

Samariá-Schlucht 194, 198–204, *316*
Santorini (Thira) 54, 55
Schildkröten 22–24
Schule 119–123
Schrift (minoische) 51
Sélino (Landkreis) 222–233
Selliá 245
Sfakiá (Landkreis) 192–213
Sfinári 228, *310*
Sitía 269, *339–340*
Soldatenfriedhöfe 172, 173
Soúda-Bucht 172, 174, 176, *306*
Soúgia 230–233, *312–313*
Spíli 244, *341*
Spinalónga 273–274, *341*
Sprache (griechische) 123
Stávros (Akrotíri) 178
Strände (s. Elafoníssi, Falássarna, Agía Marína, Georgioúpolis, Akrotíri, Réthimnon, Cherssónissos, Palékastro, Vái, Xerókambos, Paleochóra, Soúgia, Kommos)

T
Tal der Toten (s. Zákros)
Tanz 89, 144
Theodorákis, Mikis 93
Thérisso 194
Thrapsanó 161, *332*
Thrónos 243
Timbáki 77, 109, 174
Titus (Inselpatron) 59, 63, 167

Toploú (Kloster) 268, *341*
Topólia 226
Tourismus 26–33
Tsoútsouros 253, *341*

U
Umwelt 16–25, 30, 32, 251–252, 256, 262–264
Universität 123–124, 236

V
Vái 109, *341*
Vámos 191, *301*, *307*
Valsamónero (Kloster) *332*
Vassiliká Anógia 166
Vendetta 132, 198
Venizélos, Elefthérios 68–69
Vlátos 226
Vóri 164/165, *332*
Vrondíssi (Kloster) *332*

W
Wathípetro 162
Wein 100–104, *290*
Weiße Berge (s. Lefká Óri)

X
Xylouris (Familie) 74, 93
Xerókambos 261, *341*

Z
Zákros 268, *341*
Zarós 14, *332*

Europa: Länder und Regionen

Günter Liehr
Frankreich *Ein Reisebuch in den Alltag*
(rororo sachbuch 9077)

Dagmar Beckmann / Ulrike Strauch
Elsaß *Ein Reisebuch in den Alltag*
(rororo sachbuch 7587)

Martin Pristl
Griechenland (Festland) *Ein Reisebuch in den Alltag*
(rororo sachbuch 9081)

Michael Kadereit
Großbritannien *Ein Reisebuch in den Alltag*
(rororo sachbuch 9064)

Sabine Gorsemann / Christian Kaiser
Island *Ein Reisebuch in den Alltag*
(rororo sachbuch 9085)

Conrad Lay / Michaela Wunderle
Italien *Ein Reisebuch in den Alltag*
(rororo sachbuch 9084)

Hanne Bahra
Mecklenburg-Vorpommern *Ein Reisebuch in den Alltag*
(rororo sachbuch 9090)

Ute Frings
Polen *Ein Reisebuch in den Alltag*
(rororo sachbuch 9065)

Kirsten Wulf
Portugal *Ein Reisebuch in den Alltag*
(rororo sachbuch 7573)

Helmut Steuer / Herbert Neuwirth
Schweden *Ein Reisebuch in den Alltag*
(rororo sachbuch 9071)

Helmuth Bischoff
Spanien *Ein Reisebuch in den Alltag*
(rororo sachbuch 7567)

Matthias Schossig
Thüringen
(rororo sachbuch 9076)

Hanne Straube
Türkei *Ein Reisebuch in den Alltag*
(rororo sachbuch 7597)

rororo anders reisen wird herausgegeben von Till Bartels. Ein Gesamtverzeichnis der Reihe finden Sie in der *Rowohlt Revue*. Vierteljährlich neu. Kostenlos. In Ihrer Buchhandlung.

Anders reisen geht neue Wege

Informativ, kompakt, kritisch - in neuem Layout und attraktiver Ausstattung: schlankes Format, Griffregister für die schnelle Orientierung, ganseitige Schwarzweißfotos mit Reportagecharakter, zweite Farbe bei den Karten und Stadtplänen.

Zitty (Hg)
Anders reisen: Berlin
(rororo sachbuch 19098)
«Dies ist wirklich ein "anderer" Reiseführer! Sehr informativ, kompakt und handlich! Man bekommt sofort Lust, damit auf Entdeckungsreise zu gehen. Sehr empfehlenswert.»
Patricia Schewsky, Verlag Recht und Wirtschaft GmbH

Günter Liehr
Anders reisen: Paris
(rororo sachbuch 19099)

Peter Kammerer / Henning Klüver
Anders reisen: Rom
(rororo sachbuch 19094)

Matthias Thilbaut
Anders reisen: London
(rororo sachbuch 60400)
Schräge Mode und schrille Clubs haben zum Ruf der Themse-Metropole beigetragen, «the coolest city on the planet» zu sein. Der Band schaut hinter das Klischee von tea-time, Tower Bridge und Doppeldecker und führt in einem Dutzend verschiedener Routen durch die kontrastreiche Großstadt.

Rainer Karbe / Ute Latermann
Anders reisen: Kreta
(rororo sachbuch 19091)
Kreta die geschichtsträchtige Insel zwischen Afrika, Asien und Europa, ist reich an natürlichen Reizen. Der Leseteil zu Kultur und Gesellschaft läßt den Alltag mit offenen Augen wahrnehmen und macht Altes in Aktuellem erfahrbar.

rororo sachbuch

rororo anders reisen wird herausgegeben von Till Bartels. Ein Gesamtverzeichnis der Reihe finden Sie in der *Rowohlt Revue*. Vierteljährlich neu. Kostenlos in Ihrer Buchhandlung.

Mittelmeer

Rolf Schwarz
Ägypten *Ein Reisebuch in den Alltag*
(rororo sachbuch 9068)

Christof Kehr
Andalusien *Ein Reisebuch in den Alltag*
(rororo sachbuch 9089)

Till Bartels /
Ulrike Wiebrecht
Barcelona / Katalonien *Ein Reisebuch in den Alltag*
(rororo sachbuch 9070)

Ute Frings / Rolly Rosen
Israel/Palästina *Ein Reisebuch in den Alltag*
(rororo sachbuch 7596)

Conrad Lay /
Michaela Wunderle
Italien *Ein Reisebuch in den Alltag*
(rororo sachbuch 9084)

Roland Motz
Mallorca *Ein Reisebuch in den Alltag*
(rororo sachbuch 9086)

Henning Klüver (Hg.)
Norditalien *Ein Reisebuch in den Alltag*
(rororo sachbuch 9063)

Frida Bordon
Sizilien *Ein Reisebuch in den Alltag*
(rororo sachbuch 7595)

Günter Liehr
Südfrankreich *Ein Reisebuch in den Alltag*
(rororo sachbuch 9093)

Michaela Wunderle
Süditalien *Ein Reisebuch in den Alltag*
(rororo sachbuch 7592)

Michael Kadereit
Toskana / Umbrien *Ein Reisebuch in den Alltag*
(rororo sachbuch 7521)

Frida Bordon
Venedig mit Venetien *Ein Reisebuch in den Alltag*
(rororo sachbuch 7570)

rororo anders reisen

rororo *anders reisen* wird herausgegeben von Till Bartels. Ein Gesamtverzeichnis der Reihe finden Sie in der *Rowohlt Revue*. Vierteljährlich neu. Kostenlos. In Ihrer Buchhandlung.